영의해 역주【하】 令義解譯註 (下)

An Annotated Translation of "Ryonogige"

기요하라노 나츠노清原夏野 저 ┃ 이근우 역주

세창출판사

영의해 역주 【하】 令義解譯註 下

1판 1쇄 인쇄   2014년 9월 11일
1판 1쇄 발행   2014년 9월 20일

저 자 | 기요하라노 나츠노(清原夏野)
역주자 | 이근우
발행인 | 이방원
발행처 | 세창출판사
　　　　신고번호 | 제300-1990-63호
　　　　주소 | 서울 서대문구 경기대로 88 냉천빌딩 4층
　　　　전화 | (02) 723-8660　팩스 | (02) 720-4579
　　　　http://www.sechangpub.co.kr
　　　　e-mail: sc1992@empal.com
ISBN 978-89-8411-489-0 94910
　　　　978-89-8411-487-6 (세트)

이 책은 한국연구재단 명저번역사업의 지원을 받아 수행한 연구결과임(421-2011-1- A00010).

이 도서의 국립중앙도서관 출판시도서목록(CIP)은 e-CIP홈페이지(http://www.nl.go.kr/ecip)와 국가자료공동목록시스템(http://www.nl.go.kr/kolisnet)에서 이용하실 수 있습니다. (CIP제어번호: CIP2014025442)

　동아시아 사회의 공통적인 문화요소로 종종 한자, 불교, 유교, 율령을 든다. 그중 율령은 동아시아의 각국이 법적인 지배를 위해서 수용한 법률체계이다. 다만 한반도 고대 삼국의 율령의 모습은 구체적으로 확인하기 어려운 상황이다. 통일신라의 경우조차도 단편적인 관련 기록을 제외하면 많은 부분이 의문인 채로 남아 있다. 이에 대해서 고대 일본의 경우는 율령격식의 법전이 모두 남아 있는 상황이다. 이번에 번역한 『영의해』는 일본이 시행한 양로령(養老令)의 원문과 그 원문에 대한 법적인 효력을 갖춘 해설을 담은 책이다.

　당령(唐令)조차도 산일되어 버린 상태에서 이 양로령은 당령을 복원하는 데도 중요한 역할을 하였다. 니이다 노부루(仁井田陞)가 『당령습유(唐令拾遺)』(1933)를 편찬할 수 있었던 것도 일본에 『영의해』라고 하는 영의 법전이 남아 있었기 때문이다. 양로령의 경우 기본적으로 당령을 계수(繼受)한 것이지만, 고대 일본의 상황에 맞추어 규정을 수정하거나 채용하지 않은 경우도 있다. 따라서 이러한 조항을 당과 고대 일본 사회의 차이점을 확인하는 단서로 삼을 수 있다. 특히 호령(戶令)・전령(田令)・부역령(賦役令) 등에서 당과의 차이를 확인할 수 있다. 해제 부분에서 특히 이 부분에 대하여 자세히 설명하였다. 번역자의 능력 부족으로 모든 영에 해제를 달지 못한 점은 해량해 주시기 바란다.

『영의해』를 번역하기 시작한 것은 2007년의 일이다. 부경대학교 사학과 대학원생을 중심으로 한문강독을 겸하여 번역에 옮기기 시작하였고, 2010년 10월경까지 공식령(公式令)까지 초벌 번역이 끝났다. 결코 쉽지 않은 한문과 씨름하느라 고생한 대학원생들에게 지면을 빌려 감사한 마음을 전한다. 특히 호령의 주석 작업은 고대법제사를 전공하는 김은상 군이 맡아 주었다.

2011년에 『영의해』가 한국연구재단의 명저번역과제로 선정되었고, 이때부터 초벌 번역의 윤문, 남은 부분의 번역과 전체적인 주석은 대학원생들의 유학 등으로 인하여 혼자 진행하게 되었다.

한 권의 책, 그것도 법령을 담은 책 전체를 번역하는 일은 결코 쉽지 않았다. 법령 자체가 다양한 분야에 걸쳐 있는 것이므로 여러 분야의 지식이 필요하고, 또 옥령(獄令)과 같은 경우는 율(律)과 밀접한 관련을 갖는 것이므로 율에 대한 이해가 선행되어야 했다. 다행스럽게도 『당률소의(唐律疏議)』와 『당육전(唐六典)』을 이미 김택민 선생님을 대표로 하는 연구팀에서 번역하였기 때문에 이를 참고할 수 있었다.

『영의해』는 일본에서도 아직 전문이 번역된 적이 없다. 양로령의 본문은 『율령(律令)』(日本思想大系, 1976)으로 번역된 바 있으나 해설 부분에 대해서는 관위령 직원령 신기령과 옥령에 대한 비교적 자세한 주석서가 있을 뿐이고, 나머지 부분은 공백으로 남아 있다. 번역하는 과정에서 내용을 좀 더 구체적으로 알기 위해서 명법가의 법에 대한 해설을 망라해 둔 영집해(令集解), 그리고 『율령』의 보주 등을 많이 참조하였다. 미진한 부분에 대해서는 반드시 이 두 책을 참고할 필요가 있다. 당연히 『영의해』의 내용에 대한 일본 측의 연구가 방대한 양에 달하므로, 부분적으로는 저서나 논문을 살펴보고 보완하기도 하였지만 부족한 점이 많다. 고과령의 내용을 이해하기 위해서는 노무라 다다오(野村忠夫)의 『律令官人制の研究』(1967)가 필독서이다.

관위령의 의의에 대해서는 하야카와 쇼오하치(早川庄八)의 『日本古代官僚制の研究』(1986)를 읽어 볼 것을 권한다.

부족한 능력에도 불구하고 영의해의 번역을 시도한 것은 영의 온전한 모습을 보여주고 싶은 마음 때문이었다. 우리 학계에서 삼국이나 통일신라의 율령을 논의해 왔지만, 당령을 계수한 일본 양로령의 전모는 제대로 알 수가 없었다. 한문 원전보다는 다소나마 읽기 쉽게 우리말로 번역을 해 두면, 우리 학계의 율령에 대한 논의가 한걸음 진전될 수 있을 것이고, 특히 고대 법제사에 관심을 가진 학생들의 입문서 역할을 할 수 있을 것이다.

솔직히 우리들은 일본 고대사에 대하여 제대로 알지 못한다. 우리는 삼국사기와 삼국유사 그리고 몇몇의 금석문을 가지고 우리 고대사를 고민하고 있으며, 필사본 『화랑세기』가 김대문의 『화랑세기』인지도 쉽게 결론을 내리지 못하고 있다. 그러나 일본은 고대에만 육국사(六國史)라고 불리는 여섯 종류의 사서(史書)가 있다. 우리에게 잘 알려진 『일본서기』(이근우 외 번역, 동북아역사재단)는 그 첫 번째 사서이고 이어서 『속일본기』(이근우 번역, 지만지), 『일본후기』 등으로 이어진다. 『삼국사기』는 1145년에 편찬되었지만, 『일본서기』는 720년, 『속일본기』는 797년에 편찬되었다. 당연히 일본 고대사에 대한 정보가 우리 고대사에 대한 정보보다 훨씬 촘촘하고 치밀하다.

법제사의 경우도 다르지 않다. 우리는 율령과 관련된 법전을 고려시대에도 제대로 확인할 수 없는 상황이지만, 일본은 율령격식의 법전이 모두 갖추어져 있다. 『영의해』(833년, 전 10권 30편)는 영에 대한 해설서이다. 이보다 4배 분량이 많은 『영집해(令集解)』(868년경 전 50권)는 법령을 전공으로 하는 명법가 집단의 존재를 확인시켜준다. 이 두 문헌은 일본의 영이 어떠한 것이었고, 각 규정을 구체적으로 어떻게 이해하고 적용하였는지를 보여 준다.

그 밖에도 영의 개정법이라고 할 수 있는 격(格)을 담은 『유취삼대격(類聚三代格)』(전 30권), 영의 구체적인 시행을 위해서 필요한 규정인 식(式)을 담은 『홍인식(弘仁式)』, 『정관식(貞觀式)』, 『연희식(延喜式)』(전 50권) 등이 편찬되었고, 『연희식』이 남아 있어서 율령격식(律令格式)의 운용 상황을 구체적으로 살펴볼 수 있다. 『유취삼대격』은 11세기에 편찬된 것으로 보이며 관사별 사례별로 모아서 법령의 활용도를 높이고자 한 것이다. 시행세칙의 집대성이라고 할 수 있는 『연희식』은 927년에 완성되었으나 개정을 거쳐 967년부터 시행되었는데, 약 3,300조에 이르는 규정이 망라되어 있다. 사소한 사항까지도 규정하고 있기 때문에 일본 고대사의 기본 사료 중 하나이다.

8세기 이후 일본의 문헌 사료는 급격하게 증가하여 방대한 양이 남아 있고, 목간 자료도 30만 점을 넘어서고 있는 실정이다. 이제부터는 넓은 시야에서 우리의 고대사를 연구할 필요가 있다고 하겠다. 길은 멀고 짐은 무겁다.

『영의해』를 번역할 수 있기까지 많은 분들의 도움이 있었다. 한국학중앙연구원에서 『경국대전』 번역사업을 할 때 이성무 교수님의 배려로 예전(禮典)의 주석 작업을 도와드리게 된 것이 전통시대 법률과의 첫 만남이었다. 1991년에 일본 경도대학 일본사교실에서 다시 박사과정을 밟게 되었을 때 그전부터 공부해 왔던 한일관계사가 아니라 고대법제사 쪽에 뜻을 두게 된 것은 예전을 읽으면서 얻은 몇 가지 지식 때문이었다. 『영의해』는 지금은 고인이 되신 경도대학의 가마타 모토카즈(鎌田元一) 교수님의 학부생을 위한 강독시간에 처음 접하게 되었다. 번역도 없는 한문 원전을 학부생들이 준비해 와서 발표하면, 번역의 잘못도 짚어주고 일본어의 표현까지 다듬어 주는 수업이었다. 학부생들이 한문 원전을 가지고 수업을 하는 것도 놀라웠고, 폭넓은 지식과 엄격한 고증을 겸비한 가마타 교수님의 지도를 통해서 많은 것을 배울 수 있었다. 직접 학은을 입지는 못하였으나, 김택민 교수님을 비롯한『당률소의』『당육전』번역팀의 연구성과에 크게 도움을 받았다.

　『영의해』의 번역을 지원해 준 한국연구재단과 번역과 원문을 함께 출판해야 하는 어려운 일을 맡아준 세창출판사에 감사드린다. 안효회 선생님을 비롯하여 교정을 맡아 고생하신 분들께도 감사드린다. 출판사에 처음 건네준 원고가 신통치 않아서 교정 보는 과정에서 교정지가 새빨갛게 되도록 많은 내용을 추가하였기 때문에 어려움이 많았을 터이다.

2014년 8월

이근우

범례
凡例

❶ 번역 底本은 『新訂增補國史大系本 令義解』(吉川弘文館, 1976년. 초판은 1939년)로 하였다.

❷ 일반적인 令의 본문은 11포인트 굵은 글씨로, 令의 본문 중에 작은 글씨로 되어 있는 것은 10포인트로 나타내었고, 주석 부분은 9포인트로 < > 속에 넣었다.

❸ 원문의 체재는 가능한 한 底本에 따랐다.

❹ 『令義解』의 本文이 아닌 후대의 追記는 번역하지 않았다.

❺ 漢字는 가능한 한 저본에 충실하고자 하였으나, 난해한 異體字인 경우는 일반적인 한자로 고쳤다.

❻ 한자는 ( ) 속에 넣었고, 만약 해석과 원문의 한자가 다를 경우에는 [ ] 안에 넣어서 구별하였다. 예를 들어 主婚을 혼주[主婚]로 고친 경우다.

❼ 『令義解』의 각 篇名은 「 」 속에 넣어 표시하였다. 예를 들면 「官位令」과 같이 나타내었다.

❽ 한자로 된 용어를 번역하는 데 있어서, 당시 실제로 사용된 용어나 의미가 복잡한 경우는 가능하면 원형을 유지하고자 하였다. 예를 들어 장부에서 삭제하거나 기입해 넣는다는 뜻을 가진 除附, 이전의 본관지를 나타내는 先貫 등은 번역하지 않았다.

❾ 「令義解」 원문에는 令의 조문에 번호가 붙어 있지 않으나, 조문을 찾기에 편리하도록 임의로 일련 번호를 붙였다.

차례
次例

영의해 권제8
令義解 卷第八

영의해 권제9
令義解 卷第九

영의해 권제10
令義解 卷第十

영의해 권제1
令義解 卷第一

영의해 권제2
令義解 卷第二

영의해 권제3
令義解 卷第三

영의해 권제4
令義解 卷第四

　『令義解』는 고대 일본에서 제정된 법률인「養老令」에 대한 주석서이다.「養老令」은 중국 당의 令을 수용한 이른바 繼受法이지만, 당의 令이 현재 산일된 상태이므로,「養老令」이야말로 가장 완전한 형태의 令이라고 할 수 있다. 그렇기 때문에 唐令이 그나마『唐令拾遺』라는 형태로 부분적으로나마 복원될 수 있었던 것도 사실은 일본의「養老令」이 존재했기 때문이다. 그런 의미에서「養老令」은 고대 동아시아의 법률과 제도를 연구하는 데 극히 중요한 자료이며, 신라를 비롯한 한국 고대 삼국의 율령을 복원하는 데 중요한 단서가 될 뿐만 아니라, 또한 고대 일본 사회의 성격을 이해하는 데도 큰 도움을 준다.

　「養老令」은 당시 일본 정계의 최고 권력자였으며 이미「大寶律·令」의 편찬을 주도하였던 藤原不比等(659~720)이 편찬하였다. 그는「大寶律·令」 편찬 직후부터, 大寶律令이 가진 문제점을 해결하기 위하여 보다 일본의 상황에 적합한 율령을 만들기 위한 작업을 계속하였다. 그러나 720년(養老 4년)에 不比等이 죽음으로써 그 작업은 일단 중단되었다. 그 후 孝謙天皇 때인 757년에 藤原仲麻呂의 주도로 720년에 찬수가 중단된 상태의 율령이 시행되기에 이르렀다. 종래의 大寶律令과 養老律令은 戶令의 중요한 개정이 있기는 하지만, 전반적으로는 큰 차이가 없고, 字句의 수정이나 미비한 법령을 보완한 정도이다. 그러므로 법제사적인 측면에서는「養老令」의 시행이 큰 의미가 없다고 할 수도 있다. 오히려 「養老令」이 시행된 배경으로 당시의 정치정세의 변동에 주목하지 않을 수 없다. 당시 上皇으로서 조정에 군림하고 있던 聖武(701~756. 재위 724~749)가 756년에 죽고 나자, 조정 내에서는 주도권 다툼이 일어났다. 이때 藤原不比等의 손자인 藤原仲麻呂가 孝謙天皇과 손을 잡고 급속하게 권력의 핵심으로 부상하게 된다. 藤原仲麻呂와 孝謙天皇은 모두 藤原不比等의 孫子女였으므로, 不比等의 업적을 활용함으로써 자신들의 권력을 정당화하고자 하였다. 즉 자신들이 不比等의 후손임을 선언하는 동시에, 양자의 협력으로 정권의 안정을 꾀하고자 하였던 것이다.

820년에 편찬된 「弘仁格式」의 서문에 의하면, 718년(養老 2년)에 撰修되었다고 하지만, 『續日本紀』에는 이 시기의 養老令 편찬에 관한 사실이 기록되어 있지 않다. 한편 722년(養老 6년) 2월조에 율령편찬과 관련된 論功行賞이 이루어졌으며, 757년 5월에 「養老律令」의 시행을 알리는 칙에서 그 성립을 지난 '養老年中'이라고 하였으므로, 반드시 養老 2년에 「養老令」이 편찬되었다고 보기 어려운 점이 있다.

「養老令」은 10卷 30編으로 구성되어 있으며, 각 관위에 해당하는 관직을 밝힌 官位令(1卷)을 필두로, 職員令·後宮職員令·東宮職員令·家令職員令(2卷), 神祇令·僧尼令(3卷), 戶令·田令·賦役令·學令(4卷), 選敍令·繼嗣令·考課令·祿令(5卷), 宮衛令·軍防令(6卷), 制令·衣服令·營繕令(7卷), 公式令(8卷), 倉庫令·廐牧令·醫疾令·假寧令·喪葬令(9卷), 關市令·捕亡令·獄令·雜令(10卷)으로 구성되어 있다.

「大寶令」과의 차이는 「大寶令」의 「官員令」을 「職員令」으로, 「選人令」을 「選任令」으로, 「考仕令」을 「考課令」으로 한 점을 비롯하여 「大寶律令」의 미비점을 다소 보완하고 用字를 수정한 점을 들 수 있으며, 대체로 실무적인 수정작업에 주안을 둔 것이라고 할 수 있다.

「養老令」은 「大寶令」과 더불어 고대 일본의 정치체제와 사회 전반을 규제하는 근본법령으로 기능하였으며, 중세에도 「養老令」에 규정된 관위와 관직체계가 실질적으로 기능하였다. 근대에 들어도 명치유신 초기에 「養老令」에서 규정된 관직제도가 부활되기도 하였을 만큼 「養老令」의 영향력은 일본사의 여러 곳에서 확인할 수 있다. 다만 현실적으로는 平安時代에 들면서 사회 경제적인 상황의 변화를 반영하지 못하는 등의 문제점을 드러내게 된다. 그래서 「養老令」의 不備를 보완하거나 새로운 법률을 만들 때 주로 格이라는 형식의 법을 제정하게 되었다. 弘仁格式(弘仁格·弘仁式), 貞觀格式(貞觀格·貞觀式), 延喜格式(延喜格·延喜式), 交替式, 類聚三代格 등이 바로 그 산물이다. 따라서 奈良時代를 律令政治의 시대라고 한다면, 平安時代는 格式政治의 시대라고도 할 수 있다. 이러한 의미에서 奈良時代와 平安時代를 관통하는 정치와 법제를 이해하는 기본적인 축이 바로 「養老令」이라고 할 수 있다.

이러한 「養老令」에 대한 주석서인 『令義解』는, 833년에 淳和天皇의 칙명으로 당시의 右大臣 淸原夏野가 책임자가 되고, 文章博士였던 菅原淸公 등 12인이 편찬한 책이다. 그중에서도 明法學者였던 興原敏久, 讚岐永直 등이 편찬의 실무를 담당하였을 것으로 보고 있다. 이 책은 勅撰 즉 천황의 명령으로 편찬되었기 때문에 그 해석 자체가 법적인 효력을 가지고 있었다. 平安時代 초기에 만들어진 『令集解』와 더불어 율령 연구의 가장 기본적인 문헌이다.

기본적인 체재를 살펴보면 令의 본문을 열거하면서, 각 조문의 자구마다 '謂'로 시작하는 간결한 해석을 덧붙인 것이다. 대체로 표준적이고 온당한 해석이 많지만, 구체적인 논점은 『令集解』와 동시에 읽어야 비로소 이해되는 경우도 적지 않다.

영의해 권제5
令義解 卷第五

An Annotated Translation of "Ryonogige"

1. 무릇 궁宮·합문閤門에 들어가야 할 자는(생각건대 위문衞門이 지키는 곳을 궁문宮門이라고 하고, 병위兵衞가 지키는 곳을 합문閤門이라고 한다.) 본사本司가 자세히 관위와 성명을 기록하여(생각건대, 본사는 재경在京의 관사가 모두 이 것이다. 자세히 관위와 성명을 기록한다는 것은 주전主典 이상을 위해서 세운 조 문이다. 잡임雜任은 이에 준한다.) 중무성中務省으로 보내어 위부衞府에 전한 다. 각각 편한 문[便門]에 따라서 장부[籍]에 기록한다(생각건대, 궁문과 합문 에 사람이 출입해야 할 때 각각 요긴하고 편리함[要便]이 있는 것을 편문便門이라 고 한다.). 다만 5위 이상은 궁문의 장부[籍]에 기록한다(생각건대 5위 이상은 신분이 귀한 고급 관인[朱紫]으로 하는 일이 사서士庶와 다르다. 그러므로 재경관 [在京]이라면 모든 문에 통행할 수 있는 장부通籍에 기록한다.). 모두 장부에서 통행이 허가된 문[著籍]이 아니면 출입할 수 없다. 만약 직임이 바뀌었거나 사신으로 가는 부류는(생각건대, 직임이 바뀌었다는 것은 외관外官으로 임명된 것이다. 만약 경에 있으면서 관직官職이 바뀐 경우는 1일·16일까지 그 장부[籍] 를 바꾸어야 하는데, 바꾸지 못한 기간 동안 여전히 옛 장부[籍]에 의거한다. 부류 라고 한 것은 휴가나 병환 등의 부류로 또한 그 내용을 간략히 한 것이다.), 본사 本司가 당일로 성省으로 첩牒을 보내 장부[籍]에서 없앤다. 매월 1일, 16일에 각 1회 장부[籍]를 바꾼다. 숙위宿衞하는 사람도 이에 준한다.

2. 무릇 적籍이 없이 금중禁中으로 들어가야 할 경우(생각건대, 문적門籍이 있는 궁문 안이다.) 및 청영請迎, 수송輸送(생각건대, 금중禁中에 가서 물품을 청하는 것을 일러 청영請迎이라고 한다. 물품을 실어서 금중禁中에 보내는 것을 일러 수송輸送이라고 한다.), 정장丁匠이 역역役을 하러 들어가는 경우는 중무성이 임시로 이름을 적어 위부[府]로 보낸다. 50인 이상이면 해당 위[當衛]가 기록해서 아뢴다(생각건대, 50인 이상이라고 하였는데, 가령 40인이 먼저 들어가고 10인이 나중에 들어간다면 그 전후를 합산한다. 이미 50명이 넘었다면 또한 기록해서 아뢰어야 한다. 만약 동서東西로 나누어 들어간다면 또한 이를 따른다. 해당 위[當衛]는 위문衛門 및 병위부兵衛府이다.). 수송할 바가 있는데 끝내지 못하여 머물러 묵으며 물품을 지키고자 한다면 헤아려 머물기를 허락한다(생각건대, 중무中務·위부衛府가 모두 함께 헤아린다. 청영請迎을 마치지 못한 경우도 또한 이에 준한다.).

3. 무릇 병위兵衛의 위사衛士의 상번上番은 위사衛士의 상번上番은 본국本國으로부터 처음 올라오는 것을 이른다(생각건대, 병위兵衛의 경우는 번番을 설 때마다 아뢴다. 위사衛士의 경우는 오직 처음 근무할 때 한 번만 아뢴다.). 모두 본인이 맞는지[正身] 점검한 후에 아뢴다(생각건대, 병위兵衛·위사衛士 본인이 맞다면[見在] 곧 작은 묵점[少墨]을 그 이름 위에 찍는다. 아뢴다는 것은 본위本衛가 각각 아뢴다는 뜻이다.).

4. 무릇 문을 열고 닫는 것은, 제1 개문고開門鼓 치기가 끝나면 곧 제문諸門을 연다(생각건대, 북[鼓]을 치는 시절時節[1]은 별식別式에서 볼 수 있다. 가령 인시

---

[1]_ 陰陽式에 따르면 開諸門鼓(第1開門鼓)·開大門鼓(第2開門鼓)·退朝鼓·閉門鼓를 각각 치는 시각을 40時節로 나누어 자세하게 규정하고 있다. 북을 치는 방식은 古記나 陰陽式에 寅1점에 제1, 卯4점에 제2 개문고를 각각 12번[槌] 2회씩 친다고 한다.

[寅] 1각²에 제1고第一鼓를 친다면 묘시[卯] 2각³에 제2고第二鼓를 쳐야 한다. 제문諸門은 대문大門 이외에 내외內外의 모든 문[諸門]이다.). **제2 개문고開門鼓 치기가 끝나면 곧 대문大門을 연다**(생각건대, 조당朝堂의 남문이다.). **퇴조고退朝鼓 치기가 끝나면 곧 대문을 닫는다. 주루晝漏⁴가 다하여 폐문고閉門鼓 치기가 끝나면 곧 제문諸門을 닫는다. 이문理門**(생각건대, 임시로 하나의 편문便門을 정하여 필요할 때마다 출입하는 것이다. 주야로 항상 열어 놓고 사람의 출입을 살펴보므로 이문理門이라고 한다.)**은 닫지 않는다. 경성문京城門은**(생각건대 나성羅城의 문이다.) **새벽에 북소리가 울리기 시작하면 곧 연다**(생각건대 위의 조문에 보이는 제1 개문고가 이것이다.). **밤에 북소리가 울리다 멈추면 곧 닫는다**(생각건대 또한 위의 조문에 보이는 폐문고가 이것이다.). **그 열쇠[鎰]를 들고 내는 자는**(생각건대 제문 및 경성문의 열쇠가 모두 이것이다. 그 출입 시각[出入早晩]은 식式의 처분을 기다린다. 가령 인시[寅] 1각에 문을 연다면 곧 축시[丑] 2각⁵에 열쇠를 내는 등의 경우이다. 열쇠를 내는 것이 이미 이와 같다면 그것을 들이는 것도 또한 이에 준한다. 모든 궁문과 합문의 열쇠[管鎰]는 어소御所에 바친다. 그 경성문의 열쇠[鎰]도 또한 같다. 다만 아래의 조문에 의하면, 장가[婚]·시집[嫁]·장례[喪]·병病 등으로 인한 경우는 아울러 통과하도록 하였다. 방문坊門의 열쇠는 방령坊令이 맡아서 주관함을 알 수 있다.) **제1 개문고를 치기 3각 이전과 폐문고를 치기 3각 이후에 열쇠를 낸다. 제위諸衛는 관할 구역[所部] 및 여러 문을 살펴 점검한다**(생각건대, 제위諸衛는 5위부衛府의 주전主典 이상이다. 단 장관은 아래의 조항에 의거하면, 시간마다 점검하라고 하였고, 관할 구역[所部]이란 어원御垣의 주위 및 대장大藏·민부民部의 창고가 있는 공간[廩院] 등 위사衛士로 하여금 지키게 하는 곳이다.). **시간에 따라 야간에 순찰[行夜]**(생각건대, 궁

---

²- 오전 3시경이다.

³- 오후 7시경이다.

⁴- 낮시간에 사용하는 물시계이다. 漏盡은 물시계의 물이 다 새어 나와서 그날이 다 갔다는 뜻으로 밤 12시를 이르기도 한다.

⁵- 오전 1시 15분경이다.

성宮城 안이다. 경京 안을 야간순찰[行夜]하는 것은 아래에 이미 조문이 있으므로 여기에 들어가지 않는다.)하는 자는 모두 몽둥이[杖]를 들고 순행해야 하고 **분명히 서로를 숙지해야 한다**(생각건대, 야간에 순찰하는 병위兵衛는 좌左·우右가 있으니 양측이 모두 알아야 하므로 '분명히 서로를 숙지해야 한다.'고 한 것이다.). **아침마다 각 위부[色別]마다**(생각건대, 원래 여러 위부[諸衛]가 있으니 색별色別이라고 한 것이다.) **1인이 숙직한 관장**官長**에게 나아가서 평안**平安**하였음을 보고[通]한다**(생각건대, 차관 이상이다. 모든 위부衛府는 장관長官 또는 차관次官 중 한 사람이 반드시 숙직宿直하고 있어야 하고, 둘 다 동시에 퇴근해서는 안 된다. 그러므로 숙직한 관장官長에게 나아가라고 한 것이다.).

5. **무릇 조칙이 선행**宣行 **되지 않았다면**(생각건대, 태정관에 보내지 않은 것이다.), **담당관인이 아닌 자**[非司]**가 함부로 볼 수**[輒看]**없다**(생각건대, 중무성의 소보少輔 이상을 제외하고 모두 비사非司이다. 아직 시행되지 않았는데 앞서 문사門司가 함부로 보는 것을 염려하는 까닭에 이 법령을 만든 것이다.).

6. **무릇 거가**車駕**가 먼 길을 떠날 때는**(생각건대, 경외京外에 행차하러 떠나는 것이다.) **병위**兵衛·**위사**衛士**가 먼저 행렬을 조사하고**(생각건대, 행렬을 살피고 조사하는 것이다.) **길가 곁의 으슥하고 어두운 곳에 이르러 살펴서 평상과 다른 것을 조사한다**(생각건대, 은隱은 보이지 않게 가린 것이다. 영映은 희미하게 반사되어 밝지 않은 것이다. 그 미리 모든 뜻밖의 재난을 대비하는 것이 호위를 맡은 자들의 선정善政이므로 으슥하고 어두운 곳에 이르러 반드시 평상과 다른 변화에 신중하여야 한다.). **앞뒤에서 구경하는 사람이 큰소리를 내는 것을 꾸짖고**[6], **높은 곳에 올라간 경우는 내려가게 한다**(생각건대, 무릇 천자가 먼 길을 떠날 때는 사람들이 거리낌 없이 마음대로 보게 하는데 만약 소리를 높여 큰

---

[6]_『日本思想大系 律令』에서는 "앞뒤에서 꾸짖고, 사람들이 큰 소리로 말하거나 높은 곳에 올라가서 보면 내려가게 한다"고 번역하였다.

소리치거나 높은 곳에 올라가 내려다보는 경우는 모두 꾸짖어 억누르고 내려가게 한다.). **만약 행차해야 하는 곳이 있으면**(생각건대, 궁중이나 경내京內에 천자가 행차할 곳이 있는 것이다.) **모두 먼저 문과 거리를 막고**(생각건대, 마을을 드나드는 문[閭閻門戶] 및 마을 내의 길[巷里道術]에서 그 사람과 동물을 막아 모두 조용하게 하는 것이다.) **머무르기에 적당하지 않은 자는 쫓아낸다**(생각건대, 천자가 타는 수레에서 300보 떨어지게 한다. 행차를 모시는 사람이 아니면 함부로 가까이 할 수 없으므로 쫓아내는 것이다.).

7. **무릇 이문**理門[7]**은 밤이 되면 불을 밝히고**(생각건대, 내·중·외 삼문에 모두 위사衛士가 불을 피운다.) **아울러 큰 그릇에 물을 채워 넣고, 모든 출입자를 감찰한다.**

8. **무릇 병고**兵庫**와 대장원**大藏院[8] **안에는 모두 불을 가지고 들어갈 수 없다. 그 지키는 담당자가 음식을 만들어야 하는 경우**(생각건대, 관인 이하 직정直丁 이상이다.) **밖에서 만들어야 한다**(생각건대, 50장 밖에서 만드는 것이다.). **나머지 고장**庫藏**도**(생각건대, 내외의 고장이다.[9] 그 창고[倉廩][10] 역시 같다.) **이에 준한다.**

9. **무릇 고장**庫藏**의 문 및 공간의 바깥 사면**四面**에는 항상 몽둥이[杖]를 가지고 방비를 굳건히 한다**(생각건대, 위사를 분배하여 그곳을 지키게[守護] 하는 것이다.). **담당관이 아닌 자[非司]는**(생각건대, 고장의 관인을 제외하고 모두 비사

---

[7]_ 출입의 편의를 위해 밤낮으로 열어두는 궁궐문을 말한다. 「궁위령」 4조 開閉門條 참조.

[8]_ 大藏省이 관리하는 창고가 있는 구역을 말한다. 調·庸으로 바친 布·絁·錢 등을 보관하였다.

[9]_ 內藏과 國郡의 兵庫 등이다.

[10]_ 곡물을 보관하는 창고로 正倉 등을 말한다.

非司이다.[11]) 함부로 들어갈 수 없다. 밤에는 곧 시간을 나누어 살피고 조사한다(생각건대, 위사와 주사主司가 각각 때에 따라 순찰하여 살피는 것이다.).

10. 무릇 제문諸門 및 지키는 해당처에 정사正司[12]가 아닌데 와서 감찰하는 경우, 먼저 계를 맞추어[合契] 살피고(생각건대, 정사正司가 아니라는 것은 해당 부서 관인이 아닌데, 별칙으로 감찰하게 한 것이다. 먼저 계를 맞추어서[合契] 확인한다고 하였는데, 계契는 부서符書[13]이다. 두 개의 나무 조각에 글을 쓰고 그 측면을 깎아낸 것인데, 두 개를 맞추어서 신표로 삼는 것이다. 그 위부衛府에는 부마다 별도로 맞추어 보는 계契가 있지만, 계契를 지급하는 제도는 영조令條의 조항이 없다. 다만 군방령을 살펴보니 "군장이 정토하면 교대할 때 부符를 확인하여 맞춘다軍將征討 須交代者 勘合符"라고 하였다. 이 조항 역시 계를 맞추어 살핀다고 하였다. 이미 부계符契를 살핀다는 조항이 있으니, 곧 처음 지급하는 법이 있음을 알 수 있다. 가령, 담당관사가 아닌 자가 계契를 가지고 온 경우 곧 해당처를 주관하는 사람이 마땅히 본부에 나아가 그 편계片契를 청해 직접 맞추어야 한다.) 같으면 조사하고 심사하는 것을[檢校] 허락하고 같지 않으면 잡아서 본부本府에 보낸다.

11. 무릇 궁장宮墻 사면四面의 길 안에는(생각건대, 길가의 도랑과 궁장宮墻 사이의 땅이다. 이것이 길 안[道內]이다.) 물건을 쌓아둘 수 없다. 그 궁궐宮闕 가까운 곳에서 냄새나고 더러운 물건을 불태우거나 슬피 우는 소리[哭聲]를 들리게 해서는 안된다(생각건대, 궁궐宮闕은 궁宮이라고 하는 것과 같다. 냄새나고 더러운 기운이 미치거나 슬피 우는 소리가 들리는 것 이를 일컬어 가깝다고 한 것이다.).

---

[11]_ 左右兵庫 · 內兵庫 · 大藏省 등을 말한다.
[12]_ 衛守를 담당하는 衛府의 관인을 말한다.
[13]_ 符書는 나중에 맞추어 보기 위한 신표이다.

12. 무릇 숙위의 기장[器仗]을 만약 어떤 사람이 칙勅이라고 하면서 요구한 다면, 주사主司는 아뢰어 확인한 연후에 그것을 준다(생각건대, 숙위기장宿衛 器仗이라는 것은 위부衛府 및 내사인內舍人이 휴대하고 있는 몽둥이다. 주사主司는 병위부兵衛府 및 중무성의 판관 이상이다.).

13. 무릇 천황의 행렬[鹵簿부] 내에는 함부로 끼어들 수[橫入] 없다(생각건 대, 노부鹵簿의 노鹵는 방패[楯]이다. 부簿는 문적文籍이다. 생각건대 장부에 방패 를 든 자[楯鹵]를 기록한 것으로 이것이 대오[部隊]가 된다. 횡입橫入이라는 것은 대열을 끊고 함부로 들어오는 것이다.). 감장監仗[14]의 관官으로서(생각건대, 본 위의 감장監仗이다.) 검교檢校하는 자는 가고 올 수 있다.

14. 무릇 거가車駕가 행차하는 바가 있어서 혹은 밤에 갈 때 부대의 주수主 帥는(생각건대, 50인을 1대로 삼는다. 즉 50인 이상 장長은 주수主帥이다.) 각각 서로 분명하게 알아야 한다. 비록 시신侍臣일지라도 밖에서 왔다면(생각건 대, 시신侍臣이라는 것은 소납언少納言, 시종侍從, 중무소보中務少輔 이상이다. 밖에 서 왔다는 것은 원래 배종陪從한 자가 아니라 새로 온 자이다.) 칙이 없이 함부로 들어올 수 없다.

15. 무릇 칙을 받들어서 밤에 제문諸門을 여는 경우에는 칙을 받은 사람이 (생각건대, 칙지를 받들어서 문을 여는 시종 등의 류이다.) 열어야 하는 문과 아 울러 들어가고 나오는 사람의 명부名帳를 자세하게 기록하여 중무中務에 선 송宣送한다. 중무中務는 위부衛府에 선송宣送한다. 위부衛府는 복주覆奏한다. 그러한 후에 열어준다(생각건대, 가령 구칙口勅[15]으로 밤에 궁문을 여는 경우는 칙을 받은 사람이 중무에 선송宣送한다. 중무는中務 복주覆奏하고, 위부衛府에 선고

---

[14]_ 대열의 감독을 맡은 衛府의 관인을 말한다.
[15]_ 천황이 구두로 내린 명령을 말한다.

宣告한다. 위부衛府는 복주覆奏하고 위사闈司에 고한다. 위사闈司는 전주轉奏한다. 그러한 후 이에 연다.). **만약 중무**中務 **· 위부**衛府**가 함께 칙을 받든 경우는 복주**覆奏**할 필요가 없다. 그 칙을 받드는 사람의 이름이 다르거나 착오가 있다면**(생각건대, 출입하는 사람의 이름과 장부가 어그러진 것이다.) **곧 잡아서 주문**奏聞**한다**(생각건대, 적발해서 보고하라는 뜻이다. 잡아서 묶는 것을 이르는 것은 아니다.).

16. 무릇 여러 문의 관關 **· 건**鍵 **· 관**管 **· 일**鎰**은**(생각건대, 관關은 문을 잠그는 횡목橫木[16]이고, 건鍵은 문의 자물쇠[牡][17]이다. 관管은 자물쇠[牡]를 감싸는 것이고, 일鎰은 관건管鍵을 열기 위한 것이다.) **모두 견고[牢]해야 한다**(생각건대, 뇌牢는 역시 고固이다.).

17. 무릇 오위부五衛府**의 관장**官長**은 모두 시간에 따라 관할 구역을 안검하고**(생각건대, 직원령職員令에서 시간에 따라 순검巡撿하라고 한 것과 같다. 그 판관判官 이하는 직접 이 조항에 의거해서 날마다 안검按撿한다.), **법과 같지 않음을 규찰한다.**

18. 무릇 의장군기儀仗軍器(생각건대, 그것을 예용禮容에 쓰면 의장儀仗이라 하고, 그것을 정벌에 쓰면 군기軍器라 한다. 즉 실제로는 같은데, 부르는 것이 다른 것이다.), **십사**十事 **이상으로**(생각건대, 궁弓 1장張, 전箭 50척隻이면 각각 1사事이다. 즉 궁전弓箭은 둘 다 갖추어야 할 필요는 없다. 가령 1일 내에 5사事를 먼저 넣고 5사事를 후에 넣으면, 선후를 통계해서 주문奏聞해야 한다. 나오는 경우 역시 이에 준한다. 아래 조항에 의거해서 여러 문에서 나가는 물품은 방牓이 없다면, 1

---

[16]- 빗장을 말한다.
[17]- 牡는 열쇠라는 뜻을 가지고 있지만 자물쇠 중에서 열리는 부분을 뜻한다. 그래서 자물쇠로 번역하였다.

사事 이상 아울러 나갈 수 없다. 즉 9사事 이하는 모두 방牓을 요구해야 한다. 다만 주문奏聞하지 않을 뿐이라는 사실을 알 수 있다.) 여러 문에 출입하는 경우는 모두 방牓[18]을 받아내야 한다. 문사門司에서 주문奏聞해서 헤아려 출입을 허락한다(생각건대, 문사門司는 위부衛府이다.). 그 숙위인宿衛人 중에서 항상 입고 쓰는 것은 이 제한에 들지 않는다.

19. 무릇 군기軍器·융장戎仗 등을 바치는 경우가 있다면(생각건대, 활·화살·칼·창[弓箭刀槍]과 같은 종류가 군기軍器이고, 북·부는 악기·깃발·징[鼓吹幡鉦]과 같은 종류가 융장戎仗이다.), 곧 내사인內舍人으로 하여금 바치는 사람을 따라서(생각건대, 가령 병고兵庫 및 신하에게 칙해서 기장器仗을 바치면 고사庫司 및 물주物主를 바치는 사람[獻人]이라고 한다.) 가지고 들어오게 한다.

20. 무릇 거가車駕가 행행行幸하면 곧 여러 문을 닫고 편의에 따라서 이문理門을 연다. 유수인留守人은 각각 이문理門으로 출입한다. 가駕가 돌아와 의장[仗][19]이 이르면 모두 연다.

21. 무릇 숙위인宿衛人이(생각건대, 병위兵衛이다. 그 문부 역시 이에 준한다.) 응당 상번上番해야 하는데, 까닭이 있어서 이르지 못했거나(생각건대, 나아가는 것[赴]은 이르는 것이다. 본부本府에 이르지 못하였음을 말한다.) 하번下番하는 데 하루 이상을 가야하는 경우는(생각건대, 그 거리를 헤아리는 것은 사가私家로부터 계산한다. 본부本府에 따르지 않으므로 하번下番이다.), 모두 본부本府에 신첩申牒한다. 자세하게 가는 곳을 기록한다. 만약 하루가 걸리지 않는다면 임시로 가고 돌아오는 것을 허락한다.

18_ 門牓을 말한다. 宮城의 여러 문을 통하여 반출·반입되는 무기나 물품과 그 수량을 기록한 문서를 말한다.
19_ 車駕의 행렬을 앞에서 호위하는 대열을 말한다.

22. 무릇 원일元日·삭일朔日과, 그 밖에 취집聚集하는 일이 있거나(생각건대, 원일元日·삭일朔日 이외에, 별도의 취집聚集이 있다. 가령, 출운국조出雲國造가 신사神事를 아뢰는 류이다), 번객蕃客의 연회宴會, 사현辭見[20]은 모두 의장儀仗을 세운다.

23. 무릇 궁문宮門 안과 조당朝堂[21]에서는, 술을 즐기거나 음악을 연주하거나 개인적인 경의를 표하거나 결벌決罰을 행할 수 없다(생각건대, 배사拜辭는 경敬이다. 태장笞杖은 벌罰이다.).

24. 무릇 경京의 길은 네거리[街]마다 포鋪를 세운다(생각건대, 네거리를 나눈다는 것[分街]은, 네거리마다라는 것과 같다. 네거리는 4곳으로 통하는 길이다. 포鋪는 네거리를 지키는 집[舍]이다.). 위부衛府는 시간에 맞춰 행야行夜[22]한다. 야고夜鼓가(생각건대, 가고街鼓는 효고曉鼓와 역시 같다.) 끊어지면 다니는 것을 금지한다. 효고曉鼓가 울리기 시작하면 다니는 것을 허락한다. 만약 공사公使 및 혼가婚嫁·상喪·병病이 있어서, 서로 알려야 하거나, 의사를 찾거나 약을 구해야 하는 경우는, 감문勘問하여 분명히 사실인 것을 확인한 다음 방과放過[23]한다. 이러한 부류의 사람이 아닌데 밤에 다녔다면, 위부衛府가 당일當日에 결방決放[24]한다(생각건대, 앞의 조條에 따라, 행야行夜한 제위諸衛가 각각 본부本府에 나아가 평안平安함을 알리는데, 이것이 당일當日이다.). 속贖[25]에

---

[20]_ 내관에 있던 사람이 외관으로 나갈 때 천자에게 辭別하는 것과 외관에 있던 사람이 내관으로 들어와서 천자에게 謁見하는 것을 말한다.

[21]_ 관인들이 업무를 수행하는 공간을 말한다.

[22]_ 야간에 순찰하는 것을 말한다.

[23]_ 통행을 허가한다는 뜻이다.

[24]_ 형벌을 집행하고 놓아준다는 뜻이다. 야간통행금지를 위반하면 笞 20대였다(雜律).

[25]_ 관인의 경우는 贖銅을 납부하고 형벌의 집행을 면제받을 수 있다.

해당하거나 나머지 죄가 있는 경우는, 소사所司에 보낸다(생각건대, 옥령獄令에 의거하면, 형부刑部 및 경직京職이 바로 소사所司이다.).

25. 무릇 제문諸門에서 물건이 나갈 때, 방榜이 없다면 일사一事 이상도 모두 나갈 수 없다(생각건대, 일사一事는 일물一物과 같으며, 앞 조條의 뜻과는 다른 것이다. 그 도사盜詐를 방지하기 위한 것으로, 그러므로 즉 방榜을 요구하는 것이다. 조문에서 물건이 나간다고 한 것은, 즉 병기兵器를 제외한 나머지임을 알 수 있다. 물건이 들어오는 경우는, 방榜을 요구하지 않는다.). 방榜은 중무성中務省이 위부衛府에 보내는 것이다. 문사門司가 감교勘校하고, 결잉缺剩이 있는 경우는, 일에 따라 추박推駁한다(생각건대, 박駁은 바로잡는다는 것이다.). 별칙別勅으로 내리는 물건은 이 범위에 있지 않다.[26]

26. 무릇 거가車駕가 출입할 때, 여러 사람이 거가車駕를 따르는데 당안當按의 순서는 노부도鹵簿圖[27]와 같다(생각건대, 당안當按은 열차列次와 같다. 요컨대, 제위諸衛가 각각 담당하는 진진의 열차列次를 갖추어, 잡란雜亂을 하지 않도록 하는 것을 말한다.). 어가[御]로부터 3백 보 이내에는 병기兵器를 소지할 수 없다. 숙위인宿衛人으로 거가[駕]를 따르는 자는 소지를 허락한다.

27. 무릇 대장隊仗 내에 비위非違가 있는데, 탄정彈正[28]이 성명을 알지 못하면, 장두仗頭[29]에 가서 주사主司[30]에게 물어보는 것을 허락한다(생각건대, 대

---

[26] 천황의 특별한 명령으로 내리는 물건에 대해서는 칙을 담은 문서가 있을 것이므로 이 문서가 榜을 대신할 수 있다.

[27] 천황의 행렬도를 말한다. 거가를 중심으로 인원과 기물의 배치를 그린 그림이다.

[28] 관인의 비위를 규찰하는 관사이며, 여기서는 탄정대의 관인을 뜻한다. 의례를 진행하는 중에 제자리를 지키지 못하는 것도 규찰의 대상이 된다.

[29] 衛士, 兵衛, 內舍人 등이 이루는 대열의 선두를 말한다.

장대隊杖이란 것은, 위사衛士의 진陣이면 이를 대隊라고 이르고, 병위兵衛·내사인內舍人의 진陣이면 이를 장仗이라고 이른다. 주사主司라는 것은, 영병관領兵官이다. 묻는다는 것은 비위非違를 범한 자의 성명姓名을 묻는 것이다.).

28. 무릇 숙위宿衛 및 근시近侍하는 자의(생각건대, 숙위宿衛는 병위兵衛 및 내사인內舍人이다. 근시近侍는, 소납언少納言, 시종侍從, 중무판관中務判官 이상이다.), 2등 이내의 친족[親]이 사죄死罪를 범하여 추핵推劾을 받은 경우라면, 추단推斷하는 관사[司]가 속히 전사專使³¹를 파견하여(생각건대, 만약 죄인이 밖에 있고, 상황을 헤아려 매우 중대한 경우라면, 치역馳驛³²으로 첩牒을 보고하는 것이다.), 첩牒을 보내서 숙위宿衛 및 근시近侍하는 자의 본사本司·본부本府에 보고하고, 입내入內하는 것을 허락하지 않는다(생각건대, 선서령選敍令에 의거하면, 부조자손父祖子孫이 죽임을 당한 경우라면, 모두 시위侍衛의 관직을 맡을 수 없다.³³ 지금 이 조로 짐작하건데, 백숙형제伯叔兄弟가 살육을 당한 경우 또한 시위侍衛의 관직을 맡을 수 없다. 왜냐하면, "2등친이 사죄死罪를 범하여 추핵推劾을 받은 경우라면, 입내入內를 허락하지 않는다"라고 하였기 때문이다.³⁴ 이 조항으로 생각건대, 추핵推劾을 받아도 이미 입내할 수 없는데, 살육殺戮당한 후에 어찌 시위侍衛를 맡을 수 있겠는가.).

30_ 해당 진의 지휘관을 말한다.

31_ 특정한 목적을 가진 사신을 말한다.

32_ 驛傳을 이용하는 방법 중에서 가장 빨리 문서를 전달하는 방식을 말한다. 역마다 계속 말을 바꾸면서 하루에 10驛 이상 이동하는 것이다. 「公式令」 42조 참조.

33_ 「선서령」 23조 참조. 간질이나 술버릇이 나쁜 사람 역시 侍衛官에 임명할 수 없다고 하였다.

34_ 「옥령」 30조 참조.

(謂. 宮王宮也. 衛禁衛也.) 凡貳拾捌條

凡應入宮閣門者(謂. 衛門所守. 謂之宮門. 兵衛所守. 謂之閣門也.). 本司具注官位姓名(謂. 本司者. 在京諸司皆是也. 具注官位姓名者. 此爲主典以上立文. 其雜任准此也.). 送中務省. 付衛府. 各從便門著籍(謂. 宮門閣門. 當人出入. 各有要便者. 是爲便門也.). 但五位以上. 著籍宮門(謂. 五位以上. 身貴朱紫. 事殊士庶. 故在京者. 皆於諸門. 著其通籍也.). 皆非著籍之門者. 並不得出. 若改任行使之類(謂. 改任者. 出任外官. 若在京遷官者. 至一日十六日. 須換其籍. 其未換之間. 尙依舊籍也. 之類者. 假患芋類. 亦約此中也.)者. 本司當日牒省除籍. 每月一日. 十六日. 各一換籍. 宿衛人准此.

凡无籍應人禁中(謂. 門籍以內也.). 及請迎. 輸送(謂. 就禁中請物. 是爲請迎. 輸物送禁中. 是爲輸送也.). 丁匠入役者. 中務省臨時錄名付府. 五十人以上. 當衛錄奏(謂. 五十人以上者. 假如. 卌人先入. 十人後入者. 通計先後. 旣滿五十. 亦須錄奏. 若於東西分入者. 亦以此率之. 當衛者. 衛門及兵衛府也.). 其有所輸送. 未畢欲宿守物者. 斟量聽留(謂. 中務衛府. 相共斟量. 其請迎未畢者. 亦准此也.).

凡兵衛衛士上番. 衛士上番. 謂自本國初上者(謂. 兵衛者. 每番奏聞. 衛士者. 唯初上一廻奏聞也.). 皆須撿點正身. 然後奏聞(謂. 兵衛衛士. 正身見在者. 卽以少墨. 點其名上也. 奏聞者. 本衛各奏聞也.).

凡開閉門者. 第一開門鼓擊訖. 卽開諸門(謂. 擊鼓時節. 可有別式. 假如. 寅之一尅擊第一鼓者. 卯之二尅可擊第二鼓也. 諸門者. 大門以外內外諸門也.). 第二開門鼓擊訖. 卽開大門(謂. 朝堂南門也.). 退朝鼓擊訖. 卽閉大門. 晝漏盡. 閉門鼓擊訖. 卽閉諸門. 理門(謂. 臨時定一便門要出入者. 晝夜常開.

監人出入. 謂之理門也.)不在閉限. 京城門者(謂. 羅城門也.). 曉鼓聲動則開
(謂. 上文第一開門鼓是也.). 夜鼓聲絶則閉(謂. 亦上文閉門鼓是.). 其出入鎰
者(謂. 諸門及京城門鎰皆是. 其出入早晚. 待式處分. 假如. 寅之一尅開門者. 卽丑之二
尅. 出鎰之類也. 出之旣如斯. 入之亦准此. 凡宮閣管鎰者. 進於御所. 其京城門鎰亦同.
但依下文. 婚嫁喪病等之類. 並見放過. 卽知坊門鎰者. 坊令主掌也.). 第一開門鼓
以前三刻出. 閉門鼓以後三刻進. 卽諸衛按撿所部及諸門(謂. 諸衛
者. 五衛府主典以上. 但長官者. 依下條. 以時撿行也. 所部者. 御垣周廻. 及大藏民部廩
院等. 令衛士守是也.). 持時行夜(謂. 宮城以內. 其京內行夜者. 下已有文. 故不入此
也.)者. 皆須執仗巡行. 分明相識(謂. 行夜兵衛旣有左右. 彼此共知. 故曰分明
相識也.). 每旦色別(謂. 旣有諸衛. 故云色別也.)一人. 詣在直官長通平安
(謂. 次官以上. 凡衛府者. 長官若次官一人. 必在宿直. 不得共退. 故云詣在直官長也.).
凡詔勅未宣行者(謂. 未送太政官也.). 非司不得輒看(謂. 除中務少輔以上之
外. 皆爲非司. 恐未施行前. 門司輒看. 故設此制也.).
凡車駕出行(謂. 出幸於京外也.). 兵衛衛士先按行(謂. 按撿於行列也.). 及
道邊隱暎處. 撿察非常(謂. 隱者. 隱翳也. 暎者. 暎矄不明. 其備預諸不虞. 司衛
之善政. 故至於隱暎之處. 必愼非常之變也.). 前後呵叱觀人大言. 登高者使
下(謂. 凡天子出行. 放人令縱觀. 若高聲大言. 及登高臨矚者. 並皆呵禁. 令其抑下也.).
若有所幸(謂. 於宮中及京內. 有所臨幸也.). 皆先防禁門巷(謂. 閭閻門戶. 及巷
里道街. 防禁其人物. 並皆令靜謐也.). 駈斥所不當留者(謂. 去乘輿三百步之內.
非陪幸之人. 不得輒近. 故皆駈斥也.).
凡理門至夜燃火(謂. 內及中外三門. 皆衛士燃火也.). 并大器貯水. 監察諸
出入者.
凡兵庫大藏院內. 皆不得將火入. 其守當人須造食者(謂. 官人以下. 直
丁以上也.). 於外造(謂. 於五十丈外造也.). 餘庫藏(謂. 內外庫藏. 其倉廩亦同.)
准此.
凡庫藏門及院外四面. 恒持仗防固(謂. 分配衛士. 令其守護之也.). 非司

(謂. 除庫藏司以外. 皆爲非司也.). 不得輒入. 夜卽分時撿行(謂. 衛士主司. 各持時巡檢也.).

凡諸門及守當處. 非正司來監察者. 先勘合契(謂. 非正司者. 非本府官人. 別勅令監察也. 先勘合契者. 契者. 符書也. 書兩札. 刻其側. 合以爲信者. 其衛府. 府別雖有合契. 給契之制. 令條無文. 但案軍防令. 軍將征討須交代者. 勘合符. 此條亦云勘合契. 旣有勘符契之文. 卽知有初給之法. 假令. 非司之人. 將契來者. 卽主當處人. 當向本府請其片契. 相對勘合之.). 同聽撿挍. 不同執送本府.

凡宮墻四面道內(謂. 街邊通渠與宮墻間地. 是爲道內也.). 不得積物. 其近宮闕. 不得燒臭惡物. 及通哭聲(謂. 宮闕猶云宮也. 臭惡之氣應及. 哭泣之聲應通. 謂之近也.).

凡宿衛器仗. 若有人稱勅索者. 主司覆奏. 然後付之(謂. 宿衛器仗者. 衛府及內舍人所帶之仗也. 主司者. 兵衛及中務判官以上也.).

凡鹵簿內. 不得橫入(謂. 鹵簿者. 鹵. 楯也. 簿. 文籍也. 言簿列楯鹵. 以爲部隊也. 橫入者. 截陣以橫入也.). 其監仗之官(謂. 本衛之監仗者也.)撿挍者. 得去來.

凡車駕有所臨幸. 若夜行. 部隊主帥(謂. 五十人爲隊. 卽五十人以上長. 是爲主帥也.). 各相辨識. 雖是侍臣. 從外來者(謂. 侍臣者. 少納言. 侍從. 中務少輔以上也. 從外來者. 元非陪從而新來者也.). 非勅不得輒入.

凡奉勅夜開諸門者. 受勅人(謂. 奉勅旨開門之侍從等類也.). 具錄須開之門. 并入出人名帳. 宣送中務. 中務宣送衛府. 衛府覆奏. 然後開之(謂. 假有. 口勅夜開宮門者. 受勅之人. 宣送中務. 中務覆奏. 宣告衛府. 衛府覆奏. 轉告闈司. 闈司轉奏. 然後乃開也.). 若中務. 衛府倶奉勅者. 不合覆奏. 其奉勅人名違錯(謂. 出入人名. 與帳乖錯也.). 卽執奏聞(謂. 執申之義. 非執縛之謂也.).

凡諸門開[35]鍵管鎰(謂. 開者. 持門橫木也. 鍵者. 門牡也. 管者. 所以函牡也. 鎰者.

---

[35]_ 원문에는 변關으로 되어 있으나 관關과 통용되는 글자로 사용한 것이다.

所以開管鍵也.). 皆須牢固(謂. 牢者. 亦固也.)

凡五衛府官長. 皆以時按撿(謂. 與職員令以時巡撿同. 其判官以下. 自依上條. 每日按撿也.)所部. 糺察不如法.

凡儀仗軍器(謂. 用之禮容. 爲儀仗. 用之征伐. 爲軍器. 即同實而殊號者.). 十事以上(謂. 弓一張. 箭五十隻. 各爲一事. 即弓箭不相須也. 假令. 一日之內. 五事先入. 五事後入者. 通計先後須奏聞. 其出者亦准此也. 依下條. 諸門出物. 無牓者. 一事以上. 並不得出. 即知九事以下. 皆合責牓. 但不奏聞耳也.). 出入諸門者. 皆責牓. 門司奏聞. 勘聽出入(謂. 門司者. 衛府也.). 其宿衛人常服用者. 不拘此限.

凡有獻軍器戎仗等(謂. 弓箭刀矟之類. 爲軍器也. 鼓吹幡鉦之類. 爲戎仗也.). 即令內舍人. 隨獻人(謂. 假令. 勅令兵庫及臣下. 獻器仗者. 庫司及物主. 謂之獻人也.)將入.

凡車駕行幸. 即閇諸門. 隨便開理門. 其留守人者. 各自理門出入. 並駕還仗至乃開.

凡宿衛人(謂. 兵衛. 其門部亦准此也.). 應當上番. 而有故不得赴(謂. 赴至也. 言不得至本府也.). 及下番須一日程以上行者(謂. 其計程者. 從私家計. 不從本府. 故云下番也.). 皆於本府申牒. 具注所行之處. 若不滿一日程者. 聽暫往還.

凡元日朔日. 若有聚集(謂. 元朔之外. 別有聚集. 假如. 出雲國造奏神事之類也.). 及蕃客宴會辭見. 皆立儀仗.

凡宮門內及朝堂. 不得酣酒. 作樂. 申私敬. 行決罸(謂. 拜謝曰敬也. 答杖曰罸也.).

凡京路. 分街立鋪(謂. 分街者. 猶每街也. 街者. 四達之路也. 鋪者. 捉街之舍也.). 衛府持時行夜. 夜鼓(謂. 街鼓. 其曉鼓亦同也.)聲絶禁行. 曉鼓聲動聽行. 若公使. 及有婚嫁喪病. 須相告赴. 求訪醫藥者. 勘問明知有實放過. 非此色人犯夜者. 衛府當日決放(謂. 依上條. 行夜諸衛. 各詣本府. 通平

安. 是爲當日也.). 應贖. 及餘犯者. 送所司(謂. 依獄令. 刑部及京轍. 是爲所司也.).

几諸門出物. 无牓者. 一事以上. 並不得出(謂. 一事猶一物. 與上條各義異也. 防其盜詐. 故更責牓也. 文云出物. 卽知除兵器之外. 入物者. 不可責牓也.). 其牓中務省付衛府. 門司勘挍. 有欠乘者. 隨事推駁(謂. 駁猶正也.). 別勅賜物. 不在此限.

几車駕出入. 諸從駕人當按次第. 如鹵薄圖(謂. 當按猶列次也. 言諸衛各惣當陣之列次. 令其不雜乱也.). 去御三百歩內. 不得持兵器. 其宿衛人從駕者聽之.

几隊仗內有非違. 彈正不辨姓名. 聽至仗頭就主司問(謂. 隊仗者. 衛士陣. 謂之隊也. 兵衛內舍人陣. 謂之仗也. 主司者. 領兵官也. 問者. 問犯非違之人姓名也.).

几宿衛及近侍之人(謂. 宿衛者. 兵衛及內舍人也. 近侍者. 少納言. 侍從. 中務判官以上也.)二等以上親. 犯死罪被推劾者. 推斷之司. 速遣專使(謂. 若罪人在外. 量狀殊重者. 馳驛牒報也.). 賫牒報宿衛及近侍之人本司本府. 勿聽入內(謂. 依選叙令. 父祖子孫被戮者. 皆不得任侍衛之官. 今案此條. 伯叔兄弟. 亦不可任侍衛之官. 何者. 二等親. 犯死罪被推劾者. 勿聽入內. 以此言之. 推劾之間. 旣不聽入內. 殺戮之後. 何得任侍衛也.).

군방령¹ 제17

(생각건대, 군軍은 군사兵士이고 방防은 방인防人²이다) 무릇 76조이다.³

1. 무릇 군단軍團⁴의 대의大毅는 1,000인을 통솔하고 소의少毅는 대의를 보

1_ 軍防令은 軍團 兵士 衛士 防人 兵衛 舍人 征行 敍勳 城柵 關 烽燧 등 군사 및 군
역과 관계된 여러 가지 사항을 규정한 것이다. 軍戰·軍水戰·軍法·軍吏·軍
賞 등으로 불리다가 隋에 이르러 軍防令이라는 명칭이 성립되었다.
『令集解』의 軍防令 부분(권 25~27)이 산일되어 大寶令의 내용을 전혀 알 수
없다. 또한 唐令의 경우도 『唐令拾遺』와 『唐令拾遺補』 등에서 47조가 복원되
어 있으나, 당 전기의 대표적인 兵制인 府兵制가 開元 25년령 편찬 단계에서
이미 團結兵이나 長征健兒制로 이행하게 되었으므로, 구체적인 복원에 한계
가 있다. 다만 宋 天聖令의 발견으로 군방령의 복원에 대한 연구가 활발해지
고 있다(吉永匡史, 「軍防令研究の新視點」, 『律令制研究入門』, 名著刊行會,
2011, pp.128~131.).

2_ 防人은 주로 遠江國 이동의 이른바 東國의 병사 중에서 징발하여 大宰府에
소속되어 한반도 쪽의 경계 임무를 담당하도록 하였다. 복무기간도 京으로 가
는 衛士가 1년인 데 대하여 防人은 3년이었다. 그렇기 때문에 軍役 중에서도
가장 부담이 큰 것이었다. 持統 3년(689) 2월에는 筑紫의 防人 중에 근무기한
이 찬 사람들의 교체를 명하고 있는 것으로 보아 防人의 교체제도가 이 시기
에는 성립된 것으로 보인다. 養老令制의 防人은 筑紫 大宰府의 防人司가 관
할하였으며, 防人司의 장관은 防人正으로 正七位의 관인이었다. 防人은 변경
을 수비하는 한편, 부근의 공한지를 이용하여 곡식과 채소를 길러 스스로 식
량을 충당해야 했다. 방인으로 근무하는 기간 중에는 課役이 면제되었으며,
귀향한 후에도 3년간 軍團의 上番이 면제되었다.

3_ 전체 76조로 公式令, 職員令 다음으로 조항이 많다. 大寶令에는 宮衛令(養老
令에서 28조)이 없고, 이와 관련된 조항이 軍防令에 포함되어 있었던 것으로
생각되므로, 大寶令 단계에서는 더욱 조항이 많았을 것이다.

좌한다(생각건대, 무릇 병사가 1,000인을 채우면 대의 1인·소의 2인을 둔다. 600인 이상이면 대의 1인·소의 1인을 두며, 500인 이하이면 단지 의毅 1인만을 둔다.). **교위**校尉**는 200인, 여수**旅帥**는 100인, 대정**隊正**은 50인이다.**[5]

2. **무릇 병사**兵士**는 각각 대**隊**·오**伍**를 구성한다**(생각건대 50인이 대隊가 되고, 5인이 오伍가 된다.[6]). **활쏘기**[弓]**와 말타기**[馬]**에 능한 자**[7]**는**(생각건대, 궁 弓은 보사步射이고 마馬는 기사騎射[8]이다.) **기병대**騎兵隊[9]**로 삼고 나머지는 보병

---

[4] 軍團은 일본 고대 율령 군사제의 기본을 이루는 조직으로 병사 1,000명으로 구성된다. 그 편성은 大毅 1인, 少毅 1인(병사 1,000명을 통솔), 校尉 5인(각 200명을 통솔), 旅帥 10인(각 100명을 통솔), 隊正 20인(각 50인을 통솔) 등의 군관을 비롯하여 사무를 관장하는 主帳 1인을 두었다. 병사 600명 이하일 때, 대의 1인 소의 1인, 500명 이하일 때는 毅 1명만을 두도록 하였다(『令集解』). 國別로 여러 개의 군단이 설치되었는데, 出雲國의 경우는 意宇 熊谷 神門 3개의 군단이 있었다(『出雲國風土記』). 그러나 전국적인 군단의 수나 배치 등에 대해서는 자세히 알 수 없다. 그러나 1鄕에서 50인의 병사가 차출되므로 20鄕 단위로 1軍團을 두었을 것으로 보기도 한다.
　일본의 軍團은 唐의 折衝府와 달리 중앙의 衛府 등과는 직접적인 통속관계가 없으며, 지방행정관인 國司가 통솔하였다. 軍團은 한반도의 정세와 맞물려 7세기 후반에 형성된 것으로 보이며, 編戶·造籍 등이 전국적으로 시행된 持統代의 飛鳥淨御原令 시행시기로 보인다. 持統 3년(689)에 지방에서 造籍을 명하는 한편, 병사는 1국마다 1/4을 뽑아서 武事를 익히도록 하라는 명령을 내린 것이 보인다(『日本書紀』). 그러나 8세기 후반부터 이완되기 시작하여 延曆 11년(792)에 변경 지역을 제외하고는 군단과 병사를 폐지하고, 그 대신 郡司의 자제들 중에서 健兒를 선발하여 國衙를 수비하도록 하였다. 西海道의 병사도 826년에 폐지되고 건아와 유사한 選士가 배치되었다.
[5] 校尉 이하는 각각 병사 200인, 100인, 50인을 통솔하므로 二百長, 百長, 五十長으로 불렸다.
[6] 5인이 1伍를 이루는데, 1隊가 정렬할 때는 五伍가 列立한다고 하여, 5열 종대로 선다. 그 한 열이 伍이며, 이를 1鋒이라고도 한다(『令集解』軍防令 2조 逸文).
[7] 弓術과 馬術을 이르지만, 馬術은 아래에서 騎射를 말한다고 하였다.
[8] 馬는 단순히 말을 탈 수 있는 능력만이 아니라 말을 탄 채로 활을 쏠 수 있는 것을 말한다.

대步兵隊로 삼는다. 주수主帥 이상은 해당 부대[當色]를 통솔하도록 하고 서로 간여하거나 섞일 수 없다[雜參](생각건대 주수主帥는 대정隊正 이상 교위校尉 이하이다.[10] 당색當色이라는 것은 보병과 기병으로 각각 부류의 구별이 있는 것을 말한다. 서로 간여하거나 섞일 수 없다는 것은 한 대隊 안에서 보병과 기병이 뒤섞일 수 없다는 뜻이다.[11]).

3. 무릇 병사兵士를 가려 뽑는 방식은 모두 가까운 지역에 따라서 군단으로 나누며[團割](생각건대 단團은 모은다는 뜻이고 할割은 나눈다는 뜻이다. 가령 군단이 첨상添上[12]·고시高市[13]의 두 군郡에 있다면, 갈성葛城[14]에 사는 사람을 고시단高市團에 배속하고 산변山邊[15]에 사는 사람을 첨상단添上團에 배속하는 것과 같은 경우이다.) 격월隔越하는 일이 없도록 한다.[16] 뽑아서[17] 군軍에 넣어야 할 경우는(차출하여 병사로 삼는 것을 말한다.) 같은 호戶 안에서 3정丁 중 1정丁을 취한다(생각건대, 이것은 정이 많은 호를 위해서 세운 조문이다. 만약 호 안에 정

9_ 말을 타는 일은 많은 훈련이 필요하므로 결과적으로 騎兵은 지방의 郡司 일족이 주류를 이루었다. 기병대라고 한 것으로 미루어 50인으로 이루어지는 隊 단위로 편성되었음을 알 수 있다. 軍團 내에서 어느 정도의 비중을 차지하였는지는 자세히 알 수 없다.

10_ 隊正, 旅帥, 校尉를 말한다.

11_ 기병과 보병은 각각 隊를 최소 단위로 구성하여, 동일한 隊 안에 기병과 보병이 혼재할 수 없다는 뜻이다.

12_ 奈良盆地의 동북쪽에 있는 지역으로 현재의 奈良市에 편입되었다.

13_ 奈良盆地의 동남쪽에 있는 지역으로 유명한 明日香村을 포함하는 지역이다. 葛城 지역과 인접해 있다.

14_ 奈良盆地의 서남쪽에 있는 지역으로 현재 葛城市에 해당한다. 高市郡과 인접하고 있다.

15_ 奈良盆地의 동북쪽에 있는 지역으로 현재의 奈良市의 남쪽과 天理市 일대에 해당한다.

16_ 兵士의 本貫과 군단의 위치가 멀리 떨어진 것을 말한다.

17_ 원문은 點이다. 선발된 사람 이름 옆에 검은 점을 찍기 때문에 사람을 뽑는 것을 落點 등으로 부른다.

의 수가 적으면 또한 다른 호와 아울러 취해야 한다. 즉 한 국國의 모든 정을 3등

분으로 나누어 그 1등분을 취한다는 의미이다. 정의 수를 나누는 방식은 봉자烽

子[18] · 사력事力[19] 등을 제외한 나머지 정을 모두 3등분한다. 다만 대정隊正 이상은

반드시 나머지 2등분 안에서 취해야 한다.).

4. 무릇 국사國司는 매년 맹동孟冬[20]에 융구戎具를 낱낱이 검열한다[簡閱][21]

(융구戎具란 국國 내의 백성이 지니는 활, 화살, 도刀, 검劍 등이다.).

5. 무릇 병사兵士는 10인을 1화火[22]로 삼는다. 화火 별로 6마리의 태마駄馬[23]

를 나누어 주어(생각건대, 관마官馬를 태마로 충당한다. 그것을 알 수 있는 이유

는, 구목령廐牧令에서 목마牧馬로서 마땅히 승용乘用을 감당할 수 있는 것은 군단軍

團에 보내어, 해당 군단의 병사 중 집이 부유하여 말의 사육을 감당할 수 있는 자

를 뽑아서 맡기라는 조항이 있기 때문이다.) 잘 기르도록 한다. 차출되거나 행

군하는[24] 날에 태마[駄]로 충당하는 것을 허락한다. 만약 말이 죽거나 잃어

버리게 되면 그 즉시 교체한다[25](생각건대, 정당한 이유[26]로 죽었다면 다른 관

---

[18]_ 烽燧에서 잡역을 담당하는 正丁을 말한다. 인근 지역에서 1봉수 당 4명씩 차
출하여 2명씩 교대로 근무하였다.

[19]_ 職分田의 경작을 위해서 大宰府 및 諸國 國司에게 지급된 正丁이다. 농한기
에는 잡역에도 종사한 것으로 보인다.

[20]_ 음력 10월이다.

[21]_ 古記에서는 "簡閱은 시험한다[試]는 뜻이다. 농한기에 大事를 익힌다[講]"고
하여 군사훈련으로 이해하였다. 무기를 점검하는 한편 무기의 사용법 등 군사
훈련도 행하였던 것으로 보인다. 원문에서는 簡을 蕳으로 표기하였다.

[22]_ 火는 軍士들의 단체 행동 및 군사 활동의 기본적인 단위이다. 현재의 分隊와
비슷한 단위이지만, 화를 단위로 공동취사 공동취침한 점에서 구분된다. 火의
우두머리를 火長이라고 한다.

[23]_ 물건을 운반하는 말이다. 國衙 등이 보유하고 있는 官馬로 충당하였다. 牧에
서 사육되는 사람이 타는 말과는 구별되었다(「廐牧令」 13조).

[24]_ 원문은 差行이다. 差는 군사를 차출하는 것이고 行은 行軍 즉 정벌 등에 참여
하는 일을 말한다. 사역과 전투 등의 목적으로 군사가 동원되는 것을 말한다.

마官馬로 교체하고, 정당한 이유가 아니라면 말이 죽거나 잃어버린 집이 자신의 말을 내어서 교체한다.).

6. 무릇 병사는 사람마다 비糒²⁷ 6두斗²⁸(생각건대, 병사가 개인적으로 준비해야 하므로 곧 대정隊正 이상도 역시 스스로 준비한다. 만약 본인이 죽거나 교체되었다면 옛것은 돌려보내고 새것을 거둔다. 소금의 경우도 또한 이에 준한다.), 소금²⁹ 2승升과 아울러 해당 화火가 행군할 때 쓸 융구戎具 등을 준비하여, 모두 해당 종류별[色別]³⁰ 창고에 저장한다(생각건대 행군할 때 쓸 융구라는 것은 아래 조항에서 보이는 감포막紺布幕, 가마솥[釜] 등이 이것이다. 해당 종류별 창고라고 한 것은 군단의 창고를 말한다.). 만약 저장한 것이 세월이 흘러 오래되어서, 망가지고 상태가 좋지 않아 쓸 수 없다면, 곧 다시 양호한 것을 들인다(생각건대, 그 또한 병사로 하여금 다시 만들게 하는 것이다.). 11월 1일부터 시작해서 12월 30일 이전에 거두는 것을 마친다. 번番³¹마다 상번인上番人 중에서 두 사람을 뽑아서 지켜 관리하게 하는데, 잡다한 일은 시키지 않는다. 행군行軍할 때 화火를 헤아려 지급한다.

---

²⁵_ 「廐牧令」19조 軍團官馬條.
²⁶_ 수명을 다하였거나 유행병에 걸려 죽는 등 합당한 이유가 있는 경우를 말한다.
²⁷_ 밥을 지어 말린 것을 말한다. 乾飯이라고도 한다.
²⁸_ 6斗는 한 사람의 30일 식량에 해당한다.
²⁹_ 채식을 많이 하였던 시대에는 소금의 섭취가 필수적이었다. 그래서 군수물자로 중요시되었다.
³⁰_ 병사들이 직접 지참해서 가져오는 물품과 火가 공유하는 물품은 종류별로 나누어 각각 군단의 창고에 나누어 보관한 것이다. 식품, 무기, 기타 도구 등으로 나누어 보관하였을 것이다.
³¹_ 正丁을 약 1/3을 병사로 差點하도록 하였다. 그런데 『續日本紀』慶雲 원년(704) 6월 丁巳에는 諸國의 兵士를 國別로 10番으로 나누어 각 번이 10일동안 武藝를 교습하도록 하라는 기사가 실려 있다. 그렇다면 兵士가 10일씩 上番하며 1년에 30일 정도 근무하게 된다(長山孝泰,『律令負擔體系の研究』, 塙書房, 1976, p.121). 10개로 나누어진 각 番이 상번할 때마다 그 番에서 2사람이 물품 창고의 관리를 맡은 셈이다.

7. 무릇 병사는 화火마다 안감을 붙인 감포막紺布幕³² 1구口, 동분銅盆³³이나 작은 가마솥[小釜] 중 입수 가능한 것으로 2구口, 가래[鍬] 1구具, 좌대剉碓³⁴ 1구, 도끼[斧]³⁵ 1구, 작은 도끼[小斧] 1구, 끌[鑿]³⁶ 1구, 낫[鎌] 2장張, 집게[鉗]³⁷ 1구를 준비한다. 50인마다 화찬火鑽³⁸ 1구, 말린 쑥[熟艾]³⁹ 1근斤, 작은 톱[手鋸] 1구를 준비한다. 사람마다 활 1장張, 활줄 주머니[弓弦袋] 1구口, 예비활줄[副弦] 2조, 전투용 화살[征箭]⁴⁰ 50척隻, 호록胡籙⁴¹ 1구, 태도[太刀]⁴² 1구口, 도자刀子⁴³ 1매枚, 숫돌[礪石]⁴⁴ ⁴⁵ 1매枚, 삿갓[蒭帽]⁴⁶ 1매枚, 밥

---

³²_ 군사들에서 야외에서 활동 숙박할 때 사용하는 천막이다. 삼베 등의 식물성 섬유로 만든 천으로 제작하고, 안쪽에는 방한 방풍 등을 목적으로 안감을 붙여서 보강하였다.

³³_ 청동으로 만든 깊은 솥이다. 釜는 쇠로 만든 솥으로 생각된다. 모두 밥을 짓기 위한 취사도구 혹은 물을 담는 그릇으로 쓰였을 것이다. 원문에서는 銅盆이라고 하였다.

³⁴_ 풀 베는 도구이다. 剉, 莝草(草切), 剉薤 등으로도 표기되었다. 말에게 먹이는 풀을 베기 위한 도구로 생각된다(『令集解』軍防令 7조).

³⁵_ 취사를 위한 장작을 마련하거나 물품을 만들 때 사용하였을 것으로 보인다.

³⁶_ 나무에 구멍을 뚫은 도구로 『管子』에는 군에는 반드시 끌이 있다고 하였다(『令集解』軍防令 7조).

³⁷_ 대장장이가 손 대신 쓰는 물건 즉 집게를 말한다. 鉗子라고도 한다(『令集解』軍防令 7조).

³⁸_ 불을 일으키는 도구를 말한다. 두 나무를 빠르게 비벼서 불꽃이 생기면 말린 쑥으로 발화시키는 방법과 부싯돌을 부싯쇠로 쳐서 불꽃을 일으키기도 하였다. 火鑽이라고 하였지만, 일본에서는 일반적으로 전자의 방식으로 노송나무를 사용하였다.

³⁹_ 불을 붙이기 위해서 쓰는 잘 말린 쑥이다.

⁴⁰_ 전투용 화살 이외에 끝이 무딘 연습용 화살도 있었을 것으로 생각된다.

⁴¹_ 화살을 담아 등에 지는 화살통을 말한다. 군사 1인이 화살 50개를 지참하도록 되어 있으므로 50개를 담을 수 있는 크기였을 것이다.

⁴²_ 길이 60cm 이상의 칼을 말한다. 후대에는 太刀는 휜 모양의 일본도를, 大刀는 고대의 곧은 날을 가진 直刀로 구분하여 사용하였다. 고대에 사용된 칼은 중세 이후에 사용된 칼보다 길이도 짧고 直刀인 것이 특징이다.

⁴³_ 刀子는 15~30cm 정도의 칼을 말한다. 일반적으로는 무기보다도 오히려 목간이나 종이를 자르는 등 도구로서의 성격이 강하였다.

주머니[飯袋] 1구, 물통[水甬] 1구, 소금통[塩甬] 1구, 경건脛巾[47] 1구, 신발
[鞋][48] 1짝[兩]은 모두 개인이 준비하며 빠뜨리거나 적어서는 안 된다. 행군
할 때 스스로 모두 갖추어 가지고 간다. 만약 상번上番하는 해이면 개인별
융구戎具만 가지고 가며, 그 외에는 필요하지 않다[49](생각건대, 상번하는 해라
는 것은 위사와 방인防人으로 차출되어 가는 해를 말한다. 개인별 융구戎具라는 것
은 활 이하 신발 이상의 물품을 말한다. 그 외에는 필요하지 않다는 것은 감막緗幕
이하 작은 톱 이상을 가리키며, 상번하는 해에 반드시 가지고 가지 않아도 된다.).

8. 무릇 병사가 상번上番인 경우 경京으로 가면[50] 1년이고, 변방[防][51]으로
가면 3년이다. 행정行程[52]을 헤아리지 않는다.[53]

9. 무릇 노수弩手[54]가 교습에 나아가거나(생각건대, 병사가 노弩를 익히는 것이

---

[44]– 숫돌 중 고운 것을 砥, 거친 것을 礪라고 하지만 여기서는 칼이나 화살촉 등을
가는 고운 숫돌로 생각된다.

[45]– 칼이나 화살촉 등 무기를 가는 데 사용하였다.

[46]– 골풀 등으로 만든 모자를 말한다.

[47]– 발목에서 무릎까지 감는 각반을 말한다.

[48]– 일반적으로 짚신을 사용한 것으로 보인다.

[49]– 火 및 50인 단위에서 필요로 하는 융구는 휴대하지 않아도 괜찮다는 뜻이다.

[50]– 兵士가 京으로 가면 衛士가 된다. 養老 6년(722) 2월에 3년마다 교체하는 새
로운 규정이 생겼다.

[51]– 이때 변방은 九州 지역의 북쪽 및 對馬島 壹岐島를 말한다.

[52]– 「公式令」 88조.

[53]– 본관지에서 도성을 왕복하거나, 大宰府를 왕복하는 데 걸리는 일정은 복무기
간에 포함되지 않는다는 뜻이다.

[54]– 弩는 기계식 활을 말한다. 활줄을 당기기 위해서 손잡이나 지렛대를 사용하거
나, 발로 대고 당기기도 하며, 활을 쏠 때 방아쇠를 당겨서 발사한다. 弩手는
弩를 다루는 병사들이며, 일반적인 활보다 당기는 데 근력이 필요하므로, 체
력이 강건한 사람을 뽑은 것이다. 『日本書紀』에 따르면 推古 26년(618) 8월조
에 고구려로부터 전래된 것으로 기록하고 있다.

다.) **정행**征行[55]**하면 그 활과 화살[弓箭]을 부과하지 않는다**(생각건대, 병사가 몸에 지니는 활과 화살이다. 노弩를 익히는 병사는 일반병사들이 소지해야 하는 활과 화살을 갖추지 않아도 되는 것을 말한다. 그 나머지 물품은 스스로 위의 조항에 의거하여 갖춘다.).

10. **무릇 군단**軍團**은 1대**隊**마다 강하고 굳센 자 2인을 정해서 나누어 노수**弩 手**에 충당하고, 균분**均分**해서 번**番**에 넣는다**(생각건대, 대隊 별로 노수弩手를 총 계總計해서 균분均分하여 번番에 넣는다.[56]).

11. **무릇 위사**衛士[57]**는 2등분**[中分]**해서 하루는 근무하고**[上]**, 하루는 쉰다** [下]. 생각건대, 사고事故가 없는 날이다. **하일**下日 **때마다 곧 소속된 부**[當 府][58]**에서 궁마**弓馬**를 교습하고, 칼을 사용하고, 창을 다루며**[弄](생각건대, 농弄은 가지고 놀 듯 다루는 것[玩]이다. 창槍은 나무[59] 자루에 날이 두 개인 것으로, 곧 과戈의 종류이다.), **노**弩**를 쏘고, 투석기로 돌을 쏘게 한다**[抛石][60](생각건대, 포抛는 쏘는 것이다. 기계를 조작하여 돌을 쏘아 적을 공격하는 것이다.).

---

[55]_ 천자의 명을 받들어 행하는 征討를 말한다. 실제 전투에 나아갈 때 병사마다 구비해야 하는 활과 화살을 갖추지 않아도 된다는 뜻이다. 또한 弩와 弩에 사용하는 화살에 대한 규정이 없으므로, 이는 군단 측에서 제작한 것으로 보인다.

[56]_ 弩手는 반드시 1隊에서 2명씩 뽑는 것이 아니라 軍團 전체에서 弩手가 될 만한 체력을 갖춘 자를 뽑아서 隊에 골고루 배치한 것으로 보인다.

[57]_ 諸國의 軍團에서 궁성과 도성을 경비하기 위하여 上番하는 병사를 말한다. 중앙의 군사조직인 衛門府와 左右衛士府에 배속되었다. 天平 13년(741) 5월 단계에 위문부에 200인, 좌우위사부에 각각 400인이 배속되도록 하였다.

[58]_ 衛門府와 左右衛士府이다.

[59]_ 나무는 나무로 된 자루에 꽂았다는 의미로 생각된다. 날이 V자나 U자 형태로 된 창을 말한다.

[60]_ 투석기는 활처럼 줄을 당겨서 쏘는 방식과 관성을 이용해서 쏘는 방식이 있다. 『日本書紀』 推古 26년(618) 3월조에 고구려가 抛石을 倭에 보냈다는 기사가 보이는데, 수나라와의 전쟁에서 노획한 것으로 보인다.

오시午時에 이르면 각각 방환放還한다.[61] 이때 본부本府가 평가하여 (기량이) 늘었는지를 파악한다. 별칙이 아니면 잡사雜使시킬 수 없다.[62]

12. 무릇 병사가 경京으로 가면 위사衛士라고 부른다. 화火별로 백정白丁 5인을 취해서 화두火頭[63]에 충당한다(생각건대, 견면蠲免[64]의 법은 오로지 사정 仕丁[65]과 같다. 방인防人은 화두火頭를 지급하지 않는다.). 변경[66]을 지키는 자는 방인防人이라고 부른다.

13. 무릇 군단軍團의 대의大毅·소의少毅는 모두 부내部內[67]의 산위散位[68](생각건대, 내외內外 6위 이하이다.), 훈위勳位[69] 및 서인庶人[70]으로서 무예가 뛰어

---

[61]_ 한낮이 되면 연습을 마치고 쉬도록 衛士의 숙소로 돌려보내는 것이다.

[62]_ 천황의 특별한 명령이 없으면 衛士의 직무 이외에 다른 일을 시킬 수 없다는 뜻이다. 그러나 현실적으로 衛士는 궁중의 잡역 등에 종사하는 경우가 많았다.

[63]_ 취사를 담당하는 인부를 말한다. 衛士는 그 임무가 중요하기 때문에 취사를 火頭가 대신한 것이다.

[64]_ 火頭로 복무하는 대신 과역을 면제해주는 것이 仕丁과 같다는 뜻이다. 사정 은 이미 徭役에 종사하고 있으므로 課役이 면제되었다.

[65]_ 仕丁은 중앙 관사 등에서 잡역에 종사하는 正丁을 말하며 50호마다 1인을 차출한다. 동시에 이를 보살펴주기 위한 廝丁 1인도 함께 보내야 하였다. 한편 이들의 생활비로 50호의 각 호마다 庸布 1장 2척, 庸米 5斗를 징수하였다. 役에 종사하는 기간은 규정이 없었으나, 養老 6년(722)에 3년으로 정하였다.

[66]_ 이때 변경은 對馬島, 壹岐島, 北部 九州를 말한다.

[67]_ 軍團이 소재하고 있는 國을 말한다.

[68]_ 고대 율령제 하에서 位階를 가지고 있으나 內外의 官司에서 직무를 맡지 않은 관인을 말한다.

[69]_ 勳功을 세운 사람(勳人)에게 부여되는 위계로 1등에서 12등까지 12등급이 있었다. 勳位를 수여하는 훈공의 단위를 轉이라고 하며, 12등에서 7등까지는 1轉으로 1등급을 수여하고, 6~3등은 2轉으로 1등급, 2등 이상은 3轉으로 1등급을 수여하였다. 훈위 1등은 정3위(大納言)에 상당하고, 훈위 2등은 종3위(大宰帥), 훈위 3등은 정4위(皇太子傅 및 七省卿), 훈위 4등은 종4위(彈正尹, 中宮大夫, 春宮大夫 등), 훈위 11등은 정8위(少內記, 大宰少尹 등), 훈위 12등은 종8위(大國大目 등)에 각각 해당하였다. 그러나 勳位는 朝參 때의 도열 순서

난 자를 취해서 충당한다.[71] 교위校尉 이하는 서인으로서 궁마弓馬에 능한
자를 취해서 삼는다. 주장主帳[72]은 서산書算에 뛰어난 사람을 취하여 삼는다
(생각건대, 병사는 1,000인을 채우면, 주장主帳 2인이고, 이외에는 1인이다.).

14. 무릇 병사 이상은 모두 역명부歷名簿[73](생각건대, 교위校尉 이하이다. 즉,
주장主帳 역시 같다. 그 두 의毅는 외무관外武官[74]이며, 직원령職員令에 의거해서 별
도로 명부가 있어야 한다.[75]) 2통을 만든다. 아울러 정征·방防·원사遠使의
처소를 밝힌다(생각건대, 정征이라는 것은 명령[辭]을 받들어서 죄를 벌하는 것
이고,[76] 방防이라는 것은 방인防人이다. 원사遠使라는 것은 외번外蕃[77]에 사신으로

와 같이 관인의 신분 서열상의 위치를 보여주는 것이며, 관인을 관직에 임용
하는 官位相當制와는 관련이 없다. 그런 점에서 일본의 勳位는 당의 勳官과
는 본질적으로 성격이 다르다(野村忠夫, 『律令官人制の研究』, pp.357~
359).

70_ 大·少毅는 지방호족 출신으로 일반적으로 郡司 집안 출신으로 충원된 것으
로 보인다. 따라서 庶人이라고 하더라도 일반 백성을 뜻하는 것이 아니라, 郡
司의 일족이면서도 官位 및 勳位를 갖고 있지 않은 사람으로 보아야 한다.

71_ 大毅 등 軍團의 長官은 지방호족 출신으로 충원되는 경우가 많았다. 『續日本
紀』靈龜 2년(716) 5월에 郡領의 3等親 이내를 大少毅에 임용하는 것을 금지
하였다. 또한 神護景雲 원년(767) 4월에는 長門國 豊浦團의 軍毅였던 額田部
直塞守가 동전과 벼를 바쳐 豊浦郡 大領에 임명되었다. 이를 통해서도 郡領
의 가까운 친족들이 군단의 장차관에 임명되었음을 알 수 있다. 율령제가 성
립되기 이전에 지방수장층의 지배방식 소위 國造軍의 전통이 온존하고 있었
던 것으로 보기도 한다.

72_ 軍團의 행정사무를 맡아보는 관인을 말한다.

73_ 歷名簿는 병사 개개인의 이름 등을 하나하나 기록한 장부를 말한다.

74_ 중앙의 五衛府에 속한 軍官에 대한 지방의 軍團에 속한 軍官이라는 의미다.

75_ 大少毅는 「職員令」에 규정되어 있는 정식 관인이므로, 병역을 지고 있는 병사
및 그 지휘자들과는 다른 신분이다. 따라서 일반 병사의 명부인 歷名簿가 아
닌 外武官 관인으로서의 명부를 만들어야 한다는 뜻이다.

76_ 반역자나 동쪽 변방의 蝦夷와 같은 이민족을 정벌하는 것을 말한다.

77_ 外蕃은 외국을 말한다. 唐은 隣國이라고 하였고, 신라와 발해를 外蕃으로 나
누기도 하지만, 이 경우에는 일반적인 외국이다.

가는 것이다. 비록 화내化內[78]에 사신으로 가더라도 먼 곳이라면 역시 같다.). 그리고 빈부의 상·중·하 3등을 기록한다[79](생각건대, 부富는 상등이 되고, 다음은 중등이며, 빈貧이 하등이 된다.). 한 통은 국國에 두고, 한 통은 매년 조집사朝集使[80]에 붙여서 병부兵部로 보낸다.[81] 만약 차행差行이나 상번上番[82]이 있으면, 국사國司가 부簿에 의거해서 순서대로 차출하여 보낸다(생각건대, 정토征討 및 방원防援 등에 차출하여 보내는 종류이다.). 위사衛士와 방인防人이 고향에 돌아오는 날에는 아울러 국내國內[83]의 상번上番을 면제해 주는데(생각건대, 병사의 번역番役을 면제해 주는 것이다. 즉 교위校尉 이하 역시 같다. 정인征人[84]이 고향으로 돌아가는 날, 역시 서로 이에 준해서 면해주어야 한다. 가령 1년이 지나면 1년 요역을 면제해주고, 2년이 지나면 2년 요역을 면제해주는 부류이다.), 위사衛士는 1년이고, 방인防人은 3년이다.[85]

---

[78]_ 일본 국내를 말한다.

[79]_ 兵士 등의 빈부를 기록한다는 뜻이다.

[80]_ 지방의 행정 상황을 중앙에 보고하기 위하여 파견하는 네 가지 使者(四度使) 중의 하나이다. 朝廷에 모이는 사신이라는 뜻으로 大宰府와 國衙의 4등관 중에서 파견하였으며 매년 11월 이전에 考文을 비롯한 행정과 관련된 중요 공문을 가지고 조정에 도착하여야 했다.

[81]_ 天平 6년(734)의 出雲國 會計帳이라는 문서에는 兵士簿目錄, 兵士歷名簿 4권, 點替簿 4권이라는 내용이 보인다. 이는 각각 병사와 관련된 장부의 목록, 병사들의 이름을 기록한 장부인 歷名簿, 병사의 교체에 관한 명부로 생각되며, 실제로 병사들에 대한 각종 장부가 작성되었음을 알 수 있다.

[82]_ 軍團의 兵士로 上番하는 경우가 아니라, 이어지는 규정 등으로 판단하면 衛士·防人으로 차출해야 하는 경우로 보인다.

[83]_ 國은 일본고대의 지방행정단위로서의 국이며, 國 내부에 설치된 軍團에 나아가 병사로 근무하는 것을 衛士·防人으로 근무한 기간만큼 면제해주는 것이다.

[84]_ 천황의 명령으로 정벌을 하러 나간 병사를 말한다.

[85]_ 衛士는 1년, 防人은 3년을 근무하므로 그 근무한 기간만큼 군역을 면제해 주는 것이다.

15. 무릇 병위兵衛[86]는 사使에서 돌아온 경우, 3번番 이상이 지났으면(생각건대, 원사遠使[87] 및 정토征討 아울러 방인防人의 부령部領[88] 등으로 차출하여 보내는 부류이다. 삼번三番 이상이라고 하였으므로 비록 2~3년이 지났더라도 여전히 이 법에 준하는 것이다.), 1번番[89]을 면제해 준다. 만약 근무하고자 한다면 허락한다.

16. 무릇 병사를 차출해서 위사衛士·방인防人에 충당하고자 한다면, 부자父子와 형제兄弟를 함께 보낼 수 없다(생각건대, 조손祖孫 역시 함께 보낼 수 없다. 형제보다 무겁기 때문이다.[90] 만약 이미 국國을 달리 하였다면, 함께 보내도 무방하다.[91]). 만약 조부모·부모가 나이가 들거나 병에 걸려서 모셔야 하는데,[92] 집에 겸정兼丁[93](생각건대, 정정正丁이다. 곧 친소親疎를 따지지 않는다.)이 없다면, 위사衛士 및 방인防人으로 차출하지 않는다(생각건대 군명軍名에서 제외하여 시侍로 충원한다.).

---

[86] 兵衛는 郡司의 자제 등 지방 유력층 출신이므로 일반 정정으로부터 차출된 경우와 차별을 두고 있다(「軍防令」 38조).

[87] 멀리 외국으로 사신으로 파견되는 경우로 보인다. 『續日本紀』 天平寶字 7년 (763) 10월 을해조에 발해에 파견된 兵衛에 대한 기록이 보인다.

[88] 東國 지역에서 大宰府로 防人을 인솔하여 가는 것을 말한다.

[89] 병위는 매월 두 번 番上하는 걸로 되어 있으므로(『令集解』 宮衛令 3조 兵衛衛士條 인용 古記』), 15일로 생각된다.

[90] 兄弟 관계보다 祖孫의 관계가 중요하므로, 본문에서 兄弟를 함께 衛士나 防人으로 보낼 수 없다고 하였으므로 祖孫도 함께 보낼 수 없음을 알 수 있다.

[91] 비록 부자나 형제 사이라고 하더라도 戶를 나누어 이미 다른 國(지역)에 거주하고 있는 경우라면, 결과적으로 함께 衛士나 防人으로 차출되더라도 무방하다는 뜻이다. 國을 달리할 경우, 당시 행정 수준으로 이웃 國의 衛士 防人과 父子·兄弟 관계를 현실적으로 파악할 수 없기 때문이다.

[92] 80세 이상 및 篤疾에 해당하는 경우는 자손이나 근친을 侍로 정하여 돌보도록 하였다(「戶令」 11조).

[93] 「賦役令」에서는 본인 이외의 正丁 및 中男을 말한다(「賦役令」 23조).

17. 무릇 병사를 차출하는데 20인 이상이면, 계칙契勅[94]을 기다린 다음(생각
건대, 관關[95]이 있는 국國은 계契를 필요로 하며, 나머지 국國은 모두 칙부勅符[96]를
기다려야 한다.) 비로소 보내야 한다.

18. 무릇 대장大將[97]이 출정出征할 때에는, 모두 절도節刀[98]를 하사한다(생각
건대, 무릇 절節이라는 것은, 소의 긴 꼬리털로 만든 것으로, 사자使者가 권섭權攝
하는 바이다.[99] 지금은 도검刀劍으로써 그것을 대신한다. 그러므로 절도節刀라 하
며, 이름과 실제가 서로 다르지만 그 용도는 같다.). 대장에 임명되고 나면 돌아
가서 집에 머무를 수 없다[100](생각건대, 숙宿은 머무르는 것과 같다. 무릇 대장
군大將軍이 절節을 하사받아서 조정을 나오면 다시 되돌아 집으로 들어갈 수 없고,
돌아올 때에 이르러서도 역시 같다.[101] 만약 장군將軍 이하로서 사정이 있는 경우
라면, 칙을 받은 사신에 준해서 집에 머무를 수 있다.). 그 집이 경京에 있으면,
매달 1번 내사인內舍人을 보내서 안부를 묻는다[存問].[102] 만약 질병이 있는

94_ 契와 勅을 말한다. 契는 符와 같은 뜻으로 생각된다. 미리 朝廷과 關所가 符
　　의 절반씩을 가지고 있다가 맞추어 보아 문서의 진위를 가리는 방식을 말한
　　다. 關國의 경우는 사전에 2매의 關契라고 부르는 符를 가지고 있었다(「職員
　　令」 70조 大國條 및 「宮衛令」 10조 諸門條).

95_ 鈴鹿關 不破關 愛發關이 위치한 三關國을 말한다.

96_ 勅符는 천황의 명령인 勅을 太政官이 발령하는 符의 형태로 각 관사에 하달
　　하는 것을 말한다.

97_ 천황의 명령으로 정토에 나서는 군대를 이끄는 총사령관 역할을 하는 장군을
　　말한다. 후대에 中衛府 등의 衛府의 長官을 大將이라고 하는 것과는 다른 뜻
　　이다.

98_ 軍門에 관한 일에 대하여 천자의 권한을 위임한다는 뜻으로 節을 대신하여 하
　　사하는 칼을 말한다.

99_ 節은 원래 8丈 길이의 대나무에 소의 꼬리털로 장식한 깃발을 말하며 天子를
　　대신해서 권한을 행사할 수 있는 징표이다.

100_ 일반적인 칙사의 경우도 동일한 규정이 적용되었다(「公式令」 79조).

101_ 임무를 마치고 귀환할 때도 집에 들르지 않고 먼저 朝廷에 復命해야 한다는
　　　뜻이다.

32 │ 영의해 권제5

경우라면(생각건대, 대장大將의 부모처자父母妻子 등에게 질병이 있는 것이다),
의약醫藥을 지급한다. 개선凱旋하는 날에는, (천황에게) 아뢰고 사신을 보내
어 교외까지 나가서 맞아들인다[郊勞](생각건대, 개선凱旋이란 것은, 개선할 때
연주하는 음악[凱樂]으로, 군軍이 돌아와서 공功을 알릴 때 쓰는 노래이다. 주견奏
遣[103]은 중무성中務省이 주견奏遣하는 것이다. 교외까지 나가서 맞아들인다[郊勞]고
하였는데, 교郊는 도성의 바깥이다. 손님이 이르면 교郊에서 맞이하여 위로한다고
한 것과 같다.).

19. 무릇 정토征討하는 데 있어서 행인行人[104]의 수가 3,000명 이상이라면,
병마兵馬[105]가 출발하는 날에 시종侍從[106]을 사신[使]으로 삼아서, 칙勅을 알
리면서 위로慰勞하고(생각건대, 위慰는 위안慰安이다. 노勞는 노문勞問이다), 배
웅한다. 그 방인防人이 1,000명 이상이라면, 출발하는 날에 내사인內舍人[107]
을 보내서 배웅한다.

20. 무릇 위사衛士가 경京으로 나아가거나, 방인防人이 진津[108]에 이르는 동
안에는, 모두 국사國司로 하여금 직접 부령部領하도록 한다.[109] 위사衛士가

102_ 방문하여 그 가족의 안부를 묻는 것이다.

103_ 빈객이나 정벌에 나갔던 장군을 맞이하기 위하여 사신을 파견할 것을 천자에
게 아뢰는 것이다.

104_ 원래 行人은 關이나 驛을 통과하는 여행자를 말하지만, 여기서는 전쟁에 동
원되는 병사를 말한다.

105_ 兵士와 軍馬를 말한다.

106_ 大寶令에서는 從五位下에 相當하는 官職으로 8명이 中務省에 소속되어 있었
다. 이후 점차 증원되어 20명에 이르기도 하였으며, 그중 3명은 少納言이 겸
임하였다. 천황을 가까이에서 근시하는 侍衛官이므로 칼을 차는 것이 허용되
었다.

107_ 귀족 및 관인의 자제 중에서 선발하여 天皇·皇族·貴族 등을 섬기며 잡무에
종사하는 하급관인을 말한다. 특히 內舍人은 천황을 섬기는 일을 맡았다.

108_ 현재의 오사카지역인 難波津이다.

경京에 이르는 날에는, 병부兵部가 먼저 융구戎具를 검열하고, 3부府[110]에 분배한다. 만약 빠지거나 적은[闕少] 경우는, 일에 따라 추죄推罪한다(생각건대, 빠지거나 적다는 것[闕少]은 융구戎具가 없거나 적은 것이다. 그리고 위사衛士가 빠지거나 적은[缺少] 경우 역시 같다. 추죄推罪는 부령部領하는 자에 대하여 규정을 세운 것이지만, 위사衛士 역시 죄가 없다고 할 수 없다.). **진津으로부터 출발하는 날에는, 전사專使[111]가 인솔해서 대재부大宰府에 보낸다**(생각건대, 병부兵部가 먼저 융구戎具 및 본인 여부를 검열하고 전사專使를 파견하는 것이다.[112]곧 이전에 갔던 사람은 회선廻船[113]에 태운다.). **오가는 길에 전후로 영첩零疊[114]하거나 백성을 침범하거나, 전묘田苗[115]에 손해를 끼치거나, 뽕나무와 옻나무 종류를 자르고 베어서는 안 된다. 만약 어긴 자가 있다면, 국군國郡[116]이 상황을 기록하여 관官[117]에 보고하고, 통령統領[118]한 자에게 법에 따라 죄를 부과한다**(생각건대, 지나가는 길의 국國[119]이 범죄를 적어서 관官에 보

---

[109]_『萬葉集』天平勝寶 7년(755) 3월의 防人歌에서 國司들이 東國 여러 지역에서 차출된 防人을 部領하여 難波津에 이른 사실을 확인할 수 있다. 구체적으로 防人部領使 遠江國 史生 坂本朝臣人上, 相模國 防人部領使 守 從五位下 藤原朝臣宿奈麻呂 등의 이름이 보인다.

[110]_左右衛士府와 衛門府이다.

[111]_방인을 大宰府까지 인솔하는 것만을 목적으로 한 사신을 말한다.

[112]_이 규정은 和銅 6년(713) 10월 28일에 遞送하는 것으로 변경되었다. 『續日本紀』권6 元明天皇 和銅 六年 十月 戊午. "詔, 防人赴戍時差專使. 由是, 驛使繁多, 人馬並疲. 冝遞送發焉."

[113]_大宰府에서 難波津으로 돌아오는 배를 말한다.

[114]_무리에서 낙오하여 지체하는 것을 말한다.

[115]_논에 심겨져 있는 벼 등의 작물을 말한다.

[116]_관련 지역의 國司와 郡司를 말한다.

[117]_太政官을 말한다.

[118]_衛士나 防人을 인솔하는 것을 部領이라고 하며, 部領은 지역별로 책임자가 임명되었다. 統領은 部領하는 자들을 다시 총괄적으로 통솔한다는 뜻이다.

[119]_본문에서는 國郡인데 國이라고만 한 것은, 명령계통에 따라 郡에서 일어난 일을 國에 보고하므로, 실제로 태정관에 보고하는 일은 國이 맡기 때문이다.

고하면, 관官이 즉시 죄를 부과하는 것이다.). **군행軍行¹²⁰도 역시 이에 준한다.**

21. 무릇 장수將帥는 출정出征할 때, 평상시에 불만[宿嫌]이 있는 자를 배예 配隷¹²¹할 수 없다(생각건대, 장수將帥는 부장군副將軍 이상이다. 숙宿은 평상시를 말한다. 혐嫌이란 것은, 마음이 불만스러운 것이다. 아마도 공公을 빙자해서 원한 을 갚을 것을 염려한 때문이다. 이 때문에 이러한 규정[條制]을 만든 것이다.).

22. 무릇 군영軍營의 문¹²²은 항상 엄정嚴整히 해서 출입을 가질[呵叱]한다.¹²³ 만약 칙사勅使¹²⁴가 있다면, 모두 먼저 군장軍將¹²⁵에게 통보해서 군용軍容을 정비하고 그런 후에 칙勅을 받는다.

23. 무릇 위사衛士는 근무하지 않는 날[下日]이라도, 모두 함부로 30리里¹²⁶ 바깥에는 개인적으로 갈 수 없다. 만약 사고事故¹²⁷가 있다면 본부本府¹²⁸를 거쳐서 허락을 받으면[判聽] 나갈 수 있다. 그 근무하는上番 해에는 중복重 服¹²⁹이 있더라도(생각건대, 부모父母의 상喪이다.), **돌아갈 수 있는 범위에 있 지 않다. 하번下番하는 날에 복服을 마치도록 한다.**(생각건대, 무릇 위사衛士

---

¹²⁰_ 실제 전투를 목적으로 파견되는 군대의 행렬을 말한다.

¹²¹_ 隷屬과 같은 뜻이다. 평소에 원한이 있는 자를 자신의 부하로 배속시키는 것 을 말한다.

¹²²_ 軍營의 문은 軍門이라고도 한다.

¹²³_ 큰 소리로 꾸짖어 바로잡는다는 의미인데, 실제로는 엄격히 통제한다는 것이 다.

¹²⁴_ 천황의 명령을 전달하는 사신을 말한다.

¹²⁵_ 將은 副將軍 이상 大將을 말하는 것으로 생각된다.

¹²⁶_ 일본 고대의 10리는 4km이다. 30리는 일반적으로 하루에 갈 수 있는 거리를 뜻한다.

¹²⁷_ 事故는 부모의 상과 같은 특별한 일을 말한다.

¹²⁸_ 위사 등이 소속되어 있는 左右衛士府 등을 말한다.

¹²⁹_ 반드시 상복을 입어야 하는 가까운 친족 특히 부모의 상을 말한다.

는 중복重服을 당하더라도 돌아갈 수 있는 범위에 있지 않다. 심상心喪[130]을 지내며 공무를 따르는 것이니, 탈정奪情[131]해서 직무를 따르는 것이다. 그래서 하번下番하는 날에 복服을 마치도록 한다고 하는 것은, 이는 기년朞年[132]의 요역徭役을 면제해 주려고 한 것이지, 상喪을 치르는 예禮를 행하라고 한 것이 아니다. 즉 음악을 연주하거나 시집가거나 부인을 들이는[作樂嫁娶][133] 부류는 모두 정식으로 복을 입는 연한[正服年]으로 논한다.[134] 하번下番하는 날은 아니다.[135] 그 방인防人이 상喪을 당해도 또한 위사衛士에 준한다.[136] 단 화두火頭는 이 예에 들지 않는다.[137]).

24. 무릇 장수將帥가 출정出征할 때 병사가 1만인 이상이면(생각건대, 12,000인 이하이다. 왜냐하면 3,000인을 채우면 1군軍이라는 칭호를 얻기 때문이다.[138]),

---

[130]_ 喪服을 입지 않고 마음으로 상을 치르는 것이다.

[131]_ 사람의 일반적인 人情을 따르지 않는 것이다.

[132]_ 1년을 말한다. 부모상의 기간이 1년이므로(「喪葬令」 17조) 1년동안 요역을 면제해 주었다.

[133]_ 부모의 상 기간 중에는 음악을 연주하거나, 결혼을 할 수 없다. 이를 위반하면 八虐 중 不孝라는 중대범죄로 처벌하였다(「名例律」 7조).

[134]_ 「喪葬令」에 규정된 服紀는 천황·부모·남편·本主에 대해서 1년, 조부모·양부모는 5개월, 증조부모·외조부모·伯叔·妻·兄弟·姊妹·夫의 부모·嫡子는 3개월, 高祖父母·舅(외삼촌)·姨(이모)·嫡母·繼母·同居繼父·異父兄弟姊妹·衆子·嫡孫은 1개월, 衆孫·從父兄弟姊妹·兄弟子는 7일이다(「喪葬令」 17조). 실제로 상복을 입고 상에 참여하지 않더라도, 喪中에 지켜야 할 律은 원래 상복을 입어야 하는 기간동안 준수하여야 한다는 뜻이다.

[135]_ 下番 즉 軍團에 나아가 훈련을 하는 기간이 아닌 경우에는 정상적으로 喪을 치른다는 뜻이다.

[136]_ 防人도 衛士와 마찬가지로 변경을 지키는 일이 중요하므로 근무기간 중에는 부모상에 참여할 수 없다는 뜻이다.

[137]_ 火頭는 衛士를 위해 음식을 만드는 일에 종사하므로, 衛士처럼 중요한 직무가 아니다. 따라서 부모의 상을 만나면 곧 喪에 나아갈 수 있다.

[138]_ 병력이 3,000명이 되면 따로 軍을 이루므로, 12,000명 이상이 될 수는 없다고 한 것이다. 즉 12,000인에 이르면 9,000명과 3,000명으로 나누어 또 하나의 軍을 만들 수 있기 때문이다.

장군將軍 1인, 부장군副將軍 2인, 군감軍監 2인, 군조軍曹 4인, 녹사錄事 4인 (생각건대, 군조軍曹는 대주전大主典[139]이다. 녹사錄事는 소주전少主典이다.), 5,000명 이상이면(생각건대, 9,000인 이하이다.), 부장군副將軍, 군감軍監은 각각 1인, 녹사錄事는 2인을 줄인다. 3,000인 이상이면,(생각건대, 4,000인 이하이다.), 군조軍曹는 2인을 줄인다. 각각 1군으로 삼는다. 3군을 통솔할 때마다, 대장군은 1인이다(생각건대, 1만 이상과 5,000인 이상, 아울러 3,000인 이상은 각각 1군이다. 따라서 3군이라고 한다. 그 3군의 관원은 대장군 1인, 장군 3인, 부장군 4인, 군감 4인, 군조 10인, 녹사 8인이다.).

25. 무릇, 대장大將이 정벌에 나가 군사를 출정시켜 대적[對寇]하는데, 대의大毅 이하가 군령軍令[140]을 따르지 않거나(생각건대, 무릇 출정한 후의 일[闘外之事]은 장군將軍이 통제한다. 지휘하려는 바가 있으며 곧 그 교령敎令을 세우고 이것을 군령軍令으로 삼는다. 대장大將이 아닌 자로부터 여러 장군 이하인 자는 또한 영슈을 낼 수 없다.[141]) 군사軍事를 지체시키거나 어기거나 빠뜨리거나 부족한 일이 있으면(생각건대, 율律에 의하면 정인征人이 지체하거나 군흥軍興이 부족한 것 등이 이것이다.[142]), 사죄死罪 이하는 모두 대장이 잘 헤아려서 전결專決하는 것을 허락한다.[143] 돌아오는 날 문서를 갖추어 태정관에 보고한

---

[139]_ 主典은 佐官이라고도 하며 행정을 도운다는 뜻이다. 각 관사에는 長官, 次官, 判官, 主典의 4등관이라고 하는 정식 관인이 있는데 그중에서 최하위의 관인이다. 문서의 작성이나, 문서를 읽어 알리는 일 등을 담당하였다. 軍營의 경우는 將軍이 장관, 副將軍이 차관, 軍監이 판관, 나머지가 主典임을 알 수 있다.

[140]_ 작전 명령 및 이와 관련된 지시사항을 말한다. 대표적으로 軍期, 즉 함께 공격하기로 한 날짜를 어기는 경우를 들 수 있다.

[141]_ 大將軍만이 군령을 발령할 수 있다는 뜻이다. 將軍 등은 해당되지 않는다.

[142]_『唐律疏議』擅興律 7조 乏軍興과 8조 征人稽留를 말한다. 軍興에 빠짐이 있는 것은 斬刑, 군사장비를 갖추지 않는 자는 杖刑 100대, 征人이 지체하면 하루에 장 100이며, 20일에 이르면 絞刑으로 처벌되었다(『譯註唐律疏議』, 한국법제연구원, 1997, pp.2353-2356).

[143]_ 死罪 이하의 笞杖徒流에 대해서는 大將軍이 직접 결단할 수 있다는 뜻이다.

다.[144] 만약 구적寇賊을 상대하지 않았다면[145] 이 영令을 적용하지 않는다.

26. 무릇, 군장軍將을 정토征討하는 중에 교대交代해야 한다면[146], 전임 장군 [舊將]은 나가서 맞이할 수 없고 병영을 엄중히 하여 수비守備해야 한다. 교대하는 자가 도착하면 조서詔書를 열어보고 부신[符][147]을 감합勘合[148]한 이후에야 그 일에 따른다.

27. 무릇, 정벌하러 갈 때에 모두 부녀婦女로 하여금 자신을 따르게 할 수 없다[149](생각건대, 가녀家女[150]나 여종[婢]도 또한 따르게 할 수 없다.).

이는 일반적인 경우를 규정한 것이고 大將軍의 권한을 임의로 강화한 예도 있다. 『續日本紀』延暦 7년(788) 12월조에 의하면, 征東大將軍 紀朝臣古佐美에게 副將軍이 死罪를 범하면 人身을 구금하고 천황에게 아뢰고, 軍監 이하는 법에 따라 斬刑을 집행할 수 있도록 하였다.

144_ 軍令을 어긴 상황이나 장군이 처벌한 내용 등에 대하여 문서로 작성하여 태정관에 보고하는 것이다.

145_ 실제 전투상황에 돌입하지 않은 경우에는 軍令을 발동할 수 없으므로, 軍令을 어긴 죄라는 명목이 적용될 수 없다.

146_ 戰果가 없거나 將軍이 부상을 입은 경우, 혹은 朝廷 내부의 정세 변화로 장군을 교체하는 경우를 상정할 수 있다.

147_ 일반적으로는 물고기 모양의 표식을 둘로 나누어 서로 맞추어 볼 수 있도록 한 것이다. 唐에서는 隨身魚符라고 하여 2개의 割符로 명령의 진위 여부나 신분 확인을 위하여 사용하였다. 일본의 경우는 「公式令」 45에 의하면 親王 및 大納言 이상, 中務省 少輔, 五衛府의 차관인 佐 이상에 隨身符를 지급하고 天皇이 別勅으로 불러들이는 경우 符를 맞추어 보도록 하고 있다.

148_ 맞추어 보아 진위를 확인하는 것이다.

149_ 防人의 경우는 『日本靈異記』에 防人의 어머니가 筑紫까지 동행한 이야기가 보인다.

150_ 家人 중 여자를 말한다. 家人은 일본 고대 율령제 사회에서 천민으로 분류되는 신분이다. 陵戸・官戸・家人・公奴婢・私奴婢를 5色賤 즉 다섯 종류의 賤人이라고 하는데, 家人은 노비와 달리 매매의 대상이 되지 않았으며, 姓은 없었지만 가족을 구성하고 戸를 이룰 수 있었다. 원래는 지방의 유력호족에 봉사하는 사람들이었는데, 율령제 하에서 公民으로 편제되지 않기 때문에

28. 무릇, 정벌을 행하는데 대장大將 이하[151]가 부모父母의 상喪을 만났다면 모두 정벌에서 돌아오기를 기다린 연후에야[152] 고발告發[153]할 수 있다(생각 건대, 대장 이하란 전사戰士 이상을 말한다.[154] 정벌에서 돌아왔다는 것은, 모든 군사업무를 마치고 돌아왔을 때이다. 즉 대장군이 절도節刀를 천황에게 돌려 주거나 전사戰士 이상이 가지고 갔던 관물官物을 본사本司[155]에 반납한 이후에야 상喪을 알린다. 그래서 슬픔을 드러내게[發哀][156] 하는 것이다. 그 나머지 공사公使의 경우는 가녕령假寧令에 의거하면 소식을 들은 그 자리에서 곡哭을 하여 슬픔을 다하도록 한다.[157]).

29. 무릇, 사졸士卒[158]이 병환病患에 걸렸거나 전투[陣][159]에서 부상을 입은 경우 모두 의사를 보내 치료한다. 군감軍監 이하가 직접 가서 이를 살핀다.[160]

賤人으로 분류된 것으로 생각된다.

[151]_ 大將 이하 모든 士卒을 포함한다.

[152]_ 大將軍이 節刀를 반환하고, 戰士 이상이 군용 물자를 반납한 후에 상을 알려 發哀하도록 한다.

[153]_ 告喪發哀 즉 상을 알리고 슬픔을 드러내도록 하는 것을 말한다.

[154]_ 정벌에 참가하고 있는 將軍 이하 士卒은 부모의 喪이 있더라도 이를 즉각 알리지 않고 돌아오기를 기다려 상을 알리고 발애하도록 한 것은, 정벌의 중요성을 고려하여 일반적인 규정을 적용하지 않는 것이다.

[155]_ 무기와 兵馬를 각각 左右兵庫와 左右馬寮에 반납한다(「軍防令」30조).

[156]_ 죽은 사람을 애도하기 위하여 곡을 하는 것으로 發哀 · 發哭 · 奉哀 · 慟哭이라고도 한다.

[157]_ 「假寧令」에 관인이 遠任 및 公使로 갔는데 부모상이 있어 解官해야 하는 경우가 규정되어 있다(「假寧令」10조). 公使 등은 해관되고 즉시 發哀한다.

[158]_ 엄밀하게는 甲士와 步卒 즉 갑옷을 입은 훈련된 戰士와 특별한 무장이 없는 兵卒을 뜻한다. 현재의 하사관과 일반 병을 합하여 士兵이라고 하는 것과 같다. 그러나 일반적으로 징집된 군인을 뜻하기도 한다.

[159]_ 陣은 대열, 무리 등의 뜻이 있지만 여기서는 전투라는 뜻이다. 각 전투에서의 전과를 기록하는 것이다.

[160]_ 부상병의 상태를 軍監 이하의 지휘관이 직접 가서 살펴보는 것이다.

30. 무릇, 대장이 출정하여 승리[克捷]한 이후(생각건대, 극克은 이기는 것이고 첩捷은 획득하는 것이다.[161]) 여러 군사들이 흩어지기 전에, 곧 군사들을 대면하여 자세히 훈공勳功을 정하고[162] 아울러 군행軍行 이후 전투에서 이겨 획득한 바가 있거나 여러 비용費用(생각건대, 군자軍資의 용도이다.[163])·군인軍人·병마兵馬[164]·갑옷과 무기[甲仗]의 남은 것과 그 손실을 기록해야 한다. 대장 이하는 연서連署[165](생각건대, 장군부將軍府가 행군行軍 이후의 행상行狀[166]을 자세히 기록하여 서기書記[167]로 삼는다. 이에 대장 이하가 연서連署하여 곧 공훈[勳]을 보고할 때 다시 이 문서에 의거하여 이를 훈장勳狀으로 삼는다. 이것이 아래의 조항에서 말하는 훈부勳簿라는 것이다.)하여 군대가 귀환한 날에 군감軍監 이하 녹사錄事 이상은 각각 본사本司로 가서 대조·확인한다[勾勘](생각건대, 군감 이하는 각각 병고兵庫[168]·마료馬寮[169] 등의 관사에 가서 처음 받은 물품과 대조하고 헤아려서 반납한다.). 일이 마친 연후에 돌려보낸다.

31. 무릇, 훈부勳簿[170]를 보고할 때, 모두 전투[陣]별 훈상勳狀[171](생각건대, 아

---

[161]_ 捷은 전쟁에서 승리하는 것 또는 전쟁에서 이겨서 얻은 노획물을 말한다.

[162]_ 兵士 이상의 軍功을 기록한 勳簿를 작성하는 것이다. 勳簿의 작성 방법과 포상 방법은 아래의 조항에 보인다.

[163]_ 군용 물자의 사용처와 사용 분량을 말한다.

[164]_ 군사용 말을 말한다. 兵馬는 병사와 말로 쓰이는 경우도 있다.

[165]_ 連名으로 문서의 말미에 署名하는 것을 말한다.

[166]_ 활동상을 말한다. 兵士 이상 軍功과 연관된 행적을 말한다.

[167]_ 문서기록이라는 뜻이다.

[168]_ 兵部省 아래 左右兵庫가 있어서 儀仗과 武器를 관리하였다.

[169]_ 지방에서 말을 사육하는 牧에서 중앙으로 바친 말을 사육 훈육하는 곳이다. 大寶令에서는 左右馬寮의 설치를 규정하였다.

[170]_ 전쟁에서 얻은 勳功을 보고하는 장부를 말한다. "勳簿를 보고할 때"로 번역할 수 있다.

[171]_ 勳狀은 戰果 즉 戰功의 내용을 말한다. 원문의 割註에서는 官軍 이하 戰處 이상을 모두 기록하여 보고하며 이를 勳狀이 된다고 하였고, 또한 勳狀을 功帳과 함께 문서의 종류로 언급하고 있다. 그러나 본문의 '勳狀'은 戰勳의 내용으

래의 내용에 보이는 관군官軍[172] 이하 전처戰處 이상을 모두 자세히 기록해서 보고한다.[173] 이것이 훈장勳狀이 된다.), **공이 있는 자의 관위·성명, 좌우의 상廂[174], 지휘관[175]의 성명[176], 사람마다 소지한[執][177] 무기[器仗], 해당 군단[當團][178], 주수主帥[179], 본속本屬[180]**(생각건대, 좌우의 상廂이란 좌우의 방方과 같다. 착착捉은 지持라는 뜻으로 지휘관[率領]과 같다. 가령 기록할 때, "병사 아무개, 참수斬首한 머릿 수 몇 개, 소지한 활과 화살, 좌상左廂 군감軍監 아무개가 통솔한 바, 어느 국國 어느 단團, 대정隊正 아무개의 부오部伍[181], 어느 군郡 사람" 등으로 기록하는 부류이다. 글에서 기장器仗을 해당 군단 앞에 열거한 것은 그 대체를 든 것이지 정례定例로 삼은 것은 아니다.[182]), **관군官軍과 적군[賊衆]의 다소多少**(생각건대,

---

로 보아 구별할 필요가 있는 것으로 보인다.

[172]_ 官軍은 敵軍에 대비되는 용어로 정당성을 가진 朝廷의 군대를 말한다.

[173]_ 바로 아래 규정되어 있는 관군과 적군의 다소부터 전투한 날짜와 전투 장소까지를 말한다.

[174]_ 軍陣 내의 左方 右方의 구별을 말한다. 左軍과 右軍이 三軍 체제일 때 쓰는 용어라면 左廂 右廂은 一軍 내부에서 좌우를 나눌 때 쓰는 용어라고 할 수 있다. 또한 先廂 後廂은 왕을 앞뒤에 호위하는 군대를 말한다.

[175]_ 相捉의 相은 廂의 誤字이거나 통용자로 생각된다. 廂捉은 廂의 지휘관을 말한다. 아래의 割註를 보면, 일반적으로 廂捉은 軍監이었던 것으로 생각된다.

[176]_ 左右廂廂捉名으로 읽어서, 軍功이 있는 병사가 속한 廂의 左右廂의 지휘관의 이름으로 해석할 수 있다. 이는 軍功을 입증하기 위한 증거로 삼기 위한 것으로 보인다.

[177]_ 병사들 내부에도 弩를 담당하는 弩手, 騎兵 등이 있으므로 이를 구분하여 기록하는 것으로 생각된다.

[178]_ 戰勳을 세운 사람이 소속된 軍團을 말한다.

[179]_ 軍團의 隊正 이상 校尉 이하를 말한다(「軍防令」 2조). 아래의 割註에서는 소속 군단의 隊正을 예로 들고 있다.

[180]_ 本屬은 戶籍에 등재된 本鄉을 말한다. 戶籍에서는 國郡里로 그 本屬을 나타낸다.

[181]_ 部伍에는 部曲行伍이라는 뜻, 군대의 범칭, 伍의 우두머리 등 다양한 뜻으로 사용되지만, 여기에서는 어느 隊 소속이라는 의미로 보인다. 部曲行伍는 大將軍이 5部를 거느리고 部에는 校尉가 있으며, 部 아래에는 曲이 있는데 軍候가 있다. 行은 25인, 伍는 5인의 군사조직을 말한다.

단지 아군과 적군의 많고 적음을 드러내는 것이지 반드시 정확한 숫자를 기록해야 함을 이르는 것은 아니다.[183], **아군과 적군의 살상[傷煞]한 수 및 사로잡은 적賊·군자軍資·기계器械를 자세히 기록한다**(생각건대, 사로잡은 적은, 생포한 포로이다. 군자軍資는 양식·우마牛馬 등이다. 기계器械는 활, 화살, 갑옷, 투구 등이다. 이것은 모두 빼앗아 얻은 것이다.). **전투한 날짜와 전투가 일어난 장소를 분명히 하고 아울러 전투[陣]마다 전도戰圖[184]를 그려서**(생각건대, 훈장勳狀·공장功帳 이외에 별도로 전도戰圖가 있다.) **그 그림에**(생각건대, 전도戰圖의 상단 모서리이다.) **자세히 부장군副將軍 이상의 이름을 기록하고 훈부[簿]에 첨부하여 태정관에 보낸다. 훈상勳賞의 고하高下는 그때그때 칙勅을 따른다.**

32. **무릇 행군行軍에서**(생각건대, 행군에서[185] 녹사錄事 이상이다.) **훈勳을 서위하기 위해서 부簿를 작성할 때는 대隊마다 선봉인 자를 제1第一로 하고**(생각건대, 문장에서는 대隊마다라고 하였으므로, 곧 100대가 있으면 역시 100명의 선봉이 있음을 알 수 있다. 원래 봉鋒이라는 것은 병기의 뾰족한 끝이라는 뜻이다.), **그 다음은 제2第二로 삼는다**(생각건대, 가령 진열陣列의 법은 1대隊에 10순楯이 있고, 5순楯은 앞에서 열을 짓고, 5순楯은 뒤에서 열을 짓는데, 순楯 별로 병사 5인을 배치한다. 즉 전열前列 25인을 선봉으로 삼고, 후열後列 25인을 차봉次鋒으로 삼는 것과 같은 부류이다. 무릇 전쟁이 시작되기 전에 미리 선봉과 차봉을 정한다. 그러므로 부簿를 보고하는 날에 역시 이에 의거해서 차례로 삼는다.). **제1등이**

182_ 「令義解」의 저자는 해당 병사가 소지한 무기를 소속 軍團, 主帥, 本屬보다 먼저 기록한 것에 대하여 의문을 표시하고 그 대강을 보인 것이고 반드시 이 순서대로 기록하는 것이 아니라고 보았다. 그러나 軍功을 세울 때 소속된 군사 편성 및 담당한 무기와 같이 전투상황 하의 편제와 역할을 우선적으로 기록하였을 가능성이 있다.

183_ 『令集解』에 인용된 「古記」에서는 함성소리 등으로 무리의 다소를 안다고 하였다.

184_ 전투 상황을 나타낸 지도를 말한다.

185_ 행군이라는 것은 전투 지휘부인데, 그중 녹사 이상을 말한다.

될 수는 없지만 훈이 제2등보다 많으면(생각건대, 제1·제2라는 것은 선봉·차봉이라고 하는 것과 같다. 이는 이름을 기록하는[歷名] 순서를 드러낸 것이다. 가령 대장이 명령을 내리기를, "머리를 벤 것이 5급級[186] 이상이면 상훈上勳으로 삼고, 4급級 이하이면 차훈次勳으로 삼는다."고 했는데, 만약 선봉인 갑甲·을乙이 머리를 벤 것이 5급이고 병丙·정丁이 4급이며, 차봉의 무戊·기己가 무리를 벤 것이 5급, 경庚·신辛이 4급이면, 곧 무戊·기己는 선봉이 될 수 없을지라도 그 공훈은 차봉인 사람보다 많으므로, 곧 갑甲·을乙·무戊·기己·병丙·정丁·경庚·신辛으로 이름을 기록하는 순서로 삼아야 하는 부류이다. 그 훈의 등급을 정하는[勳等] 날에는 곧 선차봉에 의거해서 순서로 삼는다. 공의 경중이 있으면 즉 그 훈급勳級을 헤아려서 올리거나 내린다. 그러므로 이 규정을 정한 것이다.), **즉 훈의 종류[勳色]는 비록 같지만 우열이 조금 다르다면, 모두 순서에 따라서 이름을 기록한다**(생각건대, 모두 선봉이거나 혹은 모두 차봉이지만, 같은 훈 중에서 각각 경중이 있는 것을 말한다. 가령 선봉인 자 중에서 갑甲이 머리를 벤 것이 5급級, 을乙 3급, 병丙 4급이면, 곧 갑甲·병丙·을乙로 이름을 기록하는 순서로 삼는 부류이다.). **만약 모두 서위[叙]하는 것이 합당하지 않다면 즉 뒤부터 줄인다**(생각건대, 가령 갑·을·병·정이 있는데 모두 차봉인데, 칙이 있어서 차봉의 훈이 3인을 넘을 수 없다고 하였다면, 가장 뒤에 있는 사람부터 줄이는 부류이다.).

33. 무릇 훈을 서위[叙]하는데[187] 전轉[188]을 더해야 한다면(생각건대, 전轉은 정해지지 않았다는 뜻이다. 가령, 원년의 행군에서는 10급을 1전으로 삼고, 2년의 행군에서는 5급을 1전으로 삼는 부류이다. 그 정해진 예가 없으므로 이를 이르러 전轉이라고 한다.), **모두 훈위勳位에 더한다. 만약 훈위가 없으면 1전에 12등**

---

[186]_ 벤 머리를 헤아리는 단위이다.
[187]_ 勳位는 1等에서 12等이 있다.
[188]_ 훈공을 헤아려 훈을 서위할 때 적용하는 단위를 말한다.

을 주고[189], 1전마다 1등을 더한다. 6등[190] 이상에게는 2전[兩轉]에 1등을 더한다. 2등 이상[191]에게는 3전에 1등을 더한다. 5위 이상은 훈위를 다 더하고 난 후에도 여전히 나머지 훈이 있다면, 부자父子에게 주는 것을 허락한다[192](생각건대, 만약 부자父子가 모두 있다면, 아버지에게 주는 것이 이치에 합당하다. 2전[兩轉]이 있으면, 부자父子에게 나누어 줄 수 있다.). **만약 부자가 죽었으면, 1전마다 논[田] 2정[兩町]을 내린다**(생각건대, 만약 부자가 이미 훈 6등을 가지고 있는데, 나머지 훈이 1전轉만 있다면, 이는 곧 훈이 적어서 훈위를 올려줄 수 없다. 그래서 논 2정을 내린다. 곧 이를 사전賜田[193]이라고 하며, 공전功田이라고 하지 않는다.[194]). **6위 이하 및 훈위를 가진 자는 더해서 1등에 이르는 것 이외에 나머지 훈勳이 있으면 회수廻授[195]하는 것을 허락한다**(생각건대, 부자父子에게 회수廻授하는 것이다.). **논을 내리는 범위에 있지 않다.**

189_ 훈위가 없는 상태에서 1轉이 있으면, 훈위 12등을 주는 것이다. 훈위 12등에서 7등까지는 일반 관위는 8~6위에 해당하며 課役 면제의 대상이었다. 또한 「名例律」의 請章 贖章의 적용 대상이 될 수 있었다.

190_ 훈위 6등은 종5위에 해당한다. 훈위 6~3등은 일반 관위로는 通貴 즉 5~4위에 해당한다.

191_ 훈위 3등은 일반 관위로는 종3위, 훈위 2등은 정3위에 해당한다.

192_ 훈위 1등에 이르고도 轉이 남아 있는 경우를 세 가지로 나누어 규정하였다. 첫 번째는 5위 이상의 관인으로서 훈위가 1등에 이르고 轉이 남은 경우 父子에게 廻授하는 것을 허락하고, 父子가 없거나 轉으로 1등을 올릴 수 없는 경우에는, 1轉 당 논 2町을 지급하도록 하였다. 6위 이하의 관인으로서 훈위 1등에 이른 경우나, 훈위만 가진 자가 1등에 이른 경우에도 남은 轉은 父子에게 廻授할 수 있다. 그러나 이 경우에는 父子가 없거나 轉으로 1등을 올릴 수 없더라도 轉에 대하여 賜田을 지급하지 않도록 제한하였다. 이는 5위 이상을 우대한 조치라고 할 수 있다.

193_ 천황의 특별한 명령으로 지급하는 토지라는 뜻이다. 賜田도 功田과 마찬가지로 田租를 부과하는 輸租田이지만 本人이 죽으면 收公하는 점에서 차이가 난다.

194_ 賜田은 세습할 수 없지만, 功田은 그 功에 따라 일정 세대동안 세습할 수 있으므로 구별된다.

195_ 본인 대신에 父子에게 勳位를 내리거나 올려주는 것이다.

34. 무릇 훈공이 있는 사람[勳人]¹⁹⁶이 훈勳을 얻었는데 그런 후에 본인이 죽으면, 그 훈은 앞의 조항[例]에 의거해서 더하여 준다¹⁹⁷(생각건대, 예例라는 것은 1전轉에 훈위 12등等을 주는 부류이다.¹⁹⁸ 이 조에 의거해서 생각해 보면, 훈공이 있는 사람[勳人]을 제외하고, 모든 선인選人의 위기位記는 아직 내리지 않은 상태에서 본인이 죽었다면, 추서追敍할 수 없다.¹⁹⁹). **만약 호가 끊어져서 관貫을 이을 사람이 없다면 중지한다**(생각건대, 가깝거나 먼 친척을 불문하고 끊어져서 사람이 없는 것을 말한다. 비록 같은 호戶가 아니더라도 다른 호에 음蔭에 해당하는 자가 있다면, 곧 역시 주는 것이 합당하다.²⁰⁰).

35. 무릇 훈위가 제명除名²⁰¹을 범했는데 기한이 차서 서위해야 한다면²⁰², 1등은 9등에 서위하고, 2등은 10등에 서위하고, 3등은 11등에 서위하고, 4등 이하는 12등에 서위한다. 그 관당官當 및 면관免官, 면소거관免所居官은

---

¹⁹⁶ 軍功을 세워 敍勳의 자격을 얻은 사람을 말한다.

¹⁹⁷ 앞의 조문에 의해서 생존자와 마찬가지로 勳位 등을 내린다는 뜻이다.

¹⁹⁸ 勳位는 官位와는 성격이 다른 별도의 위계 체제이다. 군공을 세워 훈위를 수여해야 할 대상은 勳人이라고 하며, 官位와는 달리 授位하기 전에 본인이 사망하더라도 追敍하도록 규정하였다. 관위의 경우는 8위 이상 및 初位 職事는 과역이 면제되었으나, 훈위는 본인의 경우는 8등 이상이 과역 면제, 그 이하 12등까지는 요역만 면제되었다. 친족은 훈위에 대한 음위 규정에 따른 降法을 적용하여, 1·2등은 그대로 관위 3위, 3·4등(정·종 4위 상당)은 1등, 5·6등(정·종 5위 상당)은 2등을 내린 관위를 가진 자에 대한 과역 면제 기준을 적용하였다.

구 분	수여 기준	고과 기준	등 급	대상자	사망시	특 전
官位	善最	9등 考課	1~初位30	選人	追敍 금지	課役 면제
勳位	軍功	轉	1~12等12	勳人	追敍 허용	課役徭役 면제

¹⁹⁹ 훈위에 관한 조항을 근거로 學理解釋의 하나인 反對解釋을 내린 것이다. 勳位의 경우 授位하지 않은 상태에서 본인이 죽더라도 수위 즉 追敍한다고 보고, 일반적인 官位의 경우는 授位하지 않은 상태에서 본인이 죽으면 追敍하지 않은 것으로 본 것이다.

²⁰⁰ 勳位를 가진 사람의 子·孫도 蔭位 수여의 대상이 되었다.

²⁰¹ 「名例律」 18조 등 참조.

내리는 것을 헤아려서 이 규정보다 낮으면, 높은 데에 따라서 서위하는 것을 허락한다(생각건대, 가령 훈 12등이 죄를 범해서 免官되었다면, 규정에 따라서 3재三載[203] 이후 본래 位에서 2등을 내려서 서위해야 마땅하다. 그런데 내릴 바가 이미 다했으므로, 12등으로 서위한다. 이는 높은 데에 따라서 서위하는 것이다.).

36. 무릇 간점簡點하는 순서[204]에 의하지 않으면(생각건대, 계장計帳[205]을 만드는 때이다.), 갑자기 사람을 취해서 군軍에 넣거나 사람을 내쳐서 군軍에서 내보낼 수 없다. 거짓으로 이름을 바꾸어 군에 들어갔거나(생각건대, 율에 의거하면, 양인이 서로 이름을 바꾸어 군에 들어가는 것이다.[206]), 확인을 거쳐 천인賤人이 된 경우(생각건대, 천인이 양인으로 속여서 군에 들어갔는데, 인문認問되어 되돌아와 본색本色에 들어간 것이다. 그 잡호雜戸, 능호陵戸, 품부品部의 부류도 역시 같다.) 및 음蔭이 있어서(생각건대, 5위 이상의 자손 및 내위[內] 8위 이상의 적자嫡子이다.[207]) 군에서 나오는 것이 합당한 자는 확인해서 사실이면, 모두 병부兵部에 보고해서 군에서 나오는 것을 허락한다(생각건대, 간점簡點

구 분	대 상	課役	기 간	敍 位	官當	名例律
除名	官位·勳位	本色	6載	정4위→정7위하	徒3년	18조
免官	官位·勳位		3載	降先位二等	徒2년	19조
免所居官	官位→勳位		碁年	降先位一等	徒1년	20조
官當	官位→勳位		碁年	降先位一等	3位 이상 1官 徒3年, 5位 이상 1官 徒2년	17조
解官	職事		碁年			

202_ 「選敍令」 37조 참조.
203_ 載는 해가 바뀔 때마다 1載가 된다. 年이 360일으로 따지는 것과 다르다.
204_ 병사를 點定하는 때를 말한다.
205_ 計帳은 매년 인구의 변동 등을 기록하는 장부를 말한다.
206_ 「擅興律」 5조에 따르면 征人이 이름을 속여 서로 바꾼 경우는 徒刑 2년, 동거하는 親屬이 바꾼 경우는 2등을 감한다. 만약 部內에 이름을 속여 서로 바꾼 경우는 里正에 笞刑 50대 등으로 규정하고 있다.
207_ 5위 이상의 子孫과 內位 8위 이상의 嫡子는 父祖의 蔭으로 舍人·兵衛·使部 등으로 임용될 수 있으므로 兵士로 차출되지 않는다.

하는 때를 기다리지 않고 경국京國[208]의 관사官司는 상황을 기록해서 병부兵部에 보고한다.). **군에 있는 자는 나이가 60세를 채우면 군역을 면제한다**(생각건대, 이는 간점簡點하는 때에 따라서 그 군역을 면제하는 것이다. 그 교위校尉 이하, 나이 60세 이상 및 몸이 약하거나 만약 오랜 병이 있으면, 역시 모두 간점簡點하는 때에 따라서 방출放出하는 것이 합당하다.). **비록 60세를 채우지 않더라도 몸이 약하거나 오랜 병이 있어서 군역을 감당하지 못한다면 역시 간출簡出[209]을 허락한다.**

37. **무릇 병위兵衛[210]는 고만考滿[211]에 이를 때마다 병부兵部가 비교해서 가린다**[按練](생각건대, 오직 고문考文[212]에 의거하는 것으로[213], 재주를 시험할 수 없다.[214] 즉 식부式部의 전의법銓擬法과 다르지 않다.). **문무文武의 능력에 따라**

---

[208] 京 및 畿內·畿外의 國을 말한다.

[209] 뽑아서 軍에서 내보낸다는 뜻이다.

[210] 兵衛는 관인의 出仕 경로 중 하나이다. 六位 이하 八位 이상의 嫡子로 21세 이상인 자와 諸國의 國司가 추천한 郡司의 子弟로서 弓馬에 조예가 있는 자를 선발하였다. 따라서 이들은 관인 예비군이라고 할 수 있다.

[211] 매년의 考를 쌓아서 정해진 연한에 이르면 考를 평가하여 官位의 昇降을 결정한다. 정해진 연한을 考滿이라고 하며 兵衛는 內分番官으로 令의 규정에 의하면 8년, 慶雲 3년격에서는 4년으로 단축되었다(「選敍令」 15조).

[212] 매년의 고과평정을 기록한 문서를 말한다. 이에 대하여 매년 상중하로 평가한 8考(6考)의 고과결과를 종합한 것을 選文이라고 한다.

[213] 兵衛는 공손하고 근면하며 성실하고 신중하여 宿衛를 규정대로 하고, 弓馬에 능한 자를 上, 番上을 어기지 않고, 맡은 일에 실수가 없으며 궁마를 할 수 있으나 아주 뛰어나지는 않은 자를 中, 番을 어겨 근무하지 않고 여러 차례 실수를 범하며 사사로운 휴가를 자주 청하고, 궁마를 연습하지 않는 자를 下로 평가한다(考課令 52조).

[214] 고과평정을 기록한 考文만으로 평가한다는 뜻이다. 이러한 설명은 본문의 규정과 모순된다. 본문에서는 文武의 능력에 따라서 상세히 등급을 나눈다고 하였고, 이에 대한 「令義解」의 주석에서는 理務를 감당할 수 있는 자를 헤아려 3등급으로 나눈다고 하였다. 그러나 병위의 고과 평정의 기준에는 理務와 관련된 내용 특히 文과 관련된 능력을 평가할 수 있는 항목이 포함되어 있지 않

상세히 등급을 나누어(생각건대, 사무처리[理務]를 감당할 수 있는 자를 헤아려 3등의 등급[品級]으로 나눈다.[215]) 관官에 알린다. 시무時務를 처리하는 것을 감당할 수 있다면, 재주를 헤아려 처분한다(생각건대, 그 재능을 헤아려서 문무관文武官에 임용하는 것이다. 즉 비록 무재武才가 있더라도 사무 처리를 감당하지 못한다면 역시 임용任用할 수 없다.). 그 나이가 60세 이상이 되면, 모두 병위兵衛에서 풀어준다(생각건대, 고교考校하는 날에 바로 방면放免하는 것이다.). 또는 60세가 되지 않았더라도 만약 몸이 약하거나[尪弱] 오래된 병[長病]으로, 숙위宿衛를 감당하지 못하거나 군사郡司에 임용된 경우라면[216](생각건대, 오래된 병[長病]이라는 것은 반드시 일정 기간으로 한정할 수 없다. 상황을 헤아려서 숙위宿衛를 견딜 수 없다면 곧 해임한다. 군사郡司라는 것은 주장主帳 이상이다.[217]), 본부本府[218]가 상황을 기록하고 아울러 신병을 병부兵部에 보낸다. 다시 조사[檢覆]해서 사실이라면, 천황에게 아뢰고[奏聞] 방출放出한다(생각

다. 또한 『令義解』의 주석에서 武에 뛰어나더라도 文의 능력이 없으면 任用하지 않는다고 하였다. 따라서 文의 능력을 헤아리기 위해서는 따로 시험칠 수밖에 없다. 郡司의 경우도 書算에 뛰어난 자를 선발하기 위하여 式部에서 시험을 치른 것으로 생각되므로, 이에 준해서 書算과 관련된 시험을 치렀을 가능성이 있다. 이 주석은 郡司에 대한 試練이 중단된 『영의해』 편찬 당시의 실태를 반영하는 것으로 규정의 본래의 法意는 아닌 것으로 판단된다.

[215]_ 兵衛는 內分番官으로 官掌・省掌, 史生, 諸舍人, 伴部, 內散位 6위 이하와 마찬가지로 上中下의 3등으로 근무성적을 평가하고, 令制에서는 8考 즉 8년의 고과가 中이면 1階를 올리고, 4考 上 4考 中이면 2階, 8考가 상이면 3계를 올린다(「考課令」 14조). 兵衛의 근무성과에 대한 평가기준은 「考課令」 52조 참조.

[216]_ 『延喜式』 式部上에서는 매년 左右兵衛 각 1인을 군사로 임명하는 것을 인정하였다. 이러한 규정을 통해서 兵衛가 郡司가 될 수 있는 경로가 있음을 확인할 수 있다. 그러나 모든 郡이 兵衛를 중앙에서 파견하지 않으며, 兵衛가 郡司로 임명되는 경우보다는 國司의 銓擬를 통하여 白丁에서 직접 郡司에 임명되는 것이 일반적이었던 것으로 생각된다(森公章, 「律令国家における郡司任用方法とその變遷」, 『弘前大學國史研究』 101, 1996).

[217]_ 郡司는 大領, 少領, 主政, 主帳을 말한다(「選敍令」 13조).

[218]_ 左・右兵衛府를 말한다.

건대, 병부兵部가 천황에게 아뢰는 것[奏聞]이다.).

38. 무릇 병위兵衛는 국사國司가 군사郡司[219]의 자제子弟로서(생각건대, 군사郡司는 소령少領 이상이다. 자제子弟는 자손제질子孫弟姪이다.) **건장하고[强幹] 말타기와 활[弓馬]에 능숙한 자를 택해서 군郡별로 1인을 바친다. 만약 채녀采女[220]를 바친 군郡이라면 병위兵衛를 바치는 범위에 있지 않다. 어떤 국國을 3분分하여 2분分은 병위兵衛, 1분分은 채녀采女를 바친다**(생각건대, 가령 하나의 국國에 3군郡이 있다면, 2군郡은 병위兵衛를 바치고 1군郡은 채녀采女를 바치는 것이다. 만약 그와 같지 않은 경우라면, 병위를 많이 바치는 것에 따른다.[221]).

39. 무릇 군단軍團에는 각각 북[鼓][222] 2면面, 큰 나팔[大角] 2구口, 작은 나팔[小角] 4구口를 두고, 병사兵士가 모두 익히도록 한다(생각건대, 북과 나팔을 모두 익히는 것이다.). **교대[分番]로 교습敎習한다. 창고倉庫가**(생각건대, 건량[糒]과 소금을 비축해두는 곳이 창倉이고, 병기兵器를 보관해 두는 곳이 고庫이다.[223]) **손상되어 수리해야 한다면[224], 10월 이후에 병사兵士를 부리는 것을**

219_ 郡司는 大領, 少領, 主政, 主帳이 있지만 令義解에서는 兵衛을 차출하는 郡司를 少領 이상으로 제한하고 있다.

220_ 采女는 지방호족 출신의 여자로서 궁중에서 천황 및 황후를 近侍하면서 식사 청소 등의 잡무를 담당하였던 女官을 말한다. 이들이 후궁이 되어 천황의 자식을 출산하는 경우도 있어서, 宮女와 비슷한 입장에 있었음을 알 수 있다. 중국에서는 『後漢書』 등에 美人, 宮人, 采女의 명칭이 보이며, 宮人에 가까운 존재로 생각된다.

221_ 만약 4郡이 있다면 3郡은 兵衛를 내고 1郡은 采女를 바치는 것이다.

222_ 북과 대각·소각은 大將의 威德을 나타내는 것이며, 軍營에서 해가 지기 전에 소각, 대각, 북 등으로 신호하고 軍門을 닫으며, 새벽에도 마찬가지로 소각 등을 불고 나서 군문을 열고 대장은 諸將과 朝會하였다(『虎鈐經』 鼓角 제74).

223_ 원래 粟麥을 저장하는 곳을 倉, 器仗綿絹을 저장하는 곳, 積聚는 땔감, 풀 등의 잡물을 저장하는 장소를 말한다(『唐律疏議』 廐庫律 19조.) 그러나 일본에는 庫의 상위에 藏이 있었으며 특히 大藏과 內藏은 祿과 賜物을 출급하는 國庫의 위치에 있었다. 이는 원래 令制 이전부터 일본에 있었던 '쿠라'의 전통을

허락한다(생각건대, 상번上番하는 병사兵士를 부리는 것이다. 무릇 여러 조항에서 병사兵士를 부려서 수리하도록 한 것 이외는 역시 병사를 부릴 수 없다.).

40. 무릇 행군行軍하는 병사兵士 이상[225]이 만약 몸에 병이 나거나 죽었다면, 행군行軍[226]에서 상세히 휴대한 자재資財[227]를 기록하고 본향本鄕 사람에게 딸려서 보낸다(생각건대, 만약 병이 매우 위독해서 돌아갈 수 없는 경우라면, 곧 가는 길의 국군國郡에 맡기는데, 정장丁匠에 준해서 보살핀다.[228] 죽었다면, 본관本貫에 알린다. 만약 알릴 데가 없고 자재資財가 남았다면 병부兵部에 신송申送한다.). 그 시신은 바로 그곳에서 태우고 매장한다(생각건대, 만약 사망한 곳이 길 도중이고, 가인家人이 영접迎接할 수 있는 경우라면, 또한 정장丁匠에 준한다.[229]). 단, 부장군副將軍 이상은 본토本土에 보낸다(생각건대, 본향本鄕 사람에게 부치지 않고, 전사專使가 이끌어서 돌려 보낸다.).

41. 무릇 군기와 의장[器仗][230] 등을 출급出給할 때는(생각건대, 기器는 군기軍

계승한 것이다(武井紀子, 「日唐律令制における倉·藏·庫」, 『日唐律令比較研究の新段階』, 山川出版社, 2008).

[224] 軍團의 식량과 무기 등을 보관하는 倉庫를 말한다.

[225] 兵士 이상 軍毅, 錄事, 軍曹, 軍監 등을 말한다.

[226] 行軍 시의 군사 조직을 말한다. 출정할 경우에는 將軍을 비롯하여 軍監, 軍曹, 錄事 등의 조직을 갖추었다.

[227] 병사 개인이 소지해야 하는 물품으로는 활, 활줄 주머니, 보조 활줄, 화살, 활통, 大刀, 刀子, 숫돌, 골풀로 짠 모자, 밥주머니, 물통, 소금통, 脚絆, 신발 등이었다(「軍防令」 7조).

[228] 丁匠의 경우 重患이 있어서 임무를 감당할 수 없거나 목적지에 도달할 수 없으면 가까운 郡里에 머무르도록 하여 음식을 지급하고, 차도가 있기를 기다려 출발토록 한다. 만약 양식이 없으면 公糧을 지급하도록 하였다(「賦役令」 31조).

[229] 「부역령」 32조 丁匠赴役身死條. 丁匠이 왕래 도중 죽으면 길가에 매장하고 집안 사람이 가져가도록 하였다. 만약 시신을 가지러 오는 사람이 없으면 화장하였다.

器이고, 장仗은 의장儀仗이다.) **부령**付領[231]**하는 날에 분명하게 문초**文抄[232]**를 작성한다**(생각건대, 문초文抄는 문기文記와 같다.). **행**行**에서 돌아오거나 일이 끝나면 장부**[簿]**에 의거해서 조사하고 거두어 들인다**[勘納](생각건대, 가행駕行[233], 군행軍行은 모두 같으며 가행이나 군행이 아니더라도 따로 위의威儀를 쓰는 경우가 있기 때문에[234] 따라서 일이 끝나면이라고 한 것이다.). **만약 이치에 맞지 않는 원인으로**[非理][235] **인해서 손실**損失**된 것이 있다면, 관**官**에 알려서 추징**推徵**한다**(생각건대, 추징推徵하는 법은 아래 조항에 준한다.).

42. **무릇 행군**[軍]**에 나서서 갑옷과 병장**[甲仗]**을 전투를 치르고 잃어버렸다면**[失落]**, 추징**推徵**을 면제한다. 그것이 손상**[損壞]**되었다면, 관**官**에서 수리한다. 전투를 치르지 않았는데 손상되거나 잃어버린**[損失] **경우라면, 3분의 2를 추징한다. 군**軍**에 따르지 않고**[236] **손상하거나 잃어버린**[損失] **경우라면**(생각건대, 가행駕行과 연회讌會, 위의威儀 등의 때이다.), **모두 손상되거나 잃어버린**[損失] **것의 당시 가격**[估價] **및 요조식**料造式[237]**에 준해서 추징**推徵**하여 채우고**(생각건대, 금기禁器[238]로 가격이 없는 것은 요조식料造式에 따르는 것이

230_ 器는 軍器이고 杖은 儀仗이다. 器仗은 무기의 總稱이기도 하고, 帝王이 의식에 사용하는 각종 도구를 말하기도 한다. 여기서는 두 가지를 함께 나타내고 있다.

231_ 주고받는다는 뜻이다. 즉 兵庫에서 무기를 내주면 行軍에서 무기를 받는 것을 말한다. 현재의 인수인계에 해당한다.

232_ 文書・文記를 말한다. 抄는 보통 원문을 보고 베껴 쓰는 것을 말한다.

233_ 駕行은 車駕 즉 天皇의 행차를 말한다. 천황의 행차 때 앞뒤로 威儀를 갖춘 병사들이 호위하였다.

234_ 元日朝賀 등의 의례에도 威儀를 사용한다.

235_ 정당한 이유가 아닌 것을 말한다. 병사의 실수로 잃어버리거나 부순 경우 등을 말한다.

236_ 軍行・行軍을 말한다. 전투를 목적으로 편성된 군사조직에 참여하는 것이다.

237_ 비용과 제작방법에 대한 규정으로 생각된다. 「兵庫式」에서는 각종 무기에 대하여 제작에 필요한 인원, 재료의 종류, 수량 등을 규정하고 있다.

238_ 민간에서 사용이 금지된 물품, 즉 무기 등을 말한다(「군방령」 44조).

고, 그 나머지 병장兵仗은 공정가격[佔價]²³⁹에 준해서 추징하여 메우는 것이다. 모두 손실한 때의 공정가격 및 요조식료造式에 따른다.), 관이 수리한다. 즉 수화水火에 의해서 불타거나 떠내려 간 것과 같이 인력人力으로 막을 수 없는 경우에는, 사실을 살펴서 추징推徵을 면제한다. 그 국군國郡의 군기와 의장[器仗]은 해마다 장부에 기록하고 조집사朝集使에게 부쳐서 병부兵部에 보고한다. 감교勘校를 마치면, 2월 30일 이전에 기록하고 아뢴다(생각건대, 장부에 기록하여 아뢰는 것이다.).

43. 무릇 창고[庫]에 있는 군기軍器는, 모두 층층이 선반[棚閣]²⁴⁰을 만들어서(생각건대, 붕棚은 붕각棚閣²⁴¹이다. 각閣은 누각樓閣이다.) 안치한다. 종류²⁴²에 따라서 두는 곳은 다르게 한다. 때마다 햇볕에 말리고 바람을 쐬어준다(생각건대, 해마다 한 번 햇볕에 말리고 바람을 쐬어주는 것이다.²⁴³).

44. 무릇 사삿집[私家]에는 북[鼓], 징[鉦], 쇠뇌[弩], 창[矛], 긴 창[矟]²⁴⁴, 갑옷具裝, 큰 나팔[大角], 작은 나팔[少角]이나 군번軍幡을 두어서는 안 된다²⁴⁵(생각건대, 북은 가죽 북이다. 징은 쇠북이다. 이른바 시끄러운 것을 조용하게 만드는 수단이다. 창은 2장丈 길이의 창이다. 삭矟은 1장 2척의 창이다.²⁴⁶ 구장具裝

<hr/>

239_ 시장에서 거래되는 공정가격 및 물품과의 교환비율을 말한다.

240_『令集解』에 인용된 古記에서는 두 글자 모두 '타나(多奈)' 즉 선반이라고 하였다.

241_ 선반을 설치한 큰 창고를 말한다.

242_ 여러 층으로 된 창고를 말한다.

243_「考課令」29조 참조.

244_ 槊라고도 하며, 길이 1장 8척의 긴 창을 말한다. 말 위에서 쓰는 창이다.

245_『日本書紀』天武 14년(686) 11월조에서 "사방의 國에 명하여 大角, 小角, 鼓吹, 幡旗, 弩抛와 같은 종류는 私家에 둘 수 없으며, 모두 郡家에 거두어들인다"고 한 것이 이 조항의 연원을 이루는 것으로 보인다.

246_ 矟은 長槍을 의미하는데(『釋名』), 『令義解』에서는 1장 2척의 짧은 창으로 설명하고 있다.

은 말의 갑옷이다. 번幡은 정기旌旗를 총칭하는 이름이다. 장군將軍이 세우 것은 독 번纛幡[247]이라 하고, 대장隊長이 세우는 것은 대번隊幡이라 한다. 병사兵士가 세우 는 것은 군번軍幡이라 한다.). 단 악고樂鼓[248]는 금지하는 법이 없다.

45. 무릇 창고에 있는 기장器仗으로 쓸 수 없는 것이 있으면(생각건대, 임任 은 감堪이라는 뜻이다. 사용할 수 없는 것을 말한다.), 그곳 장관長官이 실물을 확인하고, 상태를 상세히 관官에 보고한다. 상태에 따라 처분하여 없애버리 거나 폐기한다(생각건대, 제除는 없앤다[去]는 뜻이다.). 창[鑽], 칼[刃], 군포 [袍], 기[幡], 현마[弦麻]와 같은 것은(생각건대, 창과 긴 창[戟矟]의 부류를 찬鑽 이라고 한다. 칼이나 검[刀劍]의 부류는 인刃이라 한다. 솜옷[纊褊][249]의 부류를 포 袍라고 한다. 모시[枲[250]枲]의 부류는 현마弦麻[251]라 한다.), 곧 현지에서 군기軍器 를 수리하는 용도에 사용한다. 도성에 있는 것은, 병부兵部로 보내 임의대 로 공적인 용도에 충당한다(생각건대, 또한 군기軍器를 다른 용도에 사용하는 것은, 즉 병부兵部에 아뢴 연후에 받아 사용하는 것이다.). 만약 보관하고 관리 하는 것이 법과 같지 않아서 없어지고 부서지는 것이 있다면(생각건대, 거厹 는 보관한다[藏]는 뜻이다.), 상황에 따라 헤아려 징수[推徵]한다.

46. 무릇 5위 이상의 자손이 나이 21세 이상인데[252], 현재 역임役任이 없으 면[253](생각건대, 역役은 부린다[使]는 뜻이다. 임任 또한 부린다는 뜻이다. 고과평

---

[247]_ 소의 꼬리털과 깃털 등으로 만든 깃발로, 수레 등의 왼쪽에 세웠다.
[248]_ 음악을 연주할 때 쓰는 북을 말한다.
[249]_ 纊과 褊은 모두 솜옷을 말한다. 이때 솜은 眞綿 즉 누에고치에서 만든 솜이다.
[250]_ 枲는 도꼬마리라는 뜻이다. 모시를 뜻하는 枲가 옳은 것으로 생각된다.
[251]_ 활줄을 만드는 데 쓰는 모시실을 말한다.
[252]_ 5위 이상의 자손은 곧 父祖의 관위에 따라 蔭位의 혜택을 받는 蔭子孫을 말한 다. 蔭位의 授位 연령은 21세이다. 음자손은 17세에 長上官인 內舍人으로 출 사한다면, 21세에는 정식 관위에 敍位될 수 있다.
[253]_ 「考課令」 34조에 따르면 蔭位를 제외한 일반적인 授位 대상을 25세 이상으로

정의 대상 이상이면, 신송申送할 필요가 없다. 단, 장내帳內와 자인資人은 외위外位에 서위敍位되었으므로 반드시 신송申送해야 한다. 곧 이미 서위敍位가 되었더라도 음위蔭位보다 낮은 자는 또한 신송申送해야 한다.), **매년 경국京國의 관사官司는 실상을 감검勘檢해서 확인해야 한다. 12월 1일까지, 본인과 함께 식부式部로 보내 태정관太政官에 아뢴다. 성식性識이 총민聰敏하고 태도와 용모[儀容]가 취할 만한 자이면, 내사인內舍人²⁵⁴으로 충당한다**(생각건대, 두 가지 조건을 모두 갖추어야 한다. 이에 내사인內舍人으로 삼는 것이다.). **3위 이상의 아들은 선발을 거칠 필요가 없다. 그 나머지는 식부式部가 실상[狀]에 따라²⁵⁵ 대사인大舍人²⁵⁶ 및 동궁사인東宮舍人²⁵⁷에 충당한다**(생각건대, 중궁사인中宮舍人 또한 이에 준한다.).

47. 무릇 내6위內六位 이하 8위 이상 적자嫡子²⁵⁸로서, 나이가 21세 이상인데 역임이 없는 사람은, 매년 경국京國의 관사官司²⁵⁹에서, 조사해서 그 사실을 파악한다. 실상을 따지고 시험해서 3등급으로 나눈다. 얼굴과 용모가 단정

제한하였기 때문에, 17세부터 出仕할 수 있었던 것으로 생각된다.

254_ 舍人은 궁중에서 천황을 비롯한 황족을 侍衛하고 잡무를 수행하는 견습 관인들을 말한다. 그 근무장소에 따라서 천황을 섬기는 內舍人과 대사인, 황후를 섬기는 中宮舍人, 황태자를 섬기는 東宮舍人 등으로 나눈다. 內舍人은 정원이 90명이며 칼을 차고 천황을 숙위하며 雜事를 담당하며 천황의 행차시에는 앞뒤에서 호위하였다. 大舍人은 中務省 산하의 左·右大舍人寮에 각각 800명이 소속되어 있었으나, 內舍人은 中務卿에 직속되어 있었다.

255_ 蔭子孫의 性識과 儀容을 살펴서 그 정도에 따른다는 뜻이다.

256_ 5위 이상 관인의 蔭子孫과 8위 이상 관인의 嫡子인 位子 중에서 선발하였다. 궁궐에서 잡무에서 종사하는 한편, 교대로 숙직하며 궁궐을 지키는 역할을 하였다.

257_ 東宮舍人은 蔭子孫에서 선발하도록 되어 있으나, 현실적으로는 大舍人과 마찬가지로 位子로도 충원한 것으로 생각된다. 春宮坊 舍人監에서 600인이 소속되어 있었다.

258_ 內6位 이하 8位 이상 관인의 嫡子를 位子라고 한다.

259_ 京의 左京職, 右京職과 國의 國衙를 말한다.

하고 글과 셈[書算]에 뛰어난 자는(생각건대 두 조건을 모두 필요로 하지 않는다. 즉 이하에 신재강간身材强幹이라는 것도 이에 준한다. 먼저 사부使部로 보임되었는데, 후에 아버지가 5위가 된 경우는 영슈에 신송申送하라는 규정이 없다.) **상등**上等으로 하고, 신체가 강건하고(생각건대 재材라는 것은 힘을 말하는 것이다. 즉 체질을 가리킨다.) 말 잘 타고 활을 잘 쏘는 사람은 중등中等으로, 신체가 약하고 글도 모르고 셈도 잘 못하는 사람을, 하등下等으로 삼아, 12월 30일 이전까지, 상등과 하등을 식부式部에 보내어 시험한다[簡試].[260] 상등은 대사인大舍人으로 삼고, 하등은 사부使部[261]로 삼고, 중등은 병부兵部로 보내 시험을 거쳐 병위兵衛[262]로 삼는다. 만약에 병위가 부족할 때는 모두 서자庶子[263]에서 뽑는다(이것은 병위에만 해당하는 것이고, 사인舍人으로 삼지 않는다.).

48. 무릇 장내帳內[264]는 6위 이하 아들이나 서인庶人을 취하여 삼는다(생각건대 내6위 이하의 아들이라는 것은, 적자嫡子 혹은 서자庶子를 가리지 않는다. 왜냐하면 아래 규정下文에서 나오는 내8위 이상의 자식을 취할 수 없다고 한 것도, 역시 적자와 서자를 구분하지 않기 때문이다.). **자인**資人[265]은, 내8위 이상의 아들을 취할 수 없다.[266] 다만 직분자인[職分]에 충원하는 것은 허락한다. 모

---

[260]_ 원문은 蕳(난초 간)으로 되어 있으며 簡과 통용되는 글자이다. 京과 國에서 보낸 사람들을 式部에서 다시 간단하게 시험을 보는 것이다.

[261]_ 在京 官司에 배치되어 잡무에 종사하는 하급관인(雜任)이다. 內分番官으로 8년(6년)의 고과평정 결과로 관위의 昇降을 결정하였다.

[262]_ 兵衛는 중앙 관인의 자제와 지방 호족의 자제 중에서 선발하여 天皇을 宿衛하는 역할을 맡았다. 左·右兵衛府에 각각 400명이 소속되어 있었다.

[263]_ 내6위 이하 8위 이상 관인의 庶子 즉 嫡子를 제외한 아들을 말한다.

[264]_ 親王·內親王에 지급하는 종자를 말한다.

[265]_ 5위 이상의 관인 및 대신·대납언 등의 관직에 있는 사람에게 지급하는 종자를 말한다. 전자를 位分資人, 후자를 職分資人이라고 한다. 직분자인은 내8위 이상의 子도 충원할 수 있었으나, 위분자인은 內初位의 자 및 庶人에서 충원하였다.

두[267] 3관三關 및 대재부大宰府 관내[部內], 육오陸奧 · 석성石城 · 석배石背 · 월중越中 · 월후국越後國 사람은 취할 수 없다.

49. 무릇 장내帳內는 1품에게 160명, 2품 140명, 3품 120명, 4품 100명을 지급한다. 자인資人은 1위에게 100명, 2위 80명, 3위 60명, 정4위 40명, 종4위 35명, 정5위 25명, 종5위 20명을 지급한다. 여자는 반을 감한다. 수를 나눈 것이 떨어지지 않으면, 많이 주는 것을 따른다(생각건대, 가령 5위의 자인資人 25명의 수를 나눈 것이 떨어지지 않으므로, 곧 13명을 주는 것과 같다). 태정대신은 300명, 좌우대신은 200명, 대납언은 100명이다(생각건대, 만약 벼슬에서 물러난[致仕] 경우는 녹령祿令에 의거하여 반을 감한다. 대납언大納言 또한 이에 의거한다.).

50. 무릇 장내와 자인이 융질癃疾[268]이어서, 섬기는 일을 면제해야 하는 경우라면(생각건대, 집사執事를 감당하지 못하는 자가 모두 이에 해당한다. 반드시 폐질廢疾 이상일 필요는 없다.), 식부에 보고한다. 조사하여 사실이면, 바꾸는 것을 허락한다[聽](생각건대, 6년 미만인 자는 본관本貫으로 돌려보내고, 이미 채운 자는 성省[269]에 머무르게 한다.).

51. 무릇 대재大宰 및 국사國司에게는 모두 사력事力[270]을 지급한다. 수帥[271]

266_ 內初位 이하의 아들 및 庶人에서 취하는 것이다.
267_ 帳內와 資人은 모두 三關國, 大宰府 관내인 九州 지역, 陸奧 등의 지역에서 충원할 수 없다는 뜻이다.
268_ 쇠약하고 병든 것을 말한다(『字說』集字2).
269_ 式部省을 말한다. 「選敍令」17조 참조.
270_ 관직을 가진 자에게 지급되는 職分田의 경작을 위하여 外官에게 배당되는 正丁을 말한다. 事力의 수는 職分田의 면적과 비례한다.
271_ 大宰府의 장관인 大宰帥를 말한다. 이하 大國守 이전까지는 모두 대재부의 관인에 대한 내용이다.

는 20명, 대이大貳는 14명, 소이少貳는 10명, 대감大監·소감少監·대판사大判事는   6명,   대공大工·소판사少判事·대전大典·방인정防人正[272]·주신主神·박사博士는   5명,   소전少典·음양사陰陽師·의사醫師·소공少工·산사算師·주선主船·주주主廚·방인우防人佑는 4명, 모든 영사令史는 3명, 사생史生은 2명이다. 대국大國의 수守[273]는 8명, 상국上國 수·대국 개介[274]는 7명, 중국中國 수·상국 개는 6명, 하국下國 수·대국과 상국의 연掾[275]은 5명, 중국 연·대국과 상국의 목目[276]은 4명, 중국과 하국의 목은 3명, 사생은 앞과 같다. 일 년에 한번 바꾼다. 모두 상등 호 내의 장정을 취한다(생각건대 중中 이상의 호이다.). 모두 용庸을 거둘 수 없다.[277]

52. 무릇 변경의 성문城門은 늦게 열고 일찍 닫는다(생각건대 해가 뜨고 나서 여는 것을 늦은 것으로 간주하고 해가 지기 전에 닫는 것을 빠른 것으로 한다). 만약 사고事故가 있어서 밤에 열어야 한다면 준비를 갖추고[278] 곧 연다. 만약 성주城主[279]가 공사公事가 있어서(생각건대 성주城主라고 하는 것은 성城을 관장하는 국사國司를 말한다. 곧 삼관국三關國에 의거하고 그 나머지는 아니다.) 반드시 성城을 나서서 조사를 하러 가야 한다면 모두 나가서는 안 된다.[280] 그 자

---

[272]_ 大宰府의 속관인 防人司의 長官을 말한다.

[273]_ 大國의 長官을 말한다.

[274]_ 大國의 次官을 말한다.

[275]_ 掾은 國의 4등관 중 세 번째인 判官을 말한다.

[276]_ 目은 國의 4등관 중 최하위인 主典을 말한다.

[277]_ 「賦役令」 19조에서는 課役(租庸調)을 면제하도록 되어 있다. 따라서 이 규정은 職分田을 경작하지 않는 대신 庸을 징수하는 관행이 있었음을 짐작케 한다.

[278]_ 경비 체제를 갖춘 다음 연다는 뜻이다.

[279]_ 鈴鹿關, 不破關, 愛發關의 關所가 있는 國의 國司를 말한다(令義解). 『續日本紀』에 鈴鹿關에 西內城, 西中城門 등의 용어가 보인다.

[280]_ 國司는 守, 介, 掾, 目 등 4등관제를 기본으로 하고 있으므로, 이들 國司가 모두 자리를 비워서는 안된다는 뜻이다.

물통과 열쇠는 성주城主가 스스로 관장한다. 열쇠를 가지고 열고 닫는 자는 성실하고 신중하며 가구家口가 중대한 자로 골라 충당한다(생각건대 권속眷屬이 많은 자를 말한다.).

53. 무릇 성城과 해자[隍]가 무너지고 메워지면, 병사兵士에게 일을 시켜 수리修理한다(생각건대 해자는 성城 주위의 구덩이다. 병사兵士를 부린다는 것은 상번上番한 병사兵士를 부리는 것이다.). 만약 병사兵士가 적으면 가까이 있는 인부人夫에게 일을 시키는 것을 허락한다. 농한기[閑月]에 수리修理한다(생각건대 오직 인부人夫를 위해서 규정을 세운 것이다.[281] 병사兵士를 위한 것이 아니다.). 성城이 무너지고 해자[隍]가 메워진 것이 너무 많아서 지키기가 어려우면 즉시 수리한다. 일을 마치면 모두 기록해서 태정관太政官에 보고한다(생각건대 병사兵士와 인부人夫 모두 기록해서 보고한다. 무너진 곳이 많다고 하는 것은 생각건대 사람의 출입을 통제할 수 없는 것이다.). 부리는 인부人夫는 모두 10일十日을 넘길 수 없다(생각건대 이것은 오직 인부人夫에게만 적용하는 것이고, 병사兵士라면 상번하는 일수에 따라 일을 시킨다.).

54. 무릇 관關을 설치해서 굳게 지켜야 하면(생각건대 경계境界인 곳에 임시로 관關을 두고 굳게 지켜야 하는 것이 모두 이것이다.) 모두 병사를 배치해서 교대로 근무한다. 그 삼관三關에는(생각건대 이세국[伊勢]의 영록관[鈴鹿], 미농국[美濃]의 불파관[不破], 월전국[越前]의 애발관[愛發]이다.) 고취鼓吹[282]와 군기軍器를 배치하고 국사國司[283]가 나누어 맡아서 굳게 지킨다(생각건대 목目 이상이며 삼관三關은 국사國司가 나누어 맡아 굳게 지키고, 그 나머지는 병사兵士를 차출

281_ 농한기에 수리한다고 한 내용은 인부에 대해서만 적용되고 兵士의 경우는 해당되지 않는다는 뜻이다.
282_ 북, 大角, 少角 등을 말한다.
283_ 國司는 目 이상을 말하며, 關을 지키는 國司를 關司라고 한다.

해서 배치함을 말한 것이다.). 관에 배치하는 병사兵士의 수는 별식別式에 의한다.

55. 무릇 방인防人이 방防으로 향할 때 만약 가인家人, 노비奴婢 및 소와 말을 거느리고 가기를 원한다면 허락한다(생각건대, 만약 처·첩을 거느리고자 한다면, 역시 허락해야 한다. 정인征人²⁸⁴이 아니기 때문에 그러하다.).

56. 무릇 방인防人이 변방[防]으로 향할 때는 각각 사사로이 양식을 가져오고, 진津²⁸⁵에서 출발하는 날부터는 공적인 양식[公糧]을 준다.

57. 무릇 방인防人이 길에 오른[上道]²⁸⁶ 이후 도중에 파제破除²⁸⁷하였다면(생각건대, 죽거나 도주한 경우이다.²⁸⁸), 모름지기 교체[差替]²⁸⁹할 수 없다.

58. 무릇 방인防人이 출발하려고 할 때(생각건대, 국國에서 처음으로 출발하고 나서, 도중에 도徒 이상의 죄를 범하면, 해당 장소에서 도역徒役토록 한다.), 죄를 범하여 구금되었거나 공사公私의 일과 관련되었으나(생각건대, 혹은 다른 사람의 증인이 되거나, 혹은 스스로의 일로 소송하는 종류이다.), 도徒²⁹⁰에 이르지

---

²⁸⁴_ 征人은 전쟁을 하러 가는 것이지만, 防人은 국경을 지키는 일을 맡고 또 복무 기간이 3년으로 길기 때문에 가족이나 노비를 데리고 가는 것을 허락한 것이다.

²⁸⁵_ 현재의 오사카 지역에 있었던 難波津을 말한다.

²⁸⁶_ 본관지에서 출발하는 것을 말한다.

²⁸⁷_ 방인으로 차출된 병사가 죽거나 도주한 경우이다. 일반적으로 破除는 惡習을 破除한다거나, 情實을 破除한다와 같이 어떤 대상을 없앤다는 뜻으로 쓰인다.

²⁸⁸_ 本貫을 둔 國에서 출발하여 難波津 혹은 九州 지역으로 가는 도중에 죽거나 도주한 것을 말한다.

²⁸⁹_ 다른 병사를 차출하여 교체하는 것이다.

²⁹⁰_ 노역형인 徒刑을 말한다.

않는다면, 바로 헤아려 결정하고(생각건대, 상황에 따라서 헤아려 결정하는 것이다. 반드시 율律에 의거하는 것은 아니다.) **출발시켜 보낸다. 죄가 도徒 이상에 이르면 교체한다**(생각건대, 비록 도徒 이상에 이를지라도, 속贖에 해당하는 무리는 교체할 수 없다.²⁹¹ 그 속물贖物은 가구家口로부터 징수한다.).

59. 무릇 방인防人이 이르려고 하면, 소재所在한 관사官司²⁹²는 미리 배치 계획[部分]을 마련한다(생각건대, 관사官司는 방인사防人司이다. 미리 배치 계획을 마련한다는 것은, 방인防人이 이르기 전에 선례先例²⁹³에 의거해서 차출하여 배치하고, 미리 분목分目²⁹⁴을 만들어서 대재부[大宰]에 보낸다. 방인防人이 이르면 곧 서로 교체한다.). **방인防人이 이른 당일에 곧 원래 있던 사람과 함께 인수인계하고 교체를 마친다**(생각건대, 주관하는 곳[主當之處]에 기장器仗이 있으므로, 나누어 준다고 말한 것이다.). **지켜야 할 곳은 계절마다 번갈아가며 교대하여 힘들고 편함을 공평하게 한다**(생각건대, 씨앗을 심어서 경작하는 곳도 역시 같다.²⁹⁵).

60. 무릇 원래 있던 방인防人은 교체가 끝내면, 곧 정량程糧²⁹⁶을 주고 출발시켜 보낸다. 새로운 사람이 비록 모자라거나 적어서²⁹⁷ 정족수[元數]를 채

---

²⁹¹_ 「名例律」 11조에 의하면, 議章 請章 減章에 해당하는 경우 및 8위 및 勳 12등 이상 혹은 官位 勳位에 의하여 減章의 대상이 되는 자의 부모·처자가 流罪 이하를 범하면 贖銅을 바쳐 벌을 대신하는 것을 허용하였다.

²⁹²_ 大宰府 防人司를 말한다.

²⁹³_ 先例가 무엇인지 정확하지 않으나, 防人의 출신지별로 같은 지역에 배치하였을 가능성이 있다. 단체행동, 의사소통이나 음식 등을 고려하면 동일지역 출신자를 모아서 배치하는 것이 편리하였을 것이다.

²⁹⁴_ 防人들을 배치하기 위한 장부를 말하는 것으로 생각된다.

²⁹⁵_ 防人들이 수비하는 곳을 형평을 위하여 계절마다 교체한 것이다.

²⁹⁶_ 天平 10년 駿河·周防·筑後 각 國의 正稅帳에 귀국한 防人에게 양식을 준 것이 보인다.

²⁹⁷_ 출발 전 혹은 도중에 徒刑 이상의 죄를 범하였거나, 죽거나 혹은 도망하여 원

우지 못하더라도 마음대로 원래의 사람을 머물러 돕게[留帖] 할 수 없다(생각건대, 첩帖은 더하여 돕는다는 뜻이다.).

61. 무릇 방인防人이 방防으로 향하거나 순번을 마치고 돌아가는데 도중에 병이 나서 길을 갈 수 없다면, 곧 근처의 국國·군郡에 맡겨 양식과 의사·약을 주어 치료한다. 낫기를 기다려 갈 수 있게 되면 그러한 후에 출발시켜 보낸다[發遣](생각건대, 만약 병의 상태가 위독하여 끝내 방防으로 향할 수 없다면, 편리에 따라서²⁹⁸ 돌려보낸다.). 그리고 본관本貫 및 목적지[前所]²⁹⁹에 알린다(생각건대, 번番으로 돌아가는 자는 본관에 알리고, 방防으로 향하는 자는 대재大宰에 알리는 것이다.). 본인이 죽으면, 편리에 따라서 관을 주고 태워 묻는다(생각건대, 섭진攝津³⁰⁰ 이서以西에서 사망하면, 편의에 따라서 태워 묻는다. 산성山城 이동以東의 경우는 본속本屬에 알려서 와서 가져가게 한다. 만약 오지 않는다면 태운다.). 만약 재물이 있다면 병부兵部에 신송申送하여 본가本家로 돌려보내야 한다(생각건대, 이 역시 섭진攝津 이서以西에서 죽은 사람을 위해서 제도를 세운 것이다.³⁰¹ 산성山城³⁰² 이동以東의 경우는 편부便附해서 본속本屬으로 보낸다. 오직 죽은 상황만 기록하여 병부兵部에 신송申送한다.).

62. 무릇 방인防人이 방防에서 굳게 지켜야 하는 곳[守固] 이외에는 각각 방

래 파견해야 할 방인의 수보다 줄어드는 경우가 있었을 것이다.

²⁹⁸₋ 돌아가는 人便이 있거나 使者가 있는 경우에 딸려 보내는 등의 방법을 말한다.

²⁹⁹₋ 防으로 가는 경우에는 防人의 목적지인 大宰府에 알리는 것이다.

³⁰⁰₋ 현재의 大阪府를 중심으로 한 攝津職(國)을 말한다.

³⁰¹₋ 방인이 도중에 죽었으면 관을 주어 태워서 묻고 몸에 지녔던 재물은 본가로 돌려보내야 한다는 내용은 攝津 以西 쪽에만 해당하는 규정이라는 뜻이다. 山城 以東의 경우는 인편이나 사신편에 시신과 재물을 함께 딸려보냈던 것으로 생각된다.

³⁰²₋ 현재의 京都府를 중심으로 한 山城國을 말한다.

인防人의 많고 적음을 헤아려(생각건대, 굳게 지키고 있는[守固] 곳은 한 곳에 그치지 않는다. 그러므로 '각'이라고 한 것이다. 문장에서는 '굳게 지켜야 하는 곳 이외'라고 하였으므로, 곧 모두 씨앗을 뿌려 경작하러 나아가야 하는 것은 아님이 분명하다.) 해당 장소[當處]의 근처에(생각건대, 굳게 지키는 곳에서 떨어지지 않은 곳이 근처[側近]가 된다. 만약 산천으로 막혀 있다면, 비록 근처라도 사용할 수 없다.) 공한지空閑地303를 주어서 풍토[水陸]304의 적당한 바에 따라서 사 정을 살펴서 영종營種한다. 아울러 여러 종류의 채소를 재배해서 방인防人 의 음식으로 공급한다(생각건대, 여기서 얻은 바를 곧 공량公粮으로 삼는다.). 필요한 소의 힘은(생각건대, '필요한 소의 힘'이라는 것은 오직 소의 공功을 말하 는 것과 같다.) 관官305에서 준다. 거둔 곡식[苗子]은 해마다 수를 기록하여 조집사朝集使에게 딸려서 태정관太政官에 보고한다.

63. 무릇 방인防人이 방防에 있으면, 10일에 하루 휴가를 준다(생각건대, 맡 아서 지키는 곳은 모두 휴가를 준다.). 병이 들었으면, 모두 의약醫藥을 준다. 화내火內의 1인306을 보내어 오로지 장양將養307하게 한다.

64. 무릇 번蕃308의 사신이 출입하거나 죄수[囚徒] 및 군사 물품[軍物]을 전

303_ 전지로 사용될 수 있는 땅은 荒地, 空地, 閑地로 구별된다. 荒地는 새로 수로 를 만들고 개간해야 하는 땅이고, 空地는 이미 수로가 있으나 오래도록 경작 하지 않아 다시 개간할 필요가 있는 땅이고, 閑地는 그냥 놀리는 땅으로 바로 경작할 수 있는 땅이다.
304_ 풍토에 따라 잘 자라는 농작물이 다르기 때문이다. 防人이 주둔하는 곳은 對 馬島·壹岐島·筑前國인데, 특히 對馬에는 논이 부족하였으므로 밭에서 잡곡을 경작했을 가능성이 크다.
305_ 일반적으로 官은 太政官을 뜻하지만, 이 官은 大宰府를 말하는 것으로 생각 된다. 아래에 太政官이 보이기 때문에 구별하여 사용한 것으로 생각된다.
306_ 兵士 10인을 묶어 1火라고 한다. 아픈 사람이 속한 火에서 1인을 내어 간병토 록 하는 것이다.
307_ 사람을 돕고 시중드는 것을 말한다(『淮南子』 原道訓).

송傳送하는 데 사람을 지키거나 도와야 하면[防援]309(생각건대, 방호防護한다는 뜻이다.) 모두 헤아려 소재지의 병사兵士를 차출해서 체송遞送310한다.311

65. 무릇 동변東邊·북변北邊312·서변西邊313에 접하는 여러 군郡 사람의 거처는, 모두 성이나 보[城堡]314 안에 안치한다. 그 경작하는 전지[營田]가 있는 곳은 오직 장사庄舍315만 설치한다. 농사철에 이르러서 경작[營作]할 수 있다면, 내보내서 장전庄田에 가게 한다(생각건대, 건강한 사람은 내보내서 전사田舍316에 나가게 하고, 늙은이와 어린이는 머물러서 보堡 안에 있는 것이다.). 거두어 들이는 것이 끝나면 데리고 돌아온다[勒還](생각건대, 맞이하여 데리고 성이나 보[城堡]로 돌아오는 것이다.). 그 성이나 보가 무너지거나 훼손된 경우에는, 당처當處에 사는 호戶를 부려서 농한기에 수리한다(생각건대, 보堡라는 것은 흙을 높이 쌓아서 보루로 삼은 것으로, 적을 방어하는 곳이다. 이것은 굳게 지키는 성城이 아니다. 따라서 살고 있는 호戶를 부려서 수리한다는 것이다. 위의 규정에서 성과 해자[城隍]가 무너지거나 훼손된 경우에는, 그것이 굳게 지키

308_ 일본 고대의 蕃은 주로 신라와 발해를 지칭한다.
309_ 「古記」에서는 守役人이라고 하였고, 防은 지킨다(守), 援은 도운다(助)는 뜻이며, 죄수의 무리를 지킬 때는 음식을 주고 마실 것을 주므로 援이라는 글자를 더했다고 본 견해도 있다(『律令』軍防令 64 頭註).
310_ 이웃 驛·郡 혹은 國까지 移送하면 다시 그곳에서 다음 장소까지 이송하는 방식으로 목적지에 전달하는 방식을 말한다.
311_ 죄수를 체송하는 경우에는 軍團의 大少毅가 인솔하도록 되어 있다(「獄令」 14조).
312_ 東邊과 北邊은 東海道 東山道 北陸道 중에서 蝦夷와 경계를 접하고 있는 지역을 말한다.
313_ 西邊은 西海道에서 隼人과 경계를 접하고 있는 지역을 말한다.
314_ 堡는 흙을 높이 쌓아 적을 막는 시설을 말한다.
315_ 농사를 지을 때 숙박, 휴식, 농기구 보관을 위해서 농경지 주변에 지은 임시 숙소를 말한다.
316_ 城堡의 바깥에 있는 경작지와 임시거처를 말한다. 庄田과 庄舍를 총칭하는 뜻으로 쓰였다.

는 성城이므로, 곧 병사를 부려서 수리하는 것이다. 성과 보는 같지 않다. 그래서
두 규정을 세운 것이다.).

66. 무릇 봉수[烽]³¹⁷를 설치하는 곳은 모두 서로 떨어지는 거리를 40里³¹⁸
로 한다. 만약 산과 언덕으로 막히고 끊어지면 편의에 따라 설치한다. 단
서로가 잘 볼 수 있도록 해야 하며, 반드시 40리里로 한정할 필요는 없다.

67. 무릇 봉수는 밤낮으로 시간을 나누어서 살피고 망을 본다. 만약 봉수에
서 신호를 보내야 하는 경우에는, 낮에는 연기로 신호를 보내고, 밤에는 횃
불[火]로 신호를 보낸다. 그 연기는 1각刻³¹⁹을 다하고, 횃불은 1거炬를 다한
다(생각건대, 각刻은 물시계의 한 눈금[漏剋]이다. 거炬는 장작을 묶은 것[束薪]이
라는 뜻이다. 본문에서, "연기는 1각刻이 다할 때까지, 횃불은 1거炬가 다할 때까
지 전방 봉수에서 응답이 없으면"이라고 하였으므로, 그 밖에는 역시 다시 신호를
보낼 필요가 없음을 알 수 있다.). 전방 봉수[前烽]에서 응답이 없으면, 곧 다
리가 튼튼한 자[脚力]를 뽑아서 보내어 전방 봉수에 가서 알린다. 살피는 데
따른 실수를 물어서 알았다면, 속히 소재의 관사官司에 알린다(생각건대, 전
방의 봉수가 속한 곳의 국사國司이다.).

68. 무릇 적賊이 경계에 들어와서 마땅히 봉수로 신호를 보내야 하는 경우
그 적중賊衆의 다소와 봉화의 수에 관한 규정[節級]은 모두 별식別式³²⁰에 따
른다.

---

³¹⁷₋ 봉화를 관장하는 주체는 大宰府와 國衙이다.
³¹⁸₋ 唐에서는 30리 간격으로 설치하였다. 당시 10리는 4km이다.
³¹⁹₋ 현재의 30분에 해당하는 시간이다.
³²⁰₋ 당의 경우는 兵部 烽式, 일본의 경우는 兵部式에 관할지역에 나타난 집단의
　　종류와 다소에 따라 횃불의 수를 규정하고 있다.

69. 무릇 봉수에는 장長³²¹ 2인을 두고(생각건대, 가령 1국에 하나의 봉수가 있으면 오직 장長 2인을 두는 것이다. 만약 2개의 봉수가 있다면 4인을 두는 것이다.³²²), 3개 이하의 봉수를 검교檢校한다. 다만 경계를 넘을 수 없다.³²³ 국사國司는 관할지역[所部]의 사람 중 가구家口가 중대重大하여 검교를 담당할 만한 자를 가려서 충당한다. 만약 없는 경우라면, 아울러서 산위散位³²⁴ · 훈위勳位를 기용한다(생각건대, 외6위 · 훈7등 이하이다.). 교대로 근무하고, 3년에 한번 교체한다.³²⁵ 교체하는 날에 새로운 사람을 교육시켜서 제대로 알게 하고, 그런 후에 서로 교체한다. 그 봉수를 수리해야 한다면, 모두 봉자烽子³²⁶를 부린다. 공사公事가 아니면(생각건대, 봉수의 일을 제외한 그 밖의 일은, 모두 공사가 아니다.), 함부로 지키는 곳을 벗어날 수 없다.

70. 무릇 봉수에는 각각 봉자烽子³²⁷ 4인을 배치한다.³²⁸ 만약 정丁³²⁹이 없는 곳에서는, 차정次丁³³⁰을 취한다(생각건대, 비록 차정次丁이더라도 정정正丁의 법과 같아서 8인을 취할 수 없다.). 가까운 곳에서 먼 곳으로 미쳐 균등하게

---

³²¹_ 봉수의 책임자인 烽長의 인원수 직무 자격 교체 등에 대하여 규정한 것이다. 烽長은 課役이 면제된다.

³²²_ 본문에서는 봉장 2인이 3곳의 봉수를 검교한다고 하였으므로, 令義解의 내용과 서로 다르다.

³²³_ 國의 경계를 넘어 이웃 國의 봉수는 검교할 수 없다는 뜻이다.

³²⁴_ 「選敍令」 11조. 散位는 6위 이하로 官位는 있으나 官職이 없는 자를 말한다. 5위 이상은 관직이 없어도 長上官의 지위를 인정하므로 散位라고 하지 않는다.

³²⁵_ 唐에서는 2년 만에 교대하였다.

³²⁶_ 「軍防令」 70조.

³²⁷_ 봉수에서 주변을 감시하고 신호를 하는 일을 맡은 사람들이다. 봉수가 무너진 경우에는 수리하는 일도 담당하였다. 徭役이 면제되었다.

³²⁸_ 唐에서는 6인을 배치하였다.

³²⁹_ 正丁을 말한다.

³³⁰_ 「戶令」 8조. 61세 이상과 殘疾이 있는 자를 次丁으로 삼는다.

순번을 배당하여(생각건대, 2인을 1조로 하는 것이다.), 순서대로 근무한다.

71. 무릇 봉수를 설치한 곳의 화거火炬[331]는, 각각 서로 25보步[332]를 떨어뜨린다(생각건대, 연기를 떨어뜨리는 거리 역시 같다. 반드시 화거 사이의 거리를 규정한 것은, 많고 적은 수를 분명하게 하여 쉽게 보이기 위함이다.). 만약 산이 험하고 땅이 좁아서 25보步를 충족시킬 수 없는 곳이라면, 다만 응답하고 알리는 것을 분명히 할 수 있게 한다. 반드시 서로 떨어진 거리의 멀고 가까움을 한정할 필요가 없다.

72. 무릇[333] 화거火炬는 말린 갈대로 심지를 만들고, 갈대 위에 마른 풀을 이용해서 마디마디 묶는다. 묶은 곳 주위에는 송진이 있는 송명松明을 꽂는다(생각건대, 송명松明은 기름기가 많은 소나무이다.). 아울러 비축해야 할 것이 10구具 이상이라면, 건물[舍] 아래 시렁을 만들어서 쌓아 두고(생각건대, 겸하여 연기를 피우는 땔감을 비축하는 것도 있기 때문에, 따라서 아울러라고 한 것이다. 선반[架]은 시렁[棚]은 같다.), 비에 젖지 않도록 한다.

73. 무릇 연기를 놓기 위한 땔감을 준비[貯備]할 때는, 모름지기 쑥艾과 마른 풀[藁][334]과(생각건대, 애艾는 쑥[蓬]이다. 고藁는 풀의 총칭이다.) 생나무[生柴] 등을 거두어 서로 합쳐서 연기를 피운다. 마른 풀과 생나무 등을 비축한 곳에는, 함부로 다른 사람이 불을 놓거나, 들불[野火]이 옮겨 붙지 않도록 해야 한다(생각건대, 마른 풀 등을 태울까 걱정하여 이 조항을 둔 것이다. 아래 조항에서 "봉수 주위의 2리二里 안에서 불과 연기를 함부로 놓지 말아야 한다"는

---

[331]_ 봉수에서 신호할 때 쓰는 發火材를 뜻한다. 봉수의 火臺 위에 철제로 된 바구니에 火炬를 넣어 불을 붙였다.

[332]_ 1步는 大尺 5步 약 1.8m이고, 25步는 45m이다.

[333]_ 火炬를 만드는 방법은 唐 兵部式의 규정과 거의 같다.

[334]_ 藁는 마른 풀을 뜻한다. 義解에서는 풀의 총칭이라고 하였다.

것은, 봉수의 연기나 횃불로 오인할 것을 걱정하여 함부로 놓는 것을 허락하지 않는 것이다.).

74. 무릇 응답하는 화통火筒[335]이 만약 동東으로 향하면, 통구筒口는 서西로 열어야 하고, 만약 서西로 향하면 통구는 동東으로 열어야 한다. 남南과 북北도 이에 준한다.

75. 무릇 대낮에 연기를 피우고, 밤에 불을 피우는데, 먼저 반드시 화통 속裏을 보고[336], 착오가 없음을 확인한 연후에 서로 응답[相應]해야 한다. 만약 대낮에 하늘에 구름이 끼고 안개가 일어서, 연기가 보이지 않으면, 바로 각력脚力을 급히 보내서, 차례대로 전방 봉수[前烽]에 알려야 한다. 안개가 걷힌 곳에서 식式에 따라서 연기를 놓는다. 그 봉수를 설치한 곳은, 봉수 주위 2리 안에서는 함부로 연기와 불을 놓아서는 안 된다(생각건대, 봉화 주위의 4방 2리[二里] 안에서는 함부로 불과 연기를 피워서는 안 된다는 것이다.).

76. 무릇 봉수를 놓는 데 잘못됨[參差]이 있으면(생각건대, 봉화를 많이 피워야 하는데 적게 피우거나, 사람이 들불을 질렀는데 봉화를 피운 부류이다.), 원래 놓는 곳이 실후失候[337]한 상황을 속히 소재所在 국사國司에게 알려야 한다. 조사해서[勘當] 사실을 알게 되면, 발역發驛[338]해서 주문奏聞[339]해야 한다(생각건대, 위 조항에서 "연기는 일각一刻을 다하고, 불은 한 횃불을 다했는데 전방

---

[335]_ 예를 들어 동쪽을 향하여 봉화를 피워야 하면, 불을 때는 아궁이는 서쪽으로 향하게 하는 것이다.

[336]_ 낮에는 연기를 피우는 풀과 생나무, 밤에는 불을 피우는 풀과 소나무가 들어 있는지를 확인하고 피워야한다는 뜻이다.

[337]_ 봉화의 수나 들불 등을 제대로 관찰하지 못한 것을 말한다.

[338]_ 「公式令」50조.

[339]_ 천황에게 아뢰는 것이다.

봉수가 응답하지 않으면"이라고 하였는데, 이는 응답해야 하는데 응하지 않는 것으로, 해害가 중대하지 않다. 그러므로 가서 전방 봉수에 알리고, 다시 발역發驛하지 않는다. 이 조항은 마땅히 여러 봉화를 놓아야 하나 적은 봉화를 놓거나 사람이 들불을 지른 것을 잘못 알고 마침내 봉화를 놓았는데, 이미 불을 놓은 후 그것이 잘못된 것을 알았다면, 중요한 상황이 일단 발생하면 그 해害가 이미 깊으므로 그 잘못을 관찰한 곳이 발역發驛해서 주문奏聞한다.).

(謂. 軍者. 軍士也. 防者. 防人也.) 凡漆拾陸條

凡軍團大毅領一千人. 少毅副領(謂. 凡兵滿一千人者. 大毅一人. 少毅二人. 六百人以上者. 大毅一人. 少毅一人. 五百人以下者. 唯置毅一人也.). 校尉二百人. 旅帥一百人. 隊正五十人.

凡兵士各爲隊伍(謂. 五十人爲隊也. 五人爲伍也.). 便弓馬者(謂. 弓者. 步射也. 馬者. 騎射也.). 爲騎兵隊. 餘爲步兵隊. 主帥以上. 當色統領. 不得參雜(謂. 主帥者. 隊正以上. 校尉以下也. 當色者. 步騎各有色別也. 不得參雜者. 一隊之內. 不得步騎混雜也.).

凡兵士菌点之次. 皆令比近團割(謂. 團者. 聚也. 割者. 分也. 假令. 軍團在添上高市兩郡者. 以葛城人. 配高市團. 以山邊人. 配添上團之類也.). 不得隔越. 其應點入軍者(謂. 點爲兵士也.). 同戶之內. 每三丁取一丁(謂. 此爲多丁之戶立文. 若戶內少丁者. 亦須通取他戶. 卽一國之丁. 惣爲三分. 取其一分之義. 其爲分之法. 除烽子事力等之類. 以所殘丁. 惣爲三分. 但隊正以上者. 須於二分內取之.).

凡國司. 每年孟冬. 菌閱戎具(謂. 戎具者. 國內百姓隨身弓箭刀劍之類也.).

凡兵士. 十人爲一火. 火別充六馱馬(謂. 以官馬充馱也. 所以知者. 廐牧令. 牧馬應堪乘用者. 付軍團. 簡當團兵士內. 家富堪養者充也.). 養令肥壯. 差行日. 聽將充馱. 若有死失. 仍卽立替(謂. 以理死者. 以官馬替也. 非理死者. 死失之家. 輸私馬替也.).

凡兵士. 人別備糒六斗(謂. 兵士私自備. 卽隊正以上. 亦自備之. 若身死及得替者. 還故納薪. 其塩亦准此也.). 塩二升. 并當火供行戎具等. 並貯當色庫(謂. 供行戎具者. 下條紺布幕釜等是也. 當色庫者. 軍團庫也.). 若貯經年「之」久. 壞惡不堪. 卽廻納好者(謂. 亦令兵士廻成也.). 起十一月一日. 十二月卅

日以前納畢. 每番於上番人內. 取二人守掌. 不得雜使. 行軍之日.
計火出給.

凡兵士. 每火紺布幕一口. 着裏. 銅盃小釜. 隨得二口. 鍬一具. 剉
碓一具. 斧一具. 小斧一具. 鑿一具. 鎌二張. 鉗一具. 每五十人. 火
鑽一具. 熟艾一斤. 手鋸一具. 每人弓一張. 弓弦袋一口. 副弦二
條. 征箭五十隻. 胡簶一具. 太刀一口. 刀子一枚. 礪石一枚. 藺帽
一枚. 飯袋一口. 水甬一口. 塩甬一口. 脛巾一具. 鞋一兩. 皆令自
備(謂. 紺布幕以下. 並皆私備也.). 不可闕少. 行軍之日. 自盡將去. 若上
番年. 唯將人別戎具. 自外不須(謂. 上番年者. 向衛防之年也. 人別戎具者. 弓
以下. 鞋以上是也. 自外不須者. 紺幕以下. 手鋸以上. 上番之年. 不須將行也.).

凡兵士上番者. 向京一年. 向防三年. 不計行程.

凡弩手赴教習(謂. 兵士習弩者也.). 及征行. 不須科其弓箭(謂. 兵士隨身弓
箭也. 言習弩之士. 不備隨身弓箭. 其餘物自依上條備也.).

凡軍團. 每一隊. 定强壯者二人. 分充弩手. 均分入番(謂. 惣計隊別之
弩手. 均分入番也.).

凡衛士者. 中分一日上. 一日下. 謂. 無事故日者. 每下日. 即令於當
府. 教習弓馬. 用刀. 弄槍(謂. 弄者. 玩也. 槍者. 木兩頭銳者. 即戈之屬也.).
及發弩. 抛石(謂. 抛者. 猶擲也. 作機械擲石擊敵者也.). 至午時各放還. 仍
本府試練. 知其進不. 即非別勅者. 不得雜使.

凡兵士向京者名衛士. 火別取白丁五人. 充火頭(謂. 蠲免之法. 一同仕丁.
其防人者. 不充火頭也.). 守邊者名防人.

凡軍團大毅小毅. 通取部內散位(謂. 內外六位以下也.). 勳位及庶人武
藝可稱者充. 其校尉以下. 取庶人便於弓馬者爲之. 主帳者. 取工
於書筭者爲之(謂. 兵滿一千人者. 主帳二人. 以外者一人.).

凡兵士以上. 皆造曆名薄(謂. 校尉以下. 即主帳亦同. 其兩毅者. 是外武官. 依職
員令. 別須有名帳也.)二通. 並顯征防遠使處所(謂. 征者. 奉辭伐罪也. 防者. 防

人也. 遠使者. 使外蕃. 其雖使化內. 遠處者亦同也.). 仍注貧富上中下三等(謂.
富爲上等. 次爲中等. 貧爲下等也.). 一通留國. 一通每年附朝集使送兵部.
若有差行. 及上番. 國司據簿以次差遣(謂. 差遣征討及防援等之類也.). 其
衛士防人還鄉之日. 並免國內上番(謂. 免兵士之番役. 卽校尉以下亦同. 其
征人還鄉之日. 亦須相准免. 假如. 經一年者. 免一年徭役. 經二年者. 免二年徭役之類
也.). 衛士一年. 防人三年.

凡兵衛使還者. 經三番以上(謂. 差遣遠使及征討并防人部領等之類也. 三番以
上者. 雖經二三年. 尙亦准此法也.). 免一番. 若欲上者聽.

凡差兵士充衛士防人者. 父子兄弟不得並遣(謂. 祖孫亦不可並遣. 重於兄
弟故. 若先異國者. 並遣无妨也.). 若祖父母父母老疾合侍. 家無兼丁(謂. 正
丁. 卽不限親踈也.). 不在衛士及防人限(謂. 免軍名以充侍也.).

凡差兵. 廿人以上者. 須契勅(謂. 有關國須契. 餘國皆待勅符.). 始合差發.

凡大將出征. 皆授節刀(謂. 凡節者. 以犛牛尾爲之. 使者所權也. 今以刀劍代之.
故曰節刀. 雖名實相異. 其所用者一也.). 辭訖. 不得反宿於家(謂. 宿猶止也. 凡
大將軍授節而出. 不得更復反入於家. 其至飯時亦同. 如將軍以下有故者. 准受勅使. 得
宿於家也.). 其家在京者. 每月一遣內舍人存問. 若有疾病者(謂. 大將
之父母妻子等. 有疾病也.). 給醫藥. 凱旋之日. 奏遣使郊勞(謂. 凱旋者. 凱樂
也. 軍飯之時獻功之樂也. 奏遣者. 中務所奏遣者也. 郊勞者. 邑外曰郊. 賓至迎勞之於
郊. 是也.).

凡有所征討. 計行人. 滿三千以上. 兵馬發日. 侍從充使. 宣勅慰勞
(謂. 慰慰安也. 勞勞問也.)發遣. 其防人滿一千以上. 發日遣內舍人發遣.

凡衛士向京. 防人至津之間. 皆令國司親自部領. 衛士至京之日. 兵
部先撿閱戎具. 分配三府. 若有闕少者. 隨事推罪(謂. 闕少者. 戎具闕少. 若衛
士欠少亦同也. 推罪者. 此爲部領立制. 其衛士亦不可無罪也.). 自津發日. 專使部
領. 付大宰府(謂. 兵部先撿閱戎具及其身. 而專使發遣. 卽前人者. 便載廻船也.).
其往還. 在路不得前後零疊. 使侵犯百姓. 及損害田苗. 斫伐桑柒

之類. 若有違者. 國郡錄狀申官. 統領之人. 依法科罪(謂. 路次之國. 注犯申官. 官隨科罪也.). 軍行亦准此.

凡將帥出征. 有宿嫌者. 不得配隸(謂. 將帥者. 副將軍以上也. 宿者. 素也. 嫌者. 心不平. 恐其矯公而報怨. 所以立此條制也.).

凡軍營門. 恒須嚴愬呵叱出入. 若有勅使. 皆先通軍將. 愬儉軍容. 然後受勅.

凡衛士. 雖下日. 皆不得輒卅里外私行. 必有事故. 須經本府判聽乃去. 其上番年. 雖有重服(謂. 父母喪也.). 不在下限. 下番日令終服(謂. 凡衛士. 雖遭重服. 不在下限. 心喪從公. 猶奪情從職者. 而稱下番日令終服者. 是欲免碁年之徭役. 非言更行居喪之禮. 卽諸作樂嫁聚之類. 皆以正服年論. 下番日者非. 其防人遭喪. 亦准衛士. 但火頭者. 非在此例也.).

凡將帥出征. 兵滿一万人以上(謂. 一萬二千人以下. 何者. 滿三千人者. 得一軍号故也.). 將軍一人. 副將軍二人. 軍監二人. 軍曹四人. 錄事四人(謂. 軍曹者. 大主典也. 錄事者. 少主典也.). 五千人以上(謂. 九千人以下也.). 減副將軍. 軍監各一人. 錄事二人. 三千人以上(謂. 四千人以下也.). 減軍曹二人. 各爲一軍. 每惣三軍. 大將軍一人(謂. 一万人以上. 及五千人以上. 并三千人以上. 各爲一軍. 故云三軍. 其三軍官員. 大將軍一人. 將軍三人. 副將軍四人. 軍監四人. 軍曹十人. 錄事八人.).

凡大將出征. 臨軍對寇. 大毅以下. 不從軍令(謂. 凡閫外之事. 將軍制之. 欲有所指麾. 乃立其教令. 是爲軍令. 其自非大將. 而諸將軍以下者. 不得復出令也.). 及有稽違闕乏軍事(謂. 依律. 征人稽留. 及乏軍興等. 是也.). 死罪以下. 並聽大將酙酌專決. 還日. 具狀申太政官. 若未臨寇賊. 不用此令.

凡軍將征討. 須交代者. 舊將不得出迎. 當嚴兵守儉. 所代者到. 發詔書. 勘合符. 乃以從事.

凡征行者. 皆不得將婦女自隨(謂. 家女及婢. 亦不可得隨也.).

凡征行. 大將以下. 有遭父母喪者. 皆待征還. 然後告發(謂. 大將以下

者. 戰士以上也. 征還者. 諸軍罷還之時也. 言大將軍奉還節刀. 及戰士以上. 將行官物返納本司之後. 然乃告喪. 故令其發哀. 其自餘公使者. 依假寧令. 於所聞之處. 舉哭盡哀也.).

凡士卒病患. 及在陣被傷. 皆遣醫療. 軍監以下. 親自臨視.

凡大將出征. 克捷以後(謂. 克者. 勝也. 捷者. 獲也.). 諸軍未散之前. 卽須對衆詳定勳功. 并錄軍行以來. 有所克捷. 及諸費用(謂. 軍資之用度也.). 軍人. 兵馬. 甲仗. 見在損失. 大將以下連署(謂. 將軍府. 具錄行軍以來行狀. 以爲書記. 仍大將以下連署. 卽申勳之日. 更依此書. 以爲勳狀. 是下條所謂勳簿者也.). 軍還之日. 軍監以下. 錄事以上. 各赴本司句勘(謂. 軍監以下. 各赴兵庫馬寮等司. 以初受物. 對勘返納也.). 訖然後放還.

凡申勳簿. 皆具錄陣別勳狀(謂. 下文. 官軍以下. 戰處以上. 皆具錄申. 是爲勳狀也.). 勳人官位姓名. 左右廂. 相捉姓名. 人別所執器仗. 當團. 主帥. 本屬(謂. 左右廂. 猶左右方也. 捉持也. 猶率領也. 假令. 注云. 兵士姓名. 斬首若干級. 所執弓箭. 左廂軍監姓名之所率領. 其國其團隊正姓名之部伍其郡人之類. 文以器仗列當團上者. 是舉其大體. 不可爲定例也.). 官軍賊衆多少(謂. 唯顯彼此衆寡狀. 非謂必舉其定數也.). 彼此傷殺之數. 及獲賊. 軍資. 器械(謂. 獲賊者. 生禽之虜也. 軍資者. 粮食牛馬之屬也. 器械者. 弓箭介胄之屬. 並是所掠取者也.). 辨戰時日月. 戰處. 并畫陣別戰圖(謂. 勳狀功帳之外. 別有戰圖也.). 仍於圖上(謂. 戰圖之端首.). 具注副將軍以上姓名. 附薄申送太政官. 勳賞高下. 臨時聽勅.

凡行軍(謂. 行軍之所錄事以上也.)叙勳. 定薄. 每隊以先鋒者爲第一(謂. 文云每隊. 卽知有百隊者. 亦有百先鋒. 鋒者. 兵端也.). 其次爲第二(謂. 假令. 陣列之法. 一隊十楯. 五楯列前. 五楯列後. 楯別配兵五人. 卽以前列廿五人爲先鋒. 後列廿五人爲次鋒之類. 凡未戰之前. 預定先次鋒. 故申薄之日. 亦據之爲次也.). 不得第一等. 勳多於第二(謂. 第一第二者. 猶云先鋒次鋒也. 此顯歷名之次第. 假令. 大將下令曰. 斬首五級以上爲上勳. 四級以下爲次勳. 若有先鋒甲乙斬首五級. 丙丁四級. 次鋒

戊己斬首五級. 庚辛四級者. 則是戊己雖不得爲先鋒. 而其功勳. 過多於次鋒之人. 卽以甲乙戊己丙丁庚辛. 爲歷名次第之類. 其勳等之日. 卽依先次鋒. 以爲次序. 功有輕重. 卽量其勳級. 以爲進退. 故制此文也.）卽勳色雖同. 而優劣少異者. 皆以次歷名（謂. 俱是先鋒. 或共是次鋒. 而同勳之中. 各有輕重者. 假令. 有先鋒之人中. 甲斬首五級. 乙三級. 丙四級者. 卽以甲丙丁. 爲歷名次之類也.）若不合全叙. 則從後減退（謂. 假令. 有甲乙丙丁. 共是次鋒. 有勅云. 次鋒之勳. 不過三人者. 卽從最後之人而減省類也.）

凡叙勳. 應加轉者（謂. 轉是不定之意也. 假令. 元年行軍. 十級爲一轉. 二年行軍. 五級爲一轉之類. 依其無定例故. 云之爲轉也.）皆於勳位上加. 若無勳位. 一轉授十二等. 每一轉加一等. 六等以上. 兩轉加一等. 二等以上. 三轉加一等. 其五位以上. 加盡勳位外. 仍有餘勳者. 聽授父子（謂. 若父子共在者. 理合授父. 其有兩轉者. 須分授父子也.）如父子身亡. 每一轉賜田兩町（謂. 如父子先有勳六等. 而餘勳止有一轉者. 此則勳少不及加授. 仍須賜田兩町. 卽此名爲賜田. 不爲功田也.）其六位以下及勳位. 加至一等外. 有餘勳者. 聽廻授（謂. 廻授父子也.）不在賜田之限.

凡勳人得勳. 後身亡者. 其勳依例加授（謂. 例者. 一轉授十二等之類也. 依此條案. 除勳人之外. 諸選人位記. 未授身亡者. 不可追叙也.）若戶絶無人承貫者停（謂. 不問親疎. 絶而无人 · 其雖非當戶. 別戶有應蔭者. 卽亦合授.）

凡勳位犯除名. 限滿應叙者. 一等於九等叙. 二等於十等叙. 三等於十一等叙. 四等以下於十二等叙. 其官當及免官. 免所居官. 計降卑於此法者. 聽從高叙（謂. 假如. 勳十二等. 犯罪免官. 准法. 三載以後. 應降先位二等叙. 而所降旣盡. 故猶叙十二等. 是爲從高叙也.）

凡非因薗點次者（謂. 計帳之時也.）不得輒取人入軍. 及放人出軍. 其詐冒入軍（謂. 依律. 良人相冒入軍者也.）被認入賤（謂. 賤詐良人入軍. 乃被認問. 還入本色. 其雜戶. 陵戶. 品部之類亦同也.）及有蔭（謂. 五位以上子孫及內八位嫡子也.）合出軍者. 勘當有實. 皆申兵部. 聽出軍（謂. 不待薗點之次. 京國

官司. 錄狀申兵部也.). 在軍者. 年滿六十. 免軍役(謂. 此因蒯點次. 乃免其軍役. 其挍尉以下. 年六十以上及身弱. 若長病者. 亦皆因蒯點次. 合放出之.). 雖未滿六十. 身弱長病. 不堪軍役者. 亦聽蒯出.

凡兵衛. 每至考滿. 兵部挍練(謂. 唯據考文. 不可試才. 卽與式部詮擬法不殊也.). 隨文武所能. 具爲等級(謂. 計堪理務者. 爲三等之品級也.)申官. 堪理時務者. 量才處分(謂. 量其才能. 任文武官. 卽雖有武才. 不堪理務者. 亦不可任用也.). 其年六十以上. 皆免兵衛(謂. 考挍之日. 乃放免也.). 卽雖未滿六十. 若有尫弱長病. 不堪宿衛. 及任郡司者(謂. 長病者. 不可必滿日限. 量狀不堪宿衛者. 卽解也. 郡司者. 主帳以上也.). 本府錄狀. 幷身. 送兵部. 撿覆知實. 奏聞放出(謂. 兵部奏聞也.).

凡兵衛者. 國司蒯郡司子弟(謂. 郡司. 少領以上也. 子弟者. 子孫弟姪也.)强幹便於弓馬者. 郡別一人貢之. 若貢采女郡者. 不在貢兵衛之例. 三分一國. 二分兵衛. 一分采女(謂. 假令. 一國有三郡者. 二郡貢兵衛. 一郡貢采女. 若其不苹者. 從多貢兵衛耳.).

凡軍團. 各置鼓二面. 大角二口. 少角四口. 通用兵士(謂. 鼓角通用也.). 分番敎習. 倉庫(謂. 貯糒塩者曰倉也. 藏兵器者曰庫也.)損壞須修理者. 十月以後. 聽役兵士(謂. 役上番兵士. 凡諸條稱役兵士令修理之外. 亦不合役兵士也.).

凡行軍兵士以上. 若有身病及死者. 行軍具錄隨身資財. 付本鄉人將還(謂. 若病困篤. 不能將還者. 便付路次國郡. 准丁匠存養. 其身死者. 告本貫. 若無便告. 及資財有餘者. 申送兵部也.). 其屍者. 當處燒埋(謂. 若死亡者在路次. 應得家人迎接者. 亦須准丁匠也.). 但副將軍以上. 將還本土(謂. 不付本鄉人. 而專使將還之.).

凡出給器仗等(謂. 器者. 軍器也. 仗者. 儀仗也.). 付領之日. 明作文抄(謂. 文抄. 猶文記也.). 行還. 事畢. 據薄勘納(謂. 駕行軍行皆同. 其非駕行軍行. 而別有供威儀者. 故云事畢也.). 如有非理損失. 申官推徵(謂. 推徵之法. 自准下

條也.).

凢從軍甲仗經戰失落者. 免徵. 其損壞者. 官爲修理. 不經戰損失者. 三分徵二. 不因從軍而損失者(謂. 駕行及讌會. 威儀等之時也.). 皆准損失處當時估價. 及料造式徵俻(謂. 禁器无估價者. 依新造式. 自餘兵仗者. 准估價徵塡. 皆是依損失之時估價. 及新造式也.). 官爲修理. 卽被水火焚漂. 非人力所制者. 勘實免徵. 其國郡器仗. 每年錄帳. 附朝集使. 申兵部. 勘校訖. 二月三十日以前錄進(謂. 錄狀進奏也.).

凢軍器在庫. 皆造棚閣(謂. 棚棚閣也. 閣樓閣也.)安置. 色別異所. 以時曝涼(謂. 歲一曝涼也.).

凢私家. 不得有鼓. 鉦. 弩. 牟. 矟. 具裝. 大角. 少角及軍幡(謂. 鼓者. 皮鼓也. 鉦者. 金鼓也. 所以靜喧也. 牟者. 二丈矛也. 矟者. 丈二尺矛也. 具裝者. 馬甲也. 幡者. 旌旗惣名也. 將軍所載曰纛幡. 隊長所載曰隊幡. 兵士所載曰軍幡也.). 唯樂鼓不在禁限.

凢在庫器仗. 有不任者(謂. 任堪也. 言不堪用也.). 當處長官驗實具狀申官. 隨狀處分除毀(謂. 除去也.). 其鑽. 刀. 袍. 幡. 弦麻之類(謂. 戟矟之屬曰鑽. 刀劒之屬曰刃. 纊襦之屬曰袍. 菜芋之屬曰弦麻也.). 卽充當處修理軍器用. 在京庫者. 送兵部任充公用(謂. 亦充修理軍器之用. 卽申兵部. 然後受用也.). 若弄掌不如法. 致有損壞者(謂. 弄猶藏也.). 隨狀推徵.

凢五位以上子孫. 年廿一以上. 見無役任者(謂. 役猶使也. 任亦使. 其得考以上. 不須申送. 但帳內資人. 是叙外位. 故須申送. 卽雖已叙位. 卑於蔭位者. 亦須申送也.). 每年京國官司. 勘撿知實. 限十二月一日. 并身. 送式部. 申太政官. 撿蕳性識聰敏. 儀容可取. 充內舍人(謂. 二事相須. 乃充內舍人也.). 三位以上子. 不在蕳限. 以外式部隨狀充大舍人及東宮舍人(謂. 中宮舍人亦准此也.).

凢內六位以下. 八位以上嫡子. 年廿一以上. 見無役任者. 每年京國官司. 勘撿知實. 責狀蕳試. 分爲三寺. 儀容端正. 工於書筭(謂.

二事不相須. 卽以下身材強幹等亦准此. 其先補使部. 後父爲五位者. 令無申送之文也.).

爲上等. 身材強幹(謂. 材猶力也. 質也.). 便於弓馬. 爲中等. 身材劣弱.

不識文筭. 爲下等. 十二月三十日以前. 上等下等. 送式部蕳試. 上

等爲大舍人. 下等爲使部. 中等送兵部. 試練爲兵衛. 如不足者. 通

取庶子(謂. 止據兵衛. 不爲舍人也.).

凡帳內. 取六位以下子及庶人爲之(謂. 內六位以下子. 不論嫡庶. 何者. 下文

稱不得取內八位以上子. 亦不論嫡庶故也.). 其資人. 不得取內八位以上子.

唯充職分者聽. 並不得取三關及大宰部內. 陸奧. 石城. 石背. 越

中. 越後國人.

凡給帳內. 一品一百六十人. 二品一百卅人. 三品一百廿人. 四品

一百人. 資人. 一位一百人. 二位八十人. 三位六十人. 正四位卌

人. 從四位卅五人. 正五位廿五人. 從五位廿人. 女減半. 減數不等.

從多給(謂. 假如. 五位資人廿五人. 減半者不等. 卽給十三人之類也.). 其太政大

臣三百人. 左右大臣二百人. 大納言一百人(謂. 若致仕者. 准祿令減半. 大

納言亦准此也.).

凡帳內資人. 癃疾應免仕者(謂. 不堪執事者皆是. 不必廢疾以上也.). 皆申

式部. 勘驗知實聽替(謂. 未滿六年者. 還本貫. 已滿者. 留省也.).

凡大宰及國司. 並給事力. 帥廿人. 大貳十四人. 少貳十人. 大監. 少

監. 大判事六人. 大工. 少判事. 大典. 防人正. 主神. 博士五人. 少

典. 陰陽師. 醫師. 少工. 筭師. 主船. 主厨. 防人佑四人. 諸令史三人.

史生二人. 大國守八人. 上國守. 大國介七人. 中國守. 上國介六人.

下國守. 大上國掾五人. 中國掾. 大上國目四人. 中下國目三人. 史生

如前. 一年一替. 皆取上等戶內丁(謂. 中以上戶也.). 並不得收庸.

凡邊城門. 晚開早閇(謂. 日出而開爲晚也. 日入前閇爲早也.). 若有事故須

夜開者. 設俻乃開. 若城主有公事(謂. 城主者. 掌城之國司. 卽據三關國. 自

餘者非也.)須出城擽行者. 不得俱出. 其管鎰. 城主自掌. 執鑰開閇

者. 藺謹愼家口重大(謂. 眷属累多者也.)者充之.

凡城隍崩頽者. 役兵士修理(謂. 隍者. 城下坑也. 役兵士者. 役上番之兵士也.).
若兵士少者. 聽役隨近人夫. 遂閑月修理(謂. 止爲人夫立文. 不爲兵士
也.). 其崩頽過多. 交關守固者. 隨卽修理. 役訖. 具錄申太政官(謂.
兵士人夫並錄申也. 崩頽過多. 謂. 不制人出入.). 所役人夫. 皆不得過十日(謂.
此止據人夫. 其兵士. 隨上番日多少役也.).

凡置關應守固者(謂. 境界之上. 臨時置關應守固皆是也.). 並置配兵士. 分
番上下. 其三關者(謂. 伊勢鈴鹿. 美濃不破. 越前愛發等是也.). 設鼓吹軍器
國司分當守固(謂. 目以上也. 言三關者. 國司別當守固. 其餘差配兵士.). 所配兵
士之數. 依別式.

凡防人向防. 若有家人奴婢及牛馬欲將行者聽(謂. 若欲將妻妾者亦須聽.
爲非征人故也.).

凡防人向防. 各賣私糧. 自津發日. 隨給公糧.

凡防人上道以後. 在路破除者(謂. 身死及逃走者也.). 不須差替

凡防人將發(謂. 從國初發之時. 其在路犯徒以上罪者. 付當處令徒役也.). 犯罪在
禁. 及對公私事(謂. 或爲人證. 或訴自事之類也.)非至徒者. 隨卽量決(謂.
隨狀量決. 不必依律也.)發遣. 罪至徒以上差替(謂. 雖徒以上. 應贖之色. 不須差
替. 其贖物者. 當徵家口也.).

凡防人欲至. 所在官司. 預爲部分(謂. 官司者. 防人司也. 預爲部分者. 防人
未至之前. 依舊差配. 預爲分目. 送於大宰. 防人至. 卽相替也.). 防人至後一日
卽共舊人. 分付交替使訖(謂. 主當之處. 有器仗等類. 故云分付也.). 守當之
處. 每季更代使苦樂均平(謂. 營種之所亦同也.).

凡舊防人替訖. 卽給程糧發遣. 新人雖有欠少不充元數. 不得輒以
舊人留帖(謂. 帖者. 添助之義也.).

凡防人向防. 及番還. 在道有身患不堪涉路者. 卽付側近國郡. 給
糧幷醫藥救療. 待差堪行. 然後發遣(謂. 若病狀沈篤. 終不須向防者. 隨便退

却也.). 仍移本貫及前所(謂. 番還者. 移本貫. 向防者. 移大宰也.). 其身死者.
隨便給棺燒埋(謂. 攝津以西而死亡者. 隨便燒埋. 其山城以東者. 告本属令來取. 若
不來者. 然後燒.). 若有資財者. 申送兵部. 令將還本家(謂. 此亦爲攝津以西
死者立制. 其山城以東者. 便附送本属. 唯錄死狀. 申送兵部也.).

凢防人在防守固之外. 各量防人多少(謂. 守固之處. 非止一所. 故稱各也.
文云守固之外. 即不須皆赴營種明也.). 於當處側近(謂. 不離守固之處. 乃爲側近.
若隔山川者. 雖近不須也.). 給空閑地. 遂水陸所宜. 斟酌營種. 并雜菜.
以供防人食(謂. 以此所獲. 即爲公粮也.). 所須牛力(謂. 所須牛力. 猶云牛之功
也.)官給. 所收苗子. 每年錄數. 附朝集使. 申太政官.

凢防人在防. 十日放一日休假(謂. 諸守當所. 皆放休假也.). 病者皆給醫
藥. 遣火內一人. 專令將養.

凢蕃使出入. 傳送囚徒及軍物. 須人防援者(謂. 防護之意也.). 皆量差
所在兵士遞送.

凢緣東邊北邊西邊諸郡人居. 皆於城堡內安置. 其營田之所. 唯置
庄舍. 至農時. 堪營作者. 出就庄田(謂. 强壯者. 出就田舍. 老少者留在堡內
也.). 收歛訖. 勒還(謂. 要勒而還於城堡也.). 其城堡崩頹者. 役當處居戶.
隨閑修理(謂. 堡者. 高土以爲堡. 墇防賊也. 此非守固之城. 故役居戶修理. 上條城隍
崩頹者. 是守固之城. 故役兵士修理. 彼此不同. 仍立兩條也.).

凢置烽皆相去卅里. 若有山岡隔絶. 須逐便安置者. 但使得相照見.
不必要限卅里.

凢烽. 晝夜分時候望. 若須放烽者. 晝放煙. 夜放火. 其煙盡一刻.
火盡一炬(謂. 刻者. 漏剋也. 炬者. 束薪也. 文云. 烟盡一刻. 火盡一炬. 前烽不應者.
即知此外亦不可更放也.). 前烽不應者. 即差脚力. 往告前烽. 問知失候
所由. 速申所在官司(謂. 前烽所隷之國司也.).

凢有賊入境. 應須放烽者. 其賊衆多少. 烽數節級. 並依別式.

凢烽. 置長二人(謂. 縱一國有一烽者. 猶置長二人. 若有二烽者. 亦置四人也.). 撿

挍三烽以下. 唯不得越境. 國司茼所部人家口重大堪撿挍者充. 若
無者. 通用散位勳位(謂. 外六位. 勳七等以下也.). 分番上下. 三年一替.
交替之日. 令教新人通解. 然後相代. 其烽須修理. 皆役烽子. 自非
公事(謂. 除烽事以外. 皆爲非公事也.). 不得輒離所守.

凡烽. 各配烽子四人. 若無丁處. 通取次丁(謂. 雖是次丁. 同正丁法. 不可
取八人也.). 以近及遠. 均分配番(謂. 以二人爲一番也.). 以次上下.

凡置烽之處火炬. 各相去廿五步(謂. 烟相去亦同也. 必令火炬相去者. 欲多少
之數分明易見也.). 如有山嶮地狹. 不可得充廿五步之處. 但得應照分
明. 不須要限相去遠近.

凡火炬. 乾葦作心. 葦上用乾草節縛. 々處周廻. 挿肥松明(謂. 松明是
松之有脂者也.). 並所須貯十具以上. 於舍下作架積着(謂. 兼有烟貯. 故云
並也. 架猶棚也.). 不得雨濕.

凡放煙貯偹者. 須收艾藁生柴等(謂. 艾者. 蓬也. 藁者. 草惣名也.). 相和放
煙. 其貯藁柴等處. 勿令浪人放火. 及野火延燒(謂. 恐燒藁柴苐. 故立此
條. 其下條邏烽二里. 不得浪放烟火者. 爲疑誤烟烽. 不聽其浪放.).

凡應火筒. 若向東. 應筒口西開. 若向西. 應筒口東開. 南北准此.

凡白日放煙. 夜放火. 先須看筒裏. 至實不錯. 然後相應. 若白日天
陰霧起. 望煙不見. 卽馳脚力. 遞告前烽. 霧開之處. 依式放煙. 其
置烽之所. 邏烽二里. 不得浪放煙火.

凡放烽有參差者(謂. 應放多烽. 而放少烽. 及誤因人火野燒. 遂乃放烽之類也.).
元放之處. 失候之狀. 速告所在國司. 勘當知實. 發驛奏聞(謂. 上條.
烟盡一刻. 火盡一炬. 前烽不應者. 此應應而不應. 於害未重大. 故往告前烽. 不更發驛.
此條. 應放多烽. 而放少烽. 及誤因人火野燒. 遂乃放烽. 既放之後. 知其誤舉. 機事一發.
動害已深. 故失候之所. 發驛奏聞也.).

영의해 권제6

令義解 卷第六

(생각건대, 의儀는 조정의 의례[朝儀]를 말한다. 즉 황태자자표조皇太子紫表條 이상을 말한다. 제制는 법제法制인데, 즉 조부모환중조祖父母患重條 이하를 말한다.) 무릇 26조이다.

1. **천자**天子 제사祭祀에 사용하는 명칭이다(생각건대, 신기神祇에 고告할 때 천자天子라고 칭한다. 무릇 천자부터 거가車駕까지는, 모두 글로 기록할 때 쓰는 것이다. 통속적으로 칭하는 바에 이르러서는 이와 달라서, 문자에 의하지 않는다. 예를 들어, 황어손명皇御孫命[1] 및 수명락미어덕須明樂美御德[2]과 같은 부류이다.). **천황**天皇 조서詔書에 쓰는 명칭이다. **황제**皇帝 화이華夷에 쓰는 명칭이다(화華라는 것은 화하華夏를 말한다. 이夷는 이적夷狄을 말한다. 이는 왕자王者가 화이에게 명령을 내릴 때 황제라고 칭하는 것이다. 즉 화이에서도 칭할 때 이에 따른다.). **폐하**陛下 상표에 쓰는 명칭이다. **태상천황**太上天皇 양위한 황제에게 쓰는 명칭이다. **승여**乘輿 황제가 쓰는 물건에 대한 명칭이다(생각건대 무릇 왕자王者에게 물건을 바칠 때 모두 승여어물乘輿御物이라고 칭한다. 감히 함부로 말할 수 없으므로 그래서 승여에 의탁하여 명칭으로 삼는 것이다. 예를 들면

---

[1]_ 이를 '스메미마노미코토'라고 읽는다. 天照大神의 후손이라는 뜻으로 천황에 대한 통속적인 호칭이다.
[2]_ 이를 '스메라미코토'라고 읽는다. 청정한 자라는 뜻으로 천황에 대한 통속적인 호칭 중 하나이다.

승여어마乘輿御馬³, 승여어식乘輿御食⁴, 승여어서乘輿御書⁵ 등의 부류이다.). **거가**車駕 황제가 행행할 때 쓰는 명칭이다.

2. 무릇 거가車駕**가 있는 곳**⁶**에 나아가는 것을 행재소**行在所⁷**에 이른다고 한다.**

3. 무릇 황후 황태자 이하와 나라 안의 백성[率土之內]**이**(생각건대 황태자 이하는 백관百官 이상이다. 서인庶人은 저절로 솔토지내率土之內에 들어간다. 솔토率土의 솔率은 따른다[循]는 뜻이다. 곧 "솔토지빈率土之濱은 모두 왕의 신하이다"라고 하는 말이 그것이다.) **천황과 태상천황에게 상표**上表**할 때 신**臣 **혹은 첩**妾 **아무개**[名]**라고 쓴다. 대답할 때는 이름을 칭한다**(무릇 신하가 왕이 계신 곳에 있을 때 자신의 이름을 말할 경우에는, 단지 '저[某甲]'라고만 하고 신 아무개라고 하지 않는다. 태황태후, 황태후가 천황 및 태상천황에게 그리고 태황태후, 황태후, 황후, 황태자가 서로 칭하는 말은 의제령의 조항에는 없다. 식의 처분을 기다린다.). **황후 황태자가 태황태후 황태후에게, 또는 나라 안이 또 3후**三后⁸**와 황태자에게 아뢸 때는 전하**殿下**라고 칭하고, 스스로는 신첩이라고 칭한다. 대답할 때는 이름을 칭한다.**

4. 무릇 천황[車駕]**이 순행을 떠나거나 돌아올 때, 백관**百官 **5위 이상은 사영**

---

³_ 천자가 타는 말이라는 뜻이다.
⁴_ 천자가 먹는 음식이라는 뜻이다.
⁵_ 천자가 쓴 글이라는 뜻이다.
⁶_ 천황이 행차하여 머물러 있는 곳을 말한다.
⁷_ 천황이 행행한 곳의 임시 거처인 假宮 혹은 行宮을 가리킨다. 행궁이 임시 거처 그 자체를 뜻하는 반면 행재소는 추상적으로 천황의 소재지를 의미하기도 하지만 거의 같은 뜻으로 쓰인다.
⁸_ 태황태후, 황태후, 황후를 말한다.

한다辭迎(생각건대, 천황이 출발할 때 알현하는 것을 사辭라고 하고, 돌아올 때 또한 알현하는 것은 영迎이라고 한다.). **유수**留守**하는 자는 사영**辭迎**하는 범위**[限]**에 있지 않다**(생각건대, 직책을 맡은 장관이 유수하는 것이다.[9] 가령, 감국監國[10] 중인 태자, 또는 계契[11]를 맡은 공경公卿 등의 부류이다.). **만약 경숙**經宿[12]**이 아니라면 이 영을 쓰지 않는다.**

5. 무릇 문무관文武官[13]**으로 초위**初位 **이상은 초하루마다 조회**[朝]**한다**(생각건대, 조朝는 조회朝會이다. 생각건대 일상적일 때는 단지 관청의 자리[廳座]에 나아간다. 초하루에 이르면 특별히 조정[庭]에서 모인다.). **각각 해당 관사의 지난 달의 공문**公文[14]**을 기록하여, 5위 이상이 가지고 가서 조정의 탁자 위에 올려둔다**(생각건대, 그 소속된[被管] 관사는 모두 관할하는[所管] 상위 관사[上司]에 보낸다. 그러므로 5위 이상이라고 한 것이다. 만약 5위 관인이 없다면, 미리 태정관에 알려 식부로 하여금 임시로 뽑아 충당하도록 한다.). **그리고 대납언**大納言 **이 나아가 아뢴다.**[15] **만약 비가 와서 의식을 치를 수 없거나**[失容]**, 진창**[泥] **이거나 물이 고였다면**[潦]**, 모두 중단한다**[停](생각건대, 이泥는 진창[淖]이고, 요潦는 물에 잠기는 것[淹]이다.). **변관**辨官**이 공문을 가지고 모두 중무성**中務省 **에 바친다**(생각건대, 비가 와서 진창이 되거나, 물이 고여 고삭告朔을 멈추어야

9_ 천황이 순행할 때 京師를 留守하는 官人에게 鈴契를 준다고 되어 있다(「公式令」 44조). 또한 천자가 순행할 때 太子가 留守하면 이를 監國이라고 한다고 하였다(「公式令」 4조의 義解).
10_ 國事를 監督하는 것으로 태자의 소임이다.
11_ 符節을 뜻한다.
12_ 천황이 도성 밖으로 나가서 하루 이상을 묵고 돌아오는 것이다. 즉 당일로 돌아오는 경우는 유수관을 두지 않는다는 뜻이다.
13_ 「公式令」 52조.
14_ 지난 달에 작성한 공문으로 시행 여부와 관계없이, 符 移 解 牒 등의 公文을 말한다.
15_ 매월 초하루에 천황이 朝堂에서 각 관사가 바친 그전 달의 공문을 살펴보는 의식으로 告朔이라고 한다.

할 때는, 모든 관사의 5위 이상이 공문을 변관에 보낸다. 변관은 받아 중무성에 보낸다. 곧 중무성에 보낸 후에는 다시 아뢸 수 없다. 고삭의 예를 치른 때는, 대납언이 아뢴 후, 또한 중무성이 수취受取한다.).

6. 무릇 문무관文武官 3위 이상은 휴가나 사신[假使]이 되어 떠날 때 모두 하직[奉辭]하고, 돌아와서 모두 알현한다[奉見](생각건대, 3위 이상이라도 산위散位[16]는 이 예에 있지 않다. 휴가는 천황에게 아뢰어 받은 휴가를 말한다.). 5위 이상은 칙勅을 받아 차출되어 사신이 되면[差使](생각건대 칙勅을 받들어 직함[名]을 정하거나 해당관사[所司]로 하여금 차출하여 파견하는 것이 모두 그것이다.) 하직하고 알현하는 것辭見이 또한 이와 같다. 외관外官의 3위 이상[17]이 합당한 사유로 임지를 떠나[以理去任][18] 도성[京]에 이르면 또한 알현한다[奉見](생각건대 부임할 때도 또한 하직[奉辭] 해야 마땅함을 알 수 있다.).

7. 무릇 해[太陽]가 이지러질 때는 유사有司가 미리 아뢴다(생각건대 태양은 해고 휴는 해가 이지러지는 것이다. 유사有司는 음양료陰陽寮이다.). 황제皇帝는 정사를 보지 않는다. 백관百官은 각각 본사本司를 지키고 직무는 처리하지 않고 시간이 지나면 파한다[罷][19](생각건대 정사政事를 보지 않는다는 것은 정사政事를 듣지 않는 것이다. 시간이 지나면 파한다는 것은 가령 일식日蝕이 신시申時라면 유시酉時에 파할 수 있다. 이를 시간이 지나면 파한다고 한다.). 황제皇帝의 2등二等의 친척[親](생각건대 유복지친有服之親이다. 며느리[子婦]는 비록 2등 이상 친족이지만 복을 입지 않으므로 이 예에 있지 않다. 상장령喪葬令을 살펴보면, 상복 입는 규정[服紀]은 형제의 자식은 7일이다. 또 가녕령假寧令에는 7일 동안

---

[16]_ 官職은 없고 官位만 있는 官人을 말한다.
[17]_ 外官으로 3위 이상은 大宰府의 장관인 大宰帥만 해당된다.
[18]_ 「選敍令」 9조.
[19]_ 日蝕이 있는 날은 사무를 보지 않고 官司를 지키고 있다가, 일식이 끝나면 퇴근하는 것이다.

상복을 입어야 하는 친족이 죽으면 3일 동안 휴가를 준다고 하였다. 영의 조문에 집착하면[偏執], 조카姪와 손자孫의 상喪이면 황제는 3일 동안 정무를 보지 않아야 한다. 3일의 휴가를 직사관職事官에게 주는 것과 무엇이 다르겠는가. 군주와 신하의 예법[君臣禮數]이 서로 뒤섞여[淆亂] 차별이 없다. 하루에 만기를 보는 황제의 경우에 이치가 어찌 그러하겠는가. 그러므로 백숙伯叔 고모姑 형兄 및 조카姪 손자孫가 비록 모두 2등친二等親이지만 그 복기가 큰 차이가 나고 존비尊卑가 저절로 구별된다. 그러므로 등친等親에 집착해서 한 가지로 논할 수 없다. 곧 3일 동안 정사를 보지 않는다고 한 것은 오직 3개월 이상 상복을 입는 경우를 위한 것이다. 조카姪와 손자孫의 상喪에 이르면 황제皇帝는 하루만 정무를 보지 않는다. 이치로 보아 납득할 만하다.) **외조부모外祖父母, 우대신右大臣 이상, 또는 산1위散一位의 상喪에 황제皇帝는 3일 동안 정무를 보지 않는다**(생각건대, 상장령喪葬令에 의하면 발상일로부터 헤아려 3일에 이른다. 그 친왕親王 또한 같다. 장구葬具와 부물賻物을 공급하는 것이 산1위가 친왕親王과 더불어 같은 까닭이다.[20]). **국기일國忌日** 선황先皇의 붕일崩日이다. **별식別式에 의하여 폐무廢務해야 한다. 3등친과 백관百官 3위 이상의**(생각건대 산위散位는 아니다. 황제皇帝가 정무를 보지 않는 날에 백관百官이 사무를 보는 것을 그만두지 않는다. 왜냐하면 태양이 이지러지거나 국기일國忌日에는 정무를 폐한다는 법을 따로 세웠으나, 그 밖에는 그러한 규정이 없기 때문이다.) **상喪에는 황제皇帝는 모두 하루 동안 정무를 보지 않는다.**

8. 무릇 상서祥瑞는 응현應見[21]하는 것인데, 만약 기린 · 봉황 · 거북이 · 용과 같은 부류가 도서圖書[22]에 의거하여 대서大瑞에 해당하면, 곧 표表로 아뢴다

---

[20]_ 「상장령」 4조에 의하면 친왕 · 태정대신 및 산1위의 喪에 治部大輔를 보내어 監護하게 하였다. 즉 친왕과 산1위가 喪禮에서 동일하게 여겨지는 것이다.

[21]_ 통치자의 德이나 不德에 따라서 나타난다는 뜻이다.

[22]_ 祥瑞의 종류를 확인하는 데 사용하는 문헌을 말한다.

(생각건대, 상서祥瑞는 나타난 곳의 관사官司가 도서圖書를 확인하여 대서大瑞에 해당하면 원일元日을 기다리지 않고, 바로 표表로 아뢴다.). 그 표表는 오직 상서로운 사물의 색깔·종류[色目] 및 나온 곳을 밝히고, 굳이 거짓으로 꾸며 늘어놓거나 헛되이 진실성이 없는 말을 일삼아서는 안 된다. **상서上瑞 이하는 아울러 소사所司**[23]**에 보고하고**(생각건대, 치부治部에 보고하는 것이다. 무릇 상서上瑞 이하는 모두 먼저 관官에 보고하면, 관官은 치부治部에 보낸다. 그런데 소사所司에 보고한다고 한 것은 관장하고 확인하는 곳에 의거한 것이다.[24]), **원일元日에 아뢴다. 새와 짐승의 부류를 산 채로 잡았다면, 곧 본성本性에 따라서 산야에 놓아준다**(생각건대, 무릇 비늘·껍질·깃털·털은 산과 물의 기운으로부터 나는 것이다. 먹고, 부리로 쪼으며, 날고, 나무에 깃들어 사니, 사람이 길들이고 기르는 것을 따르지 않는다. 그러므로 놓아주어 그 삶을 다하도록 한다. 만약 사람이 기르는 것[啥哺]에 길들어 생명을 유지하여, 비록 우리에 있거나 묶어 두었으나 죽일 수 없다면, 모두 대답을 기다렸다가[報至] 그런 후에 놓아준다.). **나머지는 모두 치부治部로 보낸다. 만약 잡을 수 없거나**(생각건대, 운기雲氣의 종류는 직접 잡을 수 없는 것이다.) **목련리木連理**[25]**와 같은 종류로서 보낼 수 없다면, 소재의 관사官司**[26]**가 살펴 조사해서, 거짓이 아니라면 자세하게 그림을 그려서 올린다. 상을 주어야 하는 경우는 임시로 칙을 듣는다.**

9. **무릇 원일元日에는 친왕親王 이하에게 절[拜]을 할 수 없다**(생각건대, 배하拜賀하는 예는 친왕親王 이하에 미치지 않는다. 3후后 및 황태자에게는 모두 배하拜賀해야 한다.). **다만 친척親戚**(생각건대, 친親은 내친內親이다. 척戚은 외척外戚이다.) **및 가령家令**[27] **이하는 금지하는 제한에 있지 않다. 만약 원일元日이 아**

23_ 治部省을 말한다.
24_ 治部省은 本姓·繼嗣·婚姻·祥瑞 등을 관장한다.
25_ 나뭇가지와 다른 나뭇가지와 붙어서 한 나무처럼 자라는 것을 말한다.
26_ 도성에서는 京職 및 在京 각관사이고, 지방에서는 國司와 郡司를 말한다.
27_ 「家令職員令」 1조 이하 참조. 親王(內親王) 1품에서 4품, 職事 1위에서 3위까

닌데 치경致敬을 해야 한다면(생각건대, 가령 일이 부득이해서 임시로 절을 해야 하는 것이다. 원일元日 외에 반드시 배알해야 하는 이유가 있다는 뜻이 아니다. 그러므로 문장에서 치경해야 한다고 한 것은, 곧 반드시 치경할 필요가 없는 경우가 있다는 말이다.), 4위는 1위에게 절하고, 5위는 3위에게 절한다. 6위는 4위에게 절하고, 7위는 5위에게 절한다. 이외에는 임의로 사사로운 예에 따른다(생각건대, 항렬이 낮거나 나이가 어린 5위 이상이 항렬이 높거나 나이가 많은 6위 이하에게 엎드려 절하는[拜伏] 종류이다.).

10. 무릇 길에서 서로 만난 경우, 3위 이하가 친왕親王을 만나면 모두 말에서 내린다(생각건대, 친왕이라고 칭한 것은 품이 있거나 품이 없거나 모두 같다.[28] 만약 품이 없는 친왕이 품이 있는 친왕을 만나면 말에서 내릴 필요가 없다. 왜냐하면, 위 조항의 치경례致敬禮에서 제왕諸王 이하에 그쳤고, 친왕에게는 미치지 않았다. 이 조항 역시 유품·무품을 구별하지 않았기 때문이다.). 이외에는 배례拜禮에 준한다. 내리지 않는다면 모두 말을 멈추고 곁에 선다(생각건대, 2위 이상이 친왕을 만나거나 3위가 1위를 만나는 부류이다. 말을 멈추고 길가에 물러선다. 무릇 6위 공사公使가 사신으로 간 국國에서 4위 이상의 국사國司를 만나면, 말에서 내릴 필요가 없다. 만약 국사國司가 조사詔使를 만나면, 동위同位이하는 내려야 한다. 왜냐하면, 아래 조항에서 규정하기를, "관인官人이 본국本國으로 가서 동위同位를 만나면 곧 내린다."고 하였다. 어찌 하물며 조사詔使가 국사國司보다 가벼울 수 있겠는가. 백성은 길에서 6위 조사詔使를 만나면 내리지 않는다. 만약 사신으로 간 국國에서 만나면 모두 내린다.). **비록 내리는 것이 마땅하**

지 家의 家政을 처리하기 위하여 지급하는 관인들 중 장관을 좁은 의미에서 家令이라고 한다. 예를 들어 職事 1위의 경우, 家令 1인, 扶 1인, 大從 1인, 少從 1인, 大書吏 1인, 少書吏 1인이 지급되었다. 이들은 총칭하여 家令이라고도 한다.

28_ 親王(內親王)의 경우는 1품에서 4품까지의 품위를 가진 경우와 어려서 아직 품위를 받지 못한 경우가 있다.

더라도, 배종陪從하면 내리지 않는다(생각건대, 거가車駕를 배종陪從하는 것이다.29 율律에 의하면, 3후·황태자 배종陪從도 역시 같다.).

11. 무릇 군사郡司는 본국의30 국사國司를 만나면 모두 말에서 내린다(생각건대, 경내境內·경외境外 모두 같다.31 국사國司라고 하였으므로 사생史生 역시 그러하다.32 박사博士·의사醫師는 부내部內에서 취하여 충원되었으면 이 예와 같지 않다.33). 다만 5위는 동위同位 이상이 아니면, 내리지 않는다(생각건대, 동위同位라고 칭한 것은 정正·종從·상上·하下를 논하지 않는다. 초위初位 국사國司는 5위 군사郡司를 만나면 내리지 않는다. 무위無位 사생史生 역시 같다.). 만약 관인官人이 본국本國에 나아가서 만나면, 동위同位는 곧 내린다(생각건대, 가령 경관京官 주전主典 이상이 본국本國 경계 내에서 해당 국사國司를 만나면 동위同位 이하는 곧 내린다.). 만약 치경致敬해야 된다면, 모두 하마례下馬禮에 준한다.

12. 무릇 관청[廳]의 자리34에서 친왕親王 및 태정대신太政大臣을 보면, 자리에서 내려온다[下座].35 좌우대신左右大臣과 당사當司의 장관長官에게는 곧 자리에서 일어선다[動座](생각건대, 좌우대신左右大臣은 친왕親王 및 태정대신太政大臣을 보면 곧 자리에서 일어선다. 태정대신이 친왕을 보거나 친왕이 태정대신을

29_ 일반적인 경우에는 말에서 내려야 하는 사이이지만, 관인이 천황을 陪從한 경우에는 내릴 필요가 없다는 뜻이다.

30_ 郡司 자신이 속한 國의 國司를 말한다.

31_ 소속 國의 경계를 벗어난 경우에도 소속 國의 國司를 만나면 말에서 내려야 한다는 뜻이다.

32_ 國司는 좁게는 守·介·掾·目의 4등관, 넓게는 史生·國博士·國醫師 등이 포함되는데 여기서는 넓은 의미로 해석하였다.

33_ 國에 소속된 博士와 醫師는 중앙에서 파견된 경우와 해당 국에서 충원된 경우를 구별하고 있다.

34_ 5위 이상에게는 牀席, 6위 이하에게는 座席을 지급한다(古記).

35_ 5위 이상은 牀席에서 내려와서 서고, 6위 이하는 자리에서 일어나 무릎을 꿇으며, 관청 바깥에 있는 사람은 그 자리에 서 있는다.

보면 모두 일어서지 않는다. 민부경民部卿은 주계료[主計]에 대해서 역시 당시當時 장관長官이다. 율律에 의하면, 좌직佐職 및 통속되는 관인이 관장官長을 때리면 죄가 같은 까닭이다.). **이외에는 일어서지 않는다.**

13, 무릇 의과儀戈**는**(생각건대, 끝이 뭉뚝하게 생긴 가지 창[平頭戟]이다. 위의威儀에 사용하기 때문에 따라서 의과儀戈라고 한다. 즉 이것은 혼자서는 사용할 수 없고, 반드시 개蓋를 쓸 때에 함께 사용하는 것이다.), **태정대신**太政大臣**은 4간**竿, **좌우대신**左右大臣**은 각각 2간**竿, **대납언**大納言**은 1간**竿**이다.**

14. 무릇 판위版位[36]**는, 황태자**皇太子[37] **이하는 각 방**方**7촌**寸, **두께 5촌**寸**이며 그 품위**品位**를 적는다. 모두 옻칠한 글자이다**(생각건대, 옻칠로 쓴다는 것이다.).

15. 무릇 개蓋는, 황태자皇太子**는 바깥은 자색[**紫**] 안쪽은 적자색[**蘇方**][38]으로 하고, 정상[**頂**]과 네 모서리에는 비단을 씌우고 술을 늘어뜨린다. 친왕**親王**은 바깥은 자색으로 염색한[**纈**][39] 천, 1위는 진한 녹색, 3위 이상은 감색, 4위는 옥색[**縹**]이다.**[40] **4품 이상과 1위는 정상과 모서리에 비단을 씌우고 술을 늘어뜨린다. 2위 이하는 비단만 씌운다**(생각건대, 단지 비단만 씌울 수 있고, 술을 늘어뜨릴 수는 없다. 대납언 이상인 경우에는, 비단과 술을 모두 사용한다.). **오직 대납언 이상만 술을 늘어뜨린다. 모두 안쪽은 붉은색으로 하고, 술은 같은 색을 사용한다**(생각건대, 술이라는 것은 모아서 묶은 것이다. 같은 색이라는 것은 바깥쪽과 같은 색이라는 뜻이다.).

---

[36]_ 조정에서 친왕 이하 관인들이 위치하는 좌석을 나타내는 표찰이다.
[37]_ 황태자는 관위가 없으므로 東宮이라고만 적는다.
[38]_ 소방색은 赤紫色을 뜻한다.
[39]_ 홀치기 방식으로 염색한 것이다.
[40]_ 연한 남색을 뜻한다.

16. 무릇 조부모, 부모가 병환이 깊거나[患重], 감옥[囹圄]에 있는 경우에는 (생각건대, 환중患重이라는 것은 누운 자리를 떠나지 못하는 것이다. 영어囹圄라는 것은 죄수가 있는 곳이다. 그것은 율律에 따라서 죄수에게 족쇄를 채우지 않은[散禁] 경우는 아니다.), 혼인할 수 없다. 만약 조부모, 부모의 허락이 있어서 혼인하게 되더라도, 연회宴會는 할 수 없다.

17. 무릇 국군國郡은 모두 오행기五行器를 만든다(생각건대, 그것의 용도에 따라 오행五行의 이름을 붙인 것이다. 가령, 가래와 호미[鍬鉏]는 토기土器로, 부지깽이[火鉤]는 화기火器로, 도끼와 끌[斧鑿]은 목기木器로, 모루와 쇠망치[鉆鎚]는 금기金器로, 동이와 통[盆桶]은 수기水器로 분류하는 부류이다.). 일이 있을 때 곧 사용한다. 아울러 관물官物을 사용한다.

18. 무릇 원일元日에 국사國司는 모두 요속僚屬(생각건대, 요僚는 같은 등급의 관리이다. 속屬은 통제 아래 소속된 자들이다.), 군사郡司 등을 거느리고 청廳을 향해서 조배朝拜한다. 끝나면 장관長官이 하례를 받는다(생각건대, 경의를 표하는[致敬] 예를 받는 것이다. 만약 장관長官이 없으면, 차관次官이 하례를 받는다. 그 6위의 장관長官인 경우에는, 오직 군사郡司의 하례를 받는 데 그친다. 위의 조항에서 이르기를, 만약 마땅히 경의를 표해야 한다면, 하마下馬의 예에 준한다고 했기 때문이다.). 연회를 베푸는 것을 허락한다. 그 음식은 당처當處의 관물官物 및 정창正倉에서 충당한다(생각건대, 관물官物이라는 것은 군도郡稻이다. 정창正倉이라는 것은 정세正稅이다.). 필요한 바의 다소多少는 별식을 따른다.

19. 무릇 봄에 제전祭田[41]하는 날에는 마을의 노인을 모아서 한 차례의 향음주례郷飮酒禮를 행한다(생각건대, 향음주례郷飮酒禮는, 60세 이상은 앉히고 50세

---

[41]_ 원래 중국의 禘祭에 연원을 둔 것으로 생각되는데, 일본의 농경의례인 祈年祭와 결합된 것으로 보인다.

이하는 서서 시중을 드는 것으로, 나이 많은 사람을 공경하는 것을 밝히기 위함이다. 60세는 3두효[42], 70세는 4두효, 80세는 5두효, 90세는 6두효를 마련한다. 노인에 대한 봉양을 분명히 하기 위해서이다. 즉, 마을의 사람들이 직접 예를 행하도록 하고, 국사와 군사는 오직 그것을 살피고 단속하는 일을 담당한다.). **사람으로 하여금 나이가 많은 사람에 대한 공경과 노인을 봉양하는 도리를 알게 하는 것이다.** 그 주효酒肴 등의 물품[物]은 공해公廨[43]를 내어서 공급한다.

20. 무릇 부모의 상[重服]을 당했는데 인정을 무시하고[奪情][44] 직무에 종사해야 하는 경우라면, 모두 복服을 마칠 때까지 조문[弔]하지 않고[45], 하례[賀]하지도 않고(생각건대, 길흉에 대해 조문하거나 하례하지 않는 것이다), **연회에 참석하지 않는다**(생각건대, 공식적인 모임이라도 역시 참가할 수 없다.).

21. 무릇 상중[凶服]에는 공문公門에 들어가지 않는다(생각건대, 흉복凶服은, 거친 삼베로 만든 상복[縗疏]이다. 공문公門은, 궁성문宮城門과 제사諸司와 조사曹司의 원院이며, 그 국國과 군郡의 청원廳院도 역시 같다. 단 역가驛家와 주원廚院 등은 아니다.). **상을 당했더라도 직무를 맡아야 하는 경우라면, 조참朝參할 때에는 역시 위색位色을 따른다**(생각건대, 공문公門에 들어갈 때와 조참朝參할 때에는 모두 위색位色을 따른다는 것이다). **집에 있을 때는 그 상복의 복제服制를 따른다.**

---

[42]─ 음식을 차린 그릇의 수를 말한다. 나이가 많을수록 대접하는 음식의 수가 많은 것을 나타낸다.
[43]─ 官物과 正稅를 말한다.
[44]─ 부모의 상을 당하면 人情으로 관직을 그만두고 상을 치러야 하지만 公務가 바빠서 상을 치르지 않고 직무를 계속 수행하는 것을 말한다.
[45]─ 부모상을 당하고도 직무를 보고 있는 사람은 다른 사람의 상에 조문하지 않는 것이다.

22. 무릇 도로와 작은 길[行路巷術](생각건대, 행로行路는 도로이고, 항술巷術은 마을[里] 안의 작은 길이다.)**에서는 천한 자가 귀한 자를 피한다**(생각건대, 가령 두 사람이 좁은 곳에서[窄隘] 만나서 혼자만 지나갈 수 있다면[單行], 초위初位는 8위를 피하고, 8위는 7위를 피하는 부류이다.). **어린 자는 나이든 자를 피하고, 가벼운 자가 무거운 자를 피한다**(생각건대, 가령 나이가 들고 가벼운 자와 어리며 무거운 자가 있다면, 오히려 역시 나이든 자를 피해야 한다. 이는 같은 부류의 사람에 의거한 것이다. 만약 귀천이 있다면, 노소老少와 경중輕重에 관계없이 천한 자가 귀한 자를 피한다는 규정에 따른다.).

23. 무릇 내외 관인이(생각건대, 주전主典 이상이다. 그 번상番上은 이미 무거운 경우를 예로 들었으므로, 역시 의심할 바가 없다.) **그 위位와 음蔭을 믿고 고의로 법**[憲法]**을 어기는 경우가 있다면**(생각건대, 위位와 음蔭은 본인의 관위官位 및 아버지와 할아버지[父祖]의 음蔭을 가지고 있는 것이다. 고의로 법을 어긴다는 것은 고의로 하마下馬하지 않거나, 예를 잃거나, 어른의 말씀을 어겨서 성을 내게 하는[觸忤] 부류이다. 즉 본사本司에서 범한 것이 이것이다. 만약 밖에서 범하면 당연히 속법贖法에 따른다.), **6위 이하 및 훈7등 이하는 사정**[情]**을 헤아려서 태형을 집행하는 것을**[決笞] **허락한다**(생각건대, 장죄杖罪 이하는 그 상황[情狀]을 헤아려서 많거나 적게 결태決笞한다. 만약 도徒 이상이면, 율律에 따라서 과단科斷한다. 이미 사정을 헤아려서 결태한다고 말하였으므로, 곧 혹은 그 죄를 모두 집행하고, 혹은 헤아려서 그 처벌[科]을 감하는 것을 알 수 있다. 만약 감한다고 결정하였다면, 역시 쫓아서 감하거나 예에 따라 감하는[從減例減] 법에 의거할 필요가 없다[46]. 오직 헤아려서 그 1~2등을 감하는 데 그친다. 만약 감하는 법에 따르고자 한다면, 곧 위位와 음蔭을 사용하기에 이르기 때문이다.). **만약 장관**長官**이**(생각건대, 본사本司 5위 이상의 장관이다. 아래 문장에서 이르기를, "차관次官 중 치경

---

[46]_ 「名例律」에 보이는 減章 등의 규정을 말한다. 그러나 이 경우에는 굳이 律에 의거하지 않고, 형편에 따라 집행하는 것이다.

致敬해야 하는 자가 결태하는 것은 허락한다."라고 하였다. 또한 위 조항에 따르면, 5위 이상은 치경례致敬禮를 받는다. 그러한 즉, 차관이 치경해야 하는 경우라면, 장관이 반드시 5위 이상임을 알 수 있다. 다만, 장관은 비록 죄인이 반드시 치경해야 하는 경우가 아니더라도, 결태할 수 있다. 차관은 죄인이 반드시 치경해야 하는 경우가 아니라면, 다시 결태할 수 없다. 이것이 곧 장관과 차관의 다른 점이다.) 없으면, 차관次官 중 반드시 치경致敬해야 하는 자가 결태하는 것을 허락한다. 그 제사諸司의 판관判官 이상 및 판사判事, 탄정彈正의 순찰巡察, 내사인內舍人(생각건대, 그 감물監物은 가벼운 것을 들어서 무거운 것을 밝혔으므로, 역시 결태할 수 없다.), 대학大學의 여러 박사博士, 문학文學 등은(생각건대, 위에 대학大學의 박사博士를 들고, 아래에 문학文學이라고 하였으므로, 곧 그 사이에 있는 제사諸司의 여러 박사들은 역시 결태決笞할 수 있는 범위에 있지 않다.) 결태決笞할 수 있는 범위에 있지 않다.

24. 무릇 장내帳內와 자인資人은 음위蔭位가 있더라도 본주本主의 기대에 부응하지 못하면, 장죄杖罪 이하는 본주本主가 임의로 결정한다. 4위 이하는 오직 태笞를 결정할 수 있다.[47]

25. 무릇 5등친五等親은 아버지·어머니, 양아버지·양어머니, 남편, 아들을 1등으로 한다(생각건대, 양자 역시 같다.). 할아버지·할머니, 적모嫡母[48], 계모繼母, 백숙부伯叔父와 고모[姑], 형제와 자매, 남편의 아버지·어머니, 처·첩[49], 조카, 손자, 아들의 아내는 2등으로 한다(생각건대, 첩 역시 같다. 자식의 첩 또한 2등이므로, 아버지의 첩이 2등에 들어가는 것은 분명하다. 그 양

---

[47]- 笞는 50대 이하, 杖은 100대 이하이다.
[48]- 첩의 자식의 입장에서 본 아버지의 正妻를 말한다.
[49]- 중국의 妾보다는 사회적인 지위가 높았으며, 正妻에 대한 次妻의 성격이 강하였다.

자의 부모와 처는 다시 남편의 부모와 아들의 아내가 될 수 없다.), **증조할아버지·증조할머니**(생각건대, 할아버지의 부모이다.), **백숙부의 아내, 남편의 조카, 사촌 형제와 자매**[從父兄弟姉妹], **아버지가 다른 형제와 자매**[異父兄弟姉妹], **남편의 할아버지·할머니, 남편의 백숙부·고모, 질부, 같이 살고 있는 계부, 남편의 전 처와 첩의 자식을 3등으로 한다**(생각건대, 현재의 처와 첩의 자식 역시 같다. 남편의 조카는 3등으로 한다. 남편의 형제는 4등으로 한다. 생각건대, 백숙부의 처는 어머니에 해당하며, 남편의 조카는 자식에 해당한다. 또한 형제의 자식은 자식과 같다. 논리를 이끌어가면 이런 뜻이다. 사촌형제[從父兄弟]는 생각건대 형제의 자식이다. 서로 종부라고 부른다. 나이가 많으면 형이라 하고, 나이가 어리면 아우라고 한다.). **고조할아버지·고조할머니**[高祖父母], **종조조부고**從祖父姑[50](생각건대, 할아버지의 형제와 자매이다.), **종조백숙부고**從祖伯叔父姑(생각건대, 종조조부의 아들이다. 즉 아버지의 사촌 형제와 자매이다.), **남편의 형제와 자매, 형제의 처와 첩, 육촌 형제**(종조 백숙부의 아들이다.)**와 자매**[再從兄弟姉妹], **외할아버지·외할머니**[外祖父母], **외삼촌**[舅], **이모**[姨](생각건대, 어머니의 형제를 구舅라고 하고 자매를 이姨라고 한다.), **형제의 손자, 사촌 형제의 아들, 외생**外甥[51], **종손·손자의 아내, 처·첩 전남편의 자식을 4등으로 한다. 처·첩의 아버지·어머니, 고모의 자식, 외삼촌의 자식, 이모의 자식, 현손**玄孫, **외손자, 딸의 사위**[壻]**를 5등으로 한다.**

26. 무릇 공문公文에 해를 기록해야 하는 경우는 모두 연호年號[52]를 사용한다.

50_ 從祖父와 從祖姑를 말한다. 종조부의 부인인 從祖母는 等親에 포함되지 않는다.

51_ 자매의 아들이다.

52_ 大寶令까지는 干支로 연도를 표시하였으나, 養老令에서는 公文에 年號를 사용하도록 하였다. 養老 2년 등으로 표시하는 방식이다.

(謂. 儀者. 朝儀. 卽蓋皇太子紫表條以上是也. 制者. 法制. 卽祖父母患重條以下是也.) 凡貳拾陸條

天子. 祭祀所稱(謂. 告于神祇. 稱爲天子. 凡自天子至車駕. 皆是書記所用. 至風俗所稱別. 不依文字. 假如. 皇御孫命. 及須明樂美御德之類也.). 天皇. 詔書所稱. 皇帝. 華夷所稱(謂. 華. 華夏也. 夷. 夷狄也. 言王者. 詔誥於華夷. 稱皇帝. 卽華夷之所稱. 亦依此也.). 陛下. 上表所稱. 太上天皇. 讓位帝所稱. 乘輿. 服御所稱(謂. 凡物御王者. 皆稱乘輿御物. 不敢媒黷以言. 故託乘輿以名之. 假如. 乘輿御馬. 乘輿御食. 乘輿御書等之類也.). 車駕. 行幸所稱.

凡赴車駕所. 曰詣行在所.

凡皇后皇太子以下. 率土之內(謂. 皇太子以下者. 百官以上. 其庶人者. 自約率土之內也. 率土者. 率循也. 卽率土之濱. 莫非王臣. 是也.). 於天皇太上天皇上表. 同稱臣妾名. 對揚稱名(謂. 凡臣下面在君所. 稱揚自名者. 唯稱某甲. 不言臣某. 其太皇太后. 皇太后. 於天皇太上天皇. 及太皇太后皇太后皇后皇太子. 相稱之辭. 不見令條. 待式處分之.). 皇后皇太子. 於太皇太后皇太后. 率土之內. 於三后皇太子上啓. 稱殿下. 自稱皆臣妾. 對揚稱名.

凡車駕巡幸及還. 百官百位以上辭迎(謂. 車駕出時奉見爲辭. 還時亦奉見爲迎也.). 留守者. 不在辭迎之限(謂. 執掌之長官留守者也. 假如. 監國之太子. 若執契之公卿之類.) 若不經宿者. 不用此令.

凡文武官初位以上. 每朔日朝(謂. 朝者. 朝會也. 言尋常之日. 唯就廳座. 至於朔日. 特於庭會也.). 各注當司前月公文. 五位以上. 送著朝庭案上(謂. 其被管諸司. 皆送所管上司. 故云五位以上也. 若无五位官者. 預申官. 令式部臨時差充也.). 卽大納言進奏. 若逢雨失容. 及泥潦. 並停(謂. 泥濘也. 潦淹也.). 辨官取公文. 惣納中務省(謂. 逢雨及泥潦. 停告朔之時. 諸司五位以上. 以公文送辨官. 辨官受

取. 納中務省. 卽納省之後. 不可更奏. 其視告朔之時. 大納言奏後. 亦中務受取.).

凡文武官三位以上. 假使者(謂. 三位以上者. 散位不在此例也. 假者. 奏給之假也.). 去皆奉辭. 還皆奉見. 其五位以上. 奉勅差使(謂. 奉勅定名. 及令所司差遣. 並是也.)者. 辭見亦如之. 卽外官三位以上. 以理去任. 至京者亦奉見(謂. 其赴職之時. 亦奉辭須知也.).

凡大陽虧. 有司預奏(謂. 大陽者. 日也. 虧者. 薄蝕也. 有司者. 陰陽寮也.). 皇帝不視事. 百官各守本司. 不理務. 過時乃罷(謂. 不視事者. 不聞政事. 過時乃罷者. 假令. 日蝕在申者. 酉時得罷. 是爲過時罷也.). 皇帝二等以上親(謂. 有服之親. 其子婦者. 雖是二等. 非有服者. 故不在此例. 案喪葬令. 服紀者. 兄弟子七日. 又假寧令. 七日服三日. 今偏執令文. 爲姪孫喪. 皇帝不視事三日. 卽與職事官給假三日. 何以爲別. 君臣礼數. 淆乱無差. 一日万機. 理豈合然. 然則伯叔姑兄及姪孫. 雖俱居二等. 而服紀懸隔. 尊卑自別. 不可偏守等親以一槪論. 卽稱不視事三日者. 唯爲三月以上服故也. 至於姪孫喪. 皇帝不視事一日. 理以爲允也.). 及外祖父母. 右大臣以上. 若散一位喪. 皇帝不視事三日(謂. 依喪葬令. 從發喪日始計至三日. 其親王亦同. 給葬具及賻物. 親王與散一位同故也.). 國忌日. 謂. 先皇崩日. 依別式合廢務者. 三等親. 百官三位以上(謂. 散位者非. 其皇帝不視事. 百官不停理務. 何者. 大陽虧及國忌日. 別立廢務之法. 以外卽无此文故也.)喪. 皇帝皆不視事一日.

凡祥瑞應見. 若麟鳳龜龍之類. 依圖書合大瑞者. 隨卽表奏(謂. 祥瑞所出之官司. 勘據圖書. 合大瑞者. 不待元日. 卽時表奏也.). 其表唯顯瑞物色目及出處所. 不得苟陳虛餝. 徒事浮詞. 上瑞以下. 並申所司(謂. 申治部. 凡上瑞以下. 皆先申官. 官付治部. 而此稱申所司者. 據其應掌驗之所也.) 元日以聞. 其鳥獸之類. 有生獲者. 仍逐其本性. 放之山野(謂. 凡麟甲羽毛. 産自山水之氣. 飲喙飛栖. 不服人之馴養. 故放令遂生. 若有馴人唅哺. 保其喘息. 雖在籠紲. 而不可觸死者. 皆待報至. 然後放之也.). 餘皆送治部. 若有不可獲(謂. 雲氣之類. 不可親附者也.). 及木連理之類. 不須送者. 所在官司. 案驗非虛. 具畫圖上. 其須賞者. 臨時聽勅.

凡元日. 不得拜親王以下(謂. 拜賀之礼. 不及親王以下. 其三后及皇太子者. 並須拜

賀也.). 唯親戚(謂. 親者. 內親也. 戚者. 外戚也.). 及家令以下. 不在禁限. 若非

元日有應致敬者(謂. 假有. 事不得已. 臨時須拜. 非謂元日外理必拜. 故文稱有應致敬

者. 即有不應致敬者之辭也.). 四位拜一位. 五位拜三位. 六位拜四位. 七位拜

五位. 以外任隨私禮(謂. 假有. 卑幼五位已上. 拜伏尊長六位以下之類也.).

凡在路相遇者. 三位以下遇親王. 皆下馬(謂. 稱親王者. 有品无品並同. 若

无品親王遇有品親王者. 不可下馬. 何者. 上條致敬礼. 止爲諸王以下. 不及親王. 此條亦

有品无品无別故也.). 以外准拜禮. 其不下者. 皆斂馬側立(謂. 二位以上遇親王.

三位遇一位之類. 駐馬按立於道側也. 凡六位公使. 於所使之國. 遇四位以上國司者. 不

合下馬. 若國司遇詔使者. 同位以下合下. 何者. 下條云. 官人就本國見同位即下. 何況詔

使豈得輕於國司. 其百姓在路遇六位詔使不下. 若於所使國遇之者皆下也.). 雖應下

者. 陪從不下(謂. 車駕陪從. 依律. 三后皇太子陪從亦同.).

凡郡司遇本國司者. 皆下馬(謂. 境內境外皆同. 稱國司者. 史生亦是也. 其博士

醫師於部內取充者. 不同此例也.). 唯五位. 非同位以上者不下(謂. 稱同位者.

不論正從上下. 其初位國司. 遇五位郡司者不下. 无位史生亦同.). 若官人就本國

見者. 同位即下(謂. 假令. 京官主典以上. 於本國界內. 遇當國司者. 同位以下即

下.) 若應致敬者. 並准下馬禮.

凡在廳座上. 見親王及太政大臣. 下座. 左右大臣. 當司長官. 即動

座(謂. 左右大臣見親王及太政大臣. 即動坐. 其太政大臣見親王. 及親王見太政大臣.

並不動也. 民部卿於主計. 亦是當時長官也. 依律. 佐職及所統属官. 歐官長同罪故也.).

以外不動.

凡儀戈者(謂. 平頭戟也. 用之威儀. 故曰儀戈. 即不可獨用. 必於用蓋之時. 並用耳.).

太政大臣四竿. 左右大臣各二竿. 大納言一竿.

凡版位. 皇太子以下. 各方七寸. 厚五寸. 題云. 其品位. 並漆字(謂.

以漆書也.).

凡蓋. 皇太子紫表. 蘇方裏. 頂及四角. 覆錦垂総. 親王紫大纈. 一

位深綠. 三位以上. 紺. 四位縹. 四品以上及一位. 頂角覆錦垂緫. 二位以下覆錦(謂. 唯得覆錦. 不可垂緫. 其大納言以上者. 兼用錦緫也.). 唯大納言以上垂緫. 並朱裏. 緫用同色(謂. 緫者. 聚束也. 同色者. 與表同色.).

凡祖父母父母患重. 及在囹圄(謂. 患重者. 不離枕席也. 囹圄者. 繫囚之所. 其依律. 散禁者非.)者. 不得婚嫁. 若祖父母父母. 有命令成禮. 不得宴會.

凡園郡. 皆造五行器(謂. 依其所用. 得五行名. 假令. 鍬鉏爲土器. 火鈎爲火器. 斧鑿爲木器. 鉗鎚爲金器. 盆桶爲水器之類.). 有事卽用之. 並用官物.

凡元日. 國司皆率僚屬(謂. 僚者. 同官也. 属者. 統属也.)郡司等. 向廳朝拜. 訖長官受賀(謂. 受致敬之礼. 若无長官者. 次官受賀. 其六位長官者. 止受郡司賀. 上條云. 若應致敬者. 准下馬礼故也.). 設宴者聽. 其食以當處官物及正倉充(謂. 官物者. 郡稻也. 正倉者. 正稅也.). 所須多少從別式.

凡春時祭田之日. 集鄉之老者. 一行鄉飲酒禮(謂. 鄉飲酒之礼. 六十者坐. 五十者立侍. 所以明尊長也. 六十者三豆. 七十者四豆. 八十者五豆. 九十者六豆. 所以明養老也. 卽令鄉黨之人親自執礼. 於國郡司者. 唯知其監撿也.). 使人知尊長養老之道. 其酒肴等物. 出公廨供.

凡遭重服. 有奪情從職. 並終服. 不吊不賀(謂. 不弔賀於吉凶也.). 不預宴(謂. 雖是公會. 亦不得預.).

凡凶服不入公門(謂. 凶服者. 縗麻也. 公門者. 宮城門及諸司曹司院. 其國郡廳院亦同. 但驛家厨院等者非也.). 其遭喪被起者. 朝參處. 亦依位色(謂. 入公門. 及朝參處. 並依位色也.). 在家依其服制.

凡行路巷術(謂. 行路者. 道路也. 巷術者. 里中小道也.). 賤避貴(謂. 假令. 兩人窄侄[53]相遇. 必應單行者. 初位避八位. 八位避七位之類也.). 少避老. 輕避重(謂. 縱老輕而少重. 猶亦須避老. 此據同僑之人. 如有貴賤者. 不問老少輕重. 止依賤避貴之文也.).

凡內外官人(謂. 主典以上. 其番上. 旣舉重者. 決亦无疑也.). 有恃其位蔭故違

53_ 원문은 어리석을 侄로 되어 있으나 의미로는 지름길·좁은길이라는 의미의 俓이 옳다.

憲法(謂. 位蔭者. 身帶官位及父祖之蔭也. 故違憲法者. 故不下馬. 及失礼觸忤之類. 即於本司犯是也. 若在外犯者. 自依贖法也.)者. 六位以下. 及勳七等以下. 宜聽量情決笞(謂. 杖罪以下. 量其情狀. 多少決笞. 若徒以上者. 依律科斷. 既云量情決笞. 即知或全決其罪. 或量減其科. 若其減決者. 亦不須依從減例減之法. 唯止量減其一二等. 若依減法者. 即爲涉用位蔭故也.) 若長官(謂. 本司五位以上長官. 下文云. 聽次官應致敬者決. 又依上條. 五位以上受致敬礼. 然則次官應是致敬者. 長官必五位以上須知. 但長官者. 雖罪人不應致敬. 仍得決之. 次官者. 罪人不應致敬者. 不得復決. 是即長官次官之殊別也.)无. 聽次官應致敬者決. 其諸司判官以上. 及判事. 彈正巡察. 內舍人(謂. 其監物者. 舉輕明重. 亦不可決也.). 大學諸博士. 文學等(謂. 上擧大學博士. 下稱文學. 即在其間諸司諸博士等. 亦不在決笞之限.). 不在決笞之限.

凡帳內資人. 雖有蔭位. 不稱本主者. 杖罪以下. 本主任決. 四位以下. 唯得決笞.

凡五等親者. 父母. 養父母. 夫. 子爲一等(謂. 養子亦同也.). 祖父母. 嫡母. 繼母. 伯叔父姑. 兄弟姉妹. 夫之父母. 妻妾. 姪. 孫. 子婦爲二等(謂. 妾亦同. 子妾尙爲二等. 父妾入二等明. 其養子之父母及妻者. 不得復爲夫之父母及子婦也.). 曾祖父母(謂. 祖父之父母也.). 伯叔婦. 夫姪. 從父兄弟姉妹. 異父兄弟姉妹. 夫之祖父母. 夫之伯叔姑. 姪婦. 繼父同居. 夫前妻妾子爲三等(謂. 今妻妾子亦同也. 夫姪爲三等. 夫兄弟爲四等. 謂. 伯叔之妻爲母. 夫之姪爲子. 又兄弟之子猶子. 引而進之. 即此義也. 從父兄弟. 謂. 兄弟之子. 相呼爲從父. 長者曰兄. 少者曰弟也.). 高祖父母. 從祖々父姑(謂. 祖父之兄弟姉妹也.). 從祖伯叔父姑(謂. 從祖祖父之子. 即父之從父兄弟姉妹也.). 夫兄弟姉妹. 兄弟妻妾. 再從兄弟(謂. 從祖伯叔父之子.)姉妹. 外祖父母. 舅. 姨(謂. 母之兄弟曰舅. 姉妹曰姨.). 兄弟孫. 從父兄弟子. 外甥. 曾孫. 孫婦[妾]. 妻妾前夫子爲四等. 妻妾父母. 姑子. 舅子. 姨子. 玄孫. 外孫. 女壻爲五等.

凡公文應記年者. 皆用年號.

1. 황태자皇太子의 예복禮服

예복禮服의 관冠(생각건대, 만드는 법은 별식別式에 있다), 황단黃丹의 웃옷, 상아로 만든 홀[牙笏], 흰색의 바지[白袴], 흰색의 허리띠[白帶], 짙은 자색의 얇은 비단으로 만든 겉옷[紗褶](생각건대, 습褶이라는 것은, 바지[袴] 위에 입는 것이다. 그래서 속되게는 고습袴褶[1]이라고도 한다.), 비단으로 만든 버선[襪], 검은 가죽으로 만든 신이다[烏皮舄](생각건대, 오피烏皮라는 것은 검은 가죽이다. 석舄이라는 것은 코가 높은 신이다.).

2. 친왕親王의 예복禮服

1품品은, 예복禮服의 관冠 4품品 이상은 품품마다 각각 별제別制가 있다. 짙은 자색의 웃옷, 상아로 만든 홀[牙笏], 흰색의 바지[白袴], 실을 땋아서 만든 허리띠[條帶](생각건대, 조대條帶라는 것은 실을 땋은 것이다.), 짙은 녹색의 얇은 비단으로 만든 겉옷[紗褶], 비단으로 만든 버선[襪], 검은 가죽으로 만든 신[烏皮舄]이다. 수실이 달린 옥패를 찬다(생각건대, 수綏라는 것은 몸에 차는 수실이다. 패珮라는 차는 옥이다. 천자天子의 패珮는 흰색의 옥이고, 공후公侯

---

[1]- 바지를 입은 위에 다시 입는 치마처럼 생긴 옷이다.

의 패佩는 검은색의 옥이라는 것이 이것이다.).

3. 제왕諸王의 예복禮服(생각건대, 5세世의 왕은 이 범위에 들어가지 않는 것이
영令 내에서는 통례通例이므로, 즉, 제신諸臣의 복服을 입어야한다.)

1위는, 예복禮服의 관冠 5위이상은 위位와 계階마다 각각 별제別制가 있다,
제신諸臣도 이에 따른다. 짙은 자색의 웃옷, 상아로 만든 홀[牙笏], 흰색의
바지[白袴], 실을 땋아서 만든 허리띠[條帶], 짙은 녹색의 얇은 비단으로 만
든 겉옷[紗褶], 비단으로 만든 버선[襪], 검은 가죽으로 만든 신[烏皮鳥]이다.
2위 이하와 5위 이상은 모두 연한 자색 웃옷이다. 그 외에는 모두 1위의 복
服과 같다. 5위 이상은 수실을 찬다. 3위 이상은 옥패玉佩를 더한다. 제신
諸臣도 이에 준한다.

4. 제신諸臣의 예복禮服

1위는, 예복禮服의 관冠, 짙은 자색 웃옷, 상아로 된 홀[牙笏], 흰색 바지[白
袴], 실을 땋아서 만든 허리띠[條帶], 짙은 옥색의 얇은 비단으로 만든 겉옷
[紗褶], 비단으로 만든 버선[襪], 검은 가죽으로 만든 신[烏皮鳥]. 3위 이상은
옅은 자색의 웃옷, 4위는 짙은 붉은색의 웃옷, 5위는 옅은 붉은색의 웃옷,
그 밖에는 모두 1위의 복服과 같다. 대사大祀·대상大賞·원일元日일 때 이
것을 입는다(생각건대, 이 조문은 앞의 3조條에 적용된다. 대사大祀라는 것은, 임
시로 치르는 대사大祀로, 가령 천지天地에 제사를 지내는 부류이다. 대상大嘗이라
는 것은, 신기령神祇令에서 치세기간 중 한번 국사國司[2]가 행하는 것이 이것이다.).

5. 조복朝服

1품 이하, 5위 이상은 모두 검은색의 얇은 비단[皂羅]으로 된 두건頭巾, 웃옷

---

[2]_ 실제는 천황이 직접 행하는 것이나, 이를 피해서 적은 것으로 생각된다.

의 색은 예복禮服과 같다. 상아로 된 홀[牙笏], 흰색 바지[白袴], 금은으로 장식한 요대腰帶, 흰색의 버선[襪], 검은 가죽으로 만든 신[烏皮舃]. 6위는 짙은 녹색 웃옷, 7위는 옅은 녹색의 웃옷, 8위는 짙은 옥색의 웃옷, 초위는 옅은 옥색의 웃옷, 모두 검정색의 무늬가 없는 비단[皀縷]으로 된 두건頭巾(생각건대, 만縷이라는 것은, 무늬가 없는 비단이다.), 나무로 된 홀, 직사職事를 가리킨다. 검은색의 광택이 나는[烏油] 요대, 흰색 바지[白袴], 흰색의 족대[襪], 검은 가죽으로 만든 신[烏皮舃]이다. 주머니[袋]는 복색服色을 따른다. 친왕親王은 녹색과 붉은색으로 된 끈[緒](생각건대, 녹색과 붉은 2색을 서로 섞어서 만든 끈이다.)이다. 1품은 4매듭[結], 2품은 3매듭[結], 3품은 2매듭[結], 4품은 1매듭[結], 제왕諸王으로 3위 이상인 자는 제신諸臣과 같다(생각건대, 3위 이상이라는 것은, 1위 이하이다. 제신諸臣과 같다는 것은 아래 조문에서 정위正位는 자서紫緒, 1위는 3매듭[結] 등이라고 한 것이 그것이다.). 정4위는 짙은 붉은색, 종4위는 짙은 녹색, 정5위는 옅은 붉은색, 종5위는 짙은 옥색이고, 매듭[結]은 제신諸臣과 같다(생각건대, 아래 조문에서 상계上階는 2매듭[結], 하계下階는 1매듭[結]이라고 하였다. 그 초위初位는, 대소大少로써 정종正從을 삼는다. 즉, 대초위상大初位上, 소초위상少初位上은 2매듭[結]의 부류이다.). 제신諸臣의 정위正位는 자색으로 된 끈[緒]이다. 종위從位는 녹색으로 된 끈[緒]이고, 상계上階는 2매듭[結], 하계下階는 1매듭[結]이다. 단 1위는 3매듭[結], 2위는 2매듭[結], 3위는 1매듭[結]이다. 끈[緒]으로써 정종正從을 구별하고, 매듭[結]으로써 상하上下를 분명하게 한다. 조정朝廷에서 공사公事에 이를 입는다.

6. 제복制服

무위无位는 모두(생각건대, 서인庶人의 복제 또한 같다.) 검은 무늬 없는 비단[皀縷] 두건頭巾, 황색 도포[黃袍](생각건대, 재봉裁縫하는 체제가 조복朝服과 같다.) 검게 옻칠 한[烏油] 허리띠, 흰 버선[白襪], 가죽으로 만든 신[皮履]이다.

조정에 공적인 일이 있을 때 입는다. 평상시[尋常]에는 두루[通] 짚신[草鞋]을 신을 수 있다. 가인家人과 노비奴婢는 도토리 열매로 검게 물들인 색의 옷3(생각건대, 상橡은 떡갈나무[櫟木]4의 열매다. 도토리를 삶은 물로 명주[絹]를 물들인 것으로 속되게는 상의橡衣라고도 한다. 이 조목에 흰색의 바지[白袴]가 없는 것은 글을 생략했기 때문이다.).

7. 무릇 복색은 백색[白], 황단색[黃丹], 자색[紫]5, 소방색[蘇方]6, 비색[緋]7, 홍색[紅]8, 황상색[黃橡]9, 분홍색[纁]10, 포도색[蒲萄](생각건대, 훈纁은 세 번 염색한 천강색이다.11 포도蒲-草冠에陶는 자색의 가장 옅은 색이다.), 녹색[綠]12, 감색[紺]13, 옥색[縹]14, 뽕나무로 물들인 색[桑]15, 누렇게 물들인 색[黃]16,

---

3- 橡墨衣는 皁衣라고도 하며, 검은 색으로 된 옷이다.
4- 櫟木은 떡갈나무(Daimyo Oak)라 하며, 학명은 'Quercus dentata Thunb'이다. 낙엽활엽교목으로 참나무과에 속하며, 한국, 대만, 일본, 중국, 몽골 등지에 널리 분포한다.
5- 자색계열은 소방목에서 자색, 포도청색, 연자각에서 심향색, 뽕나무열매에서 보라색, 자초에서 자색, 쪽물과 홍화를 섞은 것에서 보라색이 나온다.
6- 蘇方色은 옅은 붉은색으로 소방나무에서 색을 얻는다.
7- 緋色은 밝고 진한 붉은빛으로 주황색, 진홍색, 비색으로도 불린다.
8- 紅色은 선명한 빨간 색으로 주홍색, 붉은색으로도 불린다. '臙脂'라고도 한다. 주로 홍화(잇꽃)로 물들인다.
9- 黃橡色은 누런색과 검은색의 중간색이다.
10- 纁色은 소황옥, 「王室服飾의 染彩」, 2000에 의하면 '적색 염료로 3회 염색하여 얻어진다'고 한다. 분홍색 계열의 색이다.
11- 원문에는 '絳'이라 되어 있는데, 이것은 '강絳'의 오자인 듯하다. 絳은 진홍색으로 이를 세 번 물들인 것은 '淺絳(옅은 진홍색)'이라고도 하며, 한자로는 '纁'이라고 한다.
12- 綠色은 황벽에서 담청색, 두록색, 쪽물+괴화열매, 쪽물+홍화노랑, 쪽물+치자, 늙은 매갈피에서 압두록색, 감당목피에서 압두록색이 나온다.
13- 紺色은 검은빛을 띤 푸른색으로 군청색, 야청색으로 불리며, 청색과 자색의 중간색이다.
14- 縹色은 옅은 남색이다.
15- 桑色은 '뽕나무 열매로 염색한 색'으로 보라색 계열의 색이 나온다.

노초로 물들인 색[楮衣],[17] 진피로 물들인 색[橐][18], 녹나무로 물들인 색[柴], 도토리를 삶은 물로 물들인 색[橡], 묵墨으로 물들인 색[墨][19]의 종류는 해당 색[當色] 이하를 각각 겸하여서 입을 수 있다(생각건대, 가령 자색을 입는 사람은 소방 이하의 여러 종류의 색을 겸하여 입을 수 있다. 이 조항은 남녀를 아울러서 규정을 세웠다.).

8. 내친왕內親王의 예복禮服

1품品은 예복의 보계寶髻(생각건대, 금옥으로 계서髻緒[20]를 꾸민다. 그러므로 보계寶髻라고 한다.) 4품品이상은 매 품品마다 각각 따로 규정이 있다. **짙은 자색 웃옷, 소방색을 바탕으로 한 짙은 자주색의 비단 허리띠[紕帶], 엷은 초록색의 겹옷, 소방색을 바탕으로 한 짙고 엷은 자색과 녹색으로 홀치기 염색한 치마[纈裙], 비단 버선[錦襪], 녹색 신발[綠舃]이다. 금은으로 꾸민다.**

9. 여왕女王의 예복禮服

1위는 예복의 보계寶髻 5위 이상은 위位 및 계階마다 각각 별도로 만드는 방법이 있다. 내명부內命婦도 이에 준한다. **짙은 자색의 웃옷. 5위 이상은 모두 엷은 자색의 웃옷이다. 나머지는 내명부內命婦의 복제服制에 준한다.**

16_ 黃色은 괴화에서 5가지 색, 오배자에서 목홍색, 금황색, 울금에서 황색, 황백에서 아황색, 두록색, 담청색, 촉규화에서 홍색, 당리피에서 당리황색, 금잔화에서 주황색이 나온다.

17_ 山藍·露草 등으로 청색 혹은 황록색으로 물들인 옷을 말한다.

18_ 橐色은 물푸레나무를 태운 재를 물에 풀어 염색한 것으로 검은색 계열이다.

19_ 墨色은 은쪽물에서 흑색, 회색, 오배자에서 현색, 검은색, 갈매나무 껍질이나 가래나무 열매에서 회색, 석류피에서 회색, 백약에서 청조색, 진피에서 청조색, 중국 먹에서 흑색, 회색, 진달래가지나 뿌리 및 물푸레나무를 태운 숯에서 검정색, 솔나무 숯검정에서 흑색, 회색을 얻는다.

20_ 髻緒는 족두리의 일종이다.

오직 겉옷[褶]은 내친왕內親王과 같다.

10. 내명부內命婦의 예복禮服

1위는 예복의 보계寶髻, 짙은 자주색의 웃옷, 소방색[蘇方]과 자주색의 비대
紕帶, 엷은 옥색 겉옷[褶], 소방색·짙은 자색·엷은 자색·녹색의 홀치기
염색한 치마[纈裙](생각건대, 아래 조항에서 이르기를, "녹색과 옥색의 홀치기염
색으로 덧댄 치마[綠縹纈紕裙]"라고 했는데, 이 조항에는 비紕라는 글자가 없다. 즉
오색의 실[綵]을 섞어서 홀치기 문양[纈文]을 만드는 것을 알 수 있다.), 비단 버
선[錦襪], 녹색 신[綠鳥]이다. 금과 은으로 장식한다. 3위 이상은 엷은 자색
웃옷, 소방색·엷은 자색·짙은 녹색과 엷은 녹색의 홀치기 염색한 치마[纈
裙]이다. 나머지는 모두 1위에 준한다. 4위는 짙은 붉은색의 웃옷, 엷은 자
색과 짙은 녹색의 비대紕帶, 검은 신이다. 은으로 장식한다. 5위는 엷은 붉
은색의 웃옷, 엷은 자색과 엷은 녹색의 비대紕帶이다(생각건대, 테두리를 비
紕라고 한다.). 나머지는 모두 위의 규정에 준한다. 대사大祀·대상大嘗·원
일元日에 곧 이것을 입는다. 외명부外命婦는 남편의 복색服色 이하로, 마음대
로 입는다(생각건대, 웃옷과 치마 모두 같다.).

11. 조복朝服

1품 이하 5위 이상은 보계寶髻 및 겉옷[褶]과 신[鳥]을 쓰지 않는다(생각건
대, 비단 버선 역시 쓰지 않는다. 신과 같은 종류이기 때문이다.). 이외에는 모두
예복과 같다. 6위 이하 초위初位 이상은 모두 의계義髻를 착용한다(생각건대,
다른 계髻로 머리카락을 장식한다.[21] 이것이 의계義髻이다.). 웃옷의 색은 남부男
夫에 준한다. 짙은 녹색과 엷은 녹색의 비대紕帶, 녹색과 옥색의 홀치기염색
으로 덧댄 치마[纈紙裙], 초위初位는 홀치기염색을 쓰지 않는다. 흰 버선,

---

[21]_ 가발로 머리를 꾸미는 것이다.

검정가죽신. 각 계절의 첫째 달[四孟]에 입는다.

12. 조복朝服

궁인宮人은 짙은 녹색 이하를 모두 입을 수 있다. 자색 이하는 조금 사용하는 것은 허락한다(생각건대, 좁은 띠[細帶] 등을 사용하는 것을 허락하는 부류이다.). **녹색·옥색·감색의 홀치기염색**(생각건대, 3가지 색의 홀치기염색은 각각 특별히 사용할 수 있으나, 색을 섞어서 홀치기염색을 할 수 없다. 짙거나 옅은 것이 드러나지 않으면, 곧 통복通服할 수 있을 뿐이다.) **및 붉은 치마이다.** 각 계절의 첫째 달 및 일상적인 때도 입는다. 만약 5위 이상의 딸은 아버지의 조복朝服 이하의 색을 제외하고, 모두 입을 수 있다. 그 서녀庶女의 옷은 무위無位의 궁인宮人과 같다.

13. 무관武官의 예복禮服

위부衛府의 독督과 좌佐는 병위좌兵衛佐는 이 범위에 있지 않다(생각건대, 관위령官位令에 의하면, 병위좌兵衛佐는 정6위하의 관리이다. 비록 5위에 임명되었다 할지라도, 독督과 같을 수 없다. 상당법相當法에 따라서 예복을 만들어야 하는 까닭이다. 그러므로 조복법朝服法에 따라 지志 이상에 준하여, 비단[錦]으로 만든 배자[補襠]를 더해야 마땅하다. 만약 6위가 삼위三衛의 좌佐에 임명되었다면, 역시 지志 이상의 법에 준한다.). 이하도 이에 준한다. 아울러 **밤색 비단[羅]의 관 冠, 밤색 갓끈[緌]**(생각건대, 관의 갓끈[紘]이다.), **상아로 만든 홀[牙笏], 위位에 따라 입는 겉옷[襖]**(생각건대, 옷자락이 없는 웃옷이다.), **수놓은 배자[補襠]를 더한다**(생각건대, 한쪽은 등에 대고 한쪽은 가슴에 댄다. 그러므로 양당補襠이라고 하였다.). **병위독兵衛督은 구름 모양의 비단[錦]이다. 금과 은으로 장식한 허리띠[腰帶], 금과 은으로 장식한 횡도橫刀, 흰 바지[白袴], 검은 가죽신[烏皮鳥], 병위독兵衛督은 붉은 가죽신이다. 비단[錦]의 행등行縢**(생각건대, 오르는 것을 묶는 것이다[騰縅]. 정강이를 덮어서 옷이 날아오르지 못하게 하는 것이다.)**이다.**

14. 조복朝服

위부衛府의 독督과 좌佐는 아울러 밤색 비단[羅]의 두건, 위位에 따라 입는 겉옷[襖], 금과 은으로 장식한 허리띠[腰帶], 금과 은으로 장식한 횡도橫刀, 흰 버선[襪], 검정색 가죽신[履]이다. 지志 이상은 모두 밤색 비단[綾]의 두건, 밤색 갓끈[綾], 위位에 따라 입는 겉옷[襖], 검은 광택이 나는 허리띠[腰帶], 검은색으로 장식한 횡도橫刀, 흰 버선[襪], 검정색 가죽신이다. 회집會集 등의 날에는(생각건대, 원일元日 및 취집聚集 아울러 번객蕃客 연회 등이다. 지志 이상을 위해서 제도를 세웠다.) 비단[錦] 배자[褙襠], 붉은색 각반[胜巾]을 더한다. 활과 화살을 메고 짚신[鞋]으로 신[履]을 대신한다. **병위兵衛**는 밤색 비단의 두건, 밤색 갓끈[綾], 위에 따라 입는 겉옷[襖], 검은 광택이 나는 허리띠[腰帶], 검정색으로 장식한 횡도橫刀, 활과 화살을 메고, 흰색 각반, 흰 버선, 검정색 가죽신[履]. 회집 등의 날에는 괘갑挂甲[22]을 더하고 창槍을 든다. 위位에 따라 입는 겉옷[襖]은 감색 겉옷으로 대신하고, 짚신으로 가죽신을 대신한다. **주수主帥**는(생각건대, 문부門部·사부使部이다. 그 대정隊正 등은 위사衛士의 예에 따른다.) **밤색 비단 두건, 밤색 갓끈, 위에 따라 입는 겉옷, 검은 광택이 나는 허리띠, 검정색으로 장식한 횡도, 흰색 각반, 흰 버선, 검정 가죽신. 회집 등의 날에는 괘갑挂甲을 더하고 활과 화살을 멘다. 옥색 겉옷으로 위에 따라 입는 겉옷을 대신한다. 짚신으로 가죽신을 대신한다. 모두 조정朝庭의 공적인 일에 곧 이를 입는다. 위사衛士**는 밤색 비단의 두건, 복숭아색으로 염색한 적삼[衫], 흰색 포布의 띠, 흰색 각반, 짚신[草鞋], 횡도와 활·화살 혹은 창槍을 소지한다. 회집 등의 날에는 붉은색 말액末額,[23] 괘갑挂甲을 더한다. 밤색 적삼으로 복숭아로 염색한 적삼을 대신한다. **삭일[朔]과 절일[節]**에는 곧 이를 입는다(생각건대, 삭일朔日은 네 계절의 초하룻날이다. 절일節日은 처음에 주에서 회집會集 등의 날이라고 했는데, 이것이다. 주수主帥 이상의 주에서 회집일會集日이라고 하였는데, 삭절일朔節日 역

22_ 비늘처럼 생긴 쇠조각을 엮어 만든 갑옷을 말한다. 札甲이라고도 한다.

23_ 抹額이라고도 하며 冠을 고정하기 위해서 머리에 묶는 띠를 말한다.

시 같다. 다만 위사衛士의 주에서 회집일會集日이라고 말한 것은 삭절일朔節日이 아니다. 무릇 조복朝服을 입을 때 독좌督佐는 상아로 만든 홀[牙笏], 지志 이상은 나무로 만든 홀[木笏]이다. 이 문장을 실지 않은 것은 모두 생략해도 알 수 있기 때문이다.). **평소에는 복숭아색으로 염색한 적삼 및 창을 쓰지 않는다. 독督 이하 주수主帥 이상의 주머니袋는 문관文官에 준한다.**

凡壹拾肆條

皇太子礼服

礼服冠(謂. 作有別式也.). 黃丹衣. 牙笏. 白袴. 白帶. 深紫紗褶(謂. 褶者.
所以加袴上. 故俗云袴褶也.). 錦襪. 烏皮舃(謂. 烏皮者. 皀皮也. 舃者. 高鼻履.).

親王礼服

一品. 礼服冠. 四品以上. 每品各有別制. 深紫衣. 牙笏. 白袴. 條帶
(謂. 條帶者. 辮糸也.). 深綠紗褶. 錦襪. 烏皮鵲. 佩綬玉珮(謂. 綬者. 緩綬
也. 珮者. 帶玉. 天子珮白玉. 公侯珮玄玉. 是也.).

諸王礼服(謂. 五世王不入此限. 令內通例也. 卽須着諸臣之服也.)

一位. 礼服冠. 五位以上. 每位及階. 各有別制. 諸臣准此. 深紫衣. 牙
笏. 白袴. 條帶. 深綠紗褶. 錦襪. 烏皮鵲. 二位以下. 五位以上. 並
淺紫衣. 以外皆同一位服. 五位以上佩綬. 三位以上加玉佩. 諸臣准此.

諸臣礼服

一位. 礼服冠. 深紫衣. 牙笏. 白袴. 條帶. 深縹紗褶. 錦襪. 烏皮鵲.
三位以上. 淺紫衣. 四位. 深緋衣. 五位. 淺緋衣. 以外並同一位服.
大祀大嘗元日則服之(謂. 此文承上三條也. 大祀者. 臨時之大祀. 假如. 祀天地之
類也. 大嘗者. 神祇令. 每世一年. 國司行事. 是也.).

朝服

一品以下. 五位以上. 並皀羅頭巾. 衣色同礼服. 牙笏. 白袴. 金銀
裝腰帶. 白襪. 烏皮履. 六位. 深綠衣. 七位. 淺綠衣. 八位. 深縹衣.
初位. 淺縹衣. 並皀縵頭巾(謂. 縵. 無文繪也.). 木笏. 謂職事. 烏油腰
帶. 白袴. 白襪. 烏皮履. 袋從服色. 親王. 綠緋緒(謂. 以綠緋二色相雜而

爲緒也.). 一品四結. 二品三結. 三品二結. 四品一結. 諸王三位以上
同諸臣(謂. 三位以上者. 一位以下也. 同諸臣者. 下文. 正位紫緒. 一位三結䒭. 是
也.). 正四位深緋. 從四位深綠. 正五位淺緋. 從五位深縹. 結同諸
臣(謂. 下文. 上階二結. 下階一結是也. 其初位者. 以大少爲正從. 即大初位上少初位上
二結之類也.). 諸臣正位紫緒. 從位綠緒. 上階二結. 下階一結. 唯一
位三結. 二位二結. 三位一結. 以緒別正從. 以結明上下. 朝庭公事
則服之.

制服

无位(謂. 庶人服制亦同也.)皆皂縵頭巾. 黃袍(謂. 裁縫體制. 一如朝服也.). 烏
油腰帶. 白襪. 皮履. 朝庭公事則服之. 尋常通得着草鞋. 家人奴婢.
橡墨衣(謂. 橡. 櫟木實也. 以橡染繒. 俗云橡衣也. 此條無白袴者. 文之省略也.).

凢服色. 白. 黃丹. 紫. 蘇方. 緋. 紅. 黃橡. 纁. 蒲萄(謂. 纁. 三染絳也.
蒲萄者. 紫色之最淺者也.). 綠. 紺. 縹. 桑. 黃. 楷衣. 蓁. 柴. 橡. 墨. 如此
之屬. 當色以下. 各兼得服之(謂. 假令. 著紫之人. 兼得服蘇方以下諸色之類.
此條包爲男女立制也.).

內親王礼服

一品. 礼服寶髻(謂. 以金玉飾髻緒. 故云寶髻也.). 四品以上. 每品各有別制.
深紫衣. 蘇方深紫紕帶. 淺綠褶. 蘇方深淺紫綠纈裙. 錦襪. 綠鵲.
飾以金銀.

女王礼服

一位. 礼服寶髻. 五位以上. 每位及階. 各有別制. 內命婦准此. 深紫衣
五位以上. 皆淺紫衣. 自餘准內命婦服制. 唯褶同內親王.

內命婦礼服

一位. 礼服寶髻. 深紫衣. 蘇方深紫紕帶. 淺縹褶. 蘇方深淺紫綠纈
裙(謂. 下條云. 綠縹纈紕裙. 此條无紕字. 即知五色交綵以爲纈文也.). 錦襪. 綠鳥.
飾以金銀. 三位以上. 淺紫衣. 蘇方淺紫深淺綠纈裙. 自餘並准一

位. 四位. 深緋衣. 淺紫深綠紕帶. 烏舄. 以銀飾之. 五位. 淺緋衣.
淺紫淺綠紕帶(謂. 在傍爲紕也.). 自餘皆准上. 大祀大嘗元日則服之.
外命婦. 夫服色以下任服(謂. 衣裙並同.).

朝服

一品以下. 五位以上. 去寶髻及褶舄(謂. 其錦襪亦去. 爲與舄同類也.). 以
外並同礼服. 六位以下. 初位以上. 並着義髻(謂. 以他髻. 飾自髮. 是爲義
髻.). 衣色准男夫. 深淺綠紕帶. 綠褾緅紕裙. 初位去緅. 白襪. 烏皮
履. 四孟則服之.

制服

宮人. 深綠以下兼得服之. 紫色以下. 少少用者聽(謂. 聽用細帶等之類
也.). 綠. 褾. 紺緅(謂. 三色緅各得持用. 不得交色以爲緅. 其不顯深淺者. 即得通服
耳.). 及紅裙. 四孟及尋常則服之. 若五位以上女. 除父朝服以下色
者. 通得服之. 其庶女服. 同無位宮人.

武官礼服

衛府督佐兵衛佐不在此限(謂. 依官位令. 兵衛佐是正六位下官. 其雖任五位. 不
可同督. 依相當法制礼服故也. 仍須依朝服法. 准志以上. 加錦補襠. 若六位任三衛佐者.
亦准志以上法也.). 以下准此. 並皁羅冠. 皁綾(謂. 冠紘也.) 牙笏. 位襖(謂. 無
襴之衣也.). 加繡補襠(謂. 一片當背. 一片當胸. 故曰補襠也.). 兵衛督雲錦. 金
銀裝腰帶. 金銀裝橫刀. 白袴. 烏皮靴. 兵衛督赤皮靴. 錦行縢(謂. 縢
縅. 所以覆股脛. 令衣不飛揚者也.).

朝服

衛府督佐. 並皁羅頭巾. 位襖. 金銀裝腰帶. 金銀裝橫刀. 白襪. 烏
皮履. 其志以並皁縵頭巾. 皁綾. 位襖. 烏油腰帶. 烏裝橫刀. 白襪.
烏皮履. 會集等日(謂. 元日及聚集幷蕃客宴會等. 此[24]止爲志以上立制也.). 加錦

24_ 『令集解』에는 '此止'로 되어 있으나, '此'로 되어 있는 사본도 있다.

補襠赤脛巾. 帶弓箭. 以鞋代履. 兵衛. 皂纈頭巾. 皂鳥. 位襖. 烏油腰帶. 烏裝橫刀. 帶弓箭. 白脛巾. 白襪. 烏皮履. 會集等日. 加挂甲帶槍. 以位襖代紺襖. 鞋代履. 主帥(謂. 門部使部. 其隊正等者. 依衛士例也.). 皂纈頭巾. 皂綾. 位襖. 烏油腰帶. 烏裝橫刀. 白脛巾. 白襪. 烏皮履. 會集等日. 加挂甲. 帶弓箭. 以縹襖代位襖. 以鞋代履. 並朝庭公事則服之. 衛士. 皂纈頭巾. 桃染衫. 白布帶. 白脛巾. 草鞋. 帶橫刀. 弓箭若槍. 會集等日. 加朱末額挂甲. 以皂衫代桃染衫. 朔・節日則服之. (謂. 朔日者. 四孟朔日也. 節日者. 初注會集等日是也. 其主帥以上注. 稱會集日者. 朔節日亦同. 但衛士注. 言會集日者. 非是朔節日. 凡著朝服之時. 督佐牙笏. 志以上木笏. 文不載者. 略諸須知也.) 尋常去桃染衫及槍. 其督以下. 主帥以上袋准文官.

(생각건대, 영營이라는 것은, 새로 짓거나 만드는 것[營造]이다. 선繕이라는 것은, 수리하는 것[修繕]이다.) 무릇 17조이다.

1. **무릇 공정**功程**을 헤아리는 것은**(생각건대, 이 조는 대강의 예로, 해마다 정丁과 장匠을 고용하여 부리기 위해서 규정을 세운 것이다. 부역령賦役令에 따르면, "정丁을 고용하여 부리는 경우에는, 본사本司가 미리 당년當年에 해야 할 바의 색목色目과 다소多少를 헤아려서 관에 보고한다. 미리 순서를 정해서, 순서에 따라 역에 나아간다."라고 하였다.[1] 이 조에 따라서 모두 공치功直를 준다. 단 아래 조항에서 화고和雇라고 한 것은, 즉 당시當時, 당향當鄕의 품삯[傭作]의 시세에 따르는 것으로, 공功의 다소에 한정을 두지 않는다.), **4월, 5월, 6월, 7월을 장공**長功**으로 한다. 포포**布 **1상**常**에 4공**功**을 얻는다. 2월, 3월, 8월, 9월을 중공**中功**으로 한다. 포포**布 **1상**常**에 5공**功**을 얻는다.**(생각건대, 1상常은, 1장 3척이다. 5공功을 얻는다는 것은, 비록 공功에는 장단長短이 있지만, 모두 중中에 의거해서 정법定法을 삼았기 때문이다. 따라서 율律에 이르기를, "공용功庸[2]을 평가하는 것은, 1인 1일로 계산해서, 포포布 2척 6촌이다."라고 하였다.[3] 무릇 나머지 조에서 상常이라고

1_ 「賦役令」 22조 雇役丁條.

2_ 功力과 傭賃이다. 한 사람이 하루 동안 노동하는 양을 가치로 환산한 것으로 사람을 고용할 경우에도 이를 기준으로 임금을 지불한다. 唐律에서는 絹 3척이다.

3_ 「名例律」 34조 平贓條.

한 것은 모두 이에 준한다. 단 부역령賦役令에서 이르기를, "정역正役 이외의 유역留役일 경우에는, 30일을 채우면 조조租調를 모두 면제한다"라고 하였는데,[4] 그것은 오직 일수日數에 따라 법을 세운 것으로 장단長短의 규정에 따른 것은 아니다.) **10월, 11월, 12월, 정월을 단공短功으로 한다. 1상常에 6공功을 얻는다.**

2. 무릇 영조營造하는 경우와 화고和雇[5]를 통해서 만들어야 하는 부류는(생각건대, 별칙別勅을 통해서 임시로 영조營造하는 것이다. 어떻게 알 수 있는가 하면, 당령唐令에서 이르기를, "별칙別勅으로 영조營造할 바가 있으면"이라고 하였다. 이 영令에는 비록 별칙別勅을 말하지 않았지만, 이치로 보아서 또한 다르지 않다. 그 소사所司가 영조營造하는 것은, 아래 조항에 별도의 조문이 있다.) **소사所司가 모두 먼저 총수總數를 기록해서, 태정관에 보고한다.**

3. 무릇 사사로운 저택[第宅]은 모두 누각樓閣을 세워서 사람이 사는 집을 내려다 보지 못하게 한다(생각건대, 제第는 갑을甲乙의 등급이 있기 때문에, 따라서 제第라고 한다. 누樓라는 것은 층집[重屋]이고, 각閣 역시 누樓이다.). **궁내宮內에 영조營造나 수리修理가 있는 경우에는, 모두 음양료陰陽寮에 명해서 날을 택한다.**

4. 무릇 군기軍器를 영조營造할 때에는, 모두 정해진 본[樣]에 따른다. 연월年月과 공장工匠의 성명을 새기거나 기록하도록 한다(생각건대, 양樣이라는 것은 형태와 방식[形制法式]이다. 전鐫은 새긴다는 것이다. 제題는 쓴다[書]는 뜻이다.). **만약 새기거나 기록할 수 없는 경우는**(생각건대, 활과 화살 등의 부류이다.), **이 영令을 적용하지 않는다.**

---

[4]_ 「賦役令」4조 正丁歲役條.
[5]_ 법적인 강제 없이 官이 고용하는 것으로 雇役과 구별된다. 당시 해당지역의 傭賃으로 고용한다.

5. 무릇 색실로 짠 비단[錦], 실을 꼬아 짠 비단[羅], 얇은 비단[紗], 주름 비단[縠], 무늬 있는 비단[綾], 굵은 실로 짠 비단[紬], 손으로 만든 비단[紵][6]의 부류는, 모두 너비[闊] 1척 8촌, 길이 4장丈을 1필匹로 한다.

6. 무릇 경京 내의 영조營造와(생각건대, 가령, 다음해에 경성京城을 축조해야 하는 부류이다. 즉 임시 영조營造도 또한 같다. 그 노동력은 한월閑月에 부려야 한다. 따라서 부역령賦役令에서 말하기를, "7월 30일 이전에 보고하는 것을 마친다."라고 하였다.[7] 단 역치役直, 재목材木 등은 미리 부과하여 준비해 두어야 한다. 따라서 이 영令에는 전년前年에 신송申送하도록 했다.) 비축해 두어야 하는 잡물은(생각건대, 영조營造 이외의 경우로 비축해야 하는 것을 말한다. 가령, 안거安居에 들어가서 공양을 해야 하는 승려가 있으면, 공양하는 바를 구별하여 일정량을 지급하는 부류이다.), 해마다 제사諸司가 다음해에 필요한 바의 총량을 헤아려서, 태정관에 보고하고, 주계료主計寮에 보낸다. 미리 생산되는 곳을 정해서 부과해야 할 것을 준비한다(생각건대, 무릇 물산이 생산되는 바는, 지역마다 각각 다르다. 따라서 지역에 맞도록 공납하게 하는 것으로, 없는 것으로 해서는 안된다. 가령, 장문長門에서 동銅을 캐고, 이예伊豫에서 주석[鑞]을 생산하는 부류이다.). 만약 법에 따라 이미 정해진 분량이 있는 경우로, 증감增減할 수 없을 때는 이 규정을 따르지 않는다. 해마다 일정하게 유지해야 할 수효인데, 쓰기에 부족하거나(생각건대, 가령, 연료年料는 항시에 백관百官의 봉식俸食에 사용되는 것으로, 제국諸國에서 도정한 쌀[春米]이 부족한 부류이다.), 일정하게 유지해야 할 수효 이외의 것으로 다시 별도로 필요한 것이 있어서 과절科折해야 할 경우에는(생각건대, 가령 임시로 천막[幰幕]을 만들어야 할 경우에는 당연히 동시東絁를 사용해야 하는데 즉, 평상시에 유지해야 하는 것 이외의 것이다. 즉,

---

6 ᅳ 원래 모시라는 글자이나 여기서는 비단 한 필의 규정을 말하고 있기 때문에, 손으로 만든 비단으로 해석하였다.

7 ᅳ 「賦役令」 22조 雇役丁條.

비단을 부과하면서 포를 줄여주는 부류이다[科絁折布]. 따라서 과절科折이라고 한다), 또한 태정관에 보고한다.

7. 무릇 백정白丁으로서 여러 가지를 잘 만들 수 있는 사람이 있으면, 해마다 계장計帳을 만들 때 국사國司가 간단히 시험해 보고, 장부[帳]에 기록하여 성省에 보고한다(생각건대, 별도의 장부[帳]를 만들어서 민부성民部省에 보고하는 것이다.).

8. 무릇 창고에 쌓아 둔 병기와 의장[器仗]에 녹이 슬거나[生澁], 실이 풀리거나 이음매가 끊어진 것이[綻斷] 있으면(생각건대, 유철柔鐵[8]에 녹이 슬면[生衣] 이를 삽澁이 났다고 이른다. 곧, 도검刀劍에 녹이 슬어서 출납[出內]하기에 어렵고 껄끄러운[難澁] 부류이다. 의복衣服의 기운 것이 풀어진 것을 탄綻이라고 한다. 가령, 갑옷[鎧甲][9]의 이음매가 떨어진 부류가 이것이다.) 3년에 한번 수리修理한다. 만약, 출급出給한 후에 부서진[破壞] 것은 모두 헤아려서 수리[新理]한다. 경京에 있어서는 필요한 물품[調度], 인력을 태정관太政官에게 아뢰어서 처리한다[處分]. 경외[外]에서는 해당하는 곳의 병사 및 방인防人을 부리고, 필요한 물품은 해당 국國의 관물官物을 이용한다.

8_ 柔鐵은 '숙철', '시우쇠'라고도 하며, 무쇠를 불려서 만든 철의 한 종류이다. 철광석을 불려서 광물만 추출하여 처음으로 얻게 되는 철을 生鐵이라고 한다. 이는 水鐵이라고 하며, 수철은 무쇠라고도 한다. 이것은 탄소함량이 높아서 경도가 높기 때문에 충격을 받으면 쉽게 부서진다. 옛 시골에서 사용하던 가마솥은 바로 이 생철로 만든다. 가마솥을 '무쇠솥'이라고 하는 것은 이런 이유 때문이다. 생철을 숯과 섞거나 불에 달구어 때리면 탄소가 서서히 제거되는데, 이러한 과정을 통해 熟鐵이 된다. 일반적으로 강철은 탄소함량이 0.035~1.7%, 연철(무른쇠, 뜬쇠)은 탄소가 0.03% 이하 포함된 것을 말한다. 연철은 무르기 때문에 호미, 낫, 괭이 등의 농기구 및 칼, 창과 같은 무기는 주로 강철로 만든다.

9_ 鎧甲은 철이나 금동제의 작은 미늘을 가죽이나 끈 같은 것에 얽어매어 만든 갑옷. 찰갑의 한 종류이다.

9. 무릇, 경京에서 영조營造하는 데 여러 가지 만들 것이 있어서 여자의 노동력[女功]을 필요로 할 때는 모두, 본사本司로 하여금 만들게 한다(생각건대, 봉부사縫部司이다.). 만약, 만들 것이 많거나, 군사軍事에 사용하는 것은 헤아려서 제대로 완성할 수 없다고 생각되면(생각건대, 위謂라는 것은 생각하다[言]이고, 제濟라는 것은 이루다[成]이다. 작업할 것이 많고 사람이 적어서 일이 이루어 성취[成濟]될 수 없음을 말하는 것이다. 다시 경내京內의 부녀婦女를 부린다. 그 경내의 부녀를 부리는 것은 공로에 대한 대가를 지불할 필요가 없다.) 태정관에게 아뢰어 경내의 부녀婦女를 부리도록 한다.

10. 무릇 와기瓦器는 사용을 하다가 손상되거나 부서지면[損壞](생각건대 도기陶器[10] 곧 반배盤坏의 부류이다.) 1년 이내에 10분十分에서 2분二分을 빼는 것을 허락[聽]하고(생각건대, 처음에 거둔 수에 따라 모두 십으로 나누도록 하고, 만약 나누기가 부족한 것은 양을 헤아려서 나누도록 할 뿐이다. 그 황적색의 토기[11]가 손괴損壞되면 나누는 것이 또한 도기陶器와 같다. 왜냐하면 10분十分하는 외에는 다시 나누는 방법이 없기 때문이다.) 이외는 거두어서 채운다[徵塡].

11. 무릇, 경京내의 큰 다리[大橋] 및 궁성문 앞의 다리(생각건대, 12문十二門 앞 도랑의 다리[溝橋]이다.)는 모두 목공료木工寮[12]가 고치고 세운다[修營], 그 밖에는 경京내의 인부를 부린다(생각건대, 잡역에 종사하는 요역[雜徭]으로 만든다.).

---

[10]_ 스에키는 흑청색을 띤 경질의 토기로 '스에(陶)'라는 지명이 남아 있는 지방에서 출토되는 경우가 많아서 '스에키'라고 한다. 주로 식기나 제기로 사용되었다. 한반도와의 교류의 증거, 도래인에 의한 전파 등으로 보는 견해가 있다.
[11]_ 하니와 토기를 말한다. 붉은색의 연질적색토기로 스에키 토기에 비해 가격이 저렴했을 것으로 생각된다. 주로 고분을 장식하기 위한 의례용으로 제작된 것으로 보인다. 인간, 동물, 집, 배 등 다양한 모양의 토기도 존재한다.
[12]_ 목공료는 궁내성에 소속된 기관으로 궁정의 건축, 토목, 수리, 경내의 공공시설 수리, 목제품의 제작, 목재의 벌채 등의 업무를 관장하였다.

12. 무릇, 나루[津]와 다리[橋]와 도로道路는 해마다 9월 중순[半]경에 시작해서 당계[當界]에서 수리修理하고 10월에는 끝내도록 한다. 그 중요한 길[要路]이 무너져[陷壞] 물을 막아서[停水], 갑자기 통행을 못하게 되면 시기[時月]에 구애받지 않고, 헤아려 인부人夫를 차출하여 수리하도록 하고, 해당 관사가 처리하지 못하는 것은 아뢰어서 신청한다(생각건대, 해당 관사[當司]라는 것은 해당하는 국國의 관사이다. 다스리는[辨] 것은 갖추는 것[具]이고, 수리하는 것[治]이다.).

13. 무릇, 관선官船이 있는 곳은(생각건대, 섭진攝津과 대재大宰의 주선사主船司를 제외한 여러 국[諸國]에 관선官船을 두는 곳이다.) 모두 편의에 따라[逐便] 안배[安置]함과 아울러 덮개[覆蓋]를 덮고 헤아려 병사兵士를 파견하여 관리하고 지키도록 한다[看守]. 부서지면 즉시 수리한다(생각건대, 잡요雜徭로써 수리修理한다.). 헤아려서 수리할 수 없는 것은(생각건대, 배의 나무가 썩고 문드러져서[朽爛] 다시 수리할 수 없는 것이다.) 장부에 기록하여 상부에 아뢴다. 그 주선사主船司의 배는 선호船戶로 하여금 교대로 지키게 한다(생각건대, 대재부大宰府의 주선舟船 역시 같다.).

14. 무릇 관官과 개인의 배는 해마다 자세하게 색목色目과 실을 수 있는 양[斛斗[13]], 파손되어 없어진 것[破除], 현재에 있는 것[見在], 쓸 수 있는 것과 없는 것[任不]을 밝혀서(생각건대 올발나무[榲][14]와 녹나무[樟]의 종류는 색色이 되며 크고 작은 배[舶艇]의 종류는 목目이 된다. 승勝은 감당하는 것[堪]이고 수受는 싣는 것[載]이다. 배 안의 빈 공간이 수용하는 바가 많고 적은 것을 말한다. 파제破除는 상실되어 줄어든減失 것이며, 임불任不은 사용하거나 사용하지 못하는 것과 같다.) 조집사朝集使에 부쳐 성省에 신고한다.

---

[13]_ 斛斗는 量을 재는 그릇 혹은 용량을 일컫는다. 1斛은 10斗, 1斗'는 10升이다.

[14]_ 삼나무과의 상록침엽교목으로 학명은 *Cryptomeria japonica*이다.

15. 무릇 관이 배를 이용함에 있어서 만약에 파손이 있다면 사정에 따라서 수리한다. 만일 수리할 수 없고 만들어서 교체해야 한다면, 미리 인력[人功] 과 필요한 물품[調度]을 헤아려 태정관에 보고한다.

16. 무릇 큰물 가까이에 제방이 있는 곳은(말하자면 대수大水는 강이나 하천, 바다이다. 제방堤防은 둑[堤塘]이며, 방防은 막는 것[障]이다.) **국사와 군사**國郡司 가 때로 다니며 살핀다. 마땅히 수리해야 한다면 추수를 마쳤을 때, 공功의 다소를 헤아려 가까운 곳부터 먼 곳에 미치게 하여 인부를 차출하여 수리 한다. 만약에 큰물[暴水]**이 범람**汎溢**하여**(생각건대, 심한 비[甚雨]가 폭暴이다. 범汎은 넘쳐 흐르는 것[浮]이며, 일溢은 가득 차는 것[滿]이다.) **허물어진 제방이 사람들에게 근심이 된다면 먼저 바로 수리하는데, 시한**時限**에 구애받지 않 는다. 500인 이상을 부려야 한다면**(생각건대, 역役은 잡요雜徭이다. 사람 수가 이미 많으므로 신송申送한다. 그것이 정역正役이라면 비록 500인을 채우지 않더라 도 이치로 보아 반드시 보고해야 한다. 그 용을 감면해야 하기 때문이다.[15]), **한편 으로 수리하면서 한편으로 보고한다. 만약 긴요하고 급하다면 군단**軍團**의 병사도 또한 왕래하며 역을 할 수 있다**(생각건대, 상번上番 중인 병사이다.). **부리는 것은 5일을 넘길 수 없다**(생각건대, 이미 농번기要月이기 때문에 5일을 넘기지 못한다. 만약에 추수 후라면 반드시 이 시한에 구애받지 않고 일에 따라서 부린다. 비록 추수 후이더라도 500인 이상을 부려야 한다면, 또한 5일을 넘길 수 없다.).

17. 무릇 둑[堤] 안팎과 둑 위에는 느릅나무[楡]**와 버드나무**[柳], **잡목**[雜樹] **을 많이 심어 제방**[堤堰]**의 용도에 충당한다.**

---

[15]- 제방을 수리하는 데 正役을 이용하게 되면, 丁의 庸을 감면해 주어야 하기 때 문에 중앙에 보고하는 것이다.

(謂. 營者. 營造也. 繕者. 繕修也.) 凡壹拾柒條

凡計功程者(謂. 此條大例. 爲每年雇役丁匠立制. 其賦役令. 雇役丁者. 本司預計當年所作色目多少申官. 預爲次第. 依次赴役者. 並依此條皆與預和雇直. 但下條稱預和雇者. 卽依當時當鄉傭[16]作之價. 不限功之多少也.). 四月五月六月七月. 爲長功. 布一常得四功. 二月三月八月九月. 爲中功. 一常得五功(謂. 一常者. 一丈三尺. 得五功者. 其雖功有長短. 而皆依中爲定法. 故律云. 平功庸者. 計一人一日. 爲布二尺六寸. 凡餘條稱常皆准此. 但賦役令云. 正役之外須留役者. 滿卅日. 租調俱免. 彼唯依日數立法. 不依長短之制.). 十月十一月十二月正月. 爲短功. 一常得六功.

凡有所營造. 及和雇造作之類(謂. 別勅臨時有所營造也. 所以知者. 唐令云. 別勅有所營造. 此令. 雖不言別勅. 而理亦不殊. 其所司營造. 下條別有文.). 所司皆先錄所須捴數. 申太政官.

凡私第宅. 皆不得起樓閣. 臨視人家(謂. 第者. 有甲乙次第. 故曰第也. 樓者. 重屋也. 閣亦樓.). 宮內有營造及修理. 皆令陰陽寮擇日.

凡營造軍器. 皆須依樣. 令鐫題年月及工匠姓名(謂. 樣者. 形制法式也. 鐫者. 鑿也. 題者. 書也.). 若有不可鐫題者. 不用此令.

凡錦羅紗縠綾紬絟之類. 皆闊一尺八寸. 長四丈爲匹.

凡在京營造(謂. 假令. 來年應築京城之類. 卽臨時營造亦同. 其人功者閑月應役. 故賦役令. 七月卅日以前奏訖. 但役直材木等. 預須科備. 故此令前年申送也.). 及貯偹雜物(謂. 營造之外. 別有所貯備. 假令. 安居應供養僧若干. 所須供辨若干之類也.).

---

[16]_ 庸으로 되어 있는 사본도 있다.

每年. 諸司捴料來年所須. 申太政官. 付主計. 預定出所科偹(謂. 凡物產所出. 土宜各別. 故任土作貢. 不以其所无. 假令. 長門採銅. 伊豫出鐵之類.). 若依法. 先有定斫. 不須增減者. 不用此令. 其年常支斫. 供用不足(謂. 假令. 年料所常用百官俸食. 諸國春米不足類也.). 及支斫之外. 更有別須. 應科折(謂. 假令. 臨時造幔幕. 應須用東絁. 卽年常支料之外. 更科絁折布之類. 故曰科折也.)者. 亦申太政官.

凡白丁有解雜巧作者. 每年計帳之次. 國司藺試. 附帳申省(謂. 造別帳申民部省.).

凡貯庫器仗. 有生澁綻斷(謂. 柔鈇生衣. 是爲生澁. 卽刀剱生衣. 出內難澁之類也. 衣服縫解爲綻. 假令. 鎧甲斷貫之類是也.)者. 三年一度修理. 若經出給破壞者. 並隨事斨理. 在京者. 所須調度人力. 申太政官處分. 在外者. 役當處兵士及防人. 調度用當國官物.

凡在京營造雜作[物].[17] 應須女功者. 皆令本司造(謂. 縫部司也.). 若作多. 及軍事所用. 量謂不濟(謂. 謂者. 言也. 濟者. 成也. 言作多人少. 事不可成濟者. 更役京內婦女. 其役京內婦女. 不須給功直也.)者. 申太政官. 役京內婦女.

凡瓦器經用損壞(謂. 陶器. 盤坏之類也.)者. 一年之內. 十分聽除二分(謂. 依元受數. 惣爲十分. 若奇而不足者. 准量爲分耳. 其赤土器有損壞者. 爲分亦與陶器同. 何者. 十分外. 更無爲分之法故也.). 以外徵塡.

凡京內大橋. 及宮城門前橋(謂. 十二門前溝橋也.)者. 並木工寮修營. 自餘役京內人夫(謂. 以雜徭作.).

凡津橋道路. 每年起九月半. 當界修理. 十月使訖. 其要路陷壞停水. 交廢行旅者. 不拘時月. 量差人夫修理. 非當司能辨者申請(謂. 當司者. 當國之司也. 辨者. 具也. 治也.).

凡有官船之處（謂. 除攝津及大宰主船司之外. 諸國有官船之處也.）. 皆逐便安置. 並加覆蓋. 量遣兵士看守. 隨壞修理（謂. 以雜徭修理也.）. 不堪斫理（謂. 舟木朽爛. 不可更修理也.）者. 附帳申上. 其主船司船者. 令船戶分番看守（謂. 大宰府主船亦同.）.

凡官私船. 每年具顯色目. 勝受斛斗. 破除. 見在. 任不（謂. 榲樟之類. 是爲色也. 船艇之類. 是爲目也. 勝. 堪也. 受. 載也. 言船腹孔所容受之多少也. 破除者. 減失也. 任不者. 猶用與不用也.）. 附朝集使申省.

凡官船行用. 若有壞損者. 隨事修理. 若不堪修理. 須造替者. 預斫人功調度. 申太政官.

凡近大水. 有堤防之處（謂. 大水者. 江河及海也. 堤防者. 堤. 塘也. 防. 障也.）. 國郡司以時撿行. 若須修理. 每秋収訖. 量功多少. 自近及遠. 差人夫修理. 若暴水汎溢（謂. 甚雨爲暴也. 汎者. 浮也. 溢者. 滿也.）. 毀壞堤防. 交爲人患者. 先卽修營. 不拘時限. 應役五百人以上（謂. 役. 雜徭也. 人數已多. 故申送. 其於正役者. 雖不滿五百人. 理必申上. 爲折其庸故也.）者. 且役且申. 若要急者. 軍團兵士. 亦得通役（謂. 上番之兵士也.）. 所役不得過五日（謂. 旣是要月. 故不過五日. 若秋収之後. 不必拘此限. 隨事役之. 其雖秋収之後. 而應役五百人以上者. 亦不得過五日也.）

凡堤內外并堤上. 多殖楡. 柳. 雜樹. 充堤堰用（謂. 堰. 所以畜水而流者也.）.

영의해 권제7
令義解 卷第七

An Annotated Translation of "Ryonogige"

공식령 제21

(생각건대, 공문의 양식이다. 이 영은 또한 역령驛鈴과 전부傳符 등의 일을 다루고 있지만, 공식이라고 이름하는 데 그쳤다. 그 큰 것을 들었을 뿐이다.) 무릇 89조이다.

1. **조서식**詔書式(생각건대, 조서詔書와 칙지勅旨는 모두 천황의 명령[倫言]이다. 다만 임시 대사大事는 조詔라고 하고, 일상적인 소사小事는 칙勅이라 한다.)

명신明神**으로서 천하를 다스리는**[御宇][1] **일본 천황이 명령하노니**[詔旨](생각건대, 대사大事로 번국蕃國[2] 사신에게 알리는 표현이다.) **운운**云云 **모두 들으라.**

명신明神**으로서 천하를 다스리는 천황이 명령하노니**[詔旨](생각건대, 차사次事로 번국 사신에게 알리는 표현이다.) **운운**云云 **모두 들으라.**

명신明神**으로서 대팔주**大八洲[3]**를 다스리는 천황이 명령하노니**[詔旨](생각건대, 조정朝廷의 대사大事에 쓰는 표현이다. 곧 황후나 황태자를 세우거나, 원일元日

---

[1] 천황이라는 용어가 성립되기 이전에는 '治天下大王'이라는 표현을 사용하였다.

[2] 蕃國은 고대 일본 율령제에서 신라와 발해를 뜻한다. 唐은 隣國이라고 하였다.

[3] 큰 8개의 섬이라는 뜻으로 천황이 다스리는 일본 국토 전체를 뜻한다. 흔히 淡路洲, 豊秋津洲, 伊予二名洲, 筑紫洲, 億岐洲·佐渡洲, 越洲, 大洲, 吉備子洲를 가리킨다.

에 조하朝賀를 받는 부류이다.) **운운云云 모두 들으라.**

천황天皇이 명령하노니[詔旨](생각건대, 중사中事에 쓰는 표현이다. 곧 좌우대신 左右大臣 이상을 임명하는 부류이다.) **운운云云 모두 들으라.**

명령하노니[詔旨](생각건대, 소사小事에 사용하는 표현이다. 곧 5위 이상을 수여 하는 부류이다.) **운운云云 모두 들으라.**

연年 월月 어획일御畫日[4]

중무경中務卿(생각건대, 대소보大少輔[5]에 대하여 거듭 중무中務라고 기록하는 것은 조서詔書의 일이 크므로, 거듭 아뢰는 까닭이다. 즉 칙지식勅旨式은 거듭 기록하지 않는다. 이는 문서를 작성하는 뜻이 원래 차이가 있기 때문이다.) **위 位 신臣 성姓 명名이 알립니다**[宣].

중무中務 대보大輔 위位 신臣 성姓 명名이 받듭니다[奉].

중무中務 소보少輔 위位 신臣 성姓 명名이 행합니다[行](생각건대, 무릇 조서 는 내기內記가 어소御所[6]에서 작성한다. 마치면 곧 중무경中務卿에게 준다. 중무 경은 조서를 받아, 다시 대보大輔에게 알린다. 대보는 받들어 이를 소보少輔에 게 붙여, 태정관太政官에 보내게 한다. 그러므로 알린다, 받든다, 행한다고 한 것이다.).

태정대신太政大臣 위位 신臣 성姓(생각건대, 이하는 모두 외기外記[7]가 중무성 으로부터 조서가 온 후에 주기注記하는 것이다. 그러므로 외기가 관장하는 일

---

[4]_ 천황이 친필로 서명한 날짜를 말한다.
[5]_ 中務省의 次官인 大輔와 少輔를 말한다.
[6]_ 천황이 거처하는 곳을 御所라고 한다. 內裏라고도 한다.
[7]_ 太政官의 少納言 아래에서 詔勅 및 上奏文의 起草와 朝儀를 기록하는 일을 맡 은 관인이다. 除目 및 敍位 등의 儀式을 집행하기도 한다. 大・少外記가 있다.

로 조를 아뢰는 것을 살핀다[勘詔奏]고 한 것이다.)

좌대신左大臣　　**위**位 **신**臣 **성**姓

우대신右大臣　　**위**位 **신**臣 **성**姓

대납언大納言　　**위**位 **신**臣 **성**姓 **명**名 **등이 아룁니다**(생각건대, 대납언은 4인인데 모두 함께 연명連名한다. 그러므로 이름 마지막에 "등이 아룁니다"라고 쓰는 것이다.).

조서詔書**가 오른쪽과 같습니다**[8](생각건대, 아래 조항에 의하면, 조詔라는 글자는 궐자闕字[9]에 해당한다. 그런데 지금 평출平出[10]한 것은 곧 잘못일 것이다.).

조를 받들어 바깥으로 시행하고자 합니다[謹言].

연年 **월**月 **일**日

가可 **어획**御畫[11]

　　앞의 **어획일**御畫日[12]**은 중무성에서 보관하여 안**案[13]**으로 삼는다**(생각건대, 어획일은 칙지식勅旨式에 의거하면, 서명을 받아 안案으로 보관한다. 선봉행宣奉行을 드러내기 위함이다. 다만 어획御畫[14]를 징험으로 삼기 때문에 다시 날인할 수 없다. 곧 아래 내용에서 가可라고 쓰기를 마치면 안案으로 삼아 보관한다고 한 것도 또한 이에 준한다.). **따로 1통을 베껴서 날인하고**[15] **서명하**

8- 한문 문서의 일반적인 서식에 따라 오른쪽에서 왼쪽으로 기록하기 때문에 右라고 한 것이다.

9- 황제 천자와 관련된 용어에 대하여 한 글자를 띄우는 것을 말한다.

10- 황제 천자와 관련된 용어에 대하여 줄을 바꾸어 다음 행의 첫머리에 오게 하는 것을 말한다. 詔書는 闕字에 해당하므로 여기에서 平出로 처리한 것은 잘못으로 본 것이다.

11- 천황이 可라고 직접 써넣는다는 뜻이다.

12- 천황이 可라고 직접 써넣은 상태의 문서를 말한다. 이를 천황이 발하는 詔書의 正文으로 간주하여 중무성에서 보관하는 것이다.

13- 案은 문서의 正文 혹은 草案을 말한다.

14- 천황의 자필 서명을 말한다.

15- 천황의 옥새에 해당하는 內印을 찍는 것이다.

여 태정관에 보낸다(생각건대, 따로 1통을 베끼는 것은 소보少輔가 직접 베낀다. 판관判官 이하는 간여[參預]할 수 없기 때문이다.). **대납언이 다시 아뢴다. 가可라고 쓰기를 마치면 안案으로 보관한다. 다시 1통을 베껴, 알리기 [詔]**[16]**를 마치면 시행한다**(생각건대, 무릇 조서를 시행하는 것은, 재경제사在京諸司에 대해서는 바로 조서를 베껴서 관부官符[17]와 함께 시행하도록 내린다. 만약 외국外國[18]에 대해서는 다시 관부에 옮겨 써서 시행한다. 그러므로 아래 조항에서, 태정관이 조칙을 시행할 때 안案이 만들어진 이후에 반하頒下할 때는 각각 베끼는 데 걸리는 시간을 준다고 한 것이다.). **중무경中務卿이 만약 없으면 곧 대보大輔의 성명姓名 아래에 선宣이라고 쓰고, 소보少輔의 성명姓名 아래에 봉행奉行이라고 쓴다. 대보가 또한 없으면 소보의 성명 아래에 선봉행宣奉行이라고 아울러 쓴다**(생각건대, 만약 중무경 1사람이 있으면 또한 대보에 준한다.). **만약 소보가 없으면 다른 관인으로 있는 사람이 이에 준한다**(생각건대, 대소승大少丞이 모두 있으면, 또한 차례로 선봉행宣奉行이라고 쓴다. 소보 이상에 준하기 때문이다. 전령前令[19]에서 이르기를, 소보가 없으면,

---

16_ 大寶令에서는 이 부분이 '宣詑付省施行'이라고 되어 있다. 詔書의 시행과 관련하여, 養老令은 詔書를 在京諸司에 전달하는 경우 변관이 조서를 내리는 내용의 太政官符를 작성하여 이 官符와 詔書를 함께 보내 시행하고, 在外諸司의 경우에는 조서를 太政官符에 그대로 옮겨 적은 騰詔官符를 새롭게 작성하여 시행한 것으로 보인다. 한편 大寶令에서는 관인들을 모아 구두로 전달하는 방법, 직접 省에 보내어 시행하는 방법, 태정관이 官符를 만들어 시행하는 방법, 詔書를 그대로 베껴서 시행하는 방법이 있었다. 한편 大寶令에서는 大納言 이상이 행정집행기관인 辨官을 거치지 않고 직접 일반 관사에 조서를 시행하는 경우가 있었으나, 養老令에서는 辨官이 중심이 되어 있다. 그런 점을 고려하면 詔는 태정관의 구성원에게 천황의 명령을 알린다는 의미로 생각된다.

17_ 太政官이 하급 기관에게 명령하는 문서 형식을 말한다. 詔書를 太政官符와 함께 혹은 太政官符 속에 그대로 옮겨서 시행해야 한다는 점에서 천황의 명령을 太政官이 확인하고 제약하는 측면이 있음을 알 수 있다.

18_ 外國은 畿外의 여러 지역, 즉 일본 내부의 지방을 말한다.

19_ 大寶令을 말한다.

승으로 현재 있는 자가 이에 준한다고 하였다. 이제 고치기를, 나머지 관인으로 현재 있는 자라고 하였으므로, 녹錄[20] 역시 할 수 있음을 알 수 있다.).

2. 칙지식勅旨式

칙지勅旨하기를 운운云云(생각건대, 시행하는 법은 조서詔書와 같다.).

　연年 월月 일日

　　중무경中務卿 위位 성姓 명名
　　대보大輔 위位 성姓 명名
　　소보少輔 위位 성姓 명名

칙지를 받드니[奉勅] 오른쪽과 같다(생각건대, 봉칙奉勅부터 소변少辨 위성명位姓名까지는 모두 변관辨官의 사생史生이 쓰는 것이다.). 부符가 이르면 봉행하라.

　연年 월月 일日 사史 위位 성姓 명名

　　대변大辨 위位 성姓 명名
　　중변中辨 위位 성姓 명名
　　소변少辨 위位 성姓 명名

앞은 칙을 받은 사람이 중무성에 보낸다. 중무성은 다시 아뢴다[覆奏]. 마치면 식에 의거하여 서명을 받고 안案으로 삼아 보관한다. 다시 1통을 베

20_ 中務省의 大錄과 少錄을 말한다. 4등관 중 判官으로 가장 직급이 낮지만 上官의 부재시에는 詔書에 서명할 수 있다는 뜻이다.

껴 태정관에 보낸다(생각건대, 조서詔書에 준하여 날인하고 서명하여 보낸다. 이
는 조서와 칙서가 서로 분명하게 해주는 것이다.). **소변**少辨 **이상은 식에 의거하**
여 연서連署**하고 안안**案**으로 보관한다. 다시 1통을 베껴 시행한다. 칙이 5위부**
[五衛]와 병고兵庫**의 일을 처분하면 본사**本司[21]**가 복주**覆奏**한다**(생각건대, 중
무경中務卿이 복주하더라도 본사가 다시 복주하는 것이다. 궁위령宮衛令에서, 중무
성과 위부가 함께 칙을 받들면, 복주할 필요가 없다고 하였으므로,[22] 단지 위부가
칙을 받는 경우는 중무성은 아뢰지 않는다.). **황태자가 감국**監國**할 때도 또한**
이 식에 준하며, 영令**으로 칙**勅**을 대신한다.**[23]

3. 논주식論奏式

태정관太政官**이 삼가 아룁니다. 그 일**[其事][24]**(생각건대, 가령 "태정관이 정세正**
稅를 쓰는 일에 대하여 삼가 아룁니다."라고 쓰는 부류이다.).

태정대신太政大臣 **위**位 **신**臣 **성**姓 **명**名
좌대신左大臣 **위**位 **신**臣 **성**姓 **명**名
우대신右大臣 **위**位 **신**臣 **성**姓 **명**名
대납언大納言 **위**位 **성**姓 **명**名 **등이 아룁니다. 운운**云云**(생각건대, 가령 "군량軍**
糧을 충당하기 위하여 어느 국國의 정세征稅을 쓰고자 합니다."라고 쓰는 부류이
다.). **삼가 문서**[申聞][25]**로써 삼가 아룁니다.**

---

[21]_ 勅旨를 전달받은 五衛府나 兵庫가 칙지를 받은 사실을 다시 천황에게 아뢰는
       것이다.
[22]_ 「궁위령」 15조 春勅夜開諸門條 참조.
[23]_ 황태자 감국 때도 勅과 같은 절차를 밟아 명령을 시행하지만, 勅이라고 하지
       않고 令이라고 한다.
[24]_ 천황에게 태정관이 하고자 하는 일의 내용을 아뢰는 것이다. 義解에서는 正稅
       를 쓰는 일을 예로 들고 있다.
[25]_ 문서로 윗사람에게 제출하는 것을 말한다.

연年 월月 일日

문聞 어획御畫[26]

대납언大納言[27] 위位 성姓

앞은 큰 제사祭祀(생각건대, 신기령神祇令에 정한 대사大祀 및 임시 대사의 부류이다.), **국용**國用[28]**의 편성**[支度][29](생각건대, 태정관이 그 해의 풍흉에 따라 용도用度를 증감하는 것이다. 가령, 조세[年事]가 들어오지 않으면 총재冢宰는 쓰임을 보류하고, 조세가 들어오면 다시 원래를 회복하는 부류이다. 곧 주계료의 '지탁국용支度國用'과 같은 문장이지만 뜻은 다르다.), **관원**官員**의 증감**(생각건대, 성省 직職 요료寮 사司 및 주전主典 이상의 관원의 수를 늘이거나 줄이는 것이다.), **유죄**流罪 **이상 및 제명**除名**의 결정**(생각건대, 이는 해당 관사가 전단專斷할 수 없고, 일을 반드시 의론하여 아뢰어야 하는 것이다. 가령, 옥령獄令에서, "죄를 범하여 의청議請에 들어가는 자는 태정관에서 의정議定한다. 비록 6의六議가 아니더라도 다만 본죄本罪가 마땅히 아뢰어야 하거나, 처단處斷에 의문이 있거나, 처단을 거쳤으나 따르지 않으면 또한 중의衆議하여 정한다"[30]고 한 부류가 이것이다. 다만 형부刑部 및 제국諸國이 유죄流罪 이상 및 제면관당除免官當을 결단하면 안案을 연이어 베껴서[連寫] 태정관에 보고한다. 비록 유流 이상이라도 의의에 들지 않으면, 주사奏事[31]에 넣는다. 묻기를, 면관免官 이하로 처단處斷에 의문이 있으면, 옥령獄令에 의거하여 의정議定해야 하는데, 또한 이 조항에 들어갑니까? 답하기를, 내용에서 제명除名이라

26_ 천황이 승인하는 경우는 직접 聞이라고 서명을 한다.
27_ 太政官의 의견을 담은 論奏를 천황에게 아뢰는 것은 大納言의 직무이다.
28_ 국가의 예산을 뜻한다.
29_ 지출할 것을 헤아린다, 계산한다는 뜻으로 度支라고도 한다.
30_ 「獄令」40조의 大義만 뽑아서 적은 것이다.
31_ 奏事는 論奏보다 가벼운 사안을 천황에게 아뢰는 것이다.

고 하고 면관免官이라고 하지 않았고, 경중이 이미 다르다. 곧 주사奏事에 넣어야 한다.), **국군國郡의 폐치**廢置(생각건대, 폐廢는 중단하여 없애는 것[停廢]이다. 치置는 세워 설치하는 것[建置]이다.), **병마**兵馬 **100필 이상의 차발**差發(생각건대, 기병騎兵을 차출[差發]하는 것이다. 내용에서 말만 언급하고 사람을 말하지 않은 것은 말은 홀로 쓸 수 없고, 반드시 사람이 있어야 함을 알 수 있기 때문이다. 만약 보병步兵 100인을 차출할 때도 또한 이 규정을 따른다.). **장물**藏物 **500단**五百端 **이상, 전**錢 **200관**二百貫 **이상, 창고의 식량**倉糧 **500석**五百石 **이상과**(생각건대, 그 나머지 재화[貨物]가 가격으로 이에 상당한 경우는 또한 이 규정에 따른다. 삭일이나 절기[朔節]에 쓰는 위의威儀와 병장兵仗 및 위록位祿 계록季祿 등은 비록 물품의 수가 많더라도 일상적인 일이므로 아래 조항에 들어간다.), **노비 20인 이상, 말 50필 이상, 소 50마리 이상 혹은 칙수**勅授 **이외에 5위 이상을 수위[授]하는 경우**(생각건대, 칙수勅授를 제외하고 태정관[官]이 의론하여 서위敍하는 경우이다. 선서령選敍令에서 고考를 계산하여 5위 이상에 이르면 주문奏聞해야 한다고 하였는데, 주사식奏事式에 들어간다.) **및 율령 외에 논의하여 아뢰어야 하는 경우가**(생각건대, 가령 그 해의 농사의 흉작凶荒이 들어서 의주議奏하여 조세를 면제하는 부류이다. 이는 구체적인 규정이 없으므로 즉, 율령 규정 이외의 일이 된다.) **모두 논주**論奏**가 된다. 문**聞**이라고 쓰기를 마치면, 안案을 만들어 보관한다. 어획**御畫**한 후에 주관**奏官**의 위**位**와 성**姓**을 쓴다.**

4. 주사식奏事式

태정관太政官**이 삼가 아룁니다.**
어느 관사[司] 위位 성姓 명名 등의 해장解狀[32]에 이르기를, 운운云云. 삼가 문서[申聞]로써 아룁니다.

---

[32]_ 解狀은 解文이라고도 한다. 公式令에서는 하급의 관사가 상급 관사에 上申할 때 사용하는 문서를 解라고 한다.

연年 월月 일日

태정대신太政大臣 **위**位 **신**臣 **성**姓

좌대신左大臣　　**위**位 **신**臣 **성**姓

우대신右大臣　　**위**位 **신**臣 **성**姓

대납언大納言　　**위**位 **신**臣 **성**姓 **명**名

칙勅을 받드니, 아뢴 바에 의거하셨다[依奏]고 한다.[33] 만약, 다시 칙어勅語
가 있어서 덧붙여야 하면, 각각 사정에 따라 덧붙이고, 운운云云이라고 한
다(생각건대, 이는 대납언大納言이 스스로 기록하는 내용이다. 만약 소납언少納言
이 대신 아뢰면 또한 이에 준한다. 무릇, 소납언少納言은 칙勅을 받드는 관인이 아
니다. 오직 그 아뢰는 일에 있어서, 곧 스스로 칙어勅語를 받들 수 있다. 이를 제외
하고는 다시 칙勅을 받들지 못한다.).

대납언大納言　**위**位　　**성**姓

앞은 논주論奏하는 외에 일을 아뢰야 하는 경우는 모두 주사奏事를 쓴다.
안案이 이루어지면 곧 아뢴다. 봉칙奉勅한 뒤에 주관奏官의 위位, 성姓을 쓴
다. 만약 소납언少納言이 아뢰면 이름을 쓴다.[34]

5. 편주식便奏式

태정관太政官**이 아룁니다.**

어느 관사[司]에서 보고한 바 그 일 운운云云. 삼가 아룁니다.

연年 월月 일日

---

[33]_ 奏聞한 결과, 천황이 그대로 승인한 경우에 쓰는 문구이다.

[34]_ 大納言의 경우는 位와 姓만 쓰는데, 少納言은 지위가 낮으므로 이름까지 쓰
는 것이다.

칙勅을 받드니, 아뢴 바에 의거하셨다[依奏]고 한다. 아뢴 것에 의거하지 않으면(생각건대, 아뢴 바에 의거한 중에 또한 의거하지 않는 바가 있는 것이다. 만약 완전히 의거하지 않으면 곧 이렇게 쓸 수 없다.), **칙勅으로 처분하시기를 운운云云이라고 쓴다.**

소납언少納言   위位 성姓 명名

앞은 영鈴[35] · 인印을 청하거나 바치는 경우, 의복衣服, 소금과 술, 과일과 음식을 하사하거나 의醫 · 약藥을 주는 경우처럼 작은 일[小事]의 부류는 모두 편주便奏로 한다. 그 구두로 아뢸 때도[口奏] 모두 이 예例에 따른다(생각건대, 구두로 아뢸 때는[口奏] 규정에 따라 문서를 미리 만든다[立案].). 칙을 받든 뒤에 주관奏官의 위位 성姓 명名을 쓴다. 황태자가 감국監國(생각건대, 천자가 순행할 때 태자가 남아 지키는 것[留守]을 감국監國이라 한다.)할 때도 또한 이 식式에 따르고, 주奏 · 칙勅을 계啓 · 영令으로 대신한다.

6. 황태자皇太子의 영지식令旨式 삼후三后 또한, 이 식式에 따른다.

영지令旨하기를 운운云云.

---

[35]_ 鈴은 일본 고대 율령 시대에 관리가 공무로 출장을 나갈 때, 조정에서 지급하던 방울 형태의 신분 표지물이다. 大化 2년(646) 1월 1일. 孝德天皇에 의한 大化改新의 조칙에 의해 驛馬 제도가 설치되면서 만들어진 것으로 생각된다. 鈴을 가진 관리는 驛에서 人足 · 驛馬 · 驛舟를 징발할 수 있었다. 驛에서는 관리 1명에 대해 驛馬 1필, 人足 2명을 제공하였는데, 이 중 1명은 鈴을 가지고 말을 끌었으며, 나머지 1명은 관리와 역마를 경호하였다. 현재 일본에 남아 있는 鈴으로는 일본 중요문화재로 지정되어 있는 山陰道 隱岐國의 驛鈴 2개가 있다.

연年 월月 일日

영지令旨를 받드니 앞과 같다. 영令이 이르면 봉행奉行하라.

　대부大夫 위位 성姓 명名

　양亮 위位 성姓 명名

　앞은 영令을 받은 사람이 춘궁방春宮坊으로 선송宣送하면 춘궁방春宮坊에서 다시 복계覆啓한다. 마치면 날짜를 써넣은 문서[畫日]를 안案으로 삼고 보관한다(생각건대, 칙지식勅旨式에 준하니 또한, 인印·서署가 필요하다.). 다시 한 통을 베껴서 시행한다(생각건대, 혹은 태정관太政官에 보내고 혹은 관장하는 [被管] 여러 관사에 하교한다.).

7. 계식啓式 삼후三后 또한 이 식式에 따른다.

춘궁방春宮坊에서 아룁니다.
그 일 운운云云. 삼가 아룁니다.

　연年 월月 일日
　대부大夫 위位 성姓 명名
　양亮　　위位 성姓 명名

영令을 받드니 계啓에 의한다고 하셨다. 만약 계啓에 의거하지 않으면, 곧 영令으로 처분하기를 운운云云이라고 쓴다.

　양亮　　위位 성姓

　앞은 춘궁방春宮坊의 계식啓式으로 영令을 받든 뒤에 주관奏官의 위位 성姓

을 쓴다.

8. 주탄식奏彈式

탄정대彈正臺에서 삼가 아룁니다. 어느 관사[司] 위位 성姓 명名의 죄상罪狀에 관한 일.

관官 위位 성姓 명名(생각건대, 위 조문에서는 어느 관사其司의 위位라고 하였고, 여기서는 관官 위位를 모두 갖춘다고 하였다. 가령, 한 사람이 여러 관직을 겸하고 있으면, 위에서는 다만 그 하나의 관직만을 기록하고, 여기서는 그 겸한 관직을 모두 기록하는 부류이다. 그러므로 구별한 것이다. 그래서 규정을 세운[立文] 것이 다르다.), 호적이 속해 있는 본관[貫屬]을 모두 기록한다.

앞은 한 사람의 범행의 정상[犯狀]. 운운云云.

위 사건의 이런저런[甲乙] 정상을 조사함이 앞과 같습니다. 삼가 이로써 상문上聞하여 삼가 아뢰옵니다.

연年 월月 일日 탄정윤彈正尹 위位 신臣 성姓 명名(생각건대, 만약 윤尹[36]이 없으면, 판관判官[37] 이상이 또한 아뢸 수 있다.)

문[聞]. 어획[御畫]

앞은 친왕親王 및 5위五位 이상이다(생각건대, 1위一位 이하이다.). 태정대신太政大臣은 이 범위에 들지 않는다. 죄를 범하여 모름지기 규탄[糺劾]해야 하는데 사실을 자세히 알지 못한[未審] 경우에는, 모두 상황에 따라서[據

---

[36]_ 彈正尹은 탄정대의 장관이다. 종4위에 해당하며, 관리들의 법에 어긋나는 일에 대한 糾彈·彈劾을 맡는다. 2관 8성으로부터 독립되어 있으며, 태정관의 장관인 太政大臣을 제외한 모든 관인의 부정을 적발하는 것이 주된 임무이다.

[37]_ 判官은 四等官 중 三等官이다. 사등관은 長官, 次官, 判官, 主典을 말한다. 탄정대의 판관 이상은 장관인 尹, 차관인 弼, 판관인 大忠, 少忠까지를 말한다.

狀] 조사하여 물으며[勘問] 고문하여 조사[推拷]할 수 없다(생각건대, 율律에 따라서 의장[議]³⁸·청장[請]³⁹·감장[減]⁴⁰해야 될 자는 모두 고문하여 심문[拷訊]하지 않고, 모두 여러 가지 정황증거[衆證]에 의거해서 죄를 정한다. 그 감장[減]의 은택을 얻으면 또한 추문하여 고문[推拷]할 수 없는데, 하물며 의장[議]·청장[請]해야 할 사람은 말하지 않아도 알 것이다[不言須知]. 무릇, 탄정彈正은 규핵糾劾하는 직책이다. 과단科斷하는 관리가 아니므로 곧, 관위가 있든 없든 관계없이 모두 마땅히 고문하여 조사[推拷]하지 않는다.). **사건의 연유를 자세히 알아서**[委知] **사안이 크다면 주탄**奏彈**하고**(생각건대, 해관解官 이상이다. 왜냐하면, 옥령獄令에 이르기를 잡범雜犯으로 사죄死罪가 옥성獄成⁴¹이 된 후 사면된 자는 현재 맡고 있는 관직[職事]에서 해임한다고 하였다.⁴² 이로써 보면 관당官當이 아니라 오히려 해관解官에 해당하다. 만약, 관품이 없는 친왕親王의 경우에는 도죄徒罪 이상이 곧 사안이 큰 것이다.) **마치면 탄정대**[臺]**에 보관하여 안**案**으로 삼는다. 아뢰기에 마땅하지 않거나**(생각건대, 관품이 없는 친왕이 장죄杖罪 이하를 범하였거나 5위五位 이상이 해관解官에 이르지 않은 경우이다.) **6위**六位 **이하는 모두 적발해**

---

³⁸_ 議란 議章 즉 형사상 특전을 입을 자격이 있는 사람이 죄를 범하면 그 죄를 논의하는 議局을 열어 논죄하되 그 결정은 황제의 뜻을 따른다는 특례 조항을 뜻한다. 당률에서는 八議에 해당하는 자에 해당하지만 일본률에서는 그 범위를 줄여 천황의 내외 친족[議親], 천황을 오랫동안 모신 故舊[議故], 덕이 있는 행동을 하는 현인[議賢], 국가와 군대를 통솔할 수 있는 큰 재능을 가진 뛰어난 인재[議能], 전쟁, 정사 등에서 큰 공이 있는 자[議功], 고급 관료 귀족[議貴] 즉, 육의(六議)에 속하는 자들이 이에 해당한다.

³⁹_ 請章은 규모와 격식은 議章보다 낮지만 그 범위는 더욱 넓다. 이에 해당하는 사람이 사형에 해당하는 죄를 범하면 황제의 결단을 청할 수 있다.

⁴⁰_ 減章의 규모와 격식은 청장보다 낮으나 감형의 범위는 청장에 비해 더 광범위하다.

⁴¹_ 唐律에서는 覆審(再審)까지 종결되어 황제에게 재가받는 절차만 남아 있는 단계이다. 그러나 일본에서는 현행범으로 증거가 명백한 경우는 그 단계에서 옥성이라고 하고, 심리 후에 판결문이 작성되면 案成이라고 한다.

⁴²_ 「옥령」 11조에서는 잡범으로 사죄가 獄成된 후 사면을 만나 모두 용서받은 경우는 현임 직사에서 해임한다고 하였다.

서 소속 관사에 이관하여 추문하고 판결[推判]하도록 한다(생각건대, 해당 관사는 단죄斷罪를 하는 관사이다. 옥령獄令에 따르면 위부衛府에 적발되어 붙잡힌 죄인이 경京에 소속되어 있지 않으면 모두 형부刑部[43]로 보내고, 곧 경京에 소속되어 있음이 명백하면 경직京職[44]에 보낸다. 그 탄정대에서 적발해서 이관한[糺移] 죄인도 또한 이에 따라야 한다. 그러므로 소속된 관사에 규이糺移[45]한다고 한다.).

9. 비역식飛驛式

하식下式

그 국사國司의 관위官位 성명姓名 등에게 칙한다(생각건대, 국사國司는 1인이 아니기 때문에, 따라서 등等이라고 한 것이다. 그 전령前令에는 별도의 칙부식勅符式이 있었으나 이 영슈에서는 이미 없어졌다. 즉 비역飛驛 이외에 다시 칙부勅符가 없음을 알 수 있다.). 그 일은 운운. 칙이 이르면 받들어 행하라.

연年 월月 일日 출발 시각[辰]

역령의 극수[鈴剋][46]

43_ 刑部省을 말한다. 중대사건의 재판, 감옥 관리, 형벌을 집행하는 등 사법과 관계된 전반적인 사항을 관할한다. 그 소속관사로는 囚獄司, 臟贖司의 2司가 있다.

44_ 京職은 京을 관할하는 행정기관으로 左京職과 右京職으로 나뉜다. 행정·치안·사법 모두를 통괄하며, 東西市司도 관장한다.

45_ 移는 대등한 관사 간에 주고받는 문서를 말한다. 탄정대가 적발하여 해당 관사에 그 내용을 알리는 것이다.

46_ 공무를 수행하는 官人에게 지급해야 할 驛馬의 수를 驛鈴에는 둥근 돌기의 수로 표시하였다. 이를 剋, 즉 눈금이라고 한 것이다.

10. 상식上式

그 국사國司가 삼가 아룁니다.
그 일은 운운. 삼가 문서로써 아룁니다.

　연年 월月 일日 수守 위位 성姓 명名 올립니다[上](생각건대, 시각[辰]을 기재하지 않은 것은 생략한 것이다.).
　역령의 극수[鈴尅]

　앞은 비역飛驛의 상·하식式으로, 만약 장관長官이 자리에 없으면, 차관次官 이하가 식式에 따라 서명한다(생각건대, 차관 이하로 단지 1인이 서명하기 때문에, 따라서 식式에 따른다고 한 것이다.) 그 국사國司가 아니라 별도로 군소軍所에서 아뢰는 경우에는, 부장군副將軍 이상이 함께 서명한다(생각건대, 그 상上이라는 글자는, 또한 상례上例에 준하여 연年 월月 일日 수守 위位 성姓 명名 아래 쓴다.). 대재부大宰部도 이에 준한다(생각건대, 소이少貳 이상이 함께 서명한다.).

11. 해식解式

식부성式部省에서 보고 하여 아뢰는[解申] 일
그 일은 운운. 삼가 보고 드립니다[謹解].

　연年 월月 일日　　　대록大錄 위位 성姓 명名
경卿　　위位 성姓 명名　　대승大丞 위位 성姓 명名
대보大輔 위位 성姓 명名　소승少丞 위位 성姓 명名
소보少輔 위位 성姓 명名　소록少錄 위位 성姓 명名

앞은 8성省 이하의 내외 제사諸司가 태정관太政官과 관할[所管] 관사에 보고하는 것으로, 모두 해解라고 한다(생각건대, 감물監物[47]이 중무성中務省에 보고하는 부류이다.). 태정관太政官에게 보내는 것이 아닐 경우에는, 이以라는 글자로 근謹이라는 글자를 대신한다.

12. 이식移式

형부성刑部省이 식부성式部省에 전달[移]합니다.
그 일은 운운. 이에 전달합니다.

연年 월月 일日   녹錄 위位 성姓 명名
경卿 위位 성姓

앞은 8성省이 서로 전달[移]하는 식式이다. 내외의 제사諸司가 서로 관할하거나 소속되는 관계가 아닐 경우에는 모두 이移로 한다(생각건대, 가령 위부衛府·경직京職·병고兵庫 등의 부류는, 즉 관할하는 바가 없기 때문에 이것은 서로 관할하거나 소속되는 관계가 아닌 것이다. 그 대재부大宰府가 성省이나 대臺에 보내는 것과 관할 내에서 대재부大宰府에 보내는 것은 모두 해解로 한다. 이외는 모두 이移로 한다. 무릇 관할하는 곳이 있다면, 이移로써 직접 다른 사司에 보낼 수 없고, 모두 먼저 소속 관사에 보고해야 하며, 소속 관사가 다시 이移로 고쳐서 다른 관사에 보낸다. 그 부符를 보낼 때도 또한 이에 준한다. 단 죄인을 사로잡은 경우에는 소속 관사를 거치지 않고 직접 다른 관사[他司]에 보낸다. 율律에 의거하여 죄를 심문하여 처벌[鞫獄]하는 관사로서 죄수를 붙잡아 두고 기다렸다가 대질해야 하는 경우에는, 직무는 서로 소속되어 있지 않더라도, 모두 직접 첩牒을 통해서 죄

---

[47]_ 중무성에 소속된 관인으로 大監物 2인, 中監物 4인, 少監物 4인이 있었다. 문서 출납의 감찰과 역령 등의 請進을 담당하였다.

인을 쫓아 사로잡는 것[追燒]을 허락하기 때문이다.). **만약 일과 관련하여 관할하거나 소속되는 경우에는**(생각건대, 8성省과 내외 제사諸司가 관직과 관련하여 서로 관할하거나 소속되는 것이다. 가령 문관文官이 식부성式部省에 대한 무관武官이 병부성兵部省에 대한 관계와 같은 부류이다. 이것은 일과 관련하여 관할하거나 소속되는 것이다.), **이以 자로 고故 자를 대신하고, 그 장관長官이 서명하는 것은 경卿에 준한다**(생각건대, 여기서 장관長官이라고 한 것은, 5위 이상의 장관長官이다. 만약 판관判官이나 주전主典이 5위인 경우도 역시 이름을 생략[略名]한다. 단 행의 제일 앞[行上]에 서명할 수 없다. 이미 장관長官이 처리하는 것이 경卿에 준한다고 하였기 때문에, 6위의 장관이라도 역시 행의 제일 앞에 서명할 수 있다. 단 이름을 생략할 수 없다. 왜 그런가 하면, 영令에 준하여 5위位 이상은 이름을 생략하는 식式이 있고, 판관判官 이하는 행의 제일 앞에 서명할 수 있는 규정이 없기 때문이다.). **장관長官이 없으면 즉 차관次官이나 판관判官이 서명한다. 국사國司도 또한 이에 준한다. 그 승강僧綱과 제사諸司가 서로 알리거나 회답할 경우에는, 역시 이 식式에 준한다. 이移 자로 첩牒 자를 대신한다. 서명署名하는 것은 성省에 준한다**(생각건대, 율사律師 이상 1인이 경卿이라는 글자가 있는 곳에 서명하고, 좌관佐官은 날짜[日] 아래에 서명한다.). **삼강三綱 역시 이와 같다.**

13. 부식符式

태정관太政官이 그 국사國司에게 부符한다.
그 일은 운운云云. 부符가 이르면 받들어 행하라.

대변大辨 위位 성姓 명名   사史 위位 성姓 명名
  연年 월月 일日   사인使人 위位 성姓 명名
  역령驛鈴의 극수數[鈴尅]. 전부傳符도 또한 이에 준한다.
  앞은 태정관太政官이 국國에 내리는 부식符式이다. 성省과 탄정대[臺]도

이에 준한다. 만약 재경在京 제사諸司에 내리는 경우는 사인使人 이하를 쓰지 않는다. 무릇 해解로써 위로 올려야 하는 관계라면, 그 상관上官이 아래로 내리는 경우는 모두 부符로 한다. 서명署名하는 것은 변관辨官에 준한다. 출부出符⁴⁸는 모두 안案을 이루는 것을 기다렸다가 안案과 아울러서 태정관太政官에 보내어 검구撿勾한다(생각건대, 8성과 탄정대가 출부出符하는 경우는 태정관太政官에 내인內印을 청한다. 관官이 곧 본안本案을 내어 출부出符를 검구撿勾한다. 그 안案은 관인官印을 찍어서 본사本司로 돌려보낸다.). 만약 일이 계회計會해야 한다면, 회목會目을 기록하고 부符와 함께 태정관太政官으로 보낸다(생각건대, 아래 조항에 의해서 계회하지 않는 경우가 있으므로, 계회에 해당하는 경우라고 하였다. 가령 형부성刑部省이 장속臟贖을 추징하고자 제국諸國에 출부出符하는 경우이다. 곧 출부 외에 다시 별도의 문서[別狀]를 갖추어 이르기를, "장속臟贖을 추징하기 위해서 그 국에 부符 1지紙를 내린다"고 한다. 예例에 따라서 인印을 청하는 부류는 곧 별도의 문서를 태정관에 보관하고 계회한다. 그래서 이를 회목會目이라고 한다.).

14. 첩식牒式

첩牒한다. 운운云云. 삼가 첩한다[謹牒].

　　연年 월月 일日 그 관官 위位 성姓 명名의 첩牒

앞은 내외 관인 중 주전主典 이상이(생각건대, 내사인(內舍人), 재기장상(才伎長上)도 역시 같다.) **일에 따라서 제사諸司에 신첩申牒하는 식式이다. 3위 이상은 이름을 뺀다. 만약 사람 및 물품의 이름과 수량이 있으면, 사람과 물**

---

⁴⁸ 出符는 실제로 發布하는 符를 말한다. 이하의 내용도 八省이나 彈正臺가 발하는 符에 대한 규정이다.

품을 앞에 적는다(생각건대, 물품의 수를 건마다 적는다. 말하자면 사람과 물품을 "첩牒 운운云云"의 앞에 적는 것이다.).

15. 사식辭式

연年 **월**月 **일**日 **위**位 **성**姓 **명**名**이**(생각건대, 문장에 내용이 없지만 이치가 본사本司를 기록해야 한다.) **아룁니다**[辭]. 이는 잡임雜任의 초위初位 이상을 이른다(생각건대, 무위無位 잡임雜任은 또한 이에 준한다.). 만약 서인庶人이라면 본속本屬을 칭한다.

그 일은 운운云云. 삼가 아룁니다謹辭.

앞은 잡임雜任 이하가 제사諸司에 신첩申牒하는 식式이다. 만약 사람 및 물품의 이름과 수량이 있으면 사람과 물품을 운운云云의 앞에 적는다.

16. 칙수위기식勅授位記式

중무성中務省

본위本位[49] **성**姓 **명**名 나이 얼마[若干]이다. 지금 그 위位[50]를 내린다.

연年 **월**月 **일**日

중무경中務卿 **위**位 **성**姓 **명**名

태정대신太政大臣 **위**位 **성**姓 대납언大納言은 이름을 더한다.

식부경式部卿 **위**位 **성**姓 **명**名

앞은 칙으로 5위 이상의 위기位記를 주는 식式이다. 모두 현재 장관長官 1

49_ 원래의 位階를 말한다.

50_ 새롭게 수여하는 位階를 말한다.

인이 서명한다. 만약 장관長官이 없으면, 곧 대납언大納言 및 소보少輔 이상이 식式에 따라서 서명한다. 병부兵部도 역시 같다. 이하 이에 준한다.

17. 주수위기식奏授位記式

태정관太政官이 삼가 아룁니다[謹奏].
　본위本位 성姓 명名. 나이는 얼마[若干]이다. 그 국國 그 군郡의 사람. 지금 그 위位를 내린다.

　연年 월月 일日
태정대신太政大臣 위位 성姓 대납언大納言은 이름을 더한다.
　식부경式部卿 위位 성姓 명名

　앞은 아뢰어 6위 이하의 위기位記를 주는 식式이다.

18. 판수위기식判授位記式

태정관太政官
　본위本位 성姓 명名. 나이는 얼마[若干]. 그 국國 그 군郡의 사람. 지금 그 위位를 내린다.
　연年 월月 일日
대납언大納言 위位 성姓
　식부경式部卿 위位 성姓 소보少輔 이상은 이름을 더한다.

　앞은 (식부성이) 판단하여 외8위 및 내외의 초위初位 위기位記를 주는 식이다.

19. 계회식計會式

태정관太政官이 제국諸國과 제사諸司에 조회하는[會] 식式.

태정관太政官

그 국國에 내린다. 성대省臺도 역시 이에 준한다(생각건대, 성대省臺에 내리는 것 역시 이 식式에 준하여, 그 성대省臺에 내린다고 한다.).

합해서 조칙詔勅**은 얼마**[若干]**이다**(생각건대, 조칙詔勅이라는 것은 등조칙부騰詔勅符[51]이다. 그 정조칙正詔勅은 국國에 내리는 규정이 없기 때문이다. 약간若干이라는 것은 약若은 같다[如]는 뜻이고, 간干은 구한다는[求] 뜻이다. 일이 본래 정해져 있지 않은 것을 말한다. 항상 이와 같이 구하므로, 약간若干이라고 한다.). **조목별로 나타내어 기록하기를, 그 일을 위한 것이라고 한다. 만약 사람 및 물품의 이름과 숫자가 있다면, 곧 사람과 물품을 앞에 적는다**(생각건대, 비록 사람과 물품이 아니더라도 역시 조회할 수 있다. 그러므로 사람과 물품의 이름과 숫자가 있는 경우라고 한 것이다. 사람과 물품을 앞에 적는다고 한 것은 말하자면 먼저 사람과 물품을 과조科條하고, 후에 일의 상황을 기록하여 분명히 하기[注顯] 위해서이다. 사람과 물품을 조칙약간詔勅若干의 앞에 적으라는 말이 아니다.).

합해서 관부官符**는 얼마**[若干]**이다. 앞에 준해서 분명하게 적는다.**

   앞은 무릇 추징과조追徵科造(생각건대, 추追는 쫓아 불러들이는 것[追喚]이고, 징徵은 징납徵納이다. 과科는 과비科備이며, 조造는 조작造作이다[52].), **사람과 물품을 보내어 바치는 것**[送納人物](생각건대, 사람을 보낸다는 것은 유배 보내거나 본관을 옮기고[流移], 헤아려 배속하는[量配] 부류이다. 물품을 보낸다는 것은 상륙常陸의 말린 곡식[糒穀]을 육오陸奧로 운송하는 부류이다.), **물物은 관물**官物**을 말하며, 사람은 유도이배**流徒移配(생각건대, 이곳에서 옮겨서 저쪽에 배치하는

---

[51]_ 조칙을 그대로 轉載한 太政官符를 말한다.
[52]_ 古記에서는 造作을 부과하는 것이라고 하였다.

것이다. 이향移鄕 및 승니僧尼를 지방[外國]의 절에 배속하는 등이 모두 이것이다. 옥령獄令에 의하면, "유이인流移人은 태정관太政官에서 헤아려서 배치한다."라고 하였다. 다만 도인徒人은 비록 법에 따라서 계회計會할 수 없지만, 태정관太政官에서 임시로 부符를 내려 배치하여 보낸다[配送]. 가령 부符를 내려 이르기를, 그 국國의 도인徒人은 그 국國의 어떤 곳으로 배치하여 보내야[配送] 한다는 부류이다. 그 기내畿內 도인徒人을 경사京師로 보내는 것은 본래 관官이 처분하는 것이 아니다. 그러므로 계회計會할 필요가 없다. 다만 아래 내용에 따라서 국國이 회장會帳을 만들어 관회官會[53]에 응할 뿐이다.) **및 도망한 자를 붙잡은 부류를 말한다. 적장籍 帳에 제하거나 넣는 것**[除附]**과 과역의 면제**[蠲免] **및 관위**官位**의 해출**解黜(생각건대, 해관解官이다. 아래에 다시 위기位記를 추징追徵한다는 내용이 있다. 그러므로 이 내용은 오직 해관解官을 위한 것이다. 무릇 계회計會는 비록 이미 회답[報答]한 일이더라도 역시 식式에 의거하여 조회하는[會] 것이 마땅하다. 그러므로 비록 반초返抄를 얻었다고 하더라도 역시 계회計會하는 것이다.), **위기**位記**의 추징 追徵을 모두 종류별로 조회하여 이르기를, "어느 연월일에 국에 내린 그 부 符는 어느 월일에 사인**使人 **관위성명**官位姓名**에게 붙였다"고 한다. 만약 반초 返抄를 받았다면, 그 관위성명**官位姓名**이 어느 월일에 반초**返抄**를 받았다고 한다. 만약 관官의 처분이 아니고 국사가 사람과 물품을 보내어 경京 및 다 른 국國으로 보냈다면**(생각건대, 제국諸國의 조용調庸을 경京에 보내어 바치거나, 공전公田의 가물價物을 태정관太政官에 보내거나, 혹은 기내畿內 도인徒人을 경사京師로 보내거나 죄인을 옮기는[移囚] 부류이다. 이들 모두 원래 관官의 처분을 받지 않고, 바로 상례常例에 따라서 보내어 바친다. 또 성대省臺의 처분을 받아서 바치는 경우가 있으므로, 관官의 처분이 아니라고 한 것이다. 그 회장會帳을 만드는 것은 그 국國으로 태정관太政官을 대신하고, 태정관太政官에 올린다거나 그 성대省臺에 올린다는 표현으로 그 국國에 내린다는 표현을 대신하고, 해解 약간若干으로 조

---

[53]_ 태정관의 計會, 즉 조회를 말한다.

칙詔勅 약간若干을 대신한다. 곧 국國으로 보내는 것에 대해서도 역시 미루어 알아
야 한다.), 보낸 곳과 받은 곳이 역시 이에 준하여 조회한다.

20. 제국응관회식諸國應官會式[54]

어느 국其國
합해서 조칙詔勅은 얼마若干입니다. 앞에 준하여 기록한다准前注.
합해서合 관부官符는 얼마若干입니다. 앞에 준하여 기록한다.

앞은 관官이 어느 연월일에 내린 부를 받으니 추징과조追徵科造 등의 일
이었습니다. 그 부符는 어느 월일에 국國에 도착하였습니다. 부에 의거하여
어느 곳處으로 보내는 것을 마쳤습니다. 어느 위位 성姓 명名의 어느 월일의
반초返抄를 받았습니다라고 쓴다. 수납한 사司도 또한 실제로 수령한 수에
의거하여 회會를 작성한다(생각건대, 수납한 사는 국사國司이고 그 성省・대臺
는 아래 조항에 따로 내용이 있다.). 만약에 양국兩國이 스스로 서로 보내고
[付] 받은[領] 경우는(생각건대, 이는 관의 처분도 아니고 또한, 성・대의 처분도
아니기 때문에 "스스로 서로 주고 받은 것"이라고 한 것이다. 가령, 죄인을 옮기는
데 여러 곳多處을 지나는 경우와 목적지[先所]를 아울러 논하는 부류이다. 관부官符
를 체송遞送하는 도중에 있는 지역[路次之國]도 또한 회會를 작성하여야 한다. 거처
가는 길에서 지체하고 머문 것을 조사해야 하기 때문이다. 단지 전사專使로 보낸
것은 해당되지 않는다.) 또한 이에 준하여 회會를 작성하고 관에 보내어 대조
하여 확인한다[對勘].

---

[54]_「공식령」 19조의 太政官이 諸國에 대하여 計會를 위하여 조회하는 것에 회답
하는 서식이다.

21. 제사응관회식諸司應官會式[55]

어느 성省 대臺 및 다른 관사도 이에 준한다.

합해서 조칙詔勅은 얼마若干입니다. 사람과 물건이 없으면 회會를 작성하지 않는다(생각건대, 추징과조追徵科造의 부류는 재경在京의 제사諸司가 서로 떨어져 있는 것이 멀지 않으므로 회를 작성하지 않는다.).

합해서 관부官符는 얼마若干입니다. 앞에 준하여 기록한다准前注.

앞은 태정관의 어느 연월일의 부符를 받으니 납부하게 하므로, 어느 월일에 어느 국의 해송解送을 얻어 수數에 의거하여 납부하기를 마쳤습니다라고 쓴다(생각건대 가령 민부民部가 관부를 받으니, 제국에게 명하여 정세正稅를 찧어 조궁사造宮司에 바치라고 하였다. 국사國司가 부符에 의거하여 납부하기를 마치면, 곧 민부는 이 식에 의거하여 조회를 작성하는 부류이다.).

앞의 조회[會]에 응하는 일은 7월30일 이전으로 기한[斷]을 삼는다(생각건대, 단斷은 기한[限]이라는 것과 같다.). **12월 상순에 확인하기를 마친다.** 피관被管 제사諸司는 모두 관할하는 곳에서 조사비교[勘校]한다(피관의 요료寮·사司의 계회는 모두 관할하는 성省에서 감교勘校한다. 만약에 거짓으로 속이거나[詐僞] 빠뜨리는 것이 있으면 성이 고考에 붙인다.). **나머지 제사諸司는 각각의 본사本司에서 조사심의勘審한다.** 모두 빠진 것이 없는 연후에 장관長官이 압서押署한다.(생각건대, 피관의 회장會帳 뒤에 소관所管 장관은 도장을 찍고[押] 서명[署]한다.) 봉해서 태정관에 보낸다. 국사國司도 또한 이에 준한다(생각건대, 나머지 제사諸司는 각각 본사가 감심하는 법에 따른다.). **조집사朝集使에 부쳐서 태정관에 보낸다. 소변少辨 및 사史 등을 분견分遣하여, 제사諸司의 주전 및 조집사를 모두 모아서 대감對勘한다.** 만약에 거짓으로 속이거나 숨

55_ 제19조의 太政官이 각 관사에 대하여 計會를 위하여 조회한 것에 회답하는 서식이다.

겨서 빠뜨리는[隱漏] 일이 있어서(생각건대, 의도적으로[挾情] 은루隱漏하는 것이다. 그 일을 행하지 않고 마침내 회장會帳에 기재하지 않은 것이다. 곧 이미 시행했더라도 고의로 은루隱漏했다면 또한 이 법과 동일하다. 이 모두 고의로 범犯하였으므로 구분하지 않는다. 오직 부전負殿에 준하여 내려야 한다. 혹은 경적景迹으로써 논부論附해야 한다.) **동일하지 않는 경우 상황에 따라서 추축推逐한다. 탈루脫漏되어 고考에 부쳐야 하다면**(생각건대, 이는 잃어버리거나 빠뜨린 경우, 일의 행부行否를 논하지 않는다. 회장會帳에 기재하지 않은 것이 모두 해당한다.) **5분五分으로써 논한다**(생각건대, 가령 관부 1통에 10조十條의 일을 기재하는데 8조는 기재하였으나 2조가 탈루된 경우는 고考 1등을 내리는 부류이다. 만약에 분分을 채우지 못하면 고를 내릴 수 없다. 다만 최最를 없애는 데 그친다. 이는 모두 말미암은 바의 고考를 내린다. 즉, 말미암은 바가 없으면 모두 함께 내린다.) **1분一分을 빠뜨릴 때마다 고 1등을 내린다. 소관所管은 피관被管을 통계하여 고考로 삼는다. 변관辨官을 조목별로 기록하여 식부式部에 보내어 부창附唱한다. 회會를 만들어야 하는 이외에 공문으로 서로 보답報答해야 하는 경우에**(생각건대 위의 내용은 이미 계회의 법을 세운 것이고, 다시 공문보답公文報答의 제도를 밝힌 것이다. 두 일은 서로 관련이 없으므로 "회會를 만들어야 하는 이외"라고 한 것이다.) **재경在京의 제사諸司가 한 달을 넘길 때까지 답하지 않거나**(생각건대, 그 기내畿內 또한 재경의 예에 따른다.), **제국諸國이 일정을 계산한 이외에 3개월[一季]을 넘길 때까지 답하지 않으면 해마다 조집사朝集使가 오는 날에 모두 기록해서 성으로 보내서**(생각건대, 계회計會와 고과考課는 그 기한이 서로 같다. 즉, 재경의 계회 때 또한 근무평정서[考文]와 함께 보냄을 알 수 있다.) **대창對唱하고 고에 부친다.**

22. 과소식過所⁵⁶式

그 일 운운云云. 어느[其] 관關⁵⁷을 지나 어느 국國으로 갑니다.

그 관官 위位 성姓(생각건대, 가령 5위五位 이상의 관원은 관關을 넘을 때는 곧, 그 국國과 그 관官 위位 성姓과 더불어 그 사이는 마땅히 연달아서 쓰며[連行] 평출平出 해서는 안된다.) 3위三位 이상은 경卿이라고 쓴다[稱]. 자인資人⁵⁸ 위位 성姓 명名(생각건대, 자인資人이 관關을 넘을 때는 곧, 그 관官 위位 성姓에 자인資人 위位 성姓 명名을 쓴다. 만약 관위에 서용되지 못한 자는 무위無位라고 한다.) 나이[年] 얼마[若干], 서인庶人은 본적지[本属]를 기록한다. 종인從人 그 국國 그 군 郡 그 리里의 사람 성姓 명名 나이. 사내종[奴]의 이름과 나이, 계집종[婢]의 이름과 나이 그 물건[物] 얼마[若干]. 어떤 털의 수컷·암컷의 말馬·소牛 몇 필疋·두頭.

연年 월月 일日 주전主典 위位 성姓 명名

차관次官 위位 성姓 명名

56_ 過所는 여행 통행증으로 본래 한 나라 때는 槳·繻라 불리기도 했다. 당나라 에서는 전국의 關, 津, 塞, 縣·邑·里의 門, 亭을 경유하는 여행자, 관리, 상 인 등을 통제하기 위한 수단으로서 상서 형부의 사문원외랑이 과소를 발급하 였다. 과소에는 여행자 및 從者의 신분·성명·연령·행선지·여행 목적 등 이 기재되어 있다. 大唐六典의 尙書刑部 司門郎中條 및 송진, 「한대 통행증 제도와 상인의 이동」, 『동양사학연구 92』, 2005를 참조.

57_ 원문에는 '변(閞)'으로 되어 있으나 영집해에는 '관(關)'이라 되어 있어 번역문 에서는 관문(關門)을 의미하는 것으로 보았다.

58_ 資人은 황족이나 귀족이 관직의 등급과 관직의 특전으로서 받는 從者로 이들 은 주로 무관 계열의 舍人의 일종으로 주인의 경호 및 잡무에 종사하였다. 資 人을 받을 수 있는 자격은 황족 4품 이상, 귀족은 5위 이상, 관직으로는 中納 言 이상이 이에 해당한다. 위계에 따라 황족과 귀족이 받는 경우를 位分資人 이라 하고, 관직의 특전으로 받는 경우를 職分資人이라고 한다. 이들은 庸 調 雜徭가 면제되었다.

앞의 과소식過所式은 식에 따라 자세히 2통二通을 기록하여 소속 관사에 보내 보고한다. 소속 관사에서는 헤아려 살펴서[勘問] 곧 식式에 따라 서명한다. 1통은 보관하여 안案으로 삼고, 1통은 발급한다[判給].

평출平出

23. **황조**皇祖⁵⁹(생각건대, 증조[曾] 고조[高]에는 이르지 않는다.)
24. **황조비**皇祖妣⁶⁰
25. **황고**皇考⁶¹(생각건대, 비妣·고考는 살아 있거나 죽은 사람까지를 통틀어 일컫는다. 곧, 황조皇朝 이하 황비皇妣 이상은 살아 있거나 죽었거나 관계하지 않고 모두 평출平出한다. 아울러 이는 제위帝位에 오르지 못했거나 부인夫人 이상의 관위[位]에 있지 않은 경우에도 같다.)
26. **황비**皇妣⁶²
27. **선제**先帝⁶³
28. **천자**天子⁶⁴
29. **천황**天皇⁶⁵
30. **황제**皇帝⁶⁶

---

⁵⁹_ 皇祖는 황제의 돌아가신 할아버지를 높이는 말이다.
⁶⁰_ 皇祖妣는 황제의 돌아가신 할머니를 높이는 말이다.
⁶¹_ 皇考는 황제의 돌아가신 아버지를 높이는 말이다. 先考라고도 한다.
⁶²_ 皇妣는 황제의 돌아가신 어머니를 높이는 말이다.
⁶³_ 先帝는 돌아가신 선황제를 가리키는 말이다.
⁶⁴_ 天子는 天帝의 아들, 즉 하늘의 뜻을 받아 하늘을 대신하여 천하를 다스리는 사람이라는 뜻으로 제사와 관련된 호칭이다.
⁶⁵_ 天皇은 일본의 역대 군주에 대한 칭호이다. 원래는 중국에서 쓰던 말로, 만물을 지배하는 황제라는 뜻이다. 일본 이외의 국가에서는 중국에서 당나라 高宗이 천황이라 칭한 외에는 예가 없다. 주로 詔書에서 사용하는 호칭이다.
⁶⁶_ 皇帝는 왕이나 제후를 거느리고 나라를 통치하는 임금을 왕이나 제후와 구별하여 이르는 말이다. 대외적으로 일컬을 때 쓰는 호칭이다.

31. 폐하陛下⁶⁷

32. 지존至尊⁶⁸

33. 태상천황太上天皇⁶⁹

34. 천황天皇**의 시호**[諡](생각건대, 시호[諡]는 살아 있을 때의 행적行迹을 반영해서 사후死後의 칭호稱號로 삼는 것이다. 곧 천하를 베의 날줄과 씨줄처럼 체계를 세워 바르게 경영한 것은[經緯天地] '문文'으로 하고, 반란을 평정하여 질서 있는 세상을 회복한 것은[撥亂反正] '무武'로 하는 부류이다.)

35. 태황태후太皇太后(생각건대, 천자天子의 조모祖母가 후后의 자리에 오른 경우 태황태후太皇太后라고 하고, 비妃의 지위에 있는 경우 태황태비太皇太妃라고 하며, 부인夫人의 지위에 있는 경우 태황태부인太皇太夫人이라고 한다.⁷⁰) **태황태비**太皇太妃, **태황태부인**太皇太夫人**도 같다.**⁷¹

36. 황태후皇太后(생각건대, 천자의 어머니가 후后의 자리에 오른 경우 황태후皇太后라고 하고, 비妃의 지위에 있는 경우 황태비皇太妃라고 하며, 부인夫人의 지위에 있는 경우 황태부인皇太夫人이라고 한다.) **황태비**皇太妃, **황태부인**皇太夫人**도 같다.**⁷²

37. 황후皇后(생각건대, 천자天子의 정실부인[嫡妻]이다.)

---

⁶⁷_ 陛下는 皇帝나 皇后 또는 태황태후나 황태후에 대한 존칭이다. 신하가 奏達할 때 사용한다.

⁶⁸_ 至尊은 더할 수 없이 尊貴하다는 뜻으로 황제들을 恭敬하여 일컫는 말이다.

⁶⁹_ 太上天皇은 황위를 후계자에게 물려준 천황에게 붙이는 칭호이다.

⁷⁰_ 「후궁직원령」에 따르면 妃는 四品 이상 2員, 夫人은 3위 이상 3員을 두고 있다. 즉, 비와 부인은 관위를 가지고 있으므로 여기서는 '관위에 있는 경우'라고 하였고, 后는 절대지존의 자리에 있는 유일한 사람으로 그 관위를 매길 수 없기 때문에 '자리에 오른 경우'라고 하였다. 더불어 嬪은 5위 이상 4원을 두었는데 빈 이하의 경우에는 평출하지 않는다. 이하, 황태후, 황태비, 황태부인 또한 같다.

⁷¹_ 이는 곧 태황태비, 태황태부인의 경우에도 평출한다는 의미이다.

⁷²_ 이는 곧 황태비, 황태부인의 경우에도 평출한다는 의미이다.

이상은 모두 평출平出**한다**(생각건대, 평출은 글의 머리가 나란히 되도록 뽑아낸 것이다[平頭抄出]. 곧, 당시當時의 천자天子 및 국기國忌이기 때문에 정무를 폐해야 하는 경우[廢務]에 의거한다.[73] 그 아래 궐자闕字 조항도 역시 이에 따른다.).

궐자조闕字條

38. 대사大社[74] **능호**陵號[75] **승여**乘輿[76] **거가**車駕[77] **조서**詔書[78] **칙지**勅旨[79] **명조**明詔[80] **성화**聖化[81] **천은**天恩[82] **자지**慈旨[83] **중궁**中宮[84] **어**御 생각건대, 지존至尊을 가리킨다[斥](생각건대, 오직 한 사람[一人]이다. 3후三后 또한 이에 따른다. 무릇, 살아 있는 신이자 천하를 다스리는[明神御宇]과 같은 부류이다. 말은 오직 한

---

[73]_ 평출의 대상에는 천자 이하 '천황, 황제, 폐하, 지존, 태상천황 … 황후'에 이르기까지의 조항에 언급된 것처럼 천자의 재위 당시를 기준으로 하는 것이 하나 있고, 황조, 황조비, 황고, 황비, 선제와 같이 돌아가신 분들을 일컬어야 하는 경우가 있음을 말하고자 하는 것이다.

[74]_ 큰 神社를 뜻한다.

[75]_ 陵號는 능에 부여된 호칭으로 즉, 'OO陵'과 같은 특정 능의 이름을 이야기하는 경우를 말한다.

[76]_ 乘輿는 천자가 行幸할 때 타는 수레를 乘輿라고 한다. 크기가 車駕에 비해 상대적으로 작다.

[77]_ 車駕는 천자가 行幸할 때 탔던 수레를 말한다. 크기가 乘輿에 비해 상대적으로 크다.

[78]_ 詔書는 帝王의 명령을 알릴 목적으로 작성한 문서이다.

[79]_ 勅旨는 천황의 개인적인 명령 혹은, 특정 개인에 대한 명령을 말한다. 그 절차는 「공식령」 칙지식을 참조.

[80]_ 明詔는 詔書를 달리 일컫는 말로 '明哲한 詔書'라는 의미이다.

[81]_ 聖化는 '천자의 성스러운 교화'라는 의미이다.

[82]_ 天恩은 '하늘같은 은혜'로 보통은 '임금의 은덕'을 일컫는다. 慈恩이라고도 한다.

[83]_ 慈旨는 고대 중국에서는 황제나 왕이 백성을 사랑하는 마음으로 내리는 '자애로운 교지'를 일컬었으며, 또는 임금의 어머니나 왕비가 내리는 전교를 이르기도 한다.

[84]_ 中宮은 율령제 하에서 황후, 황태후, 태황태후 즉, 三后를 일컫는 호칭이다. 「직원령」에 따르면 삼후를 보좌하기 위해 中宮職을 두었다.

사람[一人]만을 가리켜 말하는 것[斥說]이 아니므로 다시 평궐平闕할 수 없다. 그 궐자闕字를 해야 하는 호칭이 만약 행의 첫머리에 오면[行上] 그것을 궐자[闕]로 해서는 안 되고, 마땅히 평출平出해야 한다.[85]. **궐정闕廷[86] 조정朝廷[87] 동궁東宮[88] 황태자皇太子[89] 전하殿下[90]**

앞의 이와 같은 부류는 모두 궐자闕字로 한다.

39. 무릇 널리 고사古事를 이야기하는데, 말이 평궐平闕하는 이름에 이르렀으나 가리켜 말하는[指說] 경우가 아니면 모두 평궐平闕하지 않는다(생각건대, 범汎이라는 것은 널리[傳]이다. 가령, 상소문에 이르기를 무릇 인군人君이라는 것은 하늘을 아버지, 땅을 어머니[父天母地]로 하므로 천자天子라고 하였다면, 이는 그 군주를 가리키는 말이 아니고, 널리 인군人君의 본체本體를 설명[說]하다가 자연히 평궐平闕하는 용어에 이른 것이다. 곧, 이러한 부류는 모두 평궐平闕할 수 없다. 위 조문에 따르면 국기國忌에 해당해서 정무를 폐해야[廢務]하는 경우를 범위로 삼는다. 단, 그것이 비록 국기國忌 이외라 할지라도 어떤 특정인을 지칭하는 경

---

[85]_ 예를 들면, 皇太子와 같이 세 글자의 경우, □□□□□□□□□■皇 / 太子□ □□□□□□□□ *행바뀜 ■는 궐자. 와 같이 보기 싫은 경우가 발생할 수 있음을 염두에 둔 것이다. 이때 '皇'자를 다음 행으로 옮겨서 □□□□□□□□■■ / 皇 太子□□□□□□□와 같이 平出해야 함을 의미한다.

[86]_ 闕廷은 大闕 혹은 宮闕, 宮廷, 宮中이라고도 한다. '천자의 거소'를 의미한다.

[87]_ 朝廷은 '천자가 정치에 대해 신하들과 의견을 나누는 장소'를 의미한다. 비슷한 말로 朝家·朝堂 등이 있다.

[88]_ 東宮은 황태자·태자 또는 왕세자를 일컫는 말로 거처가 왕궁의 동쪽에 있었기 때문에 동궁이라 한다. 혹은 그들이 거처하는 궁 자체를 의미하기도 한다.

[89]_ 皇太子는 東宮 또는 春宮이라고도 한다. 황위를 이어야 할 嫡長子에게는 大兄이라는 호칭을 붙여서 大兄皇子라고도 하였다. 하지만, 대형황자가 황태자와 반드시 같은 것은 아니며, 황태자가 반드시 嫡長子이지도 않다. 그러므로 황태자의 의미에 대해서는 '당시에 태자로 세워진 아들'이라고 봐야 할 것이다.

[90]_ 殿下는 陛下의 다음가는 호칭으로 일본의 경우, 三后를 포함한 황태자, 내친왕, 왕, 여왕 등 皇族들의 경칭으로 사용되었다.

우에는 또한 평궐平闕한다.).

40. 천자天子**의 신새**神璽[91](생각건대, 이 조항에서 범凡 자를 칭하지 않은 것은
당령唐令에 의하면 평궐平闕 앞에 모두 아무런 글자도 없다. 그러므로 이 영令에서
도 또한 평궐平闕한 위에 범凡 자를 쓰지 않은 것이다. 다만, 상장령喪葬令에 이르
기를 무릇 천황天皇이 본복本服[92] 2등二等[93] 이내의 친족상에는 석저錫紵[94]를 입는
다[凡天皇爲本服二等以上親喪, 服錫紵.]. 또한, 무릇 선황릉先皇陵에는 능호陵戶를 두어
지키게 한다[凡先皇陵, 置陵戶令守.]라고 하였다. 이는 편찬할 때의 오류[紕繆]로 특
별한 예[別例]로 삼을 수 없다.) 생각건대, 천조踐祚[95]할 때 쓰는 수새壽璽로
보물이어서 사용하지 않는다. **내인**內印**은 가로와 세로**[方] **3촌**三寸**이다.**
5위五位 **이상의 위기**位記 **및 제국**諸國**에 내리는 공문**公文**에 찍는다. 외인**外印
은 가로와 세로 2촌반二寸半**이다. 6위**六位 **이하의 위기**位記 **및 태정관**太政官
의 문안文案**에 찍는다. 여러 관사**[諸司]**의 도장은** (생각건대, 8성省·대臺·대
寮·사司 등에는 모두 각각의 도장이 있다.) **가로와 세로 2촌2분**二寸二分**이다.**
태정관[官]**에 올리는 공문**公文 **및 안案, 이**移·**첩**牒**할 때 찍는다**(생각건대, 태
정관太政官 및 여러 관사가 승강僧綱[96] 및 삼강三綱[97]과 더불어 서로 첩牒하는 부류

---

[91]_ 神璽는 天皇의 지위를 상징하는 칼과 거울을 뜻한다.

[92]_ 원래 입어야 할 喪服이라는 뜻이다.

[93]_ 「儀制令」 25조 五等親條에 따르면 父母·養父母·夫·子가 一等에 해당하고
祖父母·嫡母·繼母·백부, 숙부, 고모[伯叔父姑]·兄弟姉妹·남편의 부모
[夫之父母]·妻妾·姪·孫·子婦를 二等으로 규정하고 있다.

[94]_ 錫紵는 검은색으로 물들인 삼베로 만든 闕腋의 포. 본래 흰색이지만 친족을
잃은 슬픔을 나타내고자 검은색으로 물들였다고 하는 설이 있다.

[95]_ 踐祚는 천자의 지위에 오르는 것을 말한다.

[96]_ 僧綱은 일본에서 승려와 비구를 관리하기 위해 설치한 승관직으로 僧正, 僧
都, 律師로 구성되었다. 624년에 설치된 것으로 알려져 있으며, 이때 僧綱所
가 설립되었다. 승강소는 治部省의 玄蕃寮에서 관할하였다. 나라시대에는 藥
師寺에 있었고, 헤이안시대에는 西寺에 있었다.

[97]_ 三綱은 사원의 승려를 통할하여 잡무를 처리하는 3종의 직함으로 上座, 寺主,

가 이것이다.). 제국諸國의 도장은 가로와 세로 2촌二寸이다. 경경京에 올린 공문公文 및 안案과 조調로 올리는 물건[物]에 찍는다.[98]

41. 무릇 공문公文을 행문[行]할 때는 일을 기록한 문서의 본문[事狀],[99] 물物의 수數 및 연年 월月 일日, 서명한 곳, 봉처縫處,[100] 영령鈴·전부傳符의 극퀄 수에 모두 도장을 찍는다.

42. 무릇 역마와 전마[驛傳馬]를 지급하는 경우에는, 모두 역령[鈴]과 전부傳符의 극수퀄數를 따른다. 일이 급한[事速] 경우에는 하루에 10역驛 이상이다. 일이 급하지 않는[事緩] 경우에는 하루에 8역驛이다. 돌아올 때는 급한 일이 아니면 하루에 6역驛 이하이다(생각건대, 4역驛 이상이다. 조문에 따르면 2역驛의 차이가 있기 때문이다.). 친왕親王 및 1위位는 역령驛鈴 10극퀄·전부傳符 30극퀄, 3위位 이상은 역령驛鈴 8극퀄·전부傳符 20극퀄, 4위位는 역령驛鈴 6극퀄·전부傳符 12극퀄, 5위位는 역령驛鈴 5극퀄·전부傳符 10극퀄, 8위位 이상은 역령 驛鈴 3극퀄·전부傳符 4극퀄, 초위初位 이하는 역령驛鈴 2극퀄·전부傳符 3극퀄을 지급한다. 모두 정해진 수효[數] 외에 따로 역자驛子 1인을 지급한다(생각건대, 역자驛子는 말을 타고 길을 안내하는[先行] 자이다. 무릇 역가驛家에서는 인마人馬가 반드시 서로 함께 하기 때문에 따라서 규정에는 말하지 않았더라도 인마人馬를 함께 지급하는 것이다. 조문에서 역자驛子라고

都維那로 구성되었다. 본래 인도에서 유래된 직무이다. 삼강은 주로 잡무처리, 還俗에 이르지 않는 죄의 처벌을 내리는 권한이 있었다.

[98]_ 이는 絹, 布와 같은 물건의 끄트머리에 찍는 것을 말한다. 그 밖에도 國印은 國衙에 보관하는 공문서, 國內에 下付하는 명령문서 등에 사용되었다.

[99]_ 事狀은 문서의 본문이라는 뜻으로 그중에서 중요하다고 생각되는 부분에 도장을 찍는다. 이는 문서 내용의 조작을 막기 위함이다.

[100]_ 縫處는 호적과 같이 문서가 긴 경우에 두루마리를 이어붙인 이음매 부위를 말하며 이곳에 도장을 찍는다. 현재도 공문서를 처리할 때 여러 종이가 이어지게 되는 경우에는 탈락·위조를 방지하기 위해 도장을 찍는 것과 마찬가지다.

하고 전자傳子를 말하지 않았다. 즉 정해진 수효 외에는 역시 전자傳子를 지급할 수 없음을 밝힌 것이다.). 그 6위位 이하는 일에 따라 증감한다(생각건대, 8위位 이상이다. 그 초위初位 이하의 경우에는 별도의 규정이 있기 때문이다. 단 이 영令에는 역령驛鈴 4극이 없기 때문에, 만약 추가해서 지급해야 한다면, 즉 그 추가할 극魁만큼 따로 부쳐서 지급한다.). 반드시 수를 한정할 필요는 없다. 그 역령驛鈴과 전부傳符는 경에서 돌아와서 2일 이내에 보내어 납부한다[送納] (생각건대, 경京에서 돌아와서 송납해야 하는 기한이다. 당령唐令에 따르면, 사신이 일을 끝내지 못했을 때에는 즉시 소재한 관사에 납부한다고 하였다. 지금 이 영에서는 이미 그 규정이 제외되었다. 따라서 사인使人이 국國에 있을 때에는, 몸에 지니는 것을 알 수 있다.).

43. 무릇 제국諸國에 역령[鈴]을 지급하는 경우에는(생각건대, 그 극수魁數는 식式의 처분에 따른다.) 대재부에 20구口(생각건대, 관내의 제국諸國은 역시 국國별로 모두 지급한다), 삼관국三關國 및 육오국陸奧國에 각각 4구口, 대상국大上國에 3구口, 중하국中下國에 2구口이다. 그 삼관국三關國에는 각각 관계關契(생각건대, 그 계契를 만드는 형제刑制는 별식에 있다. 즉, 하조下條의 수신부隨身符 또한 이에 준한다.) 2매枚를 지급한다. 모두 장관이 맡는다. 장관이 없으면 차관이 맡는다(생각건대, 영鈴과 계契가 있으므로 이를 모두라고 칭한 것이다. 그 장관, 차관이 모두 없을 때에는 주전 이상이 또한 맡을 수 있다.).

44. 무릇 천황[車駕][101]이 순행할 때에는 경사京師의 유수관留守官에게 영鈴과 계契를 지급한다(생각건대, 유수관留守官은 황태자이다. 만약 자리에 없으면 다른 관리가 유수留守하는 경우 역시 같다. 영鈴과 계契를 지급하는 경우에는, 당령唐令을 살펴보면 내인內印은 지급하지 않는다. 단 일이 있어서 영鈴과 계契를 사

101_ 「의제령」 1조 天子條 참조.

용해야 하는 경우에는 즉, 관부官符를 첨부하여 시행하여 내린다. 그 위의 규정에 의하면 태자가 감국監國할 때에는 오직 칙지勅旨와 편주便奏만을 사용할 수 있고 이외의 대사大事는 시행할 수 없다고 하였다. 이것은 일상적인 때에 의거한 것으로 일상적이지 않는 경우는 아니다. 만약 군사상[軍機] 급속한 일이 있어서 병마兵馬를 처분해야 하는 경우에는, 항법恒法에도 불구하고 겸하여 행할 수 있다.). **많고 적음은 임시로 헤아려서 지급한다.**

45. 무릇 친왕親王 및 대납언大納言 이상과 아울러 중무소보中務小輔, 5위부의 좌佐 이상에게는 모두 수신부隨身符를 지급한다.[102] **좌左는 두 개이고 우右는 하나이다.**[103] **우부右符는 몸에 지니고, 좌부左符는 내리[內]에 올린다.** 지니는 것은 전대에 넣어둔다. **만약 집에 있거나 근무 시간이 아닌데 별칙別勅으로 불러들여야[追還]할 경우에는**(생각건대, 밤에 자는데 가서 불러들이는 것이다. 조문에서는 집에 있는 경우라고 하였기 때문에, 만약 본부本府에 있는 경우에는 다시 부符를 필요하지 않는다. 별칙이 아니면 다른 관사에서 서로 불러들여야 하는 경우에는 날이 밝기를 기다려서 알린다. 합부合符를 내는 데 해당하지 않기 때문이다.), **부符를 검교하여 일치하면 그 후에 받아들인다[承用].** **그 좌부左符는 검교를 마치면 봉인封印해서 사신에게 부친다**(생각건대, 봉인封印은 또한 봉封이라고 한다.). **만약 사신이 이르렀는데 부符가 없거나 검교하였는데 서로 일치하지 않으면[參差]**(생각건대, 참차參差라는 것은 가지런하지 않다는 것이다. 생각건대, 이것은 정부正符이지만 차례가 어그러져서 앞뒤가 맞지 않는[差錯] 부류이다. 부가 일치하지 않는다는 것을 알았다면, 즉시 보고해야 하고, 사인은 또한 상황에 따라 구금한다.), **받아들여서는 안 된다. 그 본사本司**

102_ 수신부의 지급 대상은 議政官 및 궁궐에서 밤을 지새우며 侍衛하는 관인들이다.

103_ 割符, 즉 隋身符를 左·右로 나눈 것을 각각 左符 2개, 右符 2개를 나눠준다는 뜻이다.

가 직접[自相] 불러들여야[追還] 하는 경우는 이 규정에 있지 않다.

46. 무릇 국國에 급히 처리해야 할 일[急速]이나 대사大事가 생겨서(생각건대, 급히 처리해야 할 일[急速]이라는 것은, 도적이 겁략劫略하여 경계 내[比界]에 침입[轉入]한 부류이다. 대사大事라는 것은, 천황을 지적指斥하여 인정과 도리를 크게 해쳤거나[切害] 무리지어서 또한 방계[傍界]¹⁰⁴에 침입[分入]한 부류이다.) 사신을 파견하여 치역馳驛으로 여러 곳[諸處]¹⁰⁵에 보내어 서로 보고報告한 경우에는, 매년 조집사朝集使가 자세히 사인使人의 위位, 성姓, 명名을 기록하고 아울러 출발한 월月, 일日, 지급한 말의 필수疋數, 보고한 일의 사유와 정황[由狀]을 적어서 태정관에 보낸다. 통보받은 곳도 또한 이에 준한다. 태정관이 자세히 조사하여[勘當] 역驛을 발하는 데 합당하지 않는 경우가 있으면, 일에 따라 추과推科한다.¹⁰⁶

47. 무릇 국사國司의 사인使人이 해解를 보내어 경京에 이르는 경우(생각건대, 국사國司가 차견差遣하는 바이다. 군사郡司 및 잡임雜任 모두 이것이다.), 10조 이상이면 하루를 기한으로 해서 보고하는 것을 끝낸다(생각건대, 10조十條라는 것은 10통十通이다. 신료申了라는 것은 역시 진료進了를 말하는 것이다. 당령唐令에서 부료付了라고 하였는데, 이것은 문장은 다르지만 뜻은 같다. 만약 감문勘問하는 바가 있다면 상황에 따라서 나아가고 물러나며, 반드시 하루로 제한할 수 없다.). 20조 이상이면 이틀에 끝낸다. 100조 이상이면 4일에 끝낸다.

---

¹⁰⁴_ '比界轉入'은 도적의 무리가 국가의 경계 내에 침입하여 들어온 것을 의미하고, '分入傍界'는 반역을 꾀하는 무리가 실제 천황이 거주하는 궁중에 침범한 것을 의미하는 것으로 보인다.

¹⁰⁵_ 이웃한 國 등을 말한다.

¹⁰⁶_ 「職制律」 35조에 의하면 驛으로 보내야 하는데 보내지 않거나 그 반대의 경우는 杖 80대로 처벌하였다.

48. 무릇 재경在京**의 제사**諸司**가 일이 있어서 역마**驛馬**를 타야 한다면**(생각건 대, 신기관神祇官이 폐백幣帛으로 인하여, 궁내성宮內省이 어지御贄[107]로 인하여 역마 를 타는 부류가 이것이다.), **모두 본사**本司**가 태정관**太政官**에 보고하여** (천황에 게) **아뢴 다음 준다.**

49. 무릇 역사驛使**가 길에서 병을 앓아서 말을 타는 것을 감당할 수 없다면**
(생각건대, 부모상[重喪]을 만나는 경우 역시 같다. 율律에 의하면, 역사驛使가 까닭 없이 문서를 사람에게 맡기는 것에 대하여 몸이 병들거나 부모의 상이 아닌 경우 라고 하였다. 군방령軍防令을 살펴보니, "정행대장征行大將 이하가 부모의 상을 만 나면 모두 정환征還을 기다렸다가 그러한 후에 알리고 슬픔을 표한다[告發]."고 하 였다. 또한 가녕령假寧令에서 말하기를, "공사公使가 부모의 상으로 해관解官해야 하는데 알릴 사람이 없다면 가인家人이 소재 관사官司를 통하여 진첩陳牒하여 좇아 알리는[告追] 것을 청한다. 만약 칙을 받들어서 사신을 보내야 한다면 관官에 보고 하여 처분한다."라고 하였다. 즉 공적인 일로 사신으로 나간 경우 부모상을 만났 을 때 정행征行 및 봉칙사奉勅使가 아니면 모두 영鈴과 문서를 동행한 사람에게 맡 겨 목적지[前所]로 보냄을 알 수 있다.), **가지고 있는 바의 문서는 같이 가는 사 람으로 하여금 전소**前所**로 보내게 하다**(생각건대, 같이 가는 사람은 종인從人 이고, 노奴는 아니다. 전소前所는 목표로 하여 나아가는[指詣] 곳이다.). **만약 같이 가는 사람이 없다면 역장**驛長**으로 하여금 전소**前所**로 보내게 한다**(생각건대, 전소前所라는 것은 전로前路의 국이고, 목표로 하여 나아가는 곳이 아니다. 왜냐하 면 아래 문장에서 다시 국사國司가 사신을 차출하여 교대로 보낸다고 하였기 때문 이다. 그 순찰사巡察使 및 죄인을 재심하거나[覆囚][108] 일을 조사하는[推事] 등의 사신

---

[107]_ 원래 공동체가 수확하거나 획득한 것을 首長에게 바치는 것을 말한다. 지역 에서 새·짐승·과일 등을 天皇에게 바치는 것이다.

[108]_ 唐의 覆囚使는 州의 刺史가 내린 판결을 재심하는 사신이다. 일본에서는 國 司의 판결을 재심하였다.

이 문서를 보낼 수 없다면 관에 보고하여 판단을 청한다.). **국사國司가 사신을 차출하여 교대로 보낸다.**

50. 무릇 국에 대서大瑞 **및 군기**軍機**, 재이**災異**, 역질**疫疾**, 경계 밖에 소식**消息**이 있으면**(생각건대, 기機라는 것은 일이 일어나기 시작하는 것이다. 재災라는 것은 화재·장마·가뭄의 종류이다. 이異라는 것은 예기치 못한 재난이나 사고·재앙의 징조와 같은 종류이다. 경계 밖에 소식이 있다[境外消息]는 것은 굶주림을 알리고 도움을 청하는 종류이다. 이상 여러 가지 일은 변동하며 일상적이지 않다. 그러므로 역마로 달려 보고하여 올린다.), **각각 사신을 보내어 역마로 달려 보고하여 올린다.**

51. 무릇 조집사朝集使**는 동해도**東海道**는 판동**坂東(생각건대, 준하駿河·상모相摸 경계의 고개[109]이다.), **동산도**東山道**는 산동**山東(생각건대, 신농信濃과 상야上野 경계의 산이다.), **북륙도**北陸道**는 신제**神濟**의 이북**(생각건대, 월중越中과 월후越後 경계의 강이다.), **산음도**山陰道**는 출운**出雲**보다 이북, 산양도**山陽道**는 안예**安藝**보다 이서, 남해도**南海道**는 토좌**土左 **등의 국**國**, 및 서해도**西海道**는 모든 역마**驛馬**를 탄다. 나머지는 각각 당국**當國**의 말을 탄다**(생각건대, 임금[賃]은 민간이 타면 잡요雜徭로 준절准折[110]한다. 즉 하루의 마력馬力을 하루의 사람의 부역[人徭]으로 환산하는 것이다.).

52. 무릇 내외의 제사諸司**는 집장**執掌**이 있으면 직사관**職事官**이라고 한다. 집장**執掌**이 없으면 산관**散官**이라고 한다. 오위부**五衛府**, 군단**軍團 **및 여러 무기를 휴대하는 자는 무**武**라고 한다**(생각건대, 마료馬寮·병고兵庫가 이것이다.).

---

[109]_ 足柄峠을 말한다. 현재의 靜岡縣과 神奈川縣의 경계에 있다.

[110]_ 어떤 물품이나 돈 대신에 다른 물품으로 받을 때, 그 값을 환산하여 받을 물품의 수량을 정하는 것이다.

대재부太宰府・삼관국三關國 및 내사인內舍人은 무武의 범위에 있지 않다 (생각건대, 규정에서 무武의 범위에 있지 않다고 하였으므로 무기를 휴대할 수 있다는 것을 알 수 있다. 이미 내사인內舍人을 들었으므로 역시 중무승中務丞 이상은 미루어 알아야 한다.). **나머지는 모두 문文이라고 한다.**

53. 무릇 재경在京의 제사諸司는 경관京官[111]이라고 한다. 나머지는 외관外官이라고 한다.

54. 무릇 서위해야 한다면 친왕親王은 4품, 제왕諸王은 5위, 제신諸臣은 초위初位 이상이다(생각건대, 이것은 초수初授의 법을 나타낸 것이다. '이상'이라고 한 것은, 앞의 세 부류[三色]를 받는 것이다.[112]). **그 영조令條의 내에 계위階位라고 하는 것은, 정종상하正從上下를 각각 1계로 하고, 2계를 아울러[率] 1위로 한다**(생각건대, 솔率은 계計이다. 가령 영조令條 내에 종4위・정5위라는 부류가 있는데, 모두 상하의 계를 합친 규정이다. 즉 자인資人・위전位田・위록位祿 등을 주는데 상하 차등이 없다. 그러므로 이 법을 세웠다.). **3위 이상 및 훈위勳位는 정종正從을 각각 1위로 한다. 나머지 조항의 등等이라고 칭한 것은 역시 계階와 같다**(생각건대, 선서령選敍令에서 말하기를, 3위 이상의 음蔭은 손자에 미치는데, 아들에서 1등을 감한다고 한 부류이다.).

55. 무릇 문무文武의 직사職事・산관散官이 조참朝參에 행립行立할 때 각각 위位의 순서에 의거해서 차례를 매긴다. 위位가 같다면 5위 이상은 곧 위位를 받은 선후를 따지고, 6위 이하는 나이[齒]로써 한다(생각건대, 치齒는 영齡이다.), **친왕親王은 앞에 세우고**(생각건대, 치도馳道[113]를 사이에 두고 동서로

---

[111]_ 內官이라고도 한다.
[112]_ 친왕은 4품 이상, 제왕은 5위 이상, 제신은 初位 이상의 관위를 준다는 뜻이다.
[113]_ 황제가 통행하는 전용도로를 말한다. 진시황제가 영토 안을 巡行하기 위하여

세운다.) 제왕諸王·제신諸臣은 각각 위位의 순서에 의거해서 섞이지 않도록 나누어 세운다(생각건대, 친왕의 행렬로부터 1등을 내린다. 제왕은 서쪽에 세우고 제신은 동쪽에 세운다).

56. 무릇 제왕諸王 5위 이상과 제신諸臣 3위 이상이 관직을 내어놓고 물러나 [致仕] 본인이 기내畿內에 있다면(생각건대 왕경在京 또한 같다.) 계절마다, 5위 이상은 해마다 모두 내사인內舍人으로 하여금 한 번씩 문안하게 하고 안부安否를 주문奏聞한다.

57. 무릇 탄정대[彈正]가(생각건대 순찰巡察[114] 이상이다. 그 소疏[115]는 또한 같다.) 별칙으로 임시로 다른 관직[餘官]을 검교檢校[116]하게 되면, 곧 탄정의 일을 맡지 못한다(생각건대, 탄정의 업무에 관여하지 못하고 오로지 임시로 검교하는 일만을 맡는다.).

58. 무릇 내외의 관인을 칙勅으로 타사他司의 일을 맡게[攝] 하였다면 모두 권검교權檢校라고 한다(생각건대, 가령 식부승式部丞이 병부승兵部丞의 일을 맡았다면 곧 식부승위권검교병부승성명式部丞位權檢校兵部丞姓名이라고 쓰는 부류이다.). 만약에 동일 관할의 관사[比司]라면 섭판攝判이라고 한다(생각건대, 비사比司는 동일 관할[一管]을 말한다. 가령 주계조主計助가 주세조主稅助를 섭판한다면 곧 주계조위판주세조성명主計助位判主稅助姓名이라고 쓰는 부류이다. 이들은 모두 정직正職이 아니며 또한 행수行守라고 부를 수 없다. 다만 당령唐令을 살펴보면 판관判官이 휴가를 받거나 사신이 되었다면[假使], 당사當司의 장관은 비사比司로

건설한 것이 그 시초이다. 여기서는 공식적인 의례공간인 大極殿에서 남대문으로 뻗은 朱雀大路를 일컫는다.

[114]_ 탄정대의 관인으로 내외를 다니면서 관인의 비위를 규탄한다.
[115]_ 탄정대의 관인으로 4등관 중 가장 아래인 主典이다. 大疏 1인, 少疏 1인이다.
[116]_ 「공식령」 58조 內外官條.

하여금 대신하도록 한다. 이는 이미 칙에 의거하지 않고 장관 자신이 대신토록 하는 것이다. 때문에 율律에서 말하기를 "칙부勅符가 있어서 차견差遣하는 경우 및 비사比司가 섭판하는 경우"라고 한 것이다.[117] 지금 이 영슈을 살펴보면, 칙부勅符에 의거하지 않고 장관이 판단하여 대신하도록 하는 조문이 없다. 그러므로 대재大宰를 제외하고 그 밖은 모두 칙에 의거하여 처분함을 알 수 있다.).

59. 무릇 내외의 백관百官은 관사별로 한가롭고 번거로움을 헤아려서 각각 본사本司에서 분번分番하여 숙직宿直한다(생각건대, 비록 가일假日이더라도 숙직을 해야 한다. 그 주전主典이 당직當直하는데, 일에 기한이 있거나 급하게 판단해야 한다면 비록 판관判官이 없더라도 또한 여탈與奪할 수 있다.). 대납언大納言 이상 및 8성省의 경卿은 이 예例에 들지 않는다. 생각건대 평상[尋常] 시이다.

60. 무릇 경관京官은 모두 궁궐의 문이 열리기 전에 출근하고(생각건대, 두번째 개문開門 북이 울리기 전이다.) 폐문閉門 후에 퇴근한다(생각건대, 퇴조退朝의 북이 울리고 난 후이다.). 외관外官은 해가 뜨면 출근하고 정오가 지난 후에 퇴근한다. 일[務]이 많으면 일을 처리하고 돌아간다(생각건대 비록 폐문 후라도 일이 많으면 일을 마치고 집에 돌아간다.). 숙위관宿衛官은 이 예例에 들지 않는다.

61. 무릇 조칙詔勅 및 일에 촉박한 기한이 있거나(생각건대 촉박한 것이다.) 과소過所를 청하여 발급해야 하거나 혹은 관물官物을 바치거나 받아야[輸受] 하면 휴가의 범위에 있지 않다(생각건대 가일假日이더라도 퇴근하는 범위에 있지 않다.).

---

[117]_ 「名例律」 16조 無官犯罪條이다.

62. 무릇 사무를 접수하면 1일에 접수한 것은 2일에 처리하기를 마친다

[付118畢](생각건대, 변관辨官119이 사무를 접수하여 해당 관사[所司]에 하달[頒附] 하는 기한[日限]으로 가령, 초하루[朔日]에 접수하면 이튿날 처리[付]를 마치는 것 이다.). **그 사무가 급한 것**[速](생각건대, 군사상의 기밀[軍機] 및 빨리 처리해야 하는[急速] 부류이다.) **및 현재 죄수를 압송 중인 경우는 도착하면 즉시 처리 한다**(생각건대, 옥령에 따르면 경京에 있는 여러 관사에서 도徒 이상의 죄를 범한 죄인을 형부刑部에 보내거나120, 또는 기내畿內에서 도徒 죄를 범한 죄인을 경사京 師로 보내는 경우121 등이 그러하다. 그 '5일의 여정[五日程]' 이하는 모두 해당 관 사에서 사무를 접수하여, 살펴보고 아뢰는[勘申] 기한이다. 그 처음으로 살펴보는 [始勘] 관사 또한 이 일정에 따른다.). **소사**少事**는 5일을 기한으로 하고, 다시 검토**[檢覆]**할 필요가 없는 경우를 일컫는다**(생각건대, 치부성治部省에서 부서 도符瑞圖를 검토하는 것이다.). **중사**中事**는 10일을 기한으로 하고, 전안**前案**을 다시 검토하는 것**(생각건대, 주세료主税寮에서 청묘부青苗簿122를 검토하는 부류 이다.) **및 조사하여 물어봐야**[勘問] **할 것이 있는 경우를 일컫는다**(생각건 대, 전안을 다시 검토하여 또한 조사하여 물어봐야 할 것이 있는 경우를 말한다. 곧, 다시 조사하는 것으로 인하지 않더라도 별도로 조사하여 물어봐야 할 것이 있 는 경우도 또한 그러하다.). **대사**大事**는 20일을 기한으로 하고, 대부장**大簿帳 **을 계산하거나**(생각건대, 대장大帳・세장稅帳 등을 조사하는 것이다.) **및 자문**

118_ 付는 본래 일부, 날짜라는 뜻으로 문서를 작성하여 발송한 날짜를 기록하여 담당 관사에 하달하는 것, 즉 업무처리를 뜻하는 것으로 보인다.

119_ 변관은 태정관의 직제에서 좌대변, 우대변, 우중변, 우중변, 좌소변, 우소변을 일컫는다. 각각 1인씩 있었으며, 각 성과 그 직무를 감독하고, 사무의 접수 및 처리, 관내의 규탄과 결재, 기안문의 서명, 공무의 지체나 과실을 판단하는 등 조정의 각종 업무를 처리하였다.

120_ 「獄令」 제1조 犯罪條이다.

121_ 「獄令」 제19조 犯徒應配居役條이다.

122_ 青苗簿는 봄철에 논에 모를 얼마나 심었는지를 보고하기 위해 작성된 장부를 말한다.

해야[諮詢] 될 경우를 일컫는다(생각건대, 자諮와 순詢은 모두 묻는 것[問]이다. 위 조문에서 '조사하여 물어봐야 될 것이 있다[有所勘問]'라고 한 것과 더불어 같은 뜻이다. 단, 사무에는 크고 작음이 있기에 이로써 구별한 것이다. 이것은 곧 어떤 국國의 부簿·장帳을 작성하는 기한을 계산하여 국에서 장부를 작성할 때, 이미 20일의 일정을 주었으므로 그 문서를 다시 경京에서 계산할 때도 또한 이 일정에 준한다. 단, 부역령에 의하면 계장計帳은 '8월에 태정관[官]에 제출하여 주계료主計寮에서 9월 상순에 조사를 마치고, 태정관에게 보고한다[123]'고 하였다. 이에 국國의 장부마다 20일의 일정을 줄 수 없다. 즉, 이에 아래 조문에서 '기한 내에 마칠 수 있는 경우는 이 예에 있지 않다'라고 한 것이다.). **옥안**獄案[124]**은 40일을 기한으로 한다**(생각건대, 해부解部가 추국을 끝내고[鞫定] 보고하여 보낸 후, 형부성[省] 및 판사判事가 죄를 확정하여[決斷] 안案을 만든다. 그 장죄杖罪 이하 옥안의 경우가 중사中事에 해당하는 것은 율령律令의 정문正文[125]을 인용해야 하기 때문이다[爲引]. 단, 판사가 옥안을 받아서 다시 판단해야 될 경우에는 40일의 일정을 주지 않고, 전안前案을 다시 검토하는 것에 따라 10일의 일정을 주도록 한다.). **도죄**徒罪 **이상을 분명히 가려서[弁定] 판단해야 하는 경우를 일컫는다. 그 문서를 접수하여 처리하는[受付] 날 및 감옥에 갇힌 죄수[囚徒]를 심문하는 것은 모두 일정의 범위에 있지 않다. 만약 사안이 급박하거나 기한 내에 마칠 수 있는 경우는**(생각건대, 영令의 조문 중에 기한을 둔 것이다.) **이 예에 있지 않다. 그 소환해야겠다고 판단된[判召] 경우에는 3일을 기한으로 하며, 만약 소송 당사자가 이르지 않으면 판단하여 기다리며, 기다린 지 20일이 지난 뒤에도 이르지 않으면 주전**主典**이 조사하여 밝혀내어[檢發] 사안을 헤아려 판단하여 결정한다**(생각건대, 가령 갑甲이 을乙이 자신의 재물을 빼앗았다고 아

123_「부역령」 제5조 計帳條를 말한다.
124_ 刑部省이 결정한 판결안을 말한다.
125_ 正文은 문서의 본문으로 주석과 상대되는 개념이다. 여기서는 '중사는 10일을 기한으로 한다'는 규정을 따르는 것을 의미한다.

린 바가 있어서 관사官司에서 판단하여 을을 소환하였다. 그런데 3일이 지나도록 을이 이르지 않았고, 재차 20일 동안 판단하여 기다렸는데 마침내 또한 이르지 않으면 주전主典이 조사하여 밝히고, 판관判官은 피고인[前人]¹²⁶을 기다리지 않고, 사안을 헤아려 판결하는 부류이다. 만약 나중에 고인[比人]이 억울함을 호소[申訴]하여 마땅히 다시 판결[改判]해야 될 경우에는 또한 다시 판결하는 것에 따른다.). **곧, 사안에 기한이 있는 경우는 이 예에 있지 않다**(생각건대, 가령 어떤 사람이 자신의 개인적인 일[身事]로 고소[申訴]를 했는데 곧 이 사람[此人]¹²⁷을 구사驅使해야 한다. 그런데 그 부려 쓰는[驅使] 것에는 또한 기한이 있으므로, 만약 관사가 상법常法에 의거해서 그 피고인을 소환하여 기다린다면 고인이 일에 나아가는 기한이 늦을 것이다[後期]. 곧, 관사가 상법에 따르지 않고, 그가 일을 마치기를 헤아려 다시 일정 기한을 세워야 하는 부류이다. 만약, 피고인이 공적인 일이 있어서 기한 내에 나아가 대답하지[赴對] 못하는 경우에도 또한 이 법과 같다.). **태정관이 시행施行한 조칙詔勅은 안案이 만들어지면 이후에 반하頒下하는**(생각건대, 조칙을 실은[騰] 부안符案¹²⁸이 작성된 것이다. 또한 칙지식勅旨式을 살펴보면 '칙勅을 받드니 앞과 같다[奉勅如右]'¹²⁹이하는 그것으로써 칙의 안이 이루어진 것으로 칙을 실은 부[騰符]를 필요로 하지 않는다. 이는 모두 일정을 주지 않는다. 한편으로 조칙을 실거나[騰] 한편으로 베껴 적는 것[寫]이다.) **경우는 각각 베껴 적는[寫] 일정을 주는데, 50장[紙] 이하는 1일의 일정, 이를 넘어선 이외에는 50장마다 1일의 일정을 더한다**¹³⁰(생각건대, 100장 이상은 2일의 일정 150

---

¹²⁶_ 前人은 '앞에 있는 사람'이라는 의미로 법정 등에서의 '상대자'를 일컫는다. 여기서는 乙을 지칭한다. 피고인으로 번역하였다.

¹²⁷_ 此人은 고소·고발한 사람을 말한다. 고소·고발된 사람을 뜻하는 前人과 대비된다. 告人으로 번역하였다.

¹²⁸_ 조칙을 담은 태정관부의 초안이다.

¹²⁹_ 공식령 2조 참조.

¹³⁰_ 당나라의 경우에는 200장마다 1일씩을 더하되, 5일을 초과할 수 없도록 규정되어 있다.

장 이상은 3일의 일정이다.). 더해지는 바가 많더라도 합쳐서 3일을 넘을 수 없다. 그러나 사면서[赦書]는 장수를 계산하여 아무리 많다고 하더라도 2일을 넘길 수 없다.[131] 곧, 군사기밀[軍機]과 급한[急速](생각건대, 군기軍機와 급속急速이다.) 사안으로 기한이 촉박한[促限] 것은 모두 당일에 보내기를 끝낸다[出了]. 만약 본사本司의 사람이 적어서 일정을 헤아렸을 때, 끝내지 못할[不濟] 경우에는 모두 비사比司의 사람을 뽑아서 돕도록 하는 것을[怙助] 허락한다(생각건대, 가령 좌변左辨이 조칙을 등사하는데, 사람이 적어서 일을 끝내지 못할 경우 우변右辨 및 외기국外記局의 사람을 뽑아 등사하는 것을 돕도록 하는 부류이다. 이 주는 모두 조칙을 등사하는 경우에 따른 것이다. 군사상의 기밀[軍機]이나 급한[急速] 경우만을 위한 규정이 아니다. 그러나 내기內記가 조서詔書를 만드는 것은 율律에 따라서 당일에 완성하여 끝내야 하며 그 일정을 줄 수 없다.).

63. 무릇, 소송訴訟[132]은 아래에서부터 시작한다(생각건대, 억울한 일을 알리는 것을 소訴라 하며, 재물로 다투는 것을 송訟이라 한다. 아래로부터 시작한다는 것은 군사郡司로부터 시작함을 뜻한다.). **각각 소송인은 피고인[前人]의 본사本司, 본속本屬에 알린다**[經](생각건대, 관인은 본사本司에 신고하고, 백정白丁은 본속本屬에 알린다. 만약 손해를 입었거나 급속한 일이 있으면, 스스로 옥령獄令에 의하여 소재관사所在官司에 고소告訴할 수 있다. 앞의 조항[上條]에 의거하여 판소判召하는 경우는 또한 이 조항[此條]에 의거하여 본사本司, 본속本屬에 알린다. 만약, 손해를 입은 경우도 역시 옥령獄令에 의거해서, 일이 드러난 곳의 관사[事發之官司]를 통하여 고소할 수 있다.). **만약, 길이 멀거나**[路遠] **일에 지장이 있는**[事礙[133]] **경우**(생각건대, 길이 멀다는 것[路遠[134]]은, 하루 이상이다. 왜냐하면, 궁

---

[131]_ 당나라의 경우 사면서의 등사기간은 3일을 초과하지 못한다.
[132]_ 訴訟의 절차에 관한 규정이다.
[133]_ 礙는 止이다.

위령宮衛令 하번下番 병위兵衛 및 단옥률斷獄律[135]의 이수조移囚條[136]에서 모두 하루를 먼 것으로 하였기 때문이다. 사애事礙라는 말 중에 애礙는 지止이다. 공사公私에 관계없이 일에 지장이 있는 것은 모두 이것이다.) **가까운 관사[隨近官司]에 알려서 판결[斷][137]한다. 판결斷이 끝나고, 원고인[訴人]이 불복해서 상소를 원하는 경우는, 불리장不理狀을 청구해서**(생각건대, 관사官司가 판결[判斷]하였는데, 비록 그 이치[理]를 얻었으나 원고인[訴人]이 불복不服하면 이것을 불리不理라고 한다. 판결문[判文之外] 이외에 다시 불리장不理狀[138]을 주어서 원고인[訴人]의 상진上陳을 허락한다), **순서에[以次][139] 따라서 상진上陳한다. 만약 3일이 지날 때까지 불리장을 주지 않으면**(생각건대, 고의로 지체하여 주지 않는[不給與][140] 부류이다. 이것은 일 때문인 것으로 여기에 해당되는 것은 아니다. 즉, 공무公事라 해도 반환회람을 만드는 경우가 이것이기 때문이다.) **원고인[訴人]이 불리장을 주지 않는 관사의 성명[不給官司姓名[141]]을 기록하고 이것으로 호소[訴][142]하는 것을 허락한다. 관사官司는 그 소장訴狀에 준해서 즉시 주지 않는 이유[所由]를 하추下推한다. 그런 후에 판결[斷決]한다**(생각건대, 변관辨官에 이르는 것이다.). **태정관太政官에 이르러 불리不理[143]한 경우는 상표上表할 수 있다.**

---

[134] 路遠은 古記에서는 行程 2일 이상, 令釋·義解 등에서는 궁위령 21조를 인용해 行程 1일 이상이라고 하였다.

[135] 죄를 조사하여 구금·고문·판결·집행하는 것과 관련된 율이다.

[136] 唐律에는 해당 조항이 없다.

[137] 斷은 본사·본속 및 가까운 관사에 의한 판단을 말한다.

[138] 원고인이 판결에 승복하지 않는 뜻[旨]을 기록한 문서로 판결을 내린 관사가 발행한다.

[139] 하급관사에서 상급관사로 序次에 의거하여 차례로 올라가는 것이다.

[140] 不理狀을 발행하지 않는 것이다.

[141] 不理狀을 발행하지 않는 관사의 소송 담당관의 성명이다.

[142] 상급관사에 不理狀이 없이 상소하는 것이다.

[143] 跡記에서는 최상급 관사인 태정관이 受理하지 않은 경우와 태정관이 수리를 해도 그 판결에 승복하지 않은 경우의 두 부류 모두를 일컫는다고 한다.

64. 무릇 소송으로 인하여 소환[追攝]해서 대문對問해야 하는데, 만약 그 사람이 기한을 지키지 못하거나 도피하여 양한兩限까지 대문하지 못한 경우에는(생각건대, 위의 조항에 따르면 판소判召는 3일, 판대判待는 20일이라고 하였는데, 이것이 양한兩限이다. 생각건대 그 사람이 양한兩限 내에 와서 대문하지 못한 경우이다. 즉 조사하여 밝혀서 판결해야 하는데, 조사하여 판결하지 못한 것이다. 따라서 차례를 건너뛰어서 상진上陳하는 것을 허락하는 것이다.), 차례를 건너뛰어서 상진上陳하는 것을 허락하고 바로 죄를 다스린다[推治].[144]

65. 무릇 일이 있어서 의견意見[145]을 아뢰고자 하는데(생각건대, 의意라는 것은 마음 속에 품고 있는 생각이다. 견見이라는 것은 어떤 것을 보고 가지게 된 견해이다. 이것은 모두 뜻이 충정忠正에 있는 것으로, 국가에 대한 이로움과 해로움에 대해 생각하고 있는 바를 숨김없이 말하는 것이다. 무릇 의견서意見書라는 것은 그 의도가 다소 달라서 표表라고는 할 수 없으므로, 바로 태정관에게 올리고, 중무성을 거치지는 않는다. 따라서 소납언이 받아서 주문奏聞한다고 한 것이다.), 봉진封進[146]하고자 한다면 곧 자유롭게 봉상封上한다. 소납언少納言이 받아서 주문奏聞한다. 열어봐서는 안 된다. 만약 관인의 해정害政이나 판결의 억울함을 아뢴 경우라면, 탄정대가 받아서 처리하는데(생각건대, 의견서意見書로써 고발한 것이 있으면, 그 의견서를 모두 먼저 주문하고 그 후에 일에 따라 각각 담당 관사에 내리는 것이다.), 이치에 합당하다면[當理] 주문하고(생각건대, 주

---

[144]_ 上陳을 受理한 관사가 下推・審理・判決하는 것이다.

[145]_ 「職員令」 3조의 意見封事와 上表 本條는 이른바, 意見封事에 관해 규정한 것인데, 그 "의견을 진술한다"에 대해서, 古記는 "以己所思見之事 量時政之宜 申奏耳"라고 하였고, 令釋・跡記・義解도 진심으로 국가의 利害, 정치의 利害를 알려 말씀드리는[披陳] 일이라고 하였으므로, 대체로 臣下가 정치의 득실에 관해 上陳하는 것이 意見이라고 할 수 있다.

[146]_ 올리는 글을 밀봉하여 上陳하는 것이다.

탄식奏彈式에 따르면 주탄하기에 합당하지 않거나 6위 이하는 모두 소속 관사로 이관시켜 조사하고[糺移] 추문하여 판결한다고 하였다. 단 이 조에서는 본래 탄정대가 탄주彈奏한 바가 아니며 또한 이미 주문을 거쳤기 때문에, 따라서 5위 이상으로 해관解官에 이르지 않거나 6위 이하이더라도 그것이 고한 내용이 이치에 합당하다면, 모두 주문하는 것이다), **이치에 합당하지 않은 경우**[不當理]**에는 문책한다**(생각건대, 아뢴 말이 이치에 합당하지 않거나 일이 사실이 아니면, 모두 탄정대가 상황에 따라 조사하여 판결한다. 단 도죄[徒] 이상이면 형부성에 보낸다).

66. 무릇 공문公文은 모두 해서[眞書]**로 작성한다. 무릇 부장簿帳 · 과죄科罪 · 계장計贓 · 과소過所 · 초방抄牓**[147]**의 부류와 같이 숫자가 있는 경우에는, 갖은자**[大字][148]**를 쓴다.**

67. 무릇 관물官物을 헤아려서 지급할 경우에는, 처분한 내용을 기록하는[上抄] **날에 모두 필匹 · 장丈 · 곡斛 · 근斤 · 양兩의 수 및 공급하는 곳의 관사와 성명을 기재한다**(생각건대, 가령 대장성大藏省의 관사 및 변관辨官과 아울러 감물監物의 성명을 적는 부류이다.).

68. 무릇 위位를 내리고 관직에 임명하는 날[149]**에 부르는 호칭은**(생각건대, 어소御所에서 수임授任할 때 부르는 호칭이다. 관官, 성省에서도 역시 이 예에 준한다.), **3위 이상은 이름을 먼저 부르고, 성을 뒤에 부른다**(가령, 진만려숙녜秦萬呂宿禰라고 부르는 것이다. **4위 이하는**(생각건대, 5위 이상이다) **성을 먼저 부**

147_ 抄는 返抄, 牓은 門牓이다.

148_ 예를 들어 一을 壹, 二를 貳와 같이 쓰는 것이다.

149_ '授位任官之日'은 실제 ① 동시에 位와 官을 받는 경우 ② 位만 받는 경우 ③ 官만 받는 경우가 모두 포함된다.

르고 이름을 뒤에 부른다. 이러한 경우가 아닌 때에는 3위 이상은 그냥 성만 부르고(생각건대, 진숙네秦宿禰라고만 부르는 부류이다.), 만약 우대신右大臣 이상인 경우에는 관명官名을 부른다. 4위는 이름을 먼저 부르고 성을 뒤에 부르며, 5위는 성을 먼저 부르고 이름을 뒤에 부른다(생각건대, 부를 때 진숙네만려秦宿禰萬呂라고 하는 부류이다.). 6위 이하는 성을 제외한 이름만 부른다(생각건대, 간단히 진만려秦萬呂라고 하고 숙네宿禰를 부르지 않는 것이다. 즉 수임지일授任之日과 그 이외에도 아울러 모두 일반적으로 통용된다.). 단 태정관150에서는 3위 이상인 경우에는 대부大夫라고 부르고, 4위는 성을 부르며 5위는 이름을 먼저 부르고 성을 나중에 부른다. 요寮 이상은(생각건대, 변관辨官 이하이다.) 4위인 경우에는 대부大夫라고 부르고, 5위인 경우에는 성만 부르며, 6위 이하는 성명을 부른다. 사司 및 중국中國 이하는 5위인 경우에는 대부大夫라고 부른다(생각건대, 1위 이하가 모두 이러한 호칭법151을 쓴다.).

69. 조칙詔勅을 받들거나 일이 주문奏聞을 거쳐서 이미 시행施行되었더라도(생각건대, 문서를 아래로 내렸는데[行下], 그 일이 아직 행해지지 않은 것이다.), 이치를 살펴보았을 때 분명히 불편한 경우에는 소재관사所在官司152가 일에 따라 아뢴다[執奏]. 만약 군사상의 일로서 긴요하거나 급해서 중지하거나 폐지할 수 없을 경우에는 시행하는 동시에 바로 아뢴다[且行且奏]. 만약 집주執奏가 이치에 합당한 경우에는 일을 헤아려 고考를 올린다(생각건대, 그 사정에 준하는 것으로, 헤아려 고를 올리되 등급의 제한이 없다. 그 폄강貶降해야 할 경우에도 또한 이와 같다.). 알고도 아뢰지 않거나 아뢰었는데 이치에 합

150_ 규정으로 보면 태정관 전체를 뜻하지만 辨官을 제외하고 大納言 이상만을 지칭하였다.

151_ 양의적인 개념으로 3위 이상에 대한 상한선을 표시하는 한편 品을 가진 친왕은 이러한 칭호법에서 제외됨을 나타내는 것으로 생각된다.

152_ 시행하도록 명령을 받은 관사나 불편함을 발견한 관사를 말한다.

당하지 않은 경우에는 또한 일을 헤아려 폄강貶降한다.

70. 무릇 역사驛使가 왕경[京]에 이르러서 기밀機密한 일을 아뢸 경우에는 (생각건대, 군사상의 일과 비밀스러운 일이다.), 다른 사람과 말하지 못하게 한다. 그 번인蕃人이 귀화한 경우에는, 관館¹⁵³에 두고 물품을 지급한다[供給].¹⁵⁴ 또한 멋대로 왕래할 수 없다.

71. 무릇 제사諸司가 칙을 받았는데 중무中務를 거치지 않고 그냥 오거나 구칙口勅을 전하면[宣](생각건대, 구칙口勅을 중무中務에서 전하면 이미 승용承用할 수 없다고 말한 것은 곧 다시 복주覆奏할 수 없다.), 승용承用¹⁵⁵해서는 안 된다. 만약 구칙口勅을 받들었는데 물품을 찾으면 중무中務를 거칠 필요가 없다. 소사所司에서 칙을 받들어서 이를 곧 올린다(생각건대, 물품이 있는 사司가 구칙口勅을 받들어 봉진奉進한다.). 그리고 문서를 붙여서 아뢴다(생각건대, 해당 관사는 문서를 붙여서 주문奏聞한다. 즉 주문奏聞한 후 태정관太政官에 보고하여 알린다.).

72. 무릇 일이 매우 급해서 칙지勅旨를 내기에 마땅하지 않은데 만약 태정관太政官으로 인해서 지체될 우려가 있다면, 중무中務는 먼저 해당 관사所司로 전달한다[移](생각건대, 가령 매우 급하게 장물藏物이 필요한데 칙지勅旨를 내어 태정관太政官을 거치면 일의 때를 잃을 우려가 있다면, 중무성中務省은 먼저 대장大藏으로 전달하여 내어 쓰는 부류이다.). 그 정칙正勅은 후에 행한다(생각건대, 칙지식勅旨式에 따라서 행한다.).

73. 무릇 관인이 일을 판단해서 안성案成¹⁵⁶하였는데 스스로 갖추어지지 않

---

¹⁵³_ 외국사신 등이 머무는 숙소를 말한다.
¹⁵⁴_ 양식과 의복 등을 지급하는 것이다.
¹⁵⁵_ 받들어 따르는 것이다.

은 것을 깨달았다면 첩을 올려서[擧牒] 고치는[追改] 것을 허락한다.

74. 무릇 조칙詔勅을 선행宣行[157]하려는데 문자가 빠지거나 잘못되었으나(생각건대, 이는 선행서宣行書의 탈오脫誤이다. '탈脫'이라는 것은 중무성中務省이라고 말해야 하는데 중성中省이라고 쓴 부류이다. '오誤'라는 것은 갑신甲申이라고 말해야 하는데 갑유甲由라고 쓴 부류이다.) 일의 이치가 변하지[改動] 않는 것은 본안本案[158]을 헤아려 살펴서[勘驗](생각건대, 중무中務에 있는 정조칙正詔勅이 이 것이다. 말하자면 조칙선행詔勅宣行 문자탈오文字脫誤는 비록 고쳐서 내용이 변하지[改動] 않더라도 번번이 고칠 수 없다. 그리하여 중무中務가 본안本案을 살펴서 역시 마찬가지로 탈오脫誤이면, 상하를 헤아려 살펴서 말하는 줄거리를 논의하고 따져서 뜻과 이치가 변하지 않고 분명하고 알기 쉽다면 다시 복주覆奏하지 않는다. 곧 고쳐서 정正에 따른다. 만약 고쳐서 바뀐다면[改動] 복주覆奏하여 정正에 따른다. 그러므로 율律에서 말하기를, "조서詔書는 잘못이 있어도 곧 주문奏聞하지 않는다. 번번이 개정하면 태笞 50이다. 그 조서는 태정관太政官에서 복주覆奏하고, 칙서는 중무성中務省에서 복주覆奏한다."라고 하였다. 즉 원래 아뢴 관사官司가 복주覆奏하여 개정을 한다.) 분명하게 알 수 있으면 즉 고쳐서 바른 것[正]에 따른다. 복주覆奏할 필요가 없다. 그 관문서官文書[159]가 빠지거나 잘못되었다면 장관長官에게 물어서 개정한다(생각건대, 해당 관사의 문서이다. 다른 관사의 문서는 마땅히 아래 조항에 의해서 하추下推한다.).

75. 무릇 조칙을 반포하여 시행할 때[頒行] 백성과 관련된 일은 아래로 시행되어 향鄕[160]에 이르면, 모두 이장里長・방장坊長들로 하여금 관할지역[部內]

---

[156]_ 공문서의 초안을 말한다.
[157]_ 조칙을 알려서 시행하는 것이다.
[158]_ 中務省에 보관하는 詔勅의 原案이다.
[159]_ 詔勅 이외의 일반적인 공문서를 말한다.
[160]_ 원래 율령제 하에서 50호는 1里를 구성하고 있으나, 靈龜 원년(715) 이후 鄕

을 돌면서 백성에게 구두로 알려[宣示] 분명히 알게 한다.

76. 무릇 하급관사[下司]가 해解를 올린 경우, 이치에 맞지 않거나[不理] 내용을 다 갖추지 못하였더라도[不盡] 받아들인다(생각건대 이치에 맞지 않는다는 것[不理]은, 문서의 내용[書詞]이 면밀하고 상세하다 하더라도 일의 정황[事情]이 이치에 맞지 않다는 것이다. 내용을 다 갖추지 못하였다는 것[不盡]은, 일의 정황[事情]은 이치에 맞아도 문서의 내용[書詞]이 면밀하고 상세하지 못한 것이다.). 문서로 하문[下推]한다.[161] 사리事理가 분명하고 갖추어졌는데 망령되이 지체시키거나[盤下](생각건대, 반盤은 머뭇거려 나아가지 못한다는 의미이다.) 이치에 맞는데도 일부러 물리친 경우라면, 더 높은 상급관사에 보고하는 것[越次申請]을 허락한다. 만약 위에서 내린 부符에 이치에 맞지 않은 부분이 있다면 또한 아뢰는 것[執申][162]을 허락한다.

77. 무릇 제사諸司가 어떤 일을 천황에게 아뢰어야 할 경우[163] 모두 장관長官을 거치지 않고 곧바로 아뢸 수 없다. 만약 비밀이 있거나(생각건대, 비밀스러운 일로 아뢰는 경우 반드시 장관을 거치지 않고 바로 아뢸 수 있다.) 장관과 관련된 일을 논할 경우(생각건대, 이것 또한 비밀스러운 일이다.)는 이 규정에 해당되지 않는다.

里制를 시행함에 따라. 里長은 鄕長이 되고 鄕長 하에 2~3명의 里正을 두었어졌다. 이후 天平 11년(739)부터 향리제 폐지에 따라 里正도 폐지되고 鄕長만이 남게 되었다고 한다(『日本古代史事典』 鄕戶・房戶條 p.297). 여기서는 율령제 하의 최하단위인 里를 말하는 것으로 보인다.

[161]_ 하급관사에게 실제로 그런지 추문하여, 그 결과 하급관사의 이의제기가 부당하다면 직제율 26조에 의거하여 죄를 지운다고 하였다.

[162]_ 古記는 執申이 천황에게 품고 있는 뜻을 아뢰는 執奏의 일종이라고 하였다.

[163]_ 천황에게 奏上하는 경우는 원칙적으로 太政官을 거쳐야 하는데 공식령 71조와 같이 諸司가 직접 上奏하는 경우도 있다.

78. 무릇 보증인[保]을 세울 경우[164] 모두 5인을 한도로 삼는다(생각건대, 해당 보 내의 5인이다. 만약 해당 보가 너무 멀리 떨어져 있어서 보증인으로 세우기 어렵다면 편의에 따라 그 지역의 사람을 취한다.).

79. 무릇 칙을 받아 사신으로 나가는데 하직인사[辭]를 마쳤다면, 이유 없이 사가私家에서 묵을 수 없다(생각건대, 조문에서 이유가 없을 경우라고 하였으므로, 이유가 있다면 사가에서 묵을 수 있다. 그러므로 '대장이 출정할 때 하직인사를 마친 후에 돌아가 사가에서 묵을 수 없다'[165]는 것과는 다르다.).

80. 무릇 경관京官이 공사公事로 사신으로 나가면 모두 태정관을 거쳐서 파견한다[發遣]. 경과經歷하는 곳에 보내는 부符·이移는(생각건대, 성省·대臺에서 보내는 부符 및 부府·고庫·요寮·사司에서 보내는 이移이다.) 변관이 모두 편송便送[166]하게 한다(생각건대, 무릇 성·대 및 다른 관사의 부·이를 국國으로 보내는 경우는 모두 변관에 보내어 내인內印을 청한다. 태정관은 바로 편사便使에게 붙여서 내려 보낸다.). 돌아오는 날에 반초返抄[167]를 태정관에 보낸다. 만약에 사신으로 간 사람이 다시 경도로 돌아오지 않는 경우에는 그 반초는 소재지의 관사에 부탁한다.(생각건대, 사인使人이 이르러 머물러 있는 국國이다. 가령 육오국陸奧 국사가 부임하는데 그 편에 도중에 있는 지역으로 보내는 문

164_ 證은 證人이고 保는 연대책임을 지는 자. 그러나 실제로 保人을 保證 또는 證이라고 칭한 예도 많고, 保人과 證人을 구별하기 힘든 경우도 있다.

165_ 「軍防令」 18조. '凡大將出征 皆授節刀 辭訖 不得反宿於家'.

166_ 省·臺가 諸國으로 보내는 符 및 府·庫·寮·司가 제국에 보내는 移에는 원칙으로 내인이 찍혀야 하므로, 이들은 일단 모두 태정관에 보낸다. 변관은 이들을 일괄해서 使者에게 便送하게 한다. 이 경우, 그 사자는 이러한 符·移의 送達을 본래의 목적으로 파견된 것이 아니므로 이 사자를 便使라고 한다. 이들에게 부탁하는 일을 便附라 하고 이 방법에 의한 送達을 便送이라 한다(『日本思想大系律令』, p.668).

167_ 符·移를 받은 관사가 작성한 수령증을 말한다.

서[路次文書]를 맡기고 그 반초返抄를 받아서 육오국에 맡기는 부류이다.) 편사便使
에 붙여 보내는 것이다. 일이 급한 경우에는 전사專使를 차출하여 보낸다.

81. 무릇 모든 사자使者는 돌아오는 날에 반초返抄을 제출토록 한다.

82. 무릇 안案이 만들어지면[168] 보관하는 목록[納目]을 조목별로 기록한다
(생각건대 안성案成은 문안文案이 비로소 한 두루마리로 만들어지는 것이다. 이는
모두 15일을 기한으로 한다. 즉 본사문서本司文書와 타사他司에서 보내온 문서 모
두가 이것이다. 납목納目의 납納은 보관하는 것[藏]이고, 목目은 목록目錄이다. 고
장庫藏의 문서목록文書目錄이라고 하는 것과 같다. 이는 모두 목록마다 권卷을 달리
한다. 그러므로 목록에는 모두 축을 붙인다[安軸]고 한 것이다. 가령 형부刑部의 납
목을 예를 들면, 1조一條는 그 갑甲을 어느 곳으로 유배시킴, 또 다른 1조는 그 갑
을 몰입沒入시켜서 관호官戶로 삼음과 같이 기록하는 부류이다.) **목록은 모두 축
을 붙이고**[軸案] **그 상단에, "어느 해**[其年] **어느 달**[月]**에 어느 관사**[司]**가
보관하는 문서**[案]**의 목록"이라고 쓴다. 15일마다 납고**庫納**를 마치도록 한
다. 그 조칙의 목록은 다른 곳에 안치한다.**

83. 무릇 문안文案은 조詔, 칙勅, 주奏의 안案(생각건대 편주便奏하는 소사小事는
영구 보존할 필요가 없다) 및 고안考案, 보관補官 해관解官하는 안, 상서祥瑞,
재물財物, 혼인婚, 전田(생각건대, 혼안婚案은 5위 이상의 처첩의 명장名帳이다. 전
안田案은 전적田籍과 전도田圖이다.) **양천**良賤, **시사**市司**가 작성한 물품의 시가**
[市估]**와 같은 종류의 안은 영구 보존한다. 그 이외는 해마다 조사하여 가려
서, 3년에 한 번씩 없앤다. 상세하게 사안의 목록**[169]**을 기록하여 기記를 작**

---

[168]_ 원문은 案成이다. 일반적으로 案成은 草案 혹은 本案의 작성을 뜻한다. 그러
나 이 조항에서는 다른 관사에서 온 문서를 포함하여 하나의 두루마리[卷]가
될 정도[成卷]에 이르는 것을 뜻한다.

성한다(생각건대, 위의 조항의 납목納目과 같은 예이다. 가령, 기를 작성한다는 것은 제거한 내용의 조항이 모두 얼마[若干]라고 하고, 조별로 어떤 일이라고 쓰는 부류이다.). (보존기한을 연장해야 하면) 연한을 만들어 일을 헤아려 유보하여 보관한다(생각건대 가령 영에 따르면 조세의 장부는 3년에 한 번씩 없애는 서류이지만, 조세가 체납되어[懸滯] 순문詢問해야 하는 경우 및 어떤 사람이 사신을 받들어 먼저 외처外處로 나간 경우 그 돌아오는 여정을 헤아려야 하므로 유보하여 보관하는 부류이다.). 기한이 차면 일반적 기준에 따라 없앤다.

84. 무릇, 관官[170]과 위位[171]를 임명하거나 수여할 경우에는(생각건대, 태정관 太政官이 주전主典 이상을 임명하거나, 중무中務가 5위五位 이상을 수여하거나, 식부式部가 6위六位 이하를 수여하는 부류이다.) 임명·수여하는 관사[172]에서 모두 자세하게 관官 위位 성姓 명名, 임명 수여하는 날의 연年 월月과 본적[貫屬] 나이[年紀]를 기록하여 장부[簿][173]를 작성한다. 임관부任官簿에는 본적[貫屬]과 나이[年紀]를 쓰지 않는다. 관인이 연서連署[174]하고 도장을 찍는다[印記].[175]만약, 전임轉任된 이후에 죽거나 사유가 있어서 합당한 이유로 맡은 바를 떠나야 한다면[以理去任][176], 곧 부簿 아래에 붉은 글씨[朱書]로 기록한

---

[169]_ 폐기한 문서의 내용을 말한다.
[170]_ 官職을 말한다. 관직에 임명되는 것을 임관이라 하고, 죄를 지어 직책에서 물러나는 것을 면관, 스스로 관직을 내놓고 물러가는 것을 辭官·致仕라고 한다.
[171]_ 官位를 말한다. 율령제 이전에는 冠位制였으나 大寶令 단계에서는 일반 관인에 대한 30계의 官位制로 정비되었다. 親王이 4계(品), 諸王이 15계(位), 諸臣이 30계(位)이다. 근무성적에 따라서 승진이 가능했으며, 위계에 따라 관직이 주어졌는데 이를 官位相當制라고 한다. 또한, 軍功에 따라서 勳位가 주어졌는데, 훈위는 12等이 있었다.
[172]_ 古記에는 式部와 兵部로 되어 있으나, 令釋과 跡記에는 中務와 式部와 兵部로 되어 있고, 義解에서는 다시 太政官을 더하였다.
[173]_ 授位簿와 任官簿를 말한다.
[174]_ 跡記에는 主典 이상이 모두 서명하는 것으로 되어 있다.
[175]_ 穴記에 따르면 여기서 印이란 省의 인장을 말한다.

다. 근무평정으로 인하여 해임하거나[考解], 죄를 범하여 제면除免[177]해야 하면, 해면解免하는 관사가(생각건대, 해사解司는 식부式部이고, 면사免司는 형부이다. 가령 근무평정[考]으로 인하여 해임해야 할 경우에는 식부에서 정황을 기록하여 태정관에게 보고하여 답을 기다려[對報] 이에 해부解簿를 만든다. 또는 죄를 범하여 제면除免해야 할 경우에는 형부刑部에서 죄를 확정하여[斷定] 태정관에 보고하고, 아뢰어 답을 받기[奏報]를 마치면 곧, 면부免簿를 만드는 부류이다. 단, 5위 이상은 식부가 그 근무평정의 등급[考第]을 정할 수 없으므로, 만약 근무평정으로 인하여 해임해야 될 경우에는 또한 태정관이 해사解司가 된다.) **또한 해면하는 정황[狀]을 기록하여 앞에 준하여 부를 작성한다. 모두 기록하여 원래 임명·수여하는 관사[元任授]에 알려서**(생각건대, 식부式部에서 기록하여 태정관 및 중무에 알리고, 형부刑部에서 기록하여 중무 및 식부에 알리는 것이다.) **부안簿案에서 제외하고 기록한다[除注]. 만약, 제면·해임[除解]된 사람을 서용敍用해야 할 경우에는 서용하는 관사가 기록하여 해관한 관사에 알려서**(생각건대, 용사用司는 태정관, 서사敍司는 식부성式部省이다. 가령, 근무 평정[考]으로 인하여 해임된 자를 다시 임용하거나, 제면除免된 자가 기한[178]이 다 차서 서용해야 할 경우에는 태정관이 기록하여 식부에 알리고, 식부에서 기록하여 형부에 알리는 부류이다.) **해부解簿와 면부免簿에서 삭제한다. 서용되지 못한 사이에 본**

176_ 以理解官과 以理去官은 같은 뜻이다. 『唐律疏議』에 따르면 이는 범죄로 인해서 해직된 것이 아닌 자(謂不因犯罪而解者. 名例律 15조 以理去官條)를 말한다. 이러한 경우는 나이가 많아 벼슬을 사양하게 된 경우[致仕], 직위에서 交替된 경우, 減員에 따라 직위에서 해직된 경우, 담당 관사 혹은 관할 구역이 없어진 경우[廢司] 등이 해당된다. 이 경우 비록 담당 관직이 없다고 하더라도 모두 현임관의 예에 따른다(應入議請減贖及蔭親屬者, 竝與見任同, 名例律 15조 以理去官條).

177_ 죄를 범하여 그에 따른 처벌을 받는 경우, 즉 除名 免官 免所居官을 말한다.

178_ 除名된 자는 6載(2160일), 免官된 자는 3載(1080일), 免所去官된 자 및 官當(私罪, 公罪로 인한 徒罪를 官位로 감당해야 될 경우)는 1載(360일) 이후에 다시 서용할 수 있다(名例律 21조 除免官當敍法條).

적지에서 죽은 경우에는 형부刑部에 알려서 기록하고 삭제한다(생각건대, 만약 서용되지 못한 사이에 본적지에서 죽은 경우에는 태정관 및 식부에도 알려서 기록하고 삭제한다.). 그 나머지 경우[色]도 관장하는 일에 따라서 부簿를 만들어야 하면(생각건대, 식부가 반부伴部[179] 및 자인資人의 부簿를 만드는 부류이다) 모두 이에 따른다.

85. 무릇, 위계를 수여하거나[授位] 또는 훈공을 가리는[校勳] 부류는 모아서 아뢰어야 하지만, 다 확인[勘當][180]하지 못한 것이 있는 경우에는 현재 완료된 것에 따라서 아뢴다(생각건대 다하지 못한 것[未盡]은 다 확인하지[勘畢] 못한 것이다. 이는 임시臨時로 규정을 만든[立制] 것이다. 선遷을 채워 서위해야 하는 경우는 영의 조항에 이미 기한이 정해져 있으므로, 한편으로 확인하고 한편으로 아뢸 수 없다.). 중단하고 기다려 지체시켜서는[擁滯] 안 된다.

86. 무릇 관인의 부모가 병환으로 위독할 경우, 원사遠使로 보낼 수 없다(생각건대, 일본 내부[化內]의 원사遠使이다.

87. 무릇 외관外官으로 임명을 받아 부임할 때는 자제가 21세 이상이면(생각건대, 아들·손자·형제·조카이다. 아버지·할아버지·큰아버지·작은아버지라고 하지 않은 것은 가벼운 것을 들어서 무거운 것을 밝히는 뜻이다.), 스스로 따라갈 수 없다. 기내畿內의 임관은 그 제한에 해당되지 않으며, 찾아뵙는 것[覲問]을 허락한다.

88. 무릇 하루에 갈 수 있는 노정行程은(생각건대, 율에 의하면, 배도 역시 행정

---

[179]_ 伴部는 여러 관사에 속해 있는 品部, 雜戶를 관리하는 役人이다. 品部는 여러 관사에 소속되어 있던 특수기술자 집단을 말한다.
[180]_ 근무평가를 통한 등급 부여 및 훈공의 등급을 조사하여 정하는 것을 말한다.

이 있다. 단, 그 멀고 가까운 것은 '식式'의 처분에 의한다.) **말은 하루에 70리, 보행은 50리, 수레는 30리이다.**

89. 무릇 먼 곳으로부터 풍속이 다른 사람[遠方殊俗人]**이 나라에 들어오면**
[入朝], **소재지의 관사**官司(생각건대, 처음 도착한 곳의 국사國司이다.)**가 각각**
용모와 의복을 그림으로 그리고, 자세하게 국호와 인명[名號]**과 그 나라의**
위치 및 지리[處所](생각건대, 명호名號라는 것은 국호와 인명이다. 처소處所는
나라의 방향과 소재지이다.) **및 풍속을 기록한다**(생각건대 가령 '풍風'은 벼농사
를 몇 번 짓는지와 같은 부류이고, '속俗'은 남편이 죽으면 아내도 순사[殉]하는 부
류이다.). **기록이 다 끝나면 아뢴다**[奏聞].

● 좌: 隱岐國의 驛鈴 / 우: 역령 설명도.

	장관	차관	판관	주전
神祇官	伯	副	祐	史
八省	卿	輔	丞	錄
彈正臺	尹	弼	忠	疏
衛府	督	佐	尉	志
京職	大夫	亮	進	屬
太宰府	帥	貳	監	典
國	守	介	掾	目
郡	大領	少領	主政	主帳

● 참고: 「직원령」의 사등관의 명칭.

(謂. 公文式樣也. 此令亦有驛鈴傳符苧事. 而止以公式爲名. 擧其大者耳也.) 凡
捌拾玖條

詔書式(謂. 詔書勅旨. 同是綸言. 但臨時大事爲詔. 尋常小事爲勅也.)

明神御宇日本天皇詔旨(謂. 以大事宣於蕃國使之辭也.). 云々咸聞.

明神御宇天皇詔旨(謂. 以次事宣於蕃國使之辭也.). 云々咸聞.

明神御大八洲天皇詔旨(謂. 用於朝庭大事之辭. 卽立皇后皇太子. 及元日受朝

之類也.). 云々咸聞.

天皇詔旨(謂. 用於中事之辭. 卽任右大臣以上之類也.). 云々咸聞.

詔旨(謂. 用於小事之辭. 卽授五位以上之類也.). 云々咸聞.

年月御畵日

中務卿(謂. 其於大少輔. 重注中務者. 詔書事大. 所以重言. 卽勅旨式旣不重注. 是

制作之情. 固有差別也.)位臣姓名宣

中務大輔位臣姓名奉

中務少輔位臣姓名行

(謂. 凡詔書者. 內記於御所作. 訖卽給中務卿. 卿受詔書. 更宣大輔. 大輔奉付少輔.

令送太政官. 故曰宣奉行也.)

太政大臣位臣姓(謂. 自是以下. 皆是外記之於自中務來詔書之後所注記. 故外記

職掌云勘詔奏也.)

左大臣位臣姓

右大臣位臣姓

大納言位臣姓名苧言(謂. 大納言四人. 皆共連名. 於最後名下. 乃注苧言也.).

詔書如右(謂. 依下條. 詔字是合闕字. 而今平出. 卽是誤失也.). 請奉

詔. 付外施行. 謹言.

年月日

可. 御畫

右御畫日者. 留中務省爲案(謂. 御畫日者. 依勅旨式. 取署留爲案. 爲顯宣奉行故也. 但以御畫爲驗. 不可更印. 卽下文. 畫可記(訖). 留爲案者亦准此也.). 別寫一通. 印署. 送太政官(謂. 別寫一通者. 少輔自寫. 爲判官以下不得參預也.). 大納言覆奏. 畫可訖. 留爲案. 更寫一通. 誥訖施行(謂. 凡施行詔書者. 於在京諸司. 直寫詔書. 副官符行下. 若其外國者. 更騰官符施行. 故下條云. 太政官施行詔勅. 案成以後頒下者. 各給寫程也.). 中務卿若不在. 卽於大輔姓名下注宣. 少輔姓名下. 注奉行. 大輔又不在. 於少輔姓名下. 併注宣奉行(謂. 若卿一人在省者. 亦准大輔也.). 若少輔不在. 餘官見在者. 並准此(謂. 大少丞並在者. 亦以次注宣奉行. 爲准少輔以上故也. 前令云少輔不在者. 並丞見在者准此. 今改云餘官見在者. 故知錄亦得.).

勅旨式

勅旨云々(謂. 施行之法. 一同詔書也.).

年月日

中務卿位姓名

大輔位姓名

少輔位姓名

奉勅旨如右(謂. 自奉勅. 至少辨位姓名. 皆是辨官史所注也.). 符到奉行.

年月日史位姓名

大辨位姓名

中辨位姓名

少辨位姓名

右受勅人. 宣送中務省. 中務覆奏. 訖依式取署. 留爲案. 更寫一通. 送太政官(謂. 准詔書. 印署送. 是詔書勅書. 互相發明者也.). 少辨以上. 依式連署. 留爲案. 更寫一通施行. 其勅處分五衛及兵庫事者.

本司覆奏（謂. 雖中務覆奏. 而本司又覆奏. 宮衛令云. 中務衛府俱奉勅者. 不可覆奏故. 但衛府奉勅者. 中務不奏之.）.

皇太子監國. 亦准此式. 以令代勅.

論奏式

太政官謹奏. 其事（謂. 假令. 注云太政官謹奏. 用正税事之類也.）.

太政大臣位臣姓名

左大臣位臣姓名

右大臣位臣姓名

大納言位臣姓名等言. 云々（謂. 假令. 注云爲充軍粮. 用其國正税之類也.）. 謹以申聞謹奏.

年月日

聞御畫

大納言位姓

右大祭祀（謂. 神祇令所言大祀及臨時大祀之類也.）. 支度國用（謂. 太政官准年豐儉. 增減用度. 假令. 年事不入. 冢宰留用. 年事皆入. 乃復其初之類是也. 即與主計寮支度國用同文異義也.）. 增減官員（謂. 增減省職寮司及主典以上之員數也.）. 斷流罪以上及除名（謂. 此所司不得專斷. 事必須議奏者. 假令. 獄令. 犯罪應入議請者. 於官議定. 雖非六議. 但本罪應奏. 處斷有疑. 及經斷不伏者. 亦衆議定之類是. 但刑部及諸國. 斷流以上及除免官當者. 連寫案申太政官. 雖是流以上. 非可議者. 故入奏事也. 問. 免官以下處斷有疑者. 依獄令合議定. 亦得入此條哉. 答. 文云除名. 不稱免官. 輕重已異也. 即須入奏事.）. 廢置國郡. 差發兵馬一百匹以上（謂. 差發騎兵也. 文唯擧馬. 不言人者. 其馬不可獨用. 必有人須知故. 若差發步兵百人. 亦准此式也.）. 用藏物五百端以上. 錢二百貫以上. 倉糧五百石以上（謂. 其自餘貨物. 准價相當者. 亦准此式. 若朔節所用威儀兵仗. 及位祿季祿等. 雖物多數. 事是尋常. 故入下條也.）. 奴婢廿人以上. 馬五十匹以上. 牛五十頭以上. 若勅授外應授五位以上（謂. 除勅授外. 官議合叙者. 其選叙

令. 計考應至五位以上奏聞者. 入奏事式也.）. 及律令外議應奏者（謂. 假令. 依
年凶荒. 議奏給復之類. 此以其無正文. 卽爲律令之外也.）. 並爲論奏. 畫聞訖.
留爲案. 御畫後. 注奏官位姓.

奏事式

太政官謹奏

其司位姓名等解狀. 云々謹以申聞謹奏.

　年月日

　太政大臣位臣姓

　左大臣位臣姓

　右大臣位臣姓

　大納言位臣姓名

奉勅依奏. 若更有勅語須附者. 各隨狀附. 云々（謂. 此大納言自注之辭.
若少納言代奏者. 亦准此. 凡少納言非奉勅之官. 唯於其所奏之事. 卽得自奉勅語. 除此
之外. 不得復奉勅.）.

　大納言位姓

　右論奏外. 諸應奏事者. 並爲奏事. 皆據案成乃奏. 奉勅後. 注奏
　官位姓.

　若少納言奏者. 加名.

便奏式

太政官奏

其司所申. 其事云々謹奏.

　秊月日

奉勅依奏. 若不依奏者（謂. 依奏之中. 亦有不依者. 若全不依者. 則不可注也.）.
卽云. 勅處分. 云々.

　少納言位姓名

　右請進鈴印. 及賜衣服. 塩酒. 菓食. 并給醫藥. 如此小事之類.

並爲便奏.

其口奏者. 並准此例(謂. 口奏之事. 准式立案也). 奉勅後. 注奏官位姓

名. 其皇太子監國(謂. 天子巡行. 太子留守. 是爲監國).

亦准此式. 以奏勅代啓令.

皇太子令旨式三后亦准此式.

令旨云々.

　季月日

奉令旨如右. 令到奉行.

　大夫位姓名

　亮位姓名

　右受令人. 宣送春宮坊. 春宮坊覆啓. 訖留畫日爲案(謂. 准勅旨式.

亦須印署也.). 更寫一通施行(謂. 或送太政官. 或下被管諸司.).

啓式三后亦准此式.

春宮坊啓

其事云々謹啓.

　年月日

　大夫位姓名

　亮位姓名

奉令依啓. 若不依啓者. 卽云. 令處分. 云々.

　亮位姓

　右春宮坊啓式. 奉令後. 注啓官位姓.

奏彈式

彈正臺謹奏. 其司位姓名罪狀事

其官位姓名(謂. 上文云其司位. 此云其官位者. 假令. 一人兼帶數官. 在上唯注其一

官. 於此皆盡其兼官之類. 以此爲別. 故立文不同也.). 貫屬

　右一人犯狀. 云々.

· 劾上件甲乙事狀. 如右. 謹以上聞謹奏.

年月日彈正尹位臣姓名 · <small>(謂. 若无尹者. 得判官以上亦得奏也.)</small>

聞御畫

右親王及五位以上<small>(謂. 一位以下也.)</small>. 太政大臣不在此限. 有犯應須

糺劾. 而未審實者. 並據狀勘問. 不須推拷<small>(謂. 依律應議請減者. 並不</small>

<small>合拷訊. 皆據衆證定罪. 其得減之色. 尚不須推拷. 何況議請之人. 不言須知. 凡彈正</small>

<small>是糺彈之職. 非科斷之官. 卽不限有位无位. 皆不須得推拷也.)</small>. 委知事由. 事大

者奏彈<small>(謂. 解官以上也. 何者. 獄令云. 雜犯死罪. 獄成會赦者. 解見任職事. 此雖</small>

<small>非官當. 猶合解官也. 若於无品親王者. 徒罪以上. 卽爲事大也.)</small>. 訖. 留臺爲案.

非應奏<small>(謂. 无品親王犯杖罪以下. 及五位以上不至解官也.)</small>. 及六位以下. 並

糺移所司. 推判<small>(謂. 所司者. 應斷罪之司也. 依獄令. 衛府糺捉罪人. 非貫属京者.</small>

<small>皆送刑部. 卽明. 貫属京者. 送於京職. 其彈正糺移罪人. 亦須准此. 故云糺移所司.)</small>.

飛驛式

下式

勅. 其國司官位姓名等<small>(謂. 國司非一人故云等. 其前令. 別有勅符式. 此令旣除.</small>

<small>卽知. 飛驛之外. 更无勅符.)</small>. 其事云々. 勅到奉行.

年月日辰

鈴剋

上式

其國司謹奏

其事云々. 謹以申聞謹奏.

年月日守位姓名上<small>(謂. 不言辰者略也.)</small>

鈴剋

右飛驛上下式. 若長官不在者. 次官以下. 依式署<small>(謂. 次官以下. 唯</small>

<small>一人署. 故云依式也.)</small>. 其非國司. 別從軍所上者. 副將軍以上並署<small>(謂.</small>

<small>其注上字者. 猶准上例. 於年月日姓名下注之也.)</small>. 大宰府准此<small>(謂. 少弐以上並</small>

署.).

解式

式部省解申其事

其事云々. 謹解.

　年月日　　大錄位姓名

卿位姓名　　大丞位姓名

大輔位姓名　少丞位姓名

少輔位姓名　少錄位姓名

　右八省以下內外諸司. 上太政官及所管. 並爲解(謂. 監物上中務之類

也.). 其非向太政官者. 以々代謹.

移式

刑部省移式部省

其事云々. 故移.

　年月日　錄位姓名

卿位姓

　右八省相移式. 內外諸司. 非相管隷者. 皆爲移(謂. 假如. 衛府京職兵

庫等之類. 既无所管. 是爲非相管隷. 其大宰向省臺. 及管內向大宰. 並爲解. 以外皆

爲移. 凡被管者. 不得以移直向他司. 皆先申所管. 所管更修移向他司. 其出符亦准此.

但追攝罪人者. 不由所管. 直向他司. 依律. 鞫獄官. 停囚待對問者. 雖職不相管. 皆聽

直牒追攝故也.). 若因事管隷者(謂. 八省及內外諸司. 因事相管隷者. 假如. 文

官於式部. 武官於兵部之類也. 是爲因事管隷也.). 以々代故. 其長官署准卿

(謂. 此稱長官者. 是五位以上長官. 若判官主典帶五位者. 亦須略名. 但不得署於行

上. 既云長官署准卿. 即六位之長官亦得署行上. 但不須略名. 何者. 准令. 五位以上

有略名之式. 判官以下无署上之法故也.). 長官無. 則次官判官署. 國司亦准

此. 其僧綱與諸司相報答. 亦准此式. 以移代牒. 署名准省(謂. 律

師以上一人署卿處. 佐官署日下.). 三綱亦同.

符式

太政官符其國司

其事云々. 符到奉行.

大辨位姓名　史位姓名

　年月日　使人位姓名

　鈐剋. 傳符亦准此.

　右太政官下國符式. 省臺准此. 若下在京諸司者. 不注使人以下.

　凡應爲解向上者. 其上官向下. 皆爲符. 署名准辨官. 其出符. 皆

　須案成. 并案送太政官撿勾(謂. 凡省臺出符者. 向太政官請內印. 官卽發本

　案. 撿勾出符. 其案. 以官印印. 送還本司也.). 若事當計會者. 仍錄會目. 與

　符俱送太政官(謂. 依下條. 有不會之事. 故云當計會者. 假如. 刑部省爲徵贓贖.

　出符諸國者. 卽出符之外. 更副別狀云. 爲徵贓贖. 下其國符一紙. 准例請印之類. 卽

　其別狀者. 留官計會. 故謂之會目.).

牒式

牒. 云々. 謹牒.

　年月日　其官位姓名牒

　右內外官人主典以上(謂. 內舍人. 才伎長上亦同也.). 緣事申牒諸司式.

　三位以上去名. 若有人物名數者. 件人物於前(謂. 條物數爲件也. 言以

　人物. 件於牒云云之前.).

辭式

年月日位姓名(謂. 雖文不言. 理當注本司也.)辭. 此謂雜任初位以上(謂. 无位

雜任亦准此.). 若庶人稱本屬.

其事云々. 謹辭.

　右內外雜任以下. 申牒諸司式. 若有人物名數者. 件人物於云々

　前.

勅授位記式

中務省

本位姓名. 年若干. 今授其位.

年月日

中務卿位姓名

太政大臣位姓大納言加名.

式部卿位姓名

右勅授五位以上位記式. 皆見在長官一人署. 若長官無. 則大納

言及少輔以上. 依式署. 兵部亦同. 以下准此.

奏授位記式

太政官謹奏

本位姓名. 年若干. 其國其郡人. 今授其位.

年月日

太政大臣位姓大納言加名.

式部卿位姓名

右奏授六位以下位記式

判授位記式

太政官

本位姓名. 年若干. 其國其郡人. 今授其位.

年月日

大納言位姓

式部卿位姓少輔以上加名.

右判授外八位及內外初位々記式.

計會式

太政官會諸國及諸司式

太政官

下其國. 省臺亦准此(謂. 下於省臺. 亦准此式. 云下其省臺也.).

合詔勅若干(謂. 詔勅者. 騰詔勅符. 其正詔勅者. 无下國之文故也. 若干者. 若如也.
干求也. 言事本不定. 常如此求之. 故云若干也.). 條別顯注云. 爲其事. 若有人物
名數者. 卽件人物於前(謂. 雖非是人物. 亦有可爲會. 故云有人物名數者也. 件人物
於前者. 言先科條人物. 後注顯事狀. 非謂件人物於詔勅若干之前也.).

合官符若干. 准前顯注.

　　右凡是追徵科造(謂. 追者. 追喚也. 徵者. 徵納也. 科者. 科備也. 造者. 造作
　　也.). 送納人物(謂送人者. 流移量配之類也. 送物者. 常陸糒穀運送陸奧之類
　　也.). 物. 謂官物. 人. 謂流徒移配(謂. 移此配彼也. 移鄕及僧尼配外國寺幸皆
　　是也. 依獄令. 流移人者. 太政官量配. 但徒人者. 雖准法不可計會. 而太政官臨時下
　　符配送. 假如. 下符云. 其國徒人. 宜配送於其國其所之類. 其畿內徒人送京師者. 本
　　非官處分. 故不應計會. 但依下文. 國爲會帳. 應官爲耳.). 及捕獲逃亡(謂. 假如.
　　盜賊支黨. 逃散傍界. 官卽下符所在. 令捕送之類也.)之類. 除附蠲免. 及解黜
　　官位(謂. 解官也. 下更有追徵位記之文. 故以此文. 唯爲解官也. 凡計會者. 雖已報
　　答之事. 亦依式應爲會. 故雖得返抄. 猶亦計會也.). 追徵位記. 皆色別爲會
　　云. 其年月日下國其符. 其月日付使人其官位姓名. 若得返抄者.
　　云得其官位姓名其月日返抄. 若非官處分. 而國司應送人物向京及
　　他國者(謂. 諸國調庸送納於京. 及公田價物送太政官. 若畿內徒人送京師. 及移囚
　　之類. 此幸皆元不被官處分. 直依常例送納. 又有被省處分而納者. 故云非官處分.
　　其作會帳者. 以其國代太政官. 以上太政官. 及上其省臺. 代下其國. 以解若干. 代詔
　　勅若干. 卽於送國者. 亦須准知也.). 送處領處. 亦准此爲會.

諸國應官會式

其國

合詔勅若干. 准前注.

合官符若干. 准前注.

　　右被官其年月日符下. 追徵科造幸事. 其符其月日到國. 依符送
　　其處訖. 獲其位姓名其月日返抄. 受納之司. 亦依見領數爲會(謂.

受納之司者. 國司. 其省臺者, 下條別有文也.). 若兩國自相付領者(謂. 非是官
處分. 又非省臺處分. 故云自相付領. 假如. 移罪人. 就多處. 及先所併論之類. 其遞送
官符者. 路次之國. 亦應爲會. 爲勘在路遲留故. 但專使送者非.). 亦准此爲會.
送官對勘.

諸司應官會式

其省臺及餘司皆准此.

合詔勅若干. 非有人物者則不會(謂. 追徵科造之類. 在京諸司. 相去不遠. 故不
會也.).

合官符若干. 准前注.

右被官其年月日符令納. 其月日得其國解送. 依數納訖(謂. 假如.
民部被官符. 仰諸國. 令春正稅納造宮司. 國司依符納訖. 卽民部依此式爲會之類
也.).

以前應會之事. 以七月卅日以前爲断(謂. 断猶云限也.). 十二月上旬
勘了. 被管諸司. 皆於所管勘校(謂. 被管寮司計會者. 皆於所管省勘校. 若有
詐僞及脫漏. 省卽附考也.). 自餘諸司. 各本司勘審. 並无漏. 然後長官押署
(謂. 於被管會帳之後. 所管長官押而署也.). 封送太政官. 國司亦准此(謂. 准自
餘諸司. 各本司勘審之法也.). 附朝集使. 送太政官. 分遣少辨及史等.
惣集諸司主典及朝集使. 對勘. 若有詐僞隱漏(謂. 挾情隱漏. 不行其
事. 而遂不載會帳. 卽雖已施行. 而故隱漏者. 亦同此法. 此皆故犯. 不可爲分. 唯當准
負殿降. 乃至以景迹亦須論附也.)不同者. 隨狀推逐. 其脫漏應附考者
(謂. 此失而漏者. 不論事之行否. 不載會帳者皆是也.). 以五分論(謂. 假令. 官符
一通載十條事. 八條載而二條漏者. 降考一等之類. 若不滿分者. 不合降考. 唯止除最.
此皆降所由考. 卽无所由者. 皆共降也.). 每漏一分. 降考一等. 所管通計
被管爲考. 辨官條錄. 送式部附唱. 其應會之外. 公文須相報答
者(謂. 上文旣立計會之法. 此更顯公文報答之制. 兩事不交涉. 故云應會之外也.).
在京諸司. 過一月不報(謂. 其畿內亦准在京例也.). 諸國. 計程外. 過

一季不報. 每年朝集使來日. 並錄送省(謂. 計會考課. 期限共同. 卽知.
在京計會. 亦與考文俱送也.). 對唱附考.

過所式

其事云々. 度其關. 往其國.

其官位姓(謂. 假有. 五位以上度關者. 卽其國與其官位姓. 其間應是連行. 不可平出
也.). 三位以上稱卿. 資人. 位姓名(謂. 資人度關者. 卽可注其官位姓之資人位
姓名也. 若未叙位者. 可稱无位也.). 年若干. [若]庶人稱本屬. 從人. 其國其郡
其里人. 姓名. 年. 奴名年. 婢名年. 其物若干. 其毛牡牝馬牛若干疋
頭.

　年月日 主典位姓名

次官位姓名

　右過所式. 並令依式具錄二通. 申送所司. 所司勘問. 卽依式署.
　一通留爲案. 一通判給.

皇祖(謂. 不及曾高也.)

皇祖妣

皇考(謂. 妣考者. 生死之通稱. 卽皇祖以下. 皇妣以上. 不限存亡. 皆合平出. 並是據不
登帝位. 及不居夫人以上位者也.)

皇妣

先帝

天子

天皇

皇帝

陛下

至尊

太上天皇

天皇謚(謂. 謚者. 累生時之行迹. 爲死後之稱號. 卽經緯天地爲文. 撥亂反正爲武之類

也.)

太皇太后(謂. 天子祖母登后位者. 爲太皇太后. 居妃位者. 爲太皇太妃. 居夫人位者.
爲太皇太夫人也.)太皇太妃. 太皇太夫人同.

皇太后(謂. 天子母登后位者. 爲皇太后. 居妃位者. 爲皇太妃. 居夫人位者. 爲皇太夫
人也.)皇太妃. 皇太夫人同.

皇后(謂. 天子之嫡妻也.)

　右皆平出.(謂. 平頭抄出. 卽據當時天子及國忌可廢務者. 其下條闕字亦准此.)

大社　陵號　乘輿　車駕　詔書　勅旨　明詔　聖化　天恩　慈
旨　中宮　御. 謂. 斥 · [181]至尊(謂. 一人也. 三后亦准此. 凡明神御字. 如此之
類. 非是斥說一人. 故不可復平闕. 其闕字之號. 若當行上者. 不可闕之. 猶須平出.). 闕
庭　朝庭　東宮　皇太子　殿下

　右如此之類並闕字.

凡汎說古事. 言及平闕之名. 非指說者. 皆不平闕(謂. 汎者. 博也. 假令.
上書云. 凡人君者. 父天母地. 故曰天子. 此非指言其君. 緣博說人君之體. 自然及平闕之
名. 卽如此之類. 皆不可平闕. 依上條. 以國忌可廢務者爲限. 但此雖國忌以外. 而應指說
者. 亦爲平闕.).

天子神璽(謂. 此條不稱凡者. 依唐令. 平闕之上. 皆无諸字. 故此令. 亦不以凡字加平
闕之上. 但喪葬令云. 凡天皇爲本服二等以上親喪. 服錫紵. 又凡先皇陵. 置陵戶令守. 是
制作之紕繆. 不可爲別例也.). 謂. 踐祚之日壽璽. 寶而不用. 內印. 方三寸.
五位以上位記. 及下諸國公文則印. 外印. 方二寸半. 六位以下位
記. 及太政官文案則印. 諸司印(謂. 省臺寮司等. 各皆有印也.). 方二寸二
分. 上官公文及案. 移牒則印(謂. 太政官及諸司與僧綱若三綱. 相牒之類是
也.). 諸國印. 方二寸. 上京公文及案. 調物則印.

凡行公文. 皆印事狀物數及年月日. 幷署. 縫處. 鈐傳符剋數.

────────────────

凡給驛傳馬. 皆依鈴傳符剋數. 事速者. 一日十驛以上. 事緩者. 八驛.
還日. 事緩者. 六驛以下(謂. 四驛以上. 依文. 二驛爲差故也.). 親王及一位.
驛鈴十剋. 傳符卅剋. 三位以上. 驛鈴八剋. 傳符廿剋. 四位. 驛鈴
六剋. 傳符十二剋. 五位. 驛鈴五剋. 傳符十剋. 八位以上. 驛鈴三
剋. 傳符四剋. 初位以下. 驛鈴二剋. 傳符三剋. 皆數外. 別給驛子
一人(謂. 驛子驛馬爲先行者. 凡驛家者. 人馬必相從. 故雖文不云. 人馬共給也. 文云
驛子. 不言傳子. 卽明. 數外亦不可給傳子也.). 其六位以下. 隨事增減(謂. 八位以
上. 其初位以下者. 別有文故. 但此令. 无四尅鈴. 若應增給者. 卽封其所乘之尅而給.).
不必限數. 其驛鈴傳符. 還到二日之內送納(謂. 還到於京送納日限. 其案唐
令. 使事未畢之間. 便納所在官司. 今於此令. 旣除其文. 故知. 使人在國之間. 仍合隨身
也.).

凡諸國給鈴者(謂. 其尅數者. 依式處分也.). 太宰府廿口(謂. 管內諸國. 亦國
別皆給也.). 三關及陸奧國. 各四口. 大上國三口. 中下國二口. 其三
關國. 各給關契(謂. 其作契之形制者. 須有別式. 卽下條隨身符. 亦准此也.)二枚.
並長官執. 无次官執(謂. 有鈴與契. 是以稱並. 其長官次官並不在者. 主典以上.
亦得執掌.).

凡車駕巡幸. 京師留守官. 給鈴契.(謂. 留守官者. 皇太子. 若不在者. 餘官留
守者亦是也. 給鈴契者. 案唐令. 不給內印. 但有事應用鈴契者. 更副官符行下. 其依上
條. 太子監國之日. 唯得用勅旨及便奏. 以外大事. 不須施行. 此據尋常之時. 不由非常之
變. 若有軍機急速應處分兵馬者. 不拘恒法. 亦得兼行.)多少臨時量給.

凡親王及大納言以上. 幷中務少輔. 五衛佐以上. 並給隨身符. 左
二. 右一. 右符隨身. 左符進內. 其隨身者. 仍以袋盛. 若在家非時別
勅追喚者(謂. 侵夜來追也. 文云在家. 若在本府者. 不可更須符. 其非別勅. 而他司相
追喚者. 待明赴之. 無合符出故也.). 勘符同. 然後承用. 其左符. 勘訖封印
付使(謂. 封印猶云封也.). 若使至无符. 及勘有參差(謂. 參差. 猶不齊也. 言
雖是正符. 而次第差錯之類. 其知符有參差者. 卽速應以聞. 及使人者. 亦隨狀禁之.).

不得承用. 其本司自相追喚. 不在此例.

凡國有急速大事(謂. 急速者. 盜賊劫略. 轉入比界之類也. 大事者. 指斥乘輿. 情理切害. 究其徒黨. 亦分入傍界之類也.). 遣使. 馳驛向諸處相報告者. 每年朝集使. 具錄使人位姓名. 并注發時日月. 給馬疋數. 告事由狀. 送太政官. 承告之處亦准此. 太政官勘當. 有不應發驛者. 隨事推科.

凡國司使人. 送解至京(謂. 其爲國司所差遣者. 國郡司及雜任皆是.). 十條以上. 限一日申了(謂. 十條者. 十通也. 申了者. 猶云進了. 唐令云付了. 此異文同義. 若有所勘問者. 隨狀進退. 不可必限一日.). 廿條以上. 二日了. 卅條以上. 三日了. 一百條以上. 四日了.

凡在京諸司. 有事須乘驛馬者(謂. 神祇官依幣帛. 宮內省依御贄乘驛之類是也.). 皆本司申太政官. 奏給.

凡驛使在路遇患. 不堪乘馬者(謂. 遭重喪者亦同. 依律. 驛使无故以書寄人注. 云非身患及父母喪故也. 案軍防令. 征行大將以下. 有遭父母喪者. 皆待征還. 然後告發. 又假寧令云. 公使. 父母喪應解官. 无人告者. 聽家人經所在官司. 陳牒告追. 若奉勅出使者. 申官處分. 即知. 公事出使. 遭父母喪者. 自非征行及奉勅使. 皆鈴及文書. 寄同行人. 送於前所也.). 所有文書. 令同行人送前所(謂. 同行人者. 從人. 其奴者非也. 前所者. 指詣之所也.). 若无同行人. 令驛長送前所(謂. 前所者. 是前路之國. 非指詣之所. 何者. 下文更云國司差使遞送故. 其巡察. 覆囚. 及推事等使. 不可送書者. 申官聽裁也.). 國司差使遞送.

凡國有大瑞及軍機. 災異. 疫疾. 境外消息者(謂. 機者. 事之萌動也. 災者. 天火水旱之類也. 異者. 怪變咎徵之類也. 境外消息者. 告飢請救之類也. 以上諸事. 變動非常. 故別馳驛申上也.). 各遣使馳驛申上.

凡朝集使. 東海道坂東(謂. 駿河與相摸界坂也.). 東山道山東(謂. 信濃與上野界山也.). 北陸道神濟以北(謂. 越中與越後界河也.). 山陰道出雲以北. 山陽道安藝以西. 南海道土左等國. 及西海道. 皆乘驛馬. 自餘各乘當國馬(謂. 賃乘民間. 准折雜徭. 即以一日馬力. 折一日人徭也.).

凡內外諸司. 有執掌者. 爲職事官. 无執掌者. 爲散官. 五衛府. 軍團及諸帶仗者. 爲武(謂. 馬寮兵庫等是也.). 太宰府. 三關國及內舍人. 不在武限(謂. 文云不在武限. 卽知. 合帶仗. 旣擧內舍人. 亦中務丞以上. 准而須知.). 自餘並爲文.

凡在京諸司. 爲京官. 自餘皆爲外官.

凡應叙. 親王四品. 諸王五位. 諸臣初位以上(謂. 此顯初授之法也. 稱以上者. 承上三色也.). 其令條內稱階位者. 正從上下各爲一階. 率二階爲一位(謂. 率計也. 假令. 令條內云從四位正五位之類者. 皆是混上下階之文. 卽給資人位田位祿等. 上下同差. 故立此法也.). 其三位以上及勳位. 正從各爲一位. 餘條稱等者. 亦與階同(謂. 選叙令云. 三位以上蔭及孫. 降子一等之類.).

凡文武職事散官. 朝參行立. 各依位次爲序. 位同者. 五位以上. 卽用授位先後. 六位以下以齒(謂. 齒齡也.) 親王立前(謂. 夾馳道. 而分立東西也.) 諸王諸臣. 各依位次. 不雜分列(謂. 自親王行降一等. 諸王立西. 諸臣列東.)

凡諸王五位以上. 諸臣三位以上. 致仕身在畿內(謂. 在京亦同.) 每季. 五位以上. 每年. 並令內舍人一巡問. 奏聞安不.

凡彈正(謂. 巡察以上. 其疏亦同也.) 別勅令權撿挍餘官者. 不得仍知彈正事(謂. 不關預彈正務. 專知權撿挍事.)

凡內外官. 勅令攝他司事者. 皆爲權撿挍(謂. 假令. 式部丞攝兵部丞者. 卽注云. 式部丞位權撿挍兵部丞姓名之類也.) 若比司者. 則爲攝判(謂. 比司者. 一管之內. 假令. 主計助判主稅助者. 卽注云. 主計助位判主稅助姓名之類也. 此等皆非正職. 亦不可稱行守. 但案唐令. 判官有假使. 當司長官令比司攝之. 此旣不依勅. 長官自令攝之. 故律云. 其有勅符差遣. 及比司攝判. 今案此令. 非依勅符. 而无長官判令攝之文. 故知除大宰之外. 皆依勅處分也.)

凡內外百官. 司別量事閑繁. 各於本司. 分番宿直(謂. 雖是假日. 亦須宿直. 其主典當直. 事有期限. 及應急判者. 雖无判官. 亦得與奪也.) 大納言以上及八省卿. 不在此例. 謂尋常時.

凡京官. 皆開門前上(謂. 第二開門鼓前也.) 閉門後下(謂. 退朝鼓後也.) 外官. 日出上. 午後下. 務繁者. 量事而還(謂. 雖是閉門後. 而務繁者. 事畢還家也.) 宿衛官. 不在此例.

凡詔勅及事有促限(謂. 促迫也.). 并請給過所. 若輸受官物者. 不在假限(謂. 雖是假日. 不在下限.)

凡受事. 一日受. 二日付畢(謂. 弁官受事. 頒附付所司之日限. 假令. 朔日受. 二日付了也.) 其事速(謂. 軍機及急速之類也.) 及見送囚. 隨至卽付(謂. 依獄令. 在京諸司. 徒以上送刑部. 又畿內徒人. 送京師等是. 其五日程以下. 並是所司受事勘申之日限. 其始勘之司. 亦准此程也.) 少事. 五日程. 謂不須撿覆者(謂. 治部撿符瑞圖之類也.). 中事. 十日程. 謂撿覆前案(謂. 主稅勘靑苗簿之類也.) 及有所勘問者(謂. 緣撿覆前案. 而亦有所勘問. 卽雖不因撿覆. 而別有所勘問者亦是也.). 大事. 廿日程. 謂計笒大簿帳(謂. 勘大帳稅帳等也.) 及須諮詢者(謂. 諮詢並問也. 與上文有所勘問者同義. 但事有大小. 以此爲別. 是卽計一國簿帳之日限. 其於國造帳之時. 卽給廿日程. 故在京計筭. 亦准此程. 但依賦役令. 計帳者. 八月進官. 主計九月上旬勘了申官. 此不可每國給廿日程. 卽是下文云限內了可了不在此例者也.) 獄案. 冊日程(謂. 解部鞫定申送之後. 省及判事. 決斷成案. 其杖以下獄案者. 准入中事. 爲引律令正文. 但判事之受獄案覆斷者. 不可給冊日程. 准撿覆前案. 可給十日程也.) 謂徒以上辨定須斷者. 其文書受付日. 及訊囚徒. 並不在程限. 若有事速及限內可了者(謂. 令條之內立期限也.) 不在此例. 其判召者限三日. 若不至判待. 々後廿日不至. 主典撿發. 量事判決(謂. 假令. 有甲注乙奪己財物. 官人判召乙. 三日不至. 更判待廿日. 遂亦不至者. 主典撿發. 而判官不待前人. 量事判決之類. 若後有前人申訴應改判者. 亦隨改判也.) 卽事有期限者. 不在此例(謂. 假令. 有人以身事申訴. 而卽此人要籍馳使. 而其所馳使. 亦有期限. 若有官司依常法待其前人者. 此人赴事必應後期. 卽官司不依常法. 量其濟事. 更立程限之類. 若前人有公事. 限內不赴對者. 亦同此法也.) 太政官施行詔勅. 案成以後頒下(謂. 騰詔勅之符案成. 又案勅旨式. 奉勅如右以下. 是勅之案成. 不必騰符. 此並不給程. 且騰

且寫也.)者. 各給寫程. 五十紙以下. 一日程. 過此以外. 每五十紙以上. 加一日程(謂. 一百紙以上二日程. 一百五十紙以上三日程也.)所加多者. 惣不得過三日. 其赦書. 計紙雖多. 不得過二日. 卽軍機急速(謂. 軍機與急速也). 事有促限者. 皆當日出了. 若本司人少. 量程不濟者. 並聽差比司人怡助(謂. 假如. 左辨寫詔勅. 人少不濟者. 差右辨及外記局人助寫之類. 此注惣據寫詔勅. 非唯爲軍機急速. 其內記造詔書. 依律. 當日成了. 不可給程之.)

凡訴訟皆從下始(謂. 告寃曰訴. 爭財曰訟. 從下始者. 言從郡司始也.). 各經前人本司本屬(謂. 官人經本司. 白丁經本屬. 若有侵損及急速之類者. 自依獄令. 經所在官司告訴. 其上條判召者. 亦依此條. 經本司本属. 若有侵損者. 亦依獄令. 告事發之官司也.). 若路遠及事礙者(謂. 路遠者. 一日程以上也. 何者. 宮衛令下番兵衛. 及斷獄律移囚條. 皆以一日程可爲遠故也. 事礙者. 礙. 止也. 不問公私. 但有事礙者皆是也.). 經隨近官司斷之. 斷訖訴人不服. 欲上訴者. 請不理狀(謂. 官司判斷. 雖得其理. 而訴人不服. 以爲不理. 卽判文之外. 更與不理狀. 聽訴人之上陳也.). 以次上陳. 若經三日內不給(謂. 故作盤桓. 不給與之類. 其緣公事非也. 雖則公事. 故作盤桓者亦是也.). 聽訴人錄不給官司姓名以訴. 官司准其訴狀. 卽下推不給所由. 然後斷決. 至太政官(謂. 至辨官也.)不理者. 得上表.

凡訴訟. 須有追攝對問者. 若其人延引逃避. 兩限不赴對者(謂. 依上條. 判召三日. 判待廿日. 是爲兩限也. 言其人兩限不赴對者. 卽須撿發判決. 而不撿決. 故聽其越次上陳也.). 聽越次上陳. 卽爲推治.

凡有事陳意見(謂. 意者. 心所意也. 見者. 目所見也. 皆是志在忠正. 披陳國家利害者. 凡意見書者. 其製稍異. 不可爲表. 而直上太政官. 不由中務省. 故云少納言受得奏聞也.). 欲封進者. 卽任封上. 少納言受得奏聞. 不須開看. 若告言官人害政. 及有抑屈者. 彈正受推(謂. 於意見書. 有所告言者. 其意見書. 皆先奏聞. 而後隨事各下所司也.). 當理奏聞(謂. 案奏彈式. 非應奏及. 六位以下. 並糺移所司推判. 但於此條者. 元非臺所彈奏. 又旣先經奏聞. 故雖五位以上不至解官. 及六位以

下. 而其所告言當理者. 並皆奏聞也.). 不當理者彈之(謂. 所告言无理. 及事不實者. 並皆彈正准狀推決. 但徒以上者. 可送刑部.).

凡公文. 悉作眞書. 凡是簿帳. 科罪. 計贓. 過所. 抄牓之類有數者. 爲大字.

凡料給官物. 上抄之日. 具載匹丈斛斤兩數. 供給之處官司姓名(謂. 假令. 注大藏官司及辨官. 并監物姓名之類.).

凡授位任官之日喚辭(謂. 在御所而授任之辭. 其在官省. 亦准此例也.). 三位以上. 先名後姓(謂. 假令. 喚云秦萬呂宿禰之類.). 四位以下(謂. 五位以上也.). 先姓後名. 以外. 三位以上直稱姓(謂. 直稱秦宿禰之類也.). 若右大臣以上稱官名. 四位先名後姓. 五位先姓後名(謂. 喚云秦宿禰萬呂之類也.). 六位以下. 去姓稱名(謂. 直言秦萬呂. 不稱宿禰也. 卽授任之日及以外. 並皆通稱也.) 唯於太政官. 三位以上稱大夫. 四位稱姓. 五位先名後姓. 其於寮以上(謂. 辨官以下也.). 四位稱大夫. 五位稱姓. 六位以下稱姓名. 司及中國以下. 五位稱大夫(謂. 一位以下. 通用此稱.).

凡奉詔勅. 及事經奏聞. 雖已施行(謂. 文書行下. 其事未行也.). 驗理. 灼然不便者. 所在官司. 隨事執奏. 若軍機要速. 不可停癈者. 且行且奏. 卽執奏合理者. 量事進考(謂. 准其情狀. 量而進之. 不限等級. 其可貶降者. 亦如之.). 知而不奏. 及奏不合理者. 亦量事貶降.

凡驛使至京. 奏機密事者(謂. 軍機及密事也.). 不得令共人語. 其蕃人歸化者. 置館供給. 亦不得任來往.

凡諸司受勅. 不經中務佺來. 及宣口勅者(謂. 以口勅宣於中務. 旣云不得承用. 卽不可更覆奏也.). 不得承用. 若奉口勅索物者. 不須經中務. 所司承勅卽進(謂. 有物之司. 面奉口勅奉進也.). 仍附狀奏(謂. 本司附狀奏聞. 卽奏聞之後. 申太政官知.).

凡事有急速不合出勅旨. 若事緣太政官恐遲緩者. 中務先移所司(謂. 假令. 有急速應須藏物. 而欲出勅旨由太政官. 恐失事機者. 中務省先移大藏出用之

類.). 其正勅後行(謂. 依勅旨式行也.).

凡官人判事. 案成自覺不盡者. 聽擧牒追改.

凡詔勅宣行. 文字脫誤(謂. 此宣行書之脫誤也. 脫者. 應言中務省. 而言中省之類也. 誤者. 應言甲申. 而言甲由之類也.). 於事理無改動者. 勘驗本案(謂. 在中務之正詔勅是也. 言詔勅宣行. 文字脫誤. 雖是無改動. 而不得輒改. 仍撿中務本案. 亦同脫誤. 然而尋驗上下. 論比詞緒. 義理不動. 分明易知. 故不更覆奏. 卽改從正. 若有改動者. 覆奏從正. 故律云. 詔書有誤. 不卽奏聞. 輒改定者. 笞五十. 其詔書者. 太政官覆奏. 勅者中務省覆奏. 卽知. 本奏之官司. 覆奏從正也.). 分明可知. 卽改從正. 不須覆奏. 其官文書脫誤者. 諮長官改正(謂. 當曹之文書. 其他司文書者. 依下條下推也.).

凡詔勅頒行. 關百姓事者. 行下至鄕. 皆令里長坊長巡歷部內. 宣示百姓. 使人曉悉.

凡下司申解. 雖无理. 及事不盡. 皆爲受取(謂. 无理者. 雖書詞周悉. 而事情无理也. 不盡者. 雖事情有理. 而書詞不周悉也.). 以狀下推. 其事理實盡. 妄有盤下(謂. 盤者. 盤桓不進之意.). 及有理抑退者. 聽越次申請. 卽上符理有不盡. 亦聽執申.

凡諸司奏事. 皆不經長官. 不得輒奏. 若有機密(謂. 應以機密事申奏者. 不必經長官. 得直申奏也.). 及論長官事者(謂. 此亦機密事.). 不在此例.

凡須責保者. 皆以五人爲限(謂. 當保內五人. 若當保懸遠. 無便就責者. 隨宜取當處之人.).

凡受勅出使. 辭訖. 無故不得宿於家(謂. 文稱無故. 宜有故得宿也. 異於大將出征. 辭訖. 不得反宿於家之意也.).

凡京官以公事出使. 皆由太政官發遣. 所經歷處符移(謂. 省臺出符及府庫寮司出移也.). 辨官皆令便送(謂. 凡省臺及餘司符移. 應下國者. 皆送辨官而請內印. 官卽附便使送下也.). 還日. 以返抄送太政官. 若使人更不向京者. 其返抄付所在司(謂. 使人所至留之國. 假令. 陸奧國司赴任. 便付路次文書者. 取路

次返抄. 付陸奧國之類.). 附便使送. 卽事速者. 差專使送.

凡諸使還日. 皆責返抄.

凡案成者. 具條納目(謂. 案成者. 文案始成卷. 此皆以十五日爲斷也. 卽本司文書
并從他司來者皆是也. 納目者. 納. 藏也. 目. 目錄也. 猶云藏庫之文書目錄也. 此皆每目
別卷. 故云目皆安軸也. 假令. 刑部納目云. 一條以其甲配流其處. 一條沒入其甲以爲官
戶之類也.). 目皆安軸. 書其上端云. 其年其月其司納案目. 每十五
日. 納庫使訖. 其詔勅目. 別所安置.

凡文案. 詔勅奏案(謂. 其便奏少事. 不必常留也.). 及考案. 補官解官案.
祥瑞. 財物. 婚. 田(謂. 婚者. 五位以上妻妾名帳也. 田者. 田籍田圖也.). 良賤.
市估案. 如此之類常留. 以外年別撿簡. 三年一除之. 具錄事目爲
記(謂. 與上條納目同例. 假令. 爲記云. 除去事條合若干. 條別注云其事之類也.). 其
須爲年限者. 量事留納(謂. 假令. 准令. 稅籍者. 是三年一除之書. 而事有懸遠.
應須詢問. 其人奉使. 先向外處者. 計其還程. 更亦留納之類也.) 限滿准除.

凡任授官位者(謂. 太政官任主典以上. 及中務授任五位以上. 式部授六位以下之類
也.). 所任授之司. 皆具錄官位姓名. 任授時年月. 貫屬年紀. 造簿.
其任官簿. 除貫屬年紀. 官人連署印記. 若有轉任身死. 及事故以理
去任者. 卽於簿下朱書注之. 其有考解及犯罪除免者. 解免之司(謂.
解司者. 式部. 免司者. 刑部. 假如. 准考應解者. 式部錄狀申官. 待符報. 乃造免簿. 又犯
罪應除免者. 刑部斷定申官. 奏報畢. 卽造免簿之類. 但五位以上. 式部不得定其考第. 若
其應考解者. 亦太政官爲解司也.). 亦錄解免之狀. 准前造簿. 仍錄報元任
授(謂. 式部錄報太政官及中務. 刑部錄報中務及式部也.). 除注簿案. 若除解人
得敘用者. 敘用之司. 錄報解處所司(謂. 用司者. 太政官. 敘司者. 式部省.
假如. 考解之人. 更復任用. 及除免之人. 限滿應敘者. 官錄報式部. 式部錄報刑部之類
也.)除簿. 卽未敘之間. 在本貫身死者. 申刑部注除(謂. 若未用之間. 在
本貫身死者. 亦申太政官及式部注除也.). 其餘色. 依職掌應造簿(謂. 式部造伴
部及資人簿之類也.)者. 並准此.

凡授位按勳之類. 應須惣奏. 而有勘當未盡者. 隨見盡者奏之(謂. 未盡. 猶未勘了. 此爲臨時立制. 其選滿須叙者. 令條旣有期限. 不可且勘且奏.). 不得停待致令擁滯.

凡官人父母. 病患危篤者. 不得差充遠使(謂. 化內遠使也.).

凡外官赴任. 子弟年廿一以上(謂. 子孫弟姪也. 不稱父祖伯叔之類者. 擧輕明重之義也.). 不得自隨. 畿內任官. 不在此限. 其須覲問者聽.

凡行程(謂. 准律. 舟亦合有行程. 但其遠近者. 依式處分.). 馬日七十里. 步五十里. 車卅里.

凡遠方殊俗人. 來入朝者. 所在官司(謂. 所初到之國司也. 釋無別也.). 各造圖. 畫其容狀衣服. 具序名號處所(謂. 名號者. 國號人名也. 處所者. 方國所在之處也.)并風俗(謂. 假如. 禾稼再熟之類. 謂之風. 夫死妻殉之類. 謂之俗也.). 隨訖奏聞.

영의해 권제8

令義解 卷第八

An Annotated Translation of "Ryonogige"

창고령 제22

무릇 22조이다. ○ 관위령官位令 집해集解[1]

1. 무릇 창倉은 모두 높고 건조한 곳에 둔다. 주변에는 못과 도랑을 판다(생각건대, 혹은 못이고 혹은 도랑이다. 물을 가두어 화재를 막기 위한 것이다.). 창으로부터 50장丈 이내에는 관사舘舍를 둘 수 없다. ○ 정사요략政事要略 54에 실려 있는데 범凡이라는 글자가 없다. 이에 귀령문답貴嶺問答에 의거하여 보완하였다.

2. 무릇 지조地租를 받아들일 때는(생각건대, 단段에 조도租稻 2속束 2파把이고, 정町에 조도租稻 22속廿二束이 그것이다.) 모두 말리고 깨끗하게 한다. 차례대로 납입목록[牓]을 받는다.[2] 동시이면 먼 것을 먼저 받는다. 경국京國의 관사官司는(생각건대 차관次官 이하가 나누어 많아 분명하게 확인한다.) 바치는 사람[輸人]과 함께 계산을 하면서 직접 받는다[對受](생각건대, 주산籌算이다.[3]). 왕경에 있는 창은 주세主稅[4]와 함께 안검按檢한다. 국군國郡은 장관長官[5]이

---

[1] 「창고령」은 원래 산일되어 여러 문헌에 보이는 것을 집성한 것이다. ○ 이하는 그 출전을 보여준다. 원래 22조였지만, 현재는 15조만 전한다.

[2] 방牓을 받는다. 牓은 木簡에 田租의 납입내용을 쓴 것이다.

[3] 주산을 들고 계산한다는 뜻이다.

[4] 主稅寮의 官人을 뜻한다.

[5] 國의 國守, 郡의 大領이다.

확인하는 것을 감독한다(생각건대, 장관이 다시 차관 이하가 거두어 들인 바를 압검押撿하는 것이다.). ○ 정사요략政事要略 53에 실려 있는데 수受라는 글자가 없다. 직원령職員令 집해集解 주세主稅 및 좌경左京 조에서 인용하였는데 재경在京 이하 16자를 자주子注로 삼았다. 안검按撿은 검교撿挍로 되어 있다.

3. 무릇 창倉[6]에서 출급出給하는 경우는 매번 하나의 창에서 내는 것을 마친다(생각건대, 하나의 창에서 낼 때마다 반드시 다 내도록 한다. 만약 갑과 을 두 창고가 있는데 서로 모자라는 것과 남는 것이 있더라도 또한 두 곳을 합산하여 상쇄하는 것을 허락하지 않는다.). 남으면 장부에 기록하고, 모자라면 일에 따라 징벌懲罰한다. 장藏 역시 이에 준한다. ○ 정사요략政事要略 59에 실려 있다. 또한 54에서도 인용하고 있다. 출급出給 앞에 창倉 자가 있다.

4. 대장大藏은 한 계절에 필요한 물품의 수에 따라, 나갈 것을 헤아려 따로 저장하고, 쓰임에 따라 출급出給한다. 내장內藏은 곧 1년동안 필요한 물품을 받아들여, 월별로 따로 저장하고, 필요할 때 낸다. 남으면 장부에 기록하고 모자라면 일에 따라 징벌한다. ○ 정사요략政事要略 59 및 직원령 집해 내장료內藏寮에서 인용하였다.

5. 창장倉藏이 사용처에 지급할 때는 모두 태정관부太政官符에 따른다. 천황의 공봉供奉에 필요한 바와(생각건대, 내장內藏의 연료年料와 공봉하는 물품은 곧 다른 여러 관사의 출납과는 관련이 없다. 본사本司가 선宣에 의거하여 공봉한다.) 급한 필요에 따라 반드시 지급해야 하는 것(생각건대, 일이 급하여 칙지勅旨를 내는 데 합당하지 않으면 중무성이 먼저 제사諸司에 이移하는 것이 이것이다.), 아울러 제국諸國이 식式에 의거하여 쓰는데 지급하는 것이 합당한 경

---

[6] 倉은 곡물을 보관하는 것이고, 藏은 조세로 거두어 들인 비단 등을 보관하는 것이다.

우(생각건대 화외인化外人[7]이 귀화하면, 소재지의 국군國郡이 옷과 양식을 지급하고, 문서를 갖추어 보고하여 아뢰는 것이 이것이다.), **먼저 쓰고 나중에 보고한다. 기물器物의 종류는**(생각건대 포설鋪設 잡기雜器이다.), **새로운 것으로 낡은 것을 교체하는데, 만약 새로운 물건이 도착하면, 낡은 물건은 모두 소사**所司[8]**로 돌려 보낸다. 연말에 두 관사가 각각 새로운 것과 낡은 것으로 계회**計會**한다. 합당한 이유 없이 결손이 있으면 관련자[**所由人**]에게 추징한다.** ○ 정사요략政事要略 59에 실려 있다.

6. 무릇 창장倉藏**이 보관하고 있는 잡물**雜物**을 출급**出給**해야 하면, 먼저 햇수가 오래된 것은 먼저 다 낸다. 오래 보관할 수 없는 것과 낡아서 헤진 것은 태정관에 보고하고, 헤아려 처분한다.** ○ 유취삼대격類聚三代格 8.

7. 무릇 창倉**에 비축하는 경우, 벼와 조는 9년을 보관하고,** ○ 유취삼대격類聚三代格 8. **잡종**雜種**은 2년을 보관하고, 건량[**糒**]은 20년을 보관한다**(비축하여 3년 이상이 지나면, 1곡斛에 소모분 1승升을 허용한다. 5년 이상이면 2승升이다.).

8. 공문公文**을 보관하는 창고의 자물쇠와 열쇠[**鎖鑰**]는 장관**長官**이 직접 관장한다. 만약 장관이 없으면 차관이 관장한다.** ○ 정사요략政事要略 61 직원령 집해 소납언少納言 조. 후궁직원령後宮職員令 집해 위사闈司 조.

9. 재경在京**의 창장**倉藏**은 모두 탄정대[**彈正**]로 하여금 순찰토록 한다. 재외**在外**의 창고는 순찰사**巡察使**가 나가는 날 곧 안행**按行[9]**하도록 한다.** ○ 직원령 집해 탄정대彈正臺 조.

---

[7]_ 교화가 미치는 지역의 바깥에서 온 사람이라는 뜻으로 외국인이다.
[8]_ 해당 倉藏이 속해 있는 관사를 말한다.
[9]_ 다니면서 조사하는 것이다.

10. 조용調庸 등의 물품을 왕경[京]으로 보내야 한다면, 모두 실제로 보내는 물품의 수와 색목色目에 의거하여 각각 장부 1통을 작성한다. 국國은 실어서 바치는 물품의 종류와 수를 분명히 기록하여 강정綱丁[10] 등에게 부쳐 각각 소사所司로 보낸다. 이를 문문門文이라고 부른다. 문문에 의거하여 모두 진납進納해야 한다.[11] ○ 유취삼대격類聚三代格 8.

11. 무릇 창장倉藏 및 문안文案[12]의 공목孔目[13]은 전담하는 관인이 교대하는 날, 모두 서로 인수인계하고 그런 후에 방환放還한다. ○ 속일본기續日本紀 21. 만약 수가 많아서 이동할 수 없는 것은 장부에 의거해서 인수인계한다.

12. 무릇 창장倉藏이 수납하고 나중에 출급出給하려고 하는데, 만약 부족하다면, 수납한 사람과 출급하는 사람에게 고루 추징한다. 이미 인수인계를 마쳤다면, 나중 사람에게 추징한다. ○ 정사요략政事要略 54. 남으면 장부에 기록하여 태정관에 보고한다.

13. 무릇 관창官倉에 빠지거나 부족한 것을 추징해야 하는데, 만약 인수인계하면서 결손이 있는 무리가 아직 임지를 떠나지 않았으면 본창本倉에 납부하고, 이미 임지를 떠났다면 후임 및 본관에 편의에 따라 납부하는 것을 허락한다. ○ 유취삼대격類聚三代格 84에 실려 있다. 유취국사類聚國史 84에 결부欠負가 결손欠損으로 되어 있다. 은재隱藏[14] 및 대용貸用은 임지에 있든 임지를

---

[10]_ 調庸物을 京으로 운반할 때 책임자로 임명된 사람이다. 郡司인 경우는 綱領이라고 하였다.

[11]_ '이를 門文에서 진납해야 한다'는 내용은 슦의 本文이 아닌 것으로 보인다.

[12]_ 관사가 발행한 공문서의 보관용 문서 및 수령한 공문서를 말한다.

[13]_ 條目과 같은 뜻으로 文案의 제목을 항목별로 기록한 목록이다.

[14]_ 관사가 수납한 재물을 관인이 사적으로 出擧하여 그 이자를 착복하는 것을 말한다.

떠났든 가리지 않고 왕경[京]에 납부한다. ○ 직원령 집해 장속사贓贖司 조.

14. 무릇 관물을 결실缺失하거나 구획勾獲[15]하여 추징해야 하는 경우는, 모두 본물本物에 의거하여 징수하여 채운다. 그 물품을 준비할 수 없거나 향토鄕土에 없는 것은 가치에 준하여 징수하여 보내는 것을 허락한다. 본인이 죽었거나 유배된 경우는 모두 추징을 면제한다. ○ 정사요략政事要略 59가 인용하였으나 실失 자가 없다. 이제 법조지요초法曹至要抄로 보완하였다.

15. 교역물交易物의 비용을 할취割取[16]한 경우는 은절隱截한 죄와 같다. 전조田租를 과도하게 징수하거나 지자地子[17]를 과도하게 받은 등의 죄는 비법非法에 준하여 장렴贓斂은 관에 넣고, 장贓에 연좌하여 논한다. 입사入私[18]한 경우는 범법犯法에 준하여 논한다. ○ 정사요략政事要略 59.

16.[19] 고장庫藏에서 나오는 사람이 있어서 물건을 훔친 의심이 든다면 곧 조사하여 찾아본다[搜檢].[20]

---

[15]_ 장부와 대조하여 결실을 검출하는 것이다.
[16]_ 일부를 횡령하는 것이다.
[17]_ 公田과 私田의 소작료를 뜻한다. 봄에 地子를 걷는 것을 債, 수확 후에 걷는 것을 租라고 하며 수확량의 1/5을 걷는 것이 원칙이다.
[18]_ 사사로이 착복하는 것이다.
[19]_ 이 조항은 日本思想大系『律令』(岩波書店)에 의하여 보충한 것이다.
[20]_ 몸이나 소지품을 조사하는 것이다.

凡貳拾貳條 ○ 官位令集解

凡倉. 皆於高燥處. 置之. 側開池渠(謂. 或池. 或渠. 可停水以防火炎者也.).
去倉五十丈內. 不得置館舍. ○ 政事要略五十四載之而無凡字今據貴
嶺問答補.

凡受地租(謂. 段租稻二束二把. 町租稻廿二束. 是也.). 皆令乾淨以次收牌.
同時者先遠. 京國官司(謂. 次官以下. 分當撿明者也.). 共輸人. 執籌對受
(謂. 籌筹也). 在京倉者. 共主稅按撿. 國郡則長官監撿(謂. 長官更押撿次
官以下所收納者也.). ○ 政事要略五十三載之無受字職員令集解主稅幷左京
條引之在京以下十六字並爲子注按撿作撿挍.

凡倉出給者. 每出一倉盡(謂. 每出一倉. 必令盡訖. 假甲乙兩倉. 遞有欠乘. 亦
不聽相通折.). 乘者附帳. 欠者隨事徵罸. 藏亦准此. ○ 政事要略五十九
載之又五十四引之出給上有倉字.

大藏. 准一季應須物數. 量出「羽」別貯. 隨用出給. 其內藏者. 卽納
一年須物. 每月別貯出用. 並乘者附帳. 欠者隨事徵罸. ○ 政事要略
五十九又職員令集解內藏寮條引之.

倉藏給用. 皆承太政官符. 其供奉所須(謂. 內藏年靳. 供御之物. 卽不關諸
司出納. 本司依宣供奉也.). 及要速須給(謂. 事有急速不合出勅旨者. 中務先移諸司
是也.). 幷諸國依式合給用(謂. 化外人歸化者. 所在國郡. 給衣糧. 具狀申奏. 是
也.). 先用後申. 其器物之屬(謂. 鋪設雜器之類.). 以新易故者. 若新物
到. 故物並送還所司. 年終兩司. 各以新故物計會. 非理欠損者. 徵
所由人. ○ 政事要略五十九載之

凡倉藏貯積雜物. 應出給者. 先盡遠年. 其有不任久貯. 及故弊者.

申太政官. 斟量處分. ○ 類聚三代格八

凢倉貯積者. 稻穀粟支九年. ○ 類聚三代格八 雜種支二年. 糒支廿年
(貯經三年以上. 一斛聽耗一升. 五年以上二升).

置公文庫鎖鑰者. 長官自掌. 若無長官者. 次官掌之. ○ 政事要略六
十一職員令集解少納言條後宮職員令集解闈司條.

在京倉藏. 並令彈正巡察. 在外倉庫. 巡察使出日. 卽令按行. ○ 職
員令集解彈正臺條

調庸寺物. 應送京者. 皆依見送物數色目. 各造簿一通. ○ 職員令集
解中務條 國明注載進物色數. 附綱丁寺. 各「々」送所司.「各送所」
此號門文. 須任門文全進納. ○ 類聚三代格八

凢倉藏及文案孔目. 專當官人. 交代之日. 並相分付. 然後放還. ○
續日本紀廿一 若數多不可移動者. 據帳分付.

凢倉藏受納. 於後出給. 若有欠者. 均徵給納之人. 已經分付徵後
人. ○ 政事要略五十四 有乘附帳申官.

凢欠負官倉. 應徵者. 若分付欠損之徒. 未離任者. 納本倉. 已去任
者. 聽於後任及本貫便納. ○ 類聚三代格八[十四]載之類聚國史八十四
欠負作欠損 其隱截及貸用. 不限在任去任. 納[於]京. ○ 職員令集解
贓贖司條.

凢欠失官物. 并勾獲合徵者. 並依本物徵塡. 其物不可備. 及鄉土
無者. 聽准價直徵送. 卽身死. 及配流者. 並免徵. ○ 政事要略五十
九引之而無失字今據法曹至要抄補

割取交易物直者. 同隱截罪. 剩徵田租. 過收地子寺罪. 准非法. 贓
斂入官. 坐贓論. 入私者. 准犯法可論之. ○ 政事要略五十九

凢有人. 從庫藏出. 有疑溫狀者. 卽合搜檢.

구목령 제23

(생각건대, 구廐는 마굿간이고, 목牧은 목장畜圃이다.) 무릇 28조이다.

1. 무릇 마굿간[廐]은 세마細馬 1필, 중마中馬 2필, 노마駑馬 3필에(생각건대, 세마細馬는 상마上馬이다. 노마駑馬는 하마下馬이다.), **각각 정丁[1]인을 지급한다. 획정獲丁[2]은 말 1필마다 1인을 지급한다**(생각건대 마호정馬戶丁으로 충원한다. 건초를 먹이는 때는 획정을 충원하지 않는다. 다만 나뭇잎을 모으는 경우는 말 1필마다 1인을 충원할 수 없다. 이는 말의 수를 아울러 헤아려 충원한다. 곧 아래 조항에 의거하여 번역番役 이외에 또한 조초調草를 거두는 것이 이것이다.). **날마다 지급하는 것은 세마에게 조 1되, 벼 3되**(생각건대 벼는 반강미半糠米이다. 그러므로 되[升]라고 한 것이다.), **콩 2되, 소금 2작勺. 중마에게 벼나 콩 2되, 소금 1작. 노마에게 벼 1되, 건초 각 5아름[圍], 나뭇잎 2아름이다. 둘레 3척을 아름[圍]이라고 한다. 생풀[靑草]은 배를 준다. 모두 11월 상순부터 건초를 먹이고, 4월 상순부터 풀을 준다. 젖소[乳牛]는 콩 2되**(생각건대 풀을 지급하는 법은 식을 기다려 처분한다.), **벼 2파把를 준다. 젖을 짜는 날 준다.**

2. **무릇 마호馬戶[3]는 교대로 근무한다**(생각건대 차정次丁 이상이다.). **조調로**

1_ 말을 기르는 馬丁이다. 馬戶 중 上番한 자로 충원한다.

2_ 사료로 쓸 풀이나 나뭇잎을 모으는 일을 하는 飼丁이다.

3_ 좌우마료에 소속된 雜戶로 調·雜徭가 면제되었다. 次丁 이상이 상번하여

바치는 풀은 정정正丁이 200아름(생각건대 만약 홍수나 가뭄이 있어서 농사가 흉년이 들면, 오로지 비탄국飛驒國의 예에 따른다. 다만 바치는 것은 면제하고 번역番役은 면제하지 않는다.), 차정次丁이 100아름, 중남中男이 50아름이다.

3. 무릇 관이 키우는 짐승의 병을 고약과 약을 청하여 치료해야 경우는, 소사所司가 미리 필요한 수를 헤아려 계절마다 한 차례 지급한다(생각건대 관의 짐승은 마료馬寮의 짐승이다. 소사所司는 좌우마료左右馬寮이다. 고약과 약을 청하여 마굿간의 말의 병을 치료해야 하는 경우는 마료가 미리 수를 헤아려 태정관에 보고하고, 태정관은 곧 계절마다 한 차례 지급함을 말한 것이다. 목장에 키우는 짐승은 이 예에 들지 않는다.).

4. 무릇 목牧의 장長과 장帳은 서인庶人으로서 청렴하고 강건하여 검교撿校를 감당할 수 있는 자를 뽑아서 임명한다. 그 밖에 6위(생각건대 초위初位 이상이다. 곧 내위內位는 합당하지 않다.) 및 훈위勳位(생각건대 7등等 이하이다.)도 또한 모두 뽑는 것을 허락한다.

5. 무릇 목장[牧]은 목장마다 장長 1인과 장帳 1인(생각건대, 비록 말과 소가 무리[群]를 이루지 않더라도 역시 장과 장을 둔다.), 무리마다 목자牧子 2인을 둔다. 목장의 말과 소는 모두 100마리를 무리[群]라고 한다(생각건대 무릇 망아지와 송아지가 2살에 이르면 낙인을 찍는다. 곧 낙인을 찍는 해에 또한 다른 무리를 이루었지만 아직 헤어지지 않은 사이에는⁴ 역시 본래의 무리를 따른다.).

6. 무릇 목장의 암말[牝馬]은 4살이 되면 짝짓기[遊牝]를 한다(생각건대 유빈遊牝은 교접交接과 같다.). 5살이 되면 결과를 따진다[責課]. 암소[牝牛]는 3살

飼丁이 되었다.
4 _ 망아지와 송아지가 아직 어미와 떨어지지 않은 상태에 있는 것을 말한다.

이 되면 짝짓기를 한다. 4살이 되면 결과를 따진다. 각 100마리에 대하여 해마다 망아지와 송아지 각각 60마리를 부과한다(생각건대 앞의 조항에 의거하면 100마리를 한 무리로 삼는다고 하였는데, 곧 암수를 아울러 헤아린 것이다. 이 조항에서 100마리라고 한 것은 단지 어미 짐승만을 헤아린 것이다. 무릇 어미 짐승의 수에 따라서 결과를 따지는 법을 세운 것이다. 그러므로 100마리를 들어 대강의 예를 세운 것이다. 반드시 100마리를 정해진 수로 하는 것은 아니다. 가령 어미 짐승이 10마리이면 망아지 송아지를 6마리 부과하는 부류이다. 목장의 암말이 50마리인데, 목자牧子 1인을 충원하고 망아지 30마리를 부과하였는데 1마리가 많다면, 아래 조항에 의거하여 벼 10속束을 포상한다. 만약 60마리이고 목자를 2사람 충원하였는데 2마리가 많다면 벼 20속을 포상한다.). 말이 3살인데 짝짓기를 하여 망아지를 낳았다면 별도의 장부로 보고한다.

7. 무릇 목장의 말과 소는 망아지 2마리, 송아지 3마리가 많을 때마다 목자牧子에게 벼 20속束을 포상한다(생각건대 율에 의하면[5] 목장의 말과 소는 감소분[6]을 제외하고, 죽거나 잃어버리거나 부과된 양을 채우지 못하면, 두 목자는 태笞 20대이고, 3마리마다 1등等을 더한다고 하였다. 이 율은 모두라고 하지 않았으므로 수종首從으로 삼는 것임을 알 수 있다. 무릇 상벌의 원칙은 균일한 것이 이치에 합당하다. 율에 의거하면 죄를 부과할 때는 이미 수범과 종범이 있고, 영에 의거하면 상을 나눈다. 어찌 경중이 없겠는가. 곧 20속으로 19등분을 하여, 10분은 우두머리에게 주고, 9분은 따르는 자에게 준다. 만약 수종을 알기 어려우면, 두 사람이 각각 10속씩 받는다. 그 장長과 장帳 사이에 나누는 법도 또한 이 예에 따른

5_ 『唐律疏議』 196조 牧畜産課不充條. 무릇 기르던 축산이 (규정상) 뺄 수 있는 몫 이외에 죽거나 잃어버린 것, 또는 증식량을 채우지 못한 것이 1마리이면 牧長과 牧子는 태형 30대에 처하며, 3마리마다 1등씩 가중한다. (누계해서) 장형 100대를 넘으면 10마리마다 1등씩 가중하며 죄의 최고형은 徒刑 3년이다. 羊은 3등을 감한다. 다른 조문의 양은 이에 준한다.

6_ 말과 소는 100마리당 10마리의 감소분을 인정하였다.

다.). 그 목장의 장長과 장帳은 각각 관할하는 무리를 통계統計하여 포상한다 (생각건대 가령 2무리를 관할하는데 4마리가 많거나 관할하는 3무리에서 6마리가 많으면, 각각 벼 20속을 포상하는 부류이다. 곧 관할하는 1무리에서 2마리가 많은 것과 관할하는 2무리 중에서 1무리에는 1마리, 다른 1무리에 3마리가 많은 것과 같다. 또한 포상하는 예에 의거한다. 죽거나 빠진 경우는 모두 현재 있는 사람을 포상한다.).

8. 무릇 목장의 말과 소가 죽어서 줄어드는 것[死耗]은(생각건대 죽어서 줄어드는 것[死耗]은 죽었다[死]고 하는 것과 같다. 죽어서 줄어드는 것을 말한다. 곧 합당한 이유가 있어서 죽은 것이다. 만약 합당한 이유가 없는데 죽거나 잃어버리면, 비록 율에 따라 죄를 면한다고 해도, 여전히 영에 의거하여 추징하거나 포상한다.), 매년 100마리당 10마리를 제외하는 것으로 논한다(생각건대, 이는 죽거나 잃어버린 죄를 부과하려는 것이다. 그러므로 먼저 비율에 따라 줄어드는 기준을 세운 것이다. 곧 율에 이르기를, 목장의 소와 말이 감소분을 제외하고 죽거나 잃어버리면, 두 목자牧子는 태笞 20대이고, 3마리에 1등等을 더하는 부류가 이것이다.). 병으로 죽으면, 목장과 주변의 사사로이 기르는 것과 서로 비교하여, 죽은 것이 같은 수이면 병으로 감소된 것을 인정한다(생각건대 가령 관과 사사로이 키우는 짐승이 모두 100마리인데, 각각 50마리가 죽으면, 그 죽은 수가 같으므로, 병으로 감소한 것으로 인정하는 부류이다. 만약 관의 짐승이 100마리인데, 50마리가 죽었고, 사사로이 키우는 것이 20마리인데 이 또한 10마리가 죽었다면, 비록 죽은 수가 같지 않지만, 모두 그 절반이므로 또한 감소분의 범위에 들어간다. 늙은 말과 소가 죽거나 결과를 따지는 것은 모두 별식別式에 의거한다.).

9. 무릇 목장에서 잃어버린 관의 말과 소는 모두 100일을 주어 찾도록 한다. 기한이 다 되었는데 찾지 못하면, 각각 잃어버린 곳의 당시 가격[估價]

에 따라서 10분으로 논한다. 7분은 목자로부터 추징하고, 3분은 장長과 장帳으로부터 추징한다(생각건대 모두 수종법首從法에 따라 추징한다. 만약 수종을 정하기 어렵다면, 곧 균등하게 추징해야 한다.). **만약 부족한데 본인이 죽었으면 다만 현재 있는 사람의 몫만큼 추징한다. 마굿간에서 잃어버렸다면 주수主帥는 목장牧長에 준한다**(생각건대 마부馬部로서 당번當番한 자이다. 만약 관사의 처분에 의하여 잃어버렸거나 죽어서 줄어든 경우에는 관인官人을 연좌하는 데 그친다. 그 관인이 잃어버리거나 죽어서 줄어든 이유를 알지 못한다면 단지 그 최最를 없앤다.[7]). **사정飼丁은 목자牧子에 준한다. 잃어버리고 나중에 찾았다면, 추징한 값을 돌려준다. 합당한 이유없이 죽어서 줄어들었다면**(생각건대 만약 병이 났는데 치료하지 않으면, 또한 합당한 이유없이 죽은 것이다. 줄어든 것은 다친 것과 같다. 피가 나거나 발을 저는 부류이다. 이는 모두 분법分法[8]이 없으므로 오직 말미암은 사람[所由人]으로부터 추징한다. 만약 말미암은 사람이 없으면 역시 균등하게 추징한다. 가치는 짐승을 사는 데 충당한다. 말미암은 사람이 만약 없거나 죽었다면, 또한 현재 있는 사람이 보상한다. 만약 고의로 죽이거나 다치게 하였다면, 또한 짐승의 본래 가치에 따라 추징한다. 계장計贓의 율은 적용하지 않는다.[9]). **짐승의 본래 가치에 준하여 추징하여 채운다.**

10. **무릇 목장에서 망아지와 송아지가 두 살에 이르면, 매년 9월에 국사國司가 목장牧長과 함께 직접 관官이라는 글자를 낙인한다. 왼쪽 넓적다리 위에 찍는다**(생각건대 사타구니 바깥이 넓적다리이다.). **송아지는 오른쪽 넓적다리 위에 낙인한다. 낙인하기를 마치면 털의 색깔과 이와 나이를 자세히 기록하여 장부 2통을 만든다. 1통은 국國에 두고 원본[案]으로 삼고, 1통은 조집사朝集使에게 붙여 태정관에 보고한다.**

7- 관인의 고과평정을 낮추는 것이다.
8- 책임을 나누어 추징하는 기준을 말한다.
9- 짐승의 가치를 기준으로 형벌을 부과하지 않는다는 뜻이다.

11. 무릇 목장의 땅은 항상 정월 이후에(생각건대 2월 이전이다. 고율故律에서는 때를 가리지 않는다고 하였는데, 생각건대 3월 1일 이후이다.), **한쪽으로부터 차례로 태워 풀이 고루 자라도록 한다. 그 향토鄕土가 다른 곳과 다르거나**(생각건대, 가령 북쪽 땅은 따뜻해지는 것이 늦고, 남쪽 땅은 봄이 빠른 부류이다.) **태울 필요가 없는 곳은**(생각건대 산림과 대나무밭의 부류이다.) **이 영을 적용하지 않는다.**

12. 무릇 목장의 말에 낙인을 찍을 때는, 먼저 목자牧子를 쓴다. 부족하면, 국사國司가 필요한 수를 헤아려, 가까운 곳으로부터 뽑아서 충원한다(생각건대 잡요雜徭로 구사駈使한다.).

13. 무릇 목장의 말 중에 탈 수 있는 것(생각건대, 체구와 골격이 강하고 튼튼하여 승용乘用을 감당하는 것이다.)은 모두 군단軍團에 붙이고 해당 군단의 병사 중에서 집안이 부유하여 기를 수 있는 자를 뽑아서 배당한다. 상번上番과 각종 구사駈使는 면제한다.

14. 무릇 제도諸道[10]에 역驛을 두어야 하면, 30리마다 1역을 둔다. 만약 지세가 험준하거나 물과 풀이 없는 곳은 편의에 따라 설치하여, 거리를 제한하지 않는다. 승구乘具와 도롱이 및 삿갓[蓑笠] 등은 각각 비치한 말의 수에 따라 갖춘다(생각건대 아래 조항에서 이르기를, 역장驛長이 교대되는 날, 말과 안구鞍具가 부족하거나 없으면, 모두 앞 사람으로부터 추정한다고 하였다. 곧 승구乘具는 관에서 갖추고, 도롱이와 삿갓은 역자驛子가 사사로이 갖추어야 함을 알 수 있다. 역자가 교체되는 날, 또한 새로운 사람이 스스로 갖춘다.).

10- 일본 국내를 7구역으로 나눈 七道를 말한다. 북쪽으로부터 北陸道, 東海道, 東山道, 山陽道, 山陰道, 南海道, 西海道가 있다.

15. 무릇 역에는 각각 역장驛長 1인을 둔다. 역호驛戶 중에서 가구家口가 부유하고 일을 감당할 수 있는 자로 삼는다. 한 번 임명한 이후에는 모두 오래도록 근무토록 한다(생각건대 목장의 장長과 장帳도 이에 준한다.). 만약 죽거나 늙거나 병이 들거나 집안이 가난하여 소임을 감당할 수 없으면 교체한다. 교체하는 날, 말과 안구鞍具가 부족하거나 없으면(생각건대 합당한 이유없이 부족하거나 없는 것이다. 아래 조항을 살펴보면, 만약 말이 없거나 잃어버린 것이 있으면, 역도驛稻로 사서 교체한다. 이는 곧 합당한 이유로 죽거나 잃어버린 것이다. 그러므로 관사官司가 사서 교체하는 것이다. 이 조항은 합당한 이유없이 죽은 것에 의거한 것이므로 앞 사람에게 추징한다고 한 것이다.), 모두 앞 사람으로부터 추징한다. 만약 변경에 접한 곳에서 번적蕃賊에게 초략抄掠을 당하여 힘으로 제어할 수 없으면, 이 영을 적용하지 않는다.

16. 무릇 제도諸道에 두는 역마驛馬는 대로大路에(생각건대, 산양도山陽道이다. 대재부大宰府 이후는 곧 소로小路가 된다.[11]) 20마리, 중로中路에(생각건대 동해東海・동산도東山道이다. 그 나머지는 모두 소로小路이다.) 10마리, 소로小路에 5마리이다. 사신이 드문 곳에는 국사國司가 헤아려서 둔다. 반드시 숫자를 채울 필요는 없다. 모두 근골이 튼튼한 말을 뽑아서 충당한다. 말은 각각 중중호中中戶로 하여금 기르도록 한다. 만약 말이 없거나 잃어버린 것이 있으면 역도驛稻[12]로 사서 교체한다. 전마傳馬[13]는 군郡마다 5마리를 두며, 모두 관마官馬를 사용한다(생각건대 군단軍團의 말로 충당한다. 역마驛馬도 또한 같다.). 만약 없으면, 해당 장소의 관물官物로 사서 충당한다. 모두 집안이 부유하고 겸정兼丁이 있는 자에게 붙여서 기르도록 한다. 이를 영송迎送에 제공한

---

[11] 王京에서 大宰府까지는 大路이고 그 이후의 西海道는 小路가 되는 것이다.

[12] 驛田에서 거두어들인 稻를 말한다. 이를 出擧하여 그 利稻를 驛의 경비로 충당하였다. 驛田은 「田令」 33조 참조.

[13] 驛路에 대하여 傳路에서 운용하기 위하여 비치한 말이다. 傳路는 國府에서 郡衙 사이를 연결하는 도로이다.

다(생각건대 국사國司가 임지로 향할 때나 죄인에게 관마官馬를 타도록 하는 경우는 모두 전마傳馬를 타는 부류이다.).

17. 무릇 수역水驛[14]으로 말을 배치하지 않는 곳은 한가하고 번거로운 것을 헤아려, 역마다 배 4척 이하, 2척 이상을 비치한다. 배에 따라서 정丁을 배치한다(생각건대 배는 크고 작은 것이 있으므로, 배에 따라서 사람을 배치하여 운행을 감당할 수 있도록 하는 것이다. 만약 수륙으로 아울러 보낼 수 있는 경우는 또한 배와 말을 함께 둔다.). 역장驛長은 육로陸路에 준하여 둔다.

18. 무릇 역마[驛]와 전마傳馬를 타고 목적지[前所][15]에 이르면 바꾼다. 모두 앞 역을 지나칠 수 없다. 말이 없는 곳[16]은 이 영을 적용하지 않는다(생각건대 비록 말이 없는 곳이라도 다만 1역을 지나칠 수 있다.).

19. 무릇 군단軍團의 관마官馬는 본주本主가 향리鄕里 부근 10리 이내에서 조련하고 훈련시키고자 하면 허락한다(생각건대 본주本主는 말을 기르는 병사兵士이다. 만약 10리 바깥에서 합당한 이유로 죽음에 이르면, 비록 위령죄違令罪를 부과하지만, 추징하는 범위에 있지 않다.). 집에서 합당한 이유없이 죽거나 잃어버리면(생각건대 당령唐令을 살펴보면 공사公事로 인하여 죽거나 잃어버리면, 관이 대신 교체한다. 집에서 죽거나 잃어버리면, 30일 이내에 마련하여 교체한다고 하였다. 곧 공사公事가 아니면 모두 집에서 일어난 일이 됨을 알 수 있다. 만약 공사였지만 합당한 이유없이 죽거나 잃어버리면 아래 조항의 추징하는 법에 의거한다.), 60일 이내에 마련하여 교체한다. 본인이 죽거나 집이 가난하여 마련

---

[14]_ 河川을 이용한 驛路상에 설치한 驛이다. 山陽路에서는 本州과 九州을 연결한 海岸의 驛도 있었을 것으로 생각된다.
[15]_ 다음 驛 혹은 다음 郡衛가 위치한 곳을 말한다.
[16]_ 驛馬가 모두 차출되어 사용할 수 있는 말이 남아 있지 않은 경우를 말한다.

할 수 없으면(생각건대 비록 본인이 죽었더라도 마련할 수 있으면 곧 추징한다. 이는 오직 이 조항만을 위하여 규정을 정한 것이므로 다른 편篇에서 끌어와서 비슷하게 유추해서는 안 된다.), 이 영을 적용하지 않는다.

20. 무릇 역마와 전마는 매년 국사國司가 조사하고 살핀다. 말이 아주 늙었거나 병이 들어(생각건대 아주 늙거나 크게 병이 들어서 타는 것을 감당할 수 없는 것이다.), 타는 것을 감당할 수 없으면, 편의에 따라 물건과 바꾼다(생각건대 화물貨物로 교환[轉賣]하는 것이다.). 받은 값이 만약 적다면 역마驛馬는 역도驛稻를 더하고, 전마傳馬는 관물官物¹⁷로 구입하여 바꾼다.

21. 무릇 공사公使가 역마 및 전마를 타야 하는데 부족하다면, 곧 사마私馬로 충당한다. 사마가 공사公事로 인하여 죽음에 이르렀다면, 관이 보상하여 바꾼다(생각건대 비록 합당한 이유로 혹은 합당한 이유 없이 죽으면, 모두 관이 보상하여 바꾼다. 단 합당한 이유 없이 죽으면, 관이 먼저 보상하고, 나중에 다시 아래 조항에 의거하여 추징하여 마련한다. 아래 조항을 살펴보면 "합당한 이유 없이 죽거나 잃어버리면"이라고 하였으므로, 합당한 이유없이 잃어버리는 데 이르러도 역시 보상하여 바꿈을 알 수 있다. 다쳐서[傷損] 타는 것을 감당할 수 없더라도 역시 보상하여 바꾼다.).

22. 무릇 전마傳馬를 타고 사신으로 나가면, 도착한 곳에서는 모두 관물官物을 쓴다. 관위[位]에 따라서 공급供給¹⁸한다(생각건대 관물官物은 군도郡稻이다. 역마를 타는 사자는 역도驛稻를 쓴다. 관위의 높고 낮음에 따라서 따르는 사람의 많고 적음이 있다. 그러므로 관위에 따라서 공급한다고 한 것이다. 다만 공급의 많고 적음은 식의 처분에 의한다.). 역사驛使¹⁹인 자는 3역마다 공급한다. 만약

---

¹⁷⁻ 郡이 관리하는 官物을 말한다.
¹⁸⁻ 음식과 숙박의 편의를 제공하는 것이다.

산이 험하고 넓고 먼 지역에서는 역마다 공급한다.

23. 무릇 국군國郡이 놓아서 키우는 짐승을 얻으면(생각건대, 난闌은 마음대로 라는 뜻[口]이다.), 모두 해당 지역 안에 명하여 주인을 찾게 한다. 만약 두 계절이 지나도 주인이 확인하지 않으면, 먼저 전마傳馬로 충당한다. 만약 나머지가 있으면 내어 팔고, 얻은 값은 관에 넣는다(생각건대 국군國郡이 놓아서 키우는 짐승을 얻었는데, 두 계절이 지나도 주인이 확인하지 않으면 모두 내어 팔아서 값은 해당 지역의 죄수[囚徒]의 의량衣糧으로 충당한다. 곧 나머지 재물도 또한 이 법에 따른다. 왕경 [京]에서는 먼저 태정관에 보고하고, 장속사贓贖司에 내린다.).

24. 무릇 마음대로 버려진 물건은 5일 이내에 소사所司에 보고한다(생각건대 여기서 말하는 마음대로 버려진 물건이란, 넓게 가축 및 재물을 포함한다. 모두 5일 이내에 소사에 보낸다. 6일이 지나면, 이미 보내야 하는 기한을 넘겼으므로, 위령違令 및 좌장坐贓20 중 무거운 데 따라서 처벌한다.). 그 습득한 짐승은 일을 아직 분명히 정할 수 없으면(생각건대 육장六贓에 의한21 말과 소는 주어야 할 사람을 아직 분명히 정할 수 없으면 곧 경직京職에 보내어 키운다. 잡요雜徭로 충당한다.22 만약 주어야 할 사람이 분명하다면, 그 사람에게 키우도록 한다.), 왕경 [京]에서는 경직京職에 보낸다. 확정된 날, 만약 몰관沒官해야 한다면, 내다 판다(생각건대 내어 팔아서 얻은 값은 장속사贓贖司에 넣는다.). 지방에서는 앞의 조항에 따른다(생각건대, 먼저 전마傳馬로 충당하는 부류이다.).

25. 무릇 관사官私의 말과 소(생각건대 내용에 조집사에 붙인다고 하였으므로,

19_ 驛路를 이용할 수 있는 허가를 받은 사신을 말한다.
20_ 장물로 계산하여 처벌하는 것이다.
21_ 六贓은 受財枉法, 受財不枉法, 監臨受材, 非監臨受財, 强盜, 竊盜로 생긴 장물을 말한다.
22_ 주인을 알 수 없는 짐승을 키우는 일을 雜徭로 충당한다는 뜻이다.

곧 왕경 안의 말과 소는 이 범위에 있지 않음을 알 수 있다.)에 관한 장부는 매년 조집사朝集使에 붙여 태정관에 보낸다(생각건대 태정관에서 다시 병부에 내린다. 즉 병마사兵馬司가 관장하는 일로 공사公私의 말과 소라고 하였는데, 이것이다.).

26. 무릇 관의 말과 소가 죽으면, 각각 가죽과 뇌와 뿔과 쓸개를 거둔다(생각건대 뇌는 말의 뇌이다. 쓸개는 소의 쓸개다. 이는 모두 소재지에 두고 처분에 의거하여 쓴다.). 만약 우황牛黃을 얻으면 따로 바친다(생각건대 처분을 기다리지 않고, 얻는 대로 바로 바친다. 그러므로 따로 바친다고 한 것이다.).

27. 무릇 공사公事로 인하여 관사官私의 말과 소를 탔는데, 합당한 이유로 죽음에 이르렀고 그 증거가 분명하면, 모두 추징을 면한다. 그 가죽과 고기는 소재 관사官司가 내다 판다. 값은 본사本司에 납부한다(생각건대 비록 사사로운 짐승이라도, 그 가죽과 고기는 모두 관사에 납부한다. 관은 본래의 짐승으로 보상하여 바꾸어 주기 때문이다.). 만약 합당한 이유 없이 죽거나 잃어버리면 추징하여 배상한다.

28. 무릇 관의 짐승이 길에서 쇠약해지거나[羸] 병이 들어 앞으로 나아갈 수 없으면(생각건대 관의 말과 소가 왕경으로 가거나 군소軍所로 가다가, 길에서 쇠약해지거나[羸] 병이 든 부류이다.), 가까운 국군國郡에 붙여 머물게 하고 먹이를 먹이고 치료하도록 한다. 풀과 약은 관에서 지급한다. 차도가 있으면, 전사專使를 보내어 소사所司로 돌려 보낸다(생각건대 다시 목적지[前所]에 이를 필요가 없다. 본사本司로 돌려 보내도록 한다.). 죽으면, 해당 장소의 공용公用에 충당한다(생각건대 앞 조항에서 값은 보내어 본사本司에 납부한다고 하였는데, 역마驛馬와 전마傳馬에 의거한 것이다. 이 조항은 역마와 전마에 대한 것이 아니다. 그러므로 죽으면 해당 장소의 공용에 충당한다고 한 것이다.).

(謂. 廐者. 馬舍也. 牧者. 畜園也.) 凡貳拾捌條

凡廐. 細馬一疋. 中馬二疋. 駑馬三疋(謂. 細馬者. 上馬也. 駑馬者. 下馬
也.). 各給丁一人. 穰丁每馬一人(謂. 以馬戶丁充. 其飼乾之日. 不充穰丁. 但
於採木葉者. 不可每馬充一人. 此須兼口而量充. 卽依下條. 番役之外. 亦輪調草. 是
也.). 日給細馬. 粟一升. 稻三升(謂. 稻者. 半糠米. 故稱升也.). 豆二升. 鹽
二勺. 中馬. 稻若豆二升. 鹽一勺. 駑馬. 稻一升. 乾草各五圍. 木葉
二圍. 周三尺爲圍. 靑草倍之(謂. 倍於乾草也.). 皆起十一月上旬飼乾.
四月上旬給靑. 其乳牛. 給豆二升(謂. 給草之法. 待式處分.). 稻二把. 取
乳日給.

凡馬戶. 分番上下(謂. 次丁以上也.). 其調草. 正丁二百圍(謂. 若有水旱.
年實不登者. 一准飛驒國例. 唯免其輪. 不免番役也.). 次丁一百圍. 中男五十
圍.

凡官畜應請脂藥療病者. 所司預料須數. 每季一給(謂. 官畜者. 馬寮之
畜也. 所司者. 左右馬寮也. 言應請脂及藥療治廐馬病者. 馬寮預料數申官. 官卽每季一
給. 其牧畜者. 不在此例.).

凡牧馬長帳者. 取庶人淸幹堪撿校者爲之. 其外六位(謂. 初位以上. 卽
內位不合也.). 及勳位(謂. 七等以下.). 亦聽通取.

凡牧. 每牧置長一人. 帳一人(謂. 雖馬牛不盈群. 而猶置長帳也.). 每群牧
子二人(謂. 若不盈群者. 卽准量而置也.). 其牧馬牛. 皆以百爲群(謂. 凡駒犢
至二歲挍印. 卽挍印之年. 亦爲別群. 其未別間. 猶從本群.).

凡牧牝馬. 四歲遊牝(謂. 遊牝. 猶交接也.). 五歲責課. 牝牛三歲遊牝.
四歲責課. 各一百每年課駒犢各六十(謂. 依上條. 以一百爲群. 卽牝牡幷數

也. 此條稱一百者. 唯數母畜. 凡隨母畜數. 立責課法. 故擧成數. 以制大例. 非是必以一百爲定數. 假令. 母畜十. 課駒犢六之類. 其牧牝馬五十. 充牧子一人. 課卅駒. 卽乘一者依下條. 賞稻十束. 若有六十者. 充牧子二人. 卽乘二者. 賞稻廿束.）其馬三歲遊牝而生駒者. 仍別簿申.

凡牧馬牛. 每乘駒二疋. 犢三頭. 各賞牧子稻廿束（謂. 依律. 牧馬牛准所除外死失. 及課不充者. 二牧子笞廿. 三加一等. 此律旣不稱皆. 卽知. 合爲首從也. 凡賞罰之道. 理當均一. 准律科罪. 旣有首從. 據令分賞. 何無輕重. 卽以廿束爲十九分. 十分給首. 九分給從. 若首從難知者. 二人各受十束. 其長帳分法. 亦准此例也.）其牧長帳. 各通計所管群賞之（謂. 假令. 管二群之乘四疋. 及管三群之乘六疋. 各賞稻廿束之類. 卽管一群之乘二疋. 若管二群之. 一群之乘一疋. 一群乘三疋. 亦依賞例. 其有死闕者. 全賞見在人也.）.

凡牧馬牛死耗者（謂. 死耗. 猶云死. 言死而減少. 卽依理死者. 若非理死及亡失者. 雖准律免罪. 尙據令徵償也.）每年率百頭論除十（謂. 此欲科死失之罪. 故先立率除之法. 卽律云. 牧馬牛准所除外死失者. 二牧子笞廿. 三加一等之類是也.）其疫死者. 與牧側私畜相准. 死數同者. 聽以疫除（謂. 假令. 官私畜共是百疋. 而各五十四死者. 以其死數同. 聽以疫除之類. 若官畜百疋. 此五十疋死. 而私畜廿疋. 此亦十疋死者. 雖死數不同. 而以其共半. 亦入除限. 其老馬牛死及責課者. 並依別式.）.

凡在牧失官馬牛者. 並給百日訪覓. 限滿不獲. 各准失處當時估價. 十分論. 七分徵牧子. 三分徵長帳（謂. 皆據首從法徵之. 若首從難定者. 卽須均徵也.）如有闕（謂. 未失之前有闕者. 若笞依下條六十日內備替耳. 已失之後去任者. 不在此限也.）及身死. 唯徵見在人分. 其在廄失者. 主帥准牧長（謂. 馬部之當番者也. 若依官司處分. 致放失及死損者. 止坐官人. 其官人不知放失及死損所由者. 唯除其最也.）. 飼丁准牧子. 失而後得. 追直還之. 其非理死損（謂. 若有病不療者. 亦爲非理死也. 損猶傷也. 卽見血跡跌之類. 此皆無分法. 唯徵所由人. 卽無所由者亦均徵. 價直買畜備償. 其所由人. 如有闕及死者. 亦見在人償之. 若故殺傷者. 亦准本畜徵. 不入計贓之律.）. 准本畜徵塡.

凡在牧駒犢. 至二歲者. 每年九月. 國司共牧長對. 以官字印. 印左髀上(謂. 股外爲髀.). 犢印[有]²³右髀上. 並印訖. 具錄毛色齒歲. 爲簿兩通. 一通留國爲案. 一通附朝集使申太政官.

凡牧地. 恒以正月以後(謂. 二月以前. 故律云. 非時. 謂三月一日以後也.). 從一面以次漸燒. 至草生使遍. 其鄉土異冝(謂. 假令. 北地遲暖. 南土早陽之類也.). 及不須燒處(謂. 假令. 北地遲暖. 南土早陽之類也.). 不用此令.

凡須挍印牧馬者. 先盡牧子. 不足. 國司量須多少. 取隨近者充((謂. 以雜徭駈使.).

凡牧馬應堪乘用(謂. 體骨强壯. 稍應堪乘用者也.)者. 皆付軍團(謂. 此名兵馬也.). 於當團兵士內. 簡家富堪養者充. 免其上番(謂. 免國內上番.). 及雜駈使.

凡諸道須置驛者. 每卅里置一驛. 若地勢阻險. 及無水草處. 隨便安置. 不限里數. 其乘具及裝笠苇. 各准所置馬數備之(謂. 下條云. 驛長替代之日. 馬及鞍具欠闕. 並徵前人. 卽知. 乘具是官司備. 裝笠者. 驛子私備. 其驛子替代之日. 亦新人自備.).

凡驛. 各置長一人. 取驛戶內家口富幹事者爲之. 一置以後. 悉令長仕(謂. 牧長帳亦准此也.). 若有死老病. 及家貧不堪任者. 立替. 其替代之日. 馬及鞍具欠闕(謂. 非理而欠闕也. 案下條. 若馬有闕失. 以驛稻市替. 此卽以理死失. 故官司市替. 此條據非理死失. 故云徵前人.) 並徵前人. 若緣邊之處. 被蕃賊抄掠. 非力制者. 不用此令.

凡諸道置驛馬. 大路(謂. 山陽道. 其大宰以去. 卽爲小路也.)廿疋. 中路(謂. 東海東山道. 其自外皆爲小路也.)十四. 小路五匹. 使稀之處. 國司量置. 不必須足. 皆取筋骨强壯者充. 每馬各令中中戶養飼. 若馬有闕失者. 卽以驛稻(謂. 驛田之收穫也.)市替. 其傳馬每郡各五. 皆用官馬(謂. 以軍

---

²³_『令集解』등에는 '有'자가 있다.

團馬充之也. 其驛馬亦同也.). 若無者. 以當處官物市充. 通取家富兼丁(謂. 凡驛徭役共免. 故不必取家富. 至於傳戶. 唯免雜徭. 故必取富者也.)者付之. 令養以供迎送(謂. 國司向任. 及罪人令乘官馬者. 皆乘傳馬之類.).

凡水驛不配馬處. 量閑繁. 驛別置船四隻以下. 二隻以上. 隨船配丁(謂. 船有大小. 故隨船配人. 令應堪行. 若應水陸兼送者. 亦船馬並置之.). 驛長准陸路置.

凡乘驛及傳馬. 應至前所替換者. 並不得騰過(謂. 騰亦過.). 其無馬之處. 不用此令.

凡軍團官馬. 本主欲於鄉里側近十里內調習聽(謂. 本主者. 養馬之兵士也. 若於十里外. 以理致死者. 雖科違令. 不在徵限也.). 在家非理死失(謂. 案唐令. 因公事死失者. 官爲立替. 在家死失. 卅日內備替. 則知. 非公事者. 皆爲在家. 若因公事. 非理死失者. 依下條徵陪之法也.)者. 六十日內備替. 即身死. 家貧. 不堪備者(謂. 雖即身死. 而堪備仍徵. 此唯爲當條立制. 餘篇不得引爲比類也.). 不用此令.

凡驛傳馬每年國司撿簡. 其有大老病(謂. 大老大病. 不任乘用也.). 不堪乘用者. 隨便貨賣(謂. 於貨物轉賣.). 得直若少. 驛馬添驛稻. 傳馬以官物市替.

凡公使須乘驛及傳馬. 若不足者. 即以私馬充. 其私馬因公使致死者. 官爲酬替(謂. 雖則以理及非理死. 皆官酬替. 但非理死者. 官先爲酬. 後更依下條徵備. 案下條. 非理死失. 即知. 非理致失者. 亦令酬替. 其有傷損不任乘用者. 亦須酬替.).

凡官人乘傳馬出使者. 所至之處. 皆用官物. 准位供給(謂. 官稻其物者. 郡稻. 其驛使者. 用驛稻也. 隨位高下. 有從人多少. 故云准位供給. 但供給多少. 依式處分也.) 其驛使者. 每三驛給. 若山險闊遠之處. 每驛供之.

凡國郡所得闌畜(謂. 闌與口同. 闌妄也. 言無主繫養. 妄以放逸也.). 皆仰當界內訪主. 若經二季無主識認者. 先充傳馬. 若有餘者出賣. 得價入官(謂. 國郡所得闌畜. 各經二季無主識認. 皆出賣. 得價充當所囚徒衣粮. 即餘財物. 亦

准此法. 其在京者. 先申官. 下贓贖司也.). 其在京. 經二季無主識認者. 出
賣. 得價送贓贖司. 後有主識認者(謂. 物實見在而識認者. 其馬牛已死. 及餘
物無實者. 不得仍復認訪之.). 勘當知實. 還其本價.

凡闌遺之物. 五日內申所司(謂. 此稱闌遺之物者. 廣據畜産及財物等. 皆是五
日之內送所司. 卽六日以外者. 旣過送限. 違令及坐贓. 從重科之也.). 其贓畜. 事未
分決(謂. 六贓馬牛等. 應入之人. 未分決者. 卽付京轅養. 充雜徭. 若應入之人分明者.
令其養之.). 在京者. 付京轅. 斷定之日. 若合沒官出賣(謂. 出賣得價. 納
贓贖司也.). 在外者. 准前條(謂. 先充傳馬之類.).

凡官私馬牛(謂. 文云附朝集使. 卽知京內馬牛. 不在此限也.)帳. 每年附朝集
使. 送太政官(謂. 自太政官. 更下兵部. 卽兵馬司轅掌云公私馬牛. 是.).

凡官馬牛死者. 各收皮腦角膽(謂. 腦者. 馬腦也. 膽者. 牛膽也. 此皆置所在.
依處分用之也.). 若得牛黃者別進(謂. 不待處分. 隨得卽進. 故云別進.).

凡因公事. 乘官私馬牛以理致死. 證見分明者. 並免徵. 其皮宍. 所
在官司出賣. 送價納本司(謂. 雖是私畜. 其皮宍皆納官司. 官以本畜酬替故.).
若非理死失者. 徵陪.

凡官畜. 在道 · 24 羸病. 不堪前進者(謂. 官馬牛上京. 及向軍所. 在道羸病之
類也.). 留付隨近國郡. 養飼療救. 草及藥官給. 差日. 遣專使. 送還
所司(謂. 不更達前所. 使送還本司也.). 其死者. 充當處公用(謂. 上條云送價納
本司者. 據驛傳馬. 此文非爲驛傳. 故云充當處公用.).

24_『令集解』등에는 道 아래 '有'자가 있다.

1. **의박사**醫博士**는 의인**醫人(생각건대 십의사十醫師[1]이다. 아래 조항에서 환가患家가 의인의 성명을 기록한다고 한 것이 이것이다. 곧 법술法術[2]이 우수한 자를 뽑는 것이 가장 좋다. 그러므로 아래 조항[3]에서, 경經은 비록 합격하지 못했지만, 질병을 치료할 수 있는 자를 헤아려 의사에 보임하는 것을 허락한다고 한 것이다.) **중에서 법술**法術**이 우수한 자를 뽑아서**(생각건대 법法은 배운 바 경經이다. 술術은 치료한 바의 효험이다.) **삼는다. 안마**按摩**와 주금**咒禁 **박사도 또한 이에 준한다**(생각건대 이 조항 및 다음 조항에서 침박사針博士와 학생[生]을 말하지 않은 것은 내용을 보면 알 수 있다.). ○ 정사요략政事要略 95에 실려 있다.

2. **무릇 의생**醫生 **안마생**按摩生 **주금생**咒禁生 **약원생**藥園生**은 먼저 약부**藥部[4] **및 대대로 익힌 자**[世習]**를 뽑는다**(생각건대 약부藥部는 성姓을 약사藥師라고 칭한다. 곧 봉전약사蜂田藥師, 내량약사奈良藥師의 부류이다. 대대로 익힌다는 것은 3

1_ 典藥寮에 소속된 10명의 의사를 말한다. 「의질령」27조에 보이는 醫人과 같다.
2_ 法은 의학과 관련된 지식이고 術은 針・灸 등의 기능을 말한다.
3_ 「의질령」13조를 말한다.
4_ 의술을 세습해온 집안을 말하며 주로 藥師라는 姓을 사용하였다. 難波藥師・和藥使主 등이 있다.

대 동안 의업을 익혀, 서로 이어서 명가名家가 된 것이다.). **다음으로 서인庶人으로 나이 13세 이상 16세 이하이며**(생각건대 단지 서인만이 아니라 약부로서 대대로 익힌 자 또한 이 법과 같다. 학령學令을 살펴보면, 5위 이상의 자손子孫 및 동서사부東西史部의 아들로서 모두 나이 13세 이상 16세 이하로 한정하여 뽑아서 학생으로 삼는다고 하였다.[5] 약부로서 대대로 익힌 자는 5위 이상 자손에 해당하므로, 모두 먼저 사색생四色生[6]으로 충원한다. 곧 21세에 이르면 신송申送하는 예에 따른다.[7] 그 내용에서 서인을 취한다고 한 것은 만약 8위 이상의 아들로 간절히 원하면 또한 뽑는 것을 허용하는 것이다.) **총명한 자를 뽑아서 삼는다.** ○ 정사요략 95. 직원령 집해 전약典藥 조 및 국박사國博士에 인용하였다.

3. **의침생醫針生은 각각 경經을 나누어 수업受業한다. 의생醫生은 갑을甲乙, 맥경脉經, 본초本草를 익히고, 아울러 소품小品 집험集驗 등의 처방을 익힌다**(생각건대 갑을경甲乙經[8] 12권, 맥경脉經[9] 2권, 신수본초新修本草[10] 20권, 소품小品[11] 12권, 집험集驗[12] 12권이다.). **침생針生은 소문素問, 황제침경黃帝針經, 명당明堂, 맥결脉決을 익히고, 아울러 유주流注, 언측도偃側圖, 적오신침赤烏神針 등의 경을 익힌다**(생각건대 소문素問[13] 3권, 황제침경黃帝針經[14] 3권, 명당明堂[15] 3권, 맥

5_ 「學令」 1조 참조.

6_ 의생·안마생·주금생·약원생의 4가지 의술 관련 학생을 말한다.

7_ 「學令」 21조 참조.

8_ 晉의 皇甫謐이 편찬한 의서이다.

9_ 西晉의 王叔和가 편찬한 의서로 여러 책에서 진맥에 관련된 내용을 발췌한 것이다.

10_ 唐의 蘇敬이 편찬한 의서로 本文, 藥圖, 圖經, 目錄 등 55권이다.

11_ 唐의 陳延之가 편찬한 湯藥 등의 치료법을 다룬 의서이다.

12_ 北周의 姚僧坦이 편찬한 처방과 약초를 다룬 의서이다.

13_ 黃帝素問에 隋의 全元起가 注를 단 것이다.

14_ 현존하는 靈樞經의 原典으로 보고 있다.

15_ 鍼灸에 관한 의서로 唐의 楊上善이 주를 달았으며, 침구의 정확한 위치를 다룬 것이다.

결맥결決[16] 3권, 유주경流注經[17] 1권, 언측도偃側圖[18] 1권, 적오신침경赤烏神針經[19] 1권이다. 내용에서 적오신침경 등이라고 하였으므로 곧 또한 다른 경이 있음을 알 수 있다. 아래 조항을 살펴보면, 아울러 익히는 업業은 각각 2조를 시험하는 데, 3경을 익힐 수 없다고 하였다. 곧 비록 다른 경이 있더라도 2조를 시험하는 데 그치고, 모두 시험할 수 없다.). ○ 정사요략 91에 실려 있다. 적赤은 모두 역亦으로 되어 있다. 안案은 업業으로 되어 있는데 이제 고쳤다. 고과령 집해集解[20]가 또한 인용하였다.

4. 의침생醫針生으로 처음 입학한 자는 먼저 본초, 맥결, 명당을 읽는다. 본초를 읽은 자는 곧 약형藥形과 약성藥性을 알도록 한다. 명당을 읽은 자는 곧 그림을 익혀 공혈孔穴[21]을 알도록 한다. 맥결을 읽은 자는 차례대로 서로 증상을 진단하도록 한다(생각건대 가령 침생이 갑과 을 두 사람이 있다면, 갑으로 하여금 을을 진단토록 하고, 을로 하여금 갑을 진단하게 한다. 이것이 차례대로 서로 증상을 진단하는 것이다.). 사시四時의 부침浮沈과 삽활澁滑의 상황을 알도록 한다(생각건대 삽澁은 어려운 것[難]이고, 활滑은 이로운 것[利]이다. 여름 맥은 뜨고, 겨울 맥은 가라앉으며, 찬 맥은 껄끄럽고, 따뜻한 맥은 매끄러운 부류이다.). 다음으로 소문, 황제침경, 갑을, 맥경을 읽는다. 모두 자세하고 깊이 익히도록 한다(생각건대 경문을 익혀 읽는데 막힘이 없는 것이다. 학령學令에서 학생은 먼저 경문을 읽어 익힌 다음에 뜻을 설명한다. 바로 그 뜻이다.). 아울러 익히는 업은 각각 통리通利하도록 한다. ○ 정사요략 95.

5. 의생醫生이 이미 제경諸經을 읽었으면, 곧 업을 나누어 교습教習한다. 20

---

[16]_ 黃帝脉決에 晉의 王叔和가 주를 단 것으로 진맥에 관한 의서이다.
[17]_ 침구의 經絡에 관한 의서이지만 산일되었다.
[18]_ 인체의 經絡을 나타낸 圖譜로 생각된다.
[19]_ 隨의 張子存이 편찬한 침구서이지만, 대부분 산일되었다.
[20]_ 「令集解」의 孝課令 부분을 뜻한다.
[21]_ 針을 놓고 뜸을 뜨는 부위를 말한다.

인이 있으면(생각건대 직원령職員令에 의하면 의생 40인이다. 곧 20분으로 나누어, 24인은 체료體療를 배우고, 6인은 창종創腫을 배우고, 6인은 소소少小를 배우고, 4인은 이목구치耳目口齒를 배운다.), **12인은 체료體療를 배운다**(생각건대 창종과 이목 등은 각각 따로 의생이 있다. 곧 이를 제외한 신체의 여러 가지 병이다. 모두 주치主治한다. 그러므로 통틀어 체료라고 한 것이다.). **3인은 창종을 배운다**(생각건대 창創은 종기[瘡]와 글자가 서로 통한다.). **3인은 소소少小를 배운다**(생각건대 6세 이상은 소소이고 18세 이상은 소少이다. 소소를 치료한다고 한 것은 참으로 성인과 다른 것이 많기 때문이다. 그래서 따로 소소少小라고 한 것이다.). **2인은 이목구치耳目口齒를 배운다. 각각 그 업을 전문으로 한다.** ○ 정사요략 95에 실려 있다. 20인이 있으면의 20卄이 40卌으로 되어 있다. 소소의 주에는 원래 다소多少로 되어 있다. 다이多異는 원래 이다異多로 되어 있는데 지금 고쳤다. 전약료 집해 또한 인용하였다.

6. 의침생醫針生은 각각 익히는 바에 따라서 고방古方을 뽑아서[鈔] 외운다(생각건대 초鈔는 모두 취하지 않는 것이다. 고방古方은 앞의 조항에서 언급한 이외의 과거의 약방藥方이다. 율에서 '금고약방今古藥方'이라고 하였는데 이것이다. 예로부터 전해온 방경方經은 그 분량이 차고 넘친다. 이를 모두 외우게 하면 감당할 수 없는 바가 있다. 그러므로 그 더욱 중요한 것을 뽑아서, 각각 그 업에 따라 외우는 것이다.). **뛰어난 의사가 치료하는 곳이 있으면 따라다니면서 침구鍼灸의 법을 익혀 알도록 한다.** ○ 정사요략 95.

7. 무릇 의침생醫針生은 박사가 한 달에 한 번 시험한다(생각건대 안마와 주금생을 생략했다는 것은 문장을 살펴보고 알아야 한다.). **전약두典藥頭와 조助는 계절마다 한 번 시험한다. 궁내경宮內卿과 보輔는 연말에 모두 시험한다. 고시考試의 법식法式은 오로지 대학생의 예에 따른다**(생각건대 고시는 시험한다고 하는 것과 같다. 곧 계시[栔] 및 순시旬試와 헤아려 벌을 주는 등의 부류는

한결같이 대학생의 예에 따른다. 연속으로[頻] 세 번 하下가 있으면 또한 학생에 준하여 해퇴[解退]한다.). **만약 업술業術이 두드러져 현임관보다 뛰어난 자는 곧 보임하여 교체하는 것을 허락한다**(생각건대 이는 업을 이루는 연한에 이르지 않았는데, 연말의 시험에서 업술이 현임보다 뛰어난 것을 안 것이다. 옛 사람을 물리고 새로운 사람을 보임하는 것이다. 아래 조항을 살펴보면, 경에 비록 합격하지 못했으나 병을 치료할 수 있는 것을 헤아려 의사로 보임하는 것을 허락한다고 하였다. 그러므로 업술이 현저하면 비록 출신出身[22]이 아니더라도 또한 쓸 수 있는 것이다.). **재학한 지 9년이 될 때까지 이루지 못하면 물리쳐 본색本色을 따르게 한다.** ○ 정사요략 95에 실려 있다. 빈頻은 원문에는 유類로 되어 있는데, 지금 고쳤다. 직원령 집해 전약조에 인용하였다. 고考 이하 11자는 자주子注로 삼았다.

8. **체료體療를 배우는 자는 7년, 소소少小 및 창종創腫을 배우는 자는 각각 5년 안에 배움을 이루어야 한다. 이목구치耳目口齒는 4년이고, 침생針生은 7년에 이룬다**(생각건대 이는 모두 업을 익히고 뜻을 설명하는 연한이다. 글을 읽는 2년은 모두 뜻을 설명하는 것[講義] 이외에 속한다. 그러므로 위의 조항에서, 재학 9년에 이룸이 없으면 물리쳐 본색을 따르게 한다고 한 것이다. 이는 7년에 업을 이루는 것을 위한 것이며, 오직 한 경우를 예로 든 것이다. 곧 그 나머지 창종 및 이목 등은 재학 6~7년에 이룸이 없으면, 또한 물리치는 데 따라야 한다.). **업을 이룬 날에 전약료의 업술이 뛰어난 자로 하여금 궁내성宮內省에 나아가 승丞 이상이 직접 자세히 교련挍練[23]토록 한다**(생각건대 이는 반드시 판관判官 이상일 필요가 없다. 모두 상대相對하는 것이다. 그런 후에 교시挍試한다. 만약 보輔 이상 1인 및 판관 1인이면 또한 대시對試할 수 있다. 학령學令에 의하면, 출사하고자 하는 자는 대의大義 10조를 시문試問하여 8조 이상을 얻으면 천거하여 보낸다고 하였다. 곧 이 조항에 있어서 또한 학생에 준한다.). **행업行業을 자세히**

---

[22]- 시험에 합격하여 정식으로 관인으로 출사하는 것을 의미한다.
[23]- 試問하여 業術을 평가하는 것이다.

기록하여(생각건대 방정청수方正淸修가 행이고, 사학료치事學療治가 업이다.), 태정관太政官에 신송申送한다. ○ 정사요략 95에 실려 있다.

9. 사사로이 스스로 학습하여 의료를 이해한 자가 있어 전약료[典藥]에 문서를 보냈다면[投名](생각건대,.스스로 학습한 자가 있어 출신出身하고자 하여, 곧 전약료에 문서를 보내어 직접 시험을 청하는 부류이다.), 효험을 시험하여 감당하면, 의침생醫針生의 예에 따라서 고시考試한다(생각건대 위의 조항에 의하면 전약료가 효험을 시험한다. 궁내성에 보고하여 다시 교련攷練하고, 태정관에 보고한다. 이는 의침생의 예에 준한다.). ○ 정사요략 95.

10. 의침생醫針生은 처음 입학하면 모두 속수례束修禮를 행하는데 오로지 대학생에 준한다. 그 안마按摩 주금생咒禁生은 반을 줄인다. ○ 정사요략 95.

11. 본초本草, 소문素問, 황제침경黃帝針經, 갑을甲乙을 교습敎習할 때는 박사博士는 모두 내용을 살펴서 강설講說한다(생각건대 내용을 살핀다는 것은 내용에 의거한다는 것과 같다. 나머지 경은 생략한 것을 헤아려 알아야 할 것이다. 오경五經을 강하는 방법과 같이 한다.). ○ 정사요략 95.

12. 의침생醫針生은 전약료[典藥]가 그 능한 바를 헤아려 병이 있는 곳이 있으면 보내어 치료[求療]하도록 한다(생각건대 이는 5위 이상에 의거한 것이고 6위 이하에는 미치지 않는다.[24]). 매년 궁내성宮內省이 그 견식[識解]의 우열과 (생각건대 오직 그 우열만을 따지고 반드시 경을 시험하지 않는다.) 병을 치료한 회수[多少]로 고제考第를 정한다(생각건대 전약료에서 정한 고제를 궁내성이 다시 확인[押捺]하는 것이다. 궁내성이 직접 그 고제를 정하는 것이 아니다.). ○ 정

---

[24]_ 5위 이상으로서 병이 걸린 경우에 의침생을 직접 그 집으로 파견하여 치료하게 하는 것이다.

사요략 95에 실려 있는데 해解 자가 없다. 직원령 집해 전약조가 또한 인용하였다.

13. 의침생醫針生은 업을 이루어 태정관에 보내면, 식부式部가 복시覆試한다(생각건대 궁내성이 태정관에 보고하면, 태정관은 식부에 내린다. 이는 궁내성이 먼저 이미 교련按練하였으므로 복시라고 한 것이다.). **각 12조인데, 의생醫生은 갑을甲乙 4조, 본초本草·맥경脉經 각 3조를 시험하고, 침생針生은 소문素問 4조, 황제침경黃帝針經·명당明堂·맥결脉決 각 2조를 시험한다. 아울러 익힌 업은 의침醫針 각 2조를 시험한다. 문답問答하는 법식은 모두 대학생大學生의 예에 준한다**(생각건대 고과령考課令에서는 경經의 본문과 주를 들어서 물음으로 삼고, 그 답이 모두 의리義理를 밝힌 연후에 통通으로 삼는다. 비록 아울러 익힌 업에서 모두 통하지 않더라도, 나머지 경經에서 8문제에 통하면 또한 득제得第로 삼는다. 논어論語·효경孝經에 준하여 부제不第로 할 수 없다.[25]). **의생은 전통全通하면 종8위하에 서위한다. 8문제 이상에 통하면 대초위상大初位上에 서위한다. 침생針生은 의생보다 1등을 내린다. 합격하지 못한**[不第] **자는 물리쳐 본학本學으로 돌려보낸다**(생각건대 이는 업을 이루는 연한에 미치지 않은 자에 의거한 것이다. 그러므로 물리쳐 본학으로 돌려보낸다고 한 것이다.). **경經에는 비록 합격하지 못하였으나, 여러 처방**[諸方]**에 밝아서 헤아려 병을 치료하는 것을 감당할 수 있으면 곧 의사로 보임하는 것을 허락한다**(생각건대 비록 8문제에 통한 수준에 이르지 못했더라도, 병을 치료하고 약을 짓는 방법을 아는 것이다. 그러므로 전약료의 의사 등에 보임하는 것을 허락하는 것이다. 또한 시의侍醫로 보임할 수 없다.). ○ 정사요략 95. 또한 고과령 집해에 인용하였다. 의생 전통醫生全通의 의 자 앞에 즉則 자가 있다. 강降은 감減으로 되어 있다.

14. 안마생按摩生은 안마按摩, 상절傷折[26] 및 판박判縛[27]의 방법을 배운다(생각

---

[25]_ 대학생의 경우 명경시明經試는 논어와 효경에 모두 不通이 되면 不第로 처리하였다. 「考課令」71조.

건대 안마는 다른 사람을 당기거나 들거나 때리거나 혹은 주물러서 근골筋骨이 제대로 펴지고, 사기邪氣가 없어지도록 하는 것이다. 상절의 절折은 절뚝거리는 것[跌]이다. 판박은 침으로 부러지고 다친 어혈瘀血을 찔러 빼내는 것이다. 이것이 판이 된다. 다리를 크게 다친 것을 잘 묶고 안마하고 이끌어서, 그 기를 회복시키는 것이 박縛이다.). **주금생**呪禁生**은 주금**呪禁, **해오**解忤, **지금**持禁**의 방법을 배운다**(생각건대 지금持禁은 몽둥이나 칼을 들고 주문呪文을 외우고 정해진 방법으로 기운을 막아서, 맹수 호랑이 독충 정매精魅[28] 도적 오병五兵[29]의 침해를 입지 않는 것이다. 또한 주금으로 몸을 견고하게 해서 끓는 물 불 칼 칼날로 상처입지 않는다. 그래서 지금이라고 한다. 해오는 주금법으로 여러 가지 사기와 경오驚忤[30]를 푸는 것이다. 그래서 해오라고 한다.). **모두 3년을 기한으로 이룬다. 업을 이룬 날에 태정관에 신송**申送**한다**(생각건대 고시考試하는 법식 및 등제等第의 고하는 모두 식의 처분을 기다린다.). ○ 정사요략 95.

15. 의침생醫針生**과 안마**按摩 · **주금생**呪禁生**은 오로지 업을 익히도록 하고, 여러 가지 일을 시킬 수 없다**(생각건대 순가旬假 및 전가田假, 수의가授衣假 등은 대학생에 준한다.). ○ 정사요략 95.

16. 여의女醫**는 관호와 관비**[官戶婢] **중 나이가 15세 이상 25세 이하로서 성식**性識**이 지혜로운 자 30인을 뽑아서 별도의 장소에 안치**安置**한다**(생각건대 내약사內藥司 옆에 별원別院을 만들어 안치한다.). **안태**安胎[31] **산난**産難[32] **및 창종**

26- 멍들거나, 삐거나, 부러진 것을 말한다.
27- 의미상은 劌이 아니라 剌가 옳다.
28- 妖怪를 말한다.
29- 戈, 殳, 戟, 矛, 弓矢 등 여러 가지 무기를 말한다.
30- 놀라서 기운이 어긋난 것을 말한다.
31- 임신한 이후에 태아가 잘 자라도록 편안하게 해주는 것이다.
32- 어려운 출산을 돕는 것이다. 태아의 발이 먼저 나오거나 목에 탯줄이 감기는

創腫 상절傷折 침구鍼灸하는 법을 가르친다. 모두 내용을 살펴서 말로 가르친다(생각건대 여의는 방경方經33을 읽지 않고, 오직 손으로 치료하는 것만 익힌다. 그러므로 박사는 방경을 살펴서 말로 가르친다. 당령唐令을 살펴보면 박사가 가르친다고 하였다. 지금 이 영에서 내용으로는 언급하지 않았지만 박사가 교수教授하는 것이다. 다만 안마 침구 등은 그 업이 각각 다르므로, 해당 분야의 박사가 각각 교수해야 한다. 곧 시험할 때는 각각 해당 분야로 하여금 시험하게 한다.). 매월 의박사가 시험하고, 연말에 내약사內藥司가 시험한다. 7년을 기한으로 이룬다. ○ 정사요략 95.

17. 무릇 국國의 의생醫生34으로서 업술業術이 우수하여 입사入仕하기를 진정으로 원하면, 본국本國35이 예능藝能을 자세히 기록하여 태정관太政官에 신송申送한다. ○ 직원령집해 섭진攝津 조.

18. 무릇 국國의 의사醫師가 의방醫方을 교수하는 것과 생도生徒의 과업課業 연한年限은 모두 전약료典藥寮의 교습법에 준한다. 그 나머지 잡치雜治와 행용行用으로 유효한 것은 또한 아울러 익힌다. ○ 직원령 집해 국박사國博士 조.

19. 무릇 국國의 의생醫生은 매월 의사가 시험한다. 연말에 국사國司가 직접 시험한다[對試]. 모두 우열을 분명하게 정한다. 시험하여 불통不通한 자가 있으면, 사정에 따라 과죄科罪한다. 만약 스승의 가르침을 따르지 않고, 자주 참범僭犯하고, 과업課業을 채우지 못하고, 끝내 진보가 없으면, 일에 따라서 해출解黜하고, 곧 사람을 바꾸어 넣는다. ○ 직원령 집해 국박사國博士 조.

___

등 어려운 상황을 돕는 것이다.

33_ 진맥, 약초, 처방 등 의술과 관련된 문헌을 말한다.

34_ 「職員令」80조. "國博士와 醫師는 국별로 각각 1인을 둔다. 학생은 大國은 50인, 上國 40인, 中國 30인, 下國 20인이다. 醫生은 4/5를 감한다."

35_ 의생이 소속된 國을 말한다.

20. 무릇 약원藥園은 스승[36]으로 하여금 검교檢校하여 원생園生[37]을 뽑도록 한다. 본초本草를 가르치고 읽게 하여, 여러 가지 약과 씨앗을 채취하는 방법을 분별하여 알게 한다. 주변의 산택山澤에 약초가 있는 곳은 채취하고 씨를 뿌린다. 필요한 인력[人功]은 모두 약호藥戶[38]를 부린다. ○ 직원령 집해 전약典藥 조.

21. 약품藥品의 필요량[施]은 전약료[典藥]가 해마다 헤아려 정하여[支料[39]], 약이 나는 곳에 의거하여, 태정관에 보고하여 산하散下한다.[40] 수시로 채취하도록 한다. ○ 부역령 집해 잡요雜傜 조. 또한 정사요략 59에 인용하였다. 시施가 강強, 요료는 단斷으로 되어 있는데 이제 고친다.

22. 제국諸國으로서 약을 바치는 곳은 채약사採藥師를 두어 때맞춰 채취하도록 한다. 그 인력[人功]은 해당 지역 부근에서 뽑아서 내려 보내 배당한다[配支].

23. 어약御藥[41]의 조제[合和]는 중무中務 소보少輔 이상 한 사람이 내약정內藥正[42]과 함께 감시한다. ○ 직제율소職制律疏.

24. 천황이 약을 드시는 날에 시의侍醫가 먼저 맛본다. 다음으로 내약정內藥正이 맛본다. 다음으로 중무경中務卿이 맛본다. 그런 다음 천황에게 바친다.

---

[36]_ 藥園師이고 정원은 2명이다. 「職員令」44조.
[37]_ 藥園生은 정원이 6명이다. 「職員令」44조.
[38]_ 典藥寮 소속의 品部이다. 75戶 중 37丁이 1년 교대로 근무하였다.
[39]_ 支는 支度이고 料는 量定이다.
[40]_ 해당 각 지역에 약초를 바치도록 지시를 내리는 것이다.
[41]_ 천황이 복용하는 약을 말한다.
[42]_ 內藥司의 장관이다.

중궁中宮과 동궁東宮도 이에 따른다. ○ 동궁직원령 집해 주서서主書署 조.

25. 무릇 5위 이상이 병환病患이 들면, 모두 주문奏聞하고 의사를 보내어 치료한다. 그리고 병을 헤아려 약을 지급한다(생각건대 질병이 생긴 집은 궁내성으로 신첩申牒한다. 일이 작으면 성이 직접 처분한다. 일이 중대하면 태정관에 보고하고, 태정관이 아뢰고 지급한다. 그러므로 공식령公式令에서 이르기를, 아뢰고 의약醫藥을 준다고 하였다. 곧 기내畿內 또한 왕경에 준한다.). 치사致仕한 경우도 또한 이에 준한다. ○ 정사요략 95. 또한 직원령 집해 전약조가 인용하였다. 병환病患의 병은 질疾로 되어 있다.

26. 전약료典藥寮는 매년 상한傷寒[43], 시기時氣[44], 학瘧[45], 이利[46], 상중傷中[47], 금창金創[48]을 헤아려 여러 가지 약을 지어 치료에 대비해야 한다(생각건대 합合은 여러 가지 약을 제조하는 것[和合]이다. 상한은 겨울의 한기에 상해서 생기는 병이다. 시기는 때마다 유행하는 병이다. 봄에는 따뜻해야 하지만 도리어 춥고, 여름은 더워야 하지만 도리어 싸늘하고, 가을에는 서늘해야 하지만 도리어 덥고, 겨울에는 추워야 하지만 도리어 따뜻한 경우다. 그때가 아닌데 그 기운이 있는 것이다. 1년 중에 병의 많고 적음이 없고 대체로 비슷한 것이다. 이것이 곧 때에 따라 움직이는 기운이다. 역려疫癘라고도 한다. 음양의 기운이 조화롭지 못하여 그 병에 이른다. 비유하면 사람을 부리는 것[役]과 같다. 그래서 역려라고 한다. 학瘧은 여름의 햇볕에 상한 것이다. 가을에는 반드시 학[49]이 생긴다. 이리는 설

---

[43] 寒氣로 생기는 병이다.
[44] 환절기에 생기기 쉬운 병을 말한다. 疫癘라고도 한다.
[45] 여름에 강한 햇볕으로 생기는 열병이나 말라리아 등을 말한다.
[46] 설사 등의 병이다.
[47] 내장에서 생기는 여러 가지 질병이다.
[48] 칼 등에 베이거나 찔린 상처를 말한다.
[49] 疫으로 되어 있는 판본도 있다.

사[下利]와 같은 병이다. 상중傷中은 오장육부[府藏]에 병이 있는 것이다. 금창金創은 칼 등으로 상처를 입은 것이다.). **제국諸國도 이에 준한다.** ○ 정사요략 95.

27. 의침사醫針師 등은 병환이 있는 집을 돌면서 치료한 바의 차도와 병환이 있는 집, 의인醫人의 성명(생각건대 앞의 조항에서 그 능한 바를 헤아려 병환이 있는 집이 있으면 보내어 치료하도록 한다고 한 것이 이것이다.)**을 기록하여, 궁내성에 보고한다**(생각건대 다시 전약료典藥寮에 내려서 고장考狀[50]에 붙이도록 한다.)**. 이에 의거하여 출척黜陟한다. 제국의 의사도 또한 이에 준한다.** ○ 정사요략 95.

앞의 창고령과 의질령 2령은 산일된 지가 이미 오래 되었다. 지금 속일본기 유취삼대격 정사요략 영집해 등이 인용한 것을 모아서 편집하였다. 비록 원래대로 복원하지 못하였지만 그 대강을 볼 수 있을 것이다.

---

[50]_ 관인의 근무성적에 대한 고과를 기록한 문서이다.

凡貳拾漆條 ○ 官位令集解

醫博士. 取醫人(謂. 十醫師也. 下條. 患家錄醫人姓名. 是也. 卽不如取法術優長者. 故下條云. 經雖不第. 量堪療疾者. 聽補醫師也.)內法術優長(謂. 法者. 所學之經也. 術者. 所療之驗也.)者爲之. 按摩咒禁博士亦准此(謂. 此條及次條. 不言針博士并生者. 按文可知.). ○ 政事要略九十五載之.

凡醫生. 按摩生. 呪禁生. 藥園生. 先取藥部及世習(謂. 藥部者. 姓稱藥師者. 卽蜂田藥師. 奈良藥師類也. 世習者. 三世習醫業. 相承爲名家者也.). 次取庶人年十三已上. 十六已下(謂. 非唯庶人. 藥部世習. 亦同此法. 按學令. 五位已上子孫. 及東西史部子. 皆限年十三以上. 十六以下. 取爲學生. 若藥部世習. 是五位以上子孫者. 皆先宛四色生. 卽至廿一. 依申送. 其文云取庶人. 若八位以上子情願者. 亦聽取.). 聰令者爲之. ○ 政事要略九十五. 職員令集解典藥寮條及國傳士條引之.

醫針生. 各分經受業. 醫生習甲乙. 脉經. 本草. 兼習小品. 集驗等方(謂. 甲乙經十二卷. 脉經二卷. 新修本草廿卷. 小品十二卷. 集驗十二卷也.). 針生. 習素問. 黃帝針經. 明堂. 脉決. 兼習流注. 偃側等圖. 赤烏神針等經(謂. 素問三卷. 黃帝針經三卷. 明堂三卷. 脉決二卷. 流注經一卷. 偃側圖一卷. 赤烏神針經一卷. 文云赤烏神針荨經. 卽知亦有餘經. 故更稱等經. 案下條. 兼習之業. 試各二條. 是兼習之業. 不可有三經. 卽雖有餘經. 止試二條. 不可惣試.). ○ 政事要略九十五載之. 赤皆作亦. 案舊作業今改之. 孝課令集解又引之.

醫針生. 初入學者. 先讀本草. 脉決. 明堂. 讀本草者. 卽令識藥形藥性. 讀明堂者. 卽令驗圖識其孔穴. 讀脉決者. 令遞相診候(謂. 假有. 針生甲乙二人. 令甲診乙. 令乙診甲. 是爲遞相診候也.). 使知四時浮沈澁滑之狀(謂. 澁者. 難也. 滑者. 料也. 夏脉浮. 冬脉沈. 冷脉澁. 温脉滑之類是也.). 次讀

」素問. 黃帝針經. 甲乙. 脉經. 皆使精熟(謂. 習讀經文. 無所滯礙者. 學令. 學生先讀經文通熟. 然後講義. 卽其義也.). 其兼習之業. 各令通利. ○ 政事要略九十五

醫生. 旣讀諸經. 乃分業敎習(謂. 先讀文通熟後. 乃分其業也.). 率廿(謂. 依職員令. 醫生冊人. 卽爲廿分. 廿四人學體療. 六人學創腫. 六人學少小. 四人學耳目口齒也.). 以十二人學體療(謂. 創腫耳目等. 各別有生. 卽除此外. 身體諸病. 皆悉主治. 故惣云體療也.). 三人學創腫(謂. 創與瘡字相通也.). 三人學少小(謂. 六歲以上爲小. 十八以上爲少也. 言療治少小固多異成人. 故別云少小.). 二人學耳目口齒. 各專其業. ○ 政事要略九十五載之. 率廿之廿作冊. 注少小舊作多小. 多異舊作異多今改之. 典藥寮集解又引之.

醫針生. 各從所習. 鈔古方誦之(謂. 鈔者. 不全取也. 古方者. 上條所言之外. 往古藥方. 律云今古藥方是也. 言古來方經. 卷軸盈溢. 皆令其誦之. 或有所不堪. 故抄取其尤要者. 各從所業誦之.). 其上手醫. 有療疾之處. 令其隨從. 習知合針灸之法. ○ 政事要略九十五

凡醫針生. 博士一月一試(謂. 略按摩呪禁生者. 案文須知也.). 典藥頭助. 一季一試. 宮內卿輔. 年終惣試. 其考試法式. 一准大學生例(謂. 考試. 猶云試也. 卽季及旬試. 并斟量決罰等類. 皆准大學生例. 其有頻三下者. 亦准學生解退也.). 若業術灼然. 過於見任官者. 卽聽補替(謂. 此未及業成年限. 而至年終. 知業術過見任者. 退舊人. 以補新生也. 按下條. 經雖不第. 量堪療病者. 聽補醫師. 故業術灼然者. 雖未出身. 亦得用.). 其在學九年無成者. 退從本色. ○ 政事要略九十五載之. 頻舊作類今改之. 職員令集解典藥條引之. 其考以下十一字爲子住.

學體療者. 限七年成學. 少小及創腫者. 各五年成學. 耳目口齒者. 四年成. 針生七年成(謂. 此皆習業及講義之年限. 其讀文之二年. 皆在講義之外. 故上條云. 在學九年無成者. 退從本色. 此爲七年成業者. 唯擧一色. 卽其餘創腫及耳目等. 在學六七年无成者. 亦須准退也.). 業成之日. 令典藥寮業術優長者. 就宮內省. 對丞以上.(謂. 此不必判官以上. 皆悉相待. 然後校試. 若有輔以上一人及

判官一人者. 亦得對試也. 依學令. 欲出仕者. 試問大義十條. 得八以上擧送. 卽於此條亦准學生也.) **精加挍練. 具述行業**(謂. 方正淸修爲行. 事學療治爲行.). **申送太政官.** ○ 政事要略九十五載之.

有私自學習解醫療者. 投名典藥(謂. 有人自學習. 欲以出身者. 卽送辭牒. 向典藥寮. 親自請試之類也.). **試驗堪者. 聽准醫針生例考試**(謂. 依上條. 典藥試驗. 申宮內省. 省更挍練. 申太政官. 是爲准醫針生例.). ○ 政事要略九十五

醫針生初入學. 皆行束脩禮. 一准大學生. 其按摩咒禁生減半. ○ 政事要略九十五

教習本草. 素問. 黃帝針經. 甲乙. 博士皆案文講說(謂. 案文. 猶云依文. 其略餘經者. 准量須知.). **如講五經之法.** ○ 政事要略九十五

醫針師. 典藥量其所能. 有病之處. 遣爲救療(謂. 此據五位以上. 不及六位以下也.). **每年宮內省試驗其識解優劣**(謂. 唯議其優劣. 不必試經也.). **差病多少. 以定考第**(謂. 於典藥所定考第. 宮內更押校. 非是宮內越定其考第.). ○ 政事要略九十五載之. 而無解字. 職員令集解典藥條又引之.

醫針生. 業成送官者. 式部覆試(謂. 宮內申官. 官下式部. 此宮內先已挍練. 故云覆試也.). **各十二條. 醫生試甲乙四條. 本草. 脉經各三條. 針生試素問四條. 黃帝針經. 明堂. 脉決各二條. 其兼習之業. 醫針各二條. 問答法式. 並准大學生例**(謂. 考課令. 擧經文及注爲問. 其答者. 皆須辨明義理. 然後爲通. 是其雖兼習之業不全通. 而於餘經通八者. 亦得爲第. 不可准論語孝經以爲不第也.). **醫生全通. 從八位下叙. 通八以上. 大初位上叙. 其針生. 降醫生一等. 不第者. 退還本學**(謂. 此據未及業成年限者. 故云退還本學也.). **經雖不第. 而明於諸方. 量堪療病者. 仍聽補醫師**(謂. 雖不及通八之科. 而知療病合藥之術. 故聽補典藥醫師等. 亦不得仍補侍醫.). ○ 政事要略九十五. 又考課令集解引之. 醫生全通之醫上有則字. 降者作減.

按摩生. 學按摩傷折方及判斑之法(謂. 按摩者. 令他人牽擧揚批. 或摩使筋骨調暢. 邪氣散洩也. 傷折者. 折跌也. 判縛者. 以鍼判決折傷之瘀血. 是爲判也. 踠傷之

重. 善繫縛按摩導引. 令其氣復. 是爲縛也.).

咒禁生學咒禁解忤持禁之法(謂. 持禁者. 持杖刀讀呪文. 作法禁氣. 爲猛獸虎
狼毒虫精魅賊盜五兵. 不被侵害. 又以呪禁固身體. 不傷湯火刀刃. 故曰持禁也. 解忤者.
以呪禁法解衆邪驚忤. 故曰解忤也.). 皆限三年成. 其業成之日. 並申送太
政官(謂. 考試法式并等第高下. 並待式處分.). ○

醫針生. 按摩咒禁生. 專令習業. 不得雜使(謂. 旬假及田假. 授衣假等. 並
准大學生.). ○ 政事要略九十五.

女醫取官戶婢年十五以上. 廿五以下. 性識慧了者卅人. 別所安置
(謂. 內藥司側. 造別院安置也.). 敎以安胎産難. 及創腫傷折. 針灸之法.
皆案文口授(謂. 女醫不讀方經. 唯習手治. 故博士於其所習. 案方經以口授也. 案唐
令. 博士敎之. 今於此令. 雖文不言. 而博士敎授. 但按摩針灸等. 其業各異. 須當色博士
各敎授. 卽試昇令當色試.). 每月醫博士試. 年終內藥司試. 限七季成. ○
政事要略九十五.

凡國醫生業術優長. 情願入仕者. 本國具述藝能. 申送太政官. ○ 職
員令集解攝津條.

凡國醫師. 敎授醫方. 及生徒課業年限. 並准典藥寮敎習法. 其餘
雜治. 行用有挍者. 亦兼習之. ○ 職員令集解國博士條.

凡國醫生. 每月醫師試. 年終國司對試. 並明定優劣. 試有不通者.
隨狀科罪. 若不率師敎. 數有慠犯. 及課業不充. 終無長進者. 隨
事解黜. 卽立替人. ○ 職員令集解國博士條.

凡藥園. 令師撿校. 仍取園生. 敎讀本草. 辨識諸藥并採種之法. 隨
近山澤有藥草之處. 採握種之. 所須人功. 並役藥戶. ○ 職員令集解典
藥條.

藥品施典藥年別支料. 依藥所出. 申太政官散下. 令隨時收採. ○ 賦
役令集解雜徭條. 又政事要略五十九引之. 施字作強. 料舊作斷今改之.

諸國輸藥之處. 置採藥師. 令以時採取. 其人功. 取當處隨近下配

支. ○ 政事要略九十五. 並賦役令集解引之. 國字舊脫今補之.

合和御藥. 中務少輔以上一人. 共內藥正等監視. ○ 職制律疏

餌藥之日. 侍醫先嘗. 次內藥正嘗. 次中務卿嘗. 然後進御. 其中
宮. 及東宮准此. ○ 東宮職員令集解主書署條.

凡五位以上病患者. 並奏聞遣醫爲療. 仍量病給藥(謂. 疾病之家. 申牒
宮內省. 事少卽省直處分. 事重者. 申太政官. 官奏聞給. 故公式令云. 奏給醫藥. 卽畿內
亦准在京.). 致仕者亦准此. ○ 政事要略九十五. 又職員令集解典藥條引之. 病患
之病作疾.

典藥寮. 每歲量合傷寒. 時氣. 瘧. 利. 傷中. 金創. 諸雜藥. 以擬療
治(謂. 合者. 和合雜藥也. 傷寒者. 冬傷於寒卽病者也. 時氣者. 時行之病. 春時應暖而
反寒. 夏時應熱而反冷. 秋時應涼而反熱. 冬時應寒而反溫. 非其時有其氣. 是以一歲之
中. 病无長少. 率相似者. 此則時行之氣. 一名疫癘. 言陰陽之氣不和. 致其病. 譬如役人.
故曰疫癘也. 瘧者. 夏日傷日者. 秋必病瘧也. 利者. 下利之病也. 傷中者. 府藏有病者也.
金創者. 爲刃所傷.). 諸國准此. ○ 政事要略九十五.

醫針師等. 巡患之家. 所療損與不損. 患家錄醫人姓名(謂. 上條量其所
能. 有病患之家. 遣爲救療是也.). 申宮內省(謂. 省更下典藥寮. 令附考狀.). 據爲
黜陟. 諸國醫師亦准此. ○ 政事要略九十五.

右倉庫醫疾二令散逸旣久矣. 今抄續日本紀類聚三代格政事要略令集解
等所引集而編之. 雖不能復古本, 可以見其槩也.

영의해 권제9
令義解 卷第九

假寧令 第廿五

가녕령 제25

(생각건대 가假는 휴가休假이다. 곧 6일마다 모두 휴가 1일을 주는 부류가 이것이다. 영寧은 귀녕歸寧이다. 곧 3년마다 정성가定省假를 주는 것이 이것이다.) 무릇 13조이다.

1. 무릇 왕경[在京]의 모든 관사는 모두 6일마다 휴가休假 1일을 준다(생각건대 대학료[大學] 전약료[典藥]의 여러 박사 등의 부류도 또한 이에 준한다. 휴가와 전가田假 등에 만약 출근하고자 하면 허락한다.). **중무성[中務] 궁내성[宮內] 등 공봉供奉하는 여러 관사[1] 및 5위부五衛府는 따로 휴가 5일을 준다**(생각건대 병고兵庫 마료馬寮 또한 5위부와 같다. 무릇 여러 관사의 휴가는 6일에 1일을 준다. 위衛[2]에 이르러서는 이 법에 의하지 않는다. 한 번에 모아서 5일을 준다. 그래서 따로 준다고 한 것이다.). **백관百官의 예에 의하지 않는다. 5월과 8월에는 전가田假[3]를 준다. 2번番으로 나누어 각각 15일을 준다. 그 풍토가 다르고 씨뿌리고 거두는 것이 같지 않으면, 모두 편리에 따라 준다**(생각건대 사물을 기르고 공功을 이루는 것을 바람[風]이라고 하고, 앉아서 만물萬物을 낳는 것을 땅[土]이라고 한다. 땅의 떳떳함이 같지 않으므로 각각 빠르고 느린 것이 있다. 만약 동일한 기준[一法]에 의하면 공功을 없앨 우려가 있다. 그러므로 일을 헤아려 형편

---

[1]_ 중무성과 궁내성에 소속된 職·寮·司를 말한다.
[2]_ 5위부를 말한다.
[3]_ 농번기에 농사일을 돕도록 주는 휴가이다.

에 따라 주는 것이다. 가령 어떤 지역에서 4월에 뿌려 기르고, 7월에 거두어 들인 다면, 형편에 따라 4월과 7월에 주는 부류이다.). **외관**外官**⁴은 이 제한에 있지 않다**(생각건대 이 조항은 모두 왕경에 의거한 것이다. 그러므로 이 제한에 있지 않다고 한 것이다.).

2. 무릇 문무관文武官 **중 장상**長上**은 부모가 기외**畿外**에 있으면 3년에 1번 정 성가**定省假 **30일을 준다**(생각건대 정성定省은 효자가 부모를 섬겨, 밤에 이부자 리를 정하고 새벽에 살펴보는 것이 그것이다. 이미 문무관 중 장상이라고 하였으 므로 번상番上⁵은 주는 예에 있지 않다. 관인의 전가와 의가[田衣假] 중에 집으로 돌아갈 수 있다면, 다시 정성가를 주지 않는다. 왜냐하면 아래의 내용에서, 만약 이미 집에 돌아갔던 적이 있으면 돌아갔던 때 이후의 햇수를 헤아려서 준다고 하 였기 때문이다.). **일정은 제외한다. 만약 이미 집에 돌아갔던 적이 있으면, 돌아갔던 때 이후의 햇수를 헤아려서 준다**(관인이 공사公使로 인하여 이미 잠 깐 들를 수 있었다면, 집에 돌아갔던 이후, 다시 3년을 기다려 비로소 휴가를 주는 부류이다.).

3. 무릇 직사관職事官**이 부모의 상을 만나면 모두 해관**解官**한다**(생각건대 선 서령選敍令에 의하면 직사관이 아파서 120일이 지나거나 부모의 병으로 휴가가 200일을 채우면 모두 해관하고, 번상관[番官]은 본사本司가 판단하여 해임한다. 이 에 따라 말하자면, 분번관[分番]이 부모 및 다른 친족의 상을 만나면, 해관하고 아 울러 휴가를 준다. 모두 직사와 같다. 양자養子가 본래 낳아준 부모에 대해서도 또 한 해관한다.). **그 나머지**(생각건대 부모의 상[重喪]이 아니다.)**는 모두 휴가를 준다. 남편과 조부모, 양부모, 외조부모는 30일이다. 3월복**三月服**에는 20일, 1월복**一月服 **은 10일, 7일복**七日服**은 3일이다.**⁶

⁴_「公式令」53조.
⁵_長上과 달리 교대로 근무하는 관인을 말한다.

4. 무릇 무복無服[7]의 상殤[8]은(생각건대 성인이 되지 못하고 죽는 것을 상殤이라고 한다.) 태어난 지 3개월부터 7세까지다. 본복本服[9]이 3달이면(생각건대 5개월 이상의 복친服親은 무복無服의 상殤이 없다. 그러므로 단지 본복 3개월이라고 한 것이다. 만약 관직을 갖지 않은 자가 이러한 상을 만나면, 휴가일수에 준하여, 심상을 지내며 근심한다. 단 내용에서 무복이라고 하였으므로 상복을 입을 수 없다.) 휴가 3일을 준다. 1월복一月服이면 2일, 7일복七日服이면 1일을 준다.

5. 무릇 스승으로 수업受業(생각건대 스승은 박사이다. 율에 의하면 이미 업을 이룬 자가 이것이다. 사사로이 배운 것도 또한 같다.)을 받은 자의 상喪은 휴가 3일을 준다.

6. 개장改葬하면 1년복一年服은 20일, 5월복五月服은 10일, 3월복은 7일, 1월복은 3일, 7일복은 1일이다.

7. 무릇 상을 듣고[聞喪] 거애擧哀[10]하였으면, 그 휴가는 반을 줄인다(생각건대 가령 관인이 조부모의 상을 만나면 본래 휴가는 30일이다. 만약 멀리서 상을 듣고, 있던 곳에서 거애하였으면, 반을 줄여 15일을 주는 부류이다.). 남는 날이 있으면 휴가의 범위에 넣는다(생각건대 가령 원래의 휴가가 3일인데 반을 줄이고 남는 1일을 휴가의 범위에 넣어서 2일을 주는 부류이다.[11]).

6_ 상복의 기간에 대해서는 喪葬令 17조.

7_ 상복은 입지 않고 마음으로 슬퍼하는 心喪을 지내는 것을 말한다.

8_ 성인이 되지 못하고 죽은 경우이다. 생후 3개월부터 7세까지이다. 3개월 미만인 경우에는 부모에게 휴가를 주지 않는다.

9_ 성인이 되어서 죽었을 때 원래 입어야 하는 상복 기간을 말한다.

10_ 죽은 사람에게 애도하는 뜻을 표시하는 것이다. 哀哭, 發哭, 慟哭으로도 표기하는 것으로 보아, 업무를 보지 않고 곡을 하는 것으로 생각된다.

11_ 3일을 반으로 나누면 1.5일이 된다. 만약 1일을 휴가로 주면 결국 3일 중의 1일은 어느 쪽으로도 속하지 않게 된다. 이것을 1일이 남았다고 한 것이다. 남

8. 무릇 상장을 위한 휴가[喪葬假]를 줄 때는 3월복三月服 이상이면 모두 여정 기간[程]12을 준다.

9. 무릇 상가喪假를 줄 때는 상일喪日13을 시작으로 한다(생각건대 상일은 죽은 날과 같다.). 거애擧哀하는 경우에는 상을 들은 것[聞喪]을 시작으로 한다 (생각건대 무릇 문상가聞喪假를 주는 것은 들은 때를 시작으로 한다. 죽은 날을 쫓아서 계산할 수 없다. 상을 들은 사람이 가서 장례에 참석해야 한다면 상장가喪葬假를 준다.).

10. 무릇 관인이 먼 곳에 임명되거나 공사公使로 나갔는데, 부모상父母喪으로 해관解官해야 하지만 사람이 알릴 수 없다면, 집안 사람[家人]이 소재지의 관사를 통해 첩[牒]을 올려 알리는 것[告追]을 허락한다(생각건대 관사가 상가喪家의 첩牒을 받으면 다시 편사便使14에 붙여 알린다[移告].15 만약 편사가 없다면, 또한 전사專使16를 차출하여 알린다[報告]. 알리는 사이에 이미 주기周朞17가 지났더라도 문상聞喪의 예는 들은 때로부터 시작한다. 곧 해관하고 복을 마치는 것은 모두 법대로 한다.). 만약 칙을 받들어 사신으로 나갔거나(생각건대 칙을 받들어 사신의 이름을 정한 경우와[定名]18 소사所司로 하여금 차출하여 파견한 경

는 1일을 휴가에 넣어주는 것이다. 古記에서는 7일 휴가를 반을 줄이면 3.5일이 된다. 그러나 오히려 4일을 지급한다. 많은 것에 따라서는 주는 것이라고 하였다.

12_ 喪을 치르는 곳까지 왕복하는 일정을 喪葬假에 더하여 주는 것이다.

13_ 죽은 날을 말한다.

14_ 다른 목적으로 알리고자 하는 지역으로 가는 使者를 말한다.

15_ 移는 대등한 관사끼리 주고 받는 문서 형식을 말한다. 喪家의 牒을 받은 官司가 관인이 있는 관사로 移를 보내 알리는 것이다.

16_ 특정한 목적을 위하여 파견하는 使者를 말한다. 이 경우는 父母喪이 있음을 알리기 위하여 파견하는 사자이다.

17_ 1년이 지난 것을 말한다. 부모상의 경우 상복을 입는 기간이 1년이기 때문에 이미 상례의 기간이 끝난 것을 말한다.

우 등이다.) **임명되어 변요**邊要**에 있으면**(생각건대, 변방에 있는 것을 중요한
것으로 한다. 일기도[壹岐]와 대마도[對馬]의 부류이다. 사생史生 또한 같다.[19]) **관
에 보고하여 처분한다**(생각건대 태정관이 다시 천황에게 아뢴다[奏聞].).

11. **무릇 휴가를 청하면, 5위부**五衛府**의 5위 이상은 3일을 준다. 경관**京官 **3
위 이상은 5일을 준다. 5위 이상은 10일을 준다. 그 이외**(생각건대 만약 이
기한을 넘는 것은 본사本司가 직접 결정할 수 없다. 모두 천황에게 아뢰고[奏聞] 준
다.) **및 기외**畿外**로 나가고자 한다면 아뢴다. 아뢸 필요가 없거나 6위 이하
는 모두 본사가 판단하여 준다. 아뢰어야 하는 것은 모두 태정관**[官]**이 아
뢴다**[申聞](생각건대 2성二省[20]이 태정관에 보고하고, 태정관이 다시 아뢰는 것이
다.).

12. **무릇 외관**外官[21] **및 사인**使人[22](생각건대 칙사勅使와 관사官使가 모두 이것이
다.)**이 상을 들으면, 소재지**[所在]**의 관사**舘舍**에 안치**安置**하는 것을 허락한다**
(생각건대 휴가일 중에 관사에 머물 수 있다. 다만 사신으로서의 일이 급하면, 반
드시 휴가 기한을 채울 필요가 없다. 두세 번 거애擧哀하고 마치면 곧 출발하여 간
다.). **국군**國郡**의 관청**[廳] **안에서 거애할 수 없다.**[23]

18_ 천황이 勅으로 명하여 遣唐使·東海道使와 같이 파견장소·목적 등을 정하
는 것이다.
19_ 史生으로 壹岐島나 對馬島 및 동북의 변방 지역에 가 있는 경우도 遠任으로
간주하는 것이다.
20_ 문관의 경우에는 式部省에, 무관의 경우에는 兵部省에 휴가를 청하므로 二省
이라고 한 것이다.
21_ 在京 諸司에 속한 官人을 京官이라고 하고 그 나머지는 모두 外官이다. 在外
諸司에 근무하는 관인이다. 畿內의 國司도 王京 바깥이므로 모두 外官이다.
22_ 천황이 파견하는 勅使, 太政官이 파견하는 官使를 총칭하는 것이다.
23_ 이에 따르면 京官도 曹司 내에서 거애할 수 없다.

13. 무릇 외관外官의 임기[任]를 마치면, 장속가裝束假를 준다. 근국近國은 20일, 중국中國 30일, 원국遠國 40일을 준다. 모두 여정[程]은 제외한다. 그 휴가 내에 부임赴任하고자 하면 허락한다. 만약 일이 있어서 빨리 파견해야 하는 경우는 이 영을 적용하지 않는다. 옛 사람[舊人]²⁴의 경우 대신할 사람²⁵이 이른 경우에도 또한 이에 준한다(생각건대 비록 옛 사람이라도 또한 초임初任에 준하여, 장속가를 준다. 옛 사람이 관직에 임명되었거나 임명되지 않았거나 모두 같다. 단 임명된 자는 전묘田苗²⁶의 수확을 기다리지 않고 곧 맡은 관직으로 향한다.). 만약 옛 사람이 현재 전묘가 있어서 수확을 기다려야 한다면, 수확을 마치기를 기다려 보내어 돌아가게 한다.

---

²⁴- 前任官을 말한다.
²⁵- 前任官을 대신할 新任官을 말한다.
²⁶- 논에 심어 놓은 벼를 말한다.

(謂. 假者. 休假. 卽每六日. 並給休假一日之類是也. 寧者. 帰寧. 卽三年一給定
省假是也.) 几壹拾參條

几在京諸司. 每六日. 並給休假一日(謂. 大學典藥諸博士等類亦准此. 其休
假田假等. 若欲上者聽也.). 中務. 宮內. 供奉諸司. 及五衛府. 別給假五
日(謂. 兵庫馬寮. 亦同五衛例也. 几諸司休假. 六日一給. 至於五衛. 不依此法. 一度惣
給五日. 故云別給也.). 不依百官之例. 五月八月給田假. 分爲兩番. 各
十五日. 其風土異冝. 種収不等. 通隨便給(謂. 養物成功曰風. 坐生万物曰
土. 其土宜不同. 各有早晚. 若依一法. 恐有廢功. 故量事通給. 假有. 鄉土四月播殖. 七
月収斂者. 通給四月七月之類.). 外官不在此限(謂. 此條皆據在京. 故云不在此
限.).

几文武官長上者. 父母在畿外. 三年一給定省假(謂. 定省者. 孝子事親.
昏定晨省. 既云文武官長上者. 卽番上不在給例. 其官人田衣假內. 可得還省者. 更不
給定省假. 故下文云. 若已經還家者. 計還後年給也.)卅日. 除程. 若已經還家
者. 計還後年給(謂. 假有. 官人因緣公使. 便得經過者. 還家之後. 更待三年而始給
假之類.).

几職事官. 遭父母喪並解官(謂. 選叙令. 職事官. 患經百廿日. 及緣親病. 假滿
二百日者並解官. 其番官者. 本司判解. 准此言之. 分番遭父母及餘親喪者. 解官并給假.
並皆同職事. 其養子於本生亦解官也.). 自餘(謂. 非重喪者.)皆給假. 夫及祖父
母. 養父母. 外祖父母. 三十日. 三月服. 廿日. 一月服. 十日. 七
日服. 三日.

几無服之殤(謂. 未成人死曰殤也.). 生三月至七歲. 本服三月(謂. 其於五月
以上服親. 无无服之殤. 故唯云本服三月. 若不帶官人遭此喪者. 准假日數. 心喪居憂. 但
文云无服. 故不可著服.). 給假三日. 一月服. 二日. 七日服. 一日.

凡師經受業(謂. 師. 博士也. 依律. 已成業者是也. 私學亦同.)者喪. 給假三日.

凡改葬. 一年服. 給假廿日. 五月服. 十日. 三月服. 七日. 一月服.
三日. 七日服. 一日.

凡聞喪擧哀. 其假減半(謂. 假有. 官人遭祖父母喪. 本假卅日. 若在遠聞喪. 所在
擧哀者. 減半給十五日之類也.). 有乘日者. 入假限(謂. 假本假三日減半. 以所乘
一日. 入假限. 給二日之類.).

凡給喪葬假. 三月服以上並給程.

凡給喪假. 以喪日爲始(謂. 喪日. 猶死日.). 擧哀者. 以聞喪爲始(謂. 凡
給聞喪假者. 以聞時爲始. 不可追計死日. 其聞喪之人. 應往會葬者. 給喪葬假.).

凡官人. 遠任及公使. 父母喪應解官. 無人告者. 聽家人經所在官
司. 陳牒告追(謂. 官司得喪家牒. 更附便使移告. 若无便使者. 亦差專使報告. 其告
追之間. 已經周朞. 而聞喪之禮. 以聞爲始. 卽解官終服. 並皆如法也.). 若奉勅出使
(謂. 奉勅定名. 及令所司差遣寺也.). 及任居邊要者(謂. 居邊爲要. 壹岐對馬之類.
卽史生亦同也.). 申官處分(謂. 官更奏聞.).

凡請假. 五衛府五位以上. 給三日. 京官三位以上. 給五日. 五位以
上. 給十日. 以外(謂. 若應過此限者. 本司不得直判. 皆奏聞乃給也.). 及欲出
畿外奏聞. 其非應奏. 及六位以下. 皆本司判給. 應須奏者. 並官申
聞(謂. 二省申官. 官轉申聞.).

凡外官及使人(謂. 勅使官使皆是也.)聞喪者. 聽所在館舍安置(謂. 假日之
內. 仍得居館舍. 但使事速者. 不必滿假限. 再三擧哀. 訖卽發往.). 不得於國郡聽
內擧哀.

凡外官任訖. 給裝束假. 近國廿日. 中國三十日. 遠國四十日. 並除
程. 其假內欲赴任者聽之. 若有事須早遣者. 不用此令. 舊人代至
亦准此(謂. 雖是舊人. 亦准初任. 給裝束假. 其舊人任官. 及不任官皆同. 但任官者.
不待收田苗. 卽便赴職.). 若舊人見有田苗. 應待收獲者. 待收獲訖遣還.

喪葬令 第廿六

상장령 제26

(생각건대 상喪은 죽은 시신을 일컫는 것이다 장葬은 감추는 것[藏]이다.) 무릇 17
조이다.

1. 무릇 선황先皇의 능陵에는(생각건대 선대先代 이래 제왕帝王의 산릉山陵이 모
두 이것이다. 제왕의 분묘는 산山과 같고 언덕[陵]과 같다. 그러므로 산릉이라고
한다. 황후와 황태자의 묘는 영에 규정이 없으므로 별식別式에 의거한다.), **능호陵
戶를 두어 지키게 한다. 능호가 아닌데 지키게 하면 10년에 1번 교체한다**
(생각건대 과역課役은 능호에 준한다. 의창義倉은 서민과 같다.[1]). **조역兆域 안에
서는**(생각건대 조兆는 또한 구역[域]이다. 묘대부墓大夫가 교외의 묘가 있는 지역
을 관장하고 그림을 그린다고 한 것이 이것이다.) **매장하거나 경작하거나 짐승
을 기르거나 나무를 하거나 채취할 수 없다.**

2. **무릇 천황은 본복本服 2등二等 이내의 친족의 상에는 석저錫紵를 입는다**
(생각건대 무릇 군주가 즉위하면, 방기傍朞의 상복은 끊는다. 다만 심상心喪이 있
을 뿐이다. 그러므로 본복이라고 한 것이다. 3후三后 및 황태자는 방기를 끊을 수
없다. 그러므로 율에서는 본복이라는 글자를 없앴다. 의제령儀制令에 의거하면 아

---

[1]- 양민이지만 과역은 면제하고 의창은 납입하도록 한 것이다.

들은 1등이 된다. 그러므로 2등 이내라고 한 것이다. 곧 외조부모도 또한 같다. 같은 영에 의하면, 황제가 정사를 보지 않는 것이 2등친과 같기 때문이다. 천황이 고비^{考妣}²에 대한 경우는 영의 조항에 내용이 없으므로, 식의 처분에 의한다. 석저란 고운 베이다. 곧 옅은 먹색으로 염색한 것을 사용한다.). **3등친 이하**(생각건대 4등 이내이다. 곧 5등 안에는 복친^{服親}³이 없기 때문이다. 의제령^{儀制令}에 의하면 3등친의 상에는 황제가 하루동안 정사를 보지 않는다. 곧 4등친의 상에는 비록 정사를 보지만, 비단은 쓰지 않는 제도이다. 또한 하루를 기한으로 한다.) **및 제신**^{諸臣}**의 상을 위하여, 비단옷**[帛衣](생각건대 흰 명주옷[白練衣]이다.)**을 제외하고, 잡색**^{雜色}**을 통용**^{通用}**한다.**

3. **무릇 경관**^{京官} **3위 이상이**(생각건대 산위^{散位} 또한 같다. 곧 이하는 이에 준한다.) **조부모 부모 및 처의 상, 4위 이상이 부모의 상, 5위 이상이 본인의 상을 만나면**(생각건대 1위 이하이다.), **모두 아뢰고**[奏聞](생각건대 치부성이 태정관에 보고하면, 태정관이 다시 아뢴다[申聞].) **사신을 보내 조문한다. 빈렴**^{殯殮}**의 일은**(생각건대 집 안에서 염殮을 하고 손님 자리에 빈殯을 둔다.) **모두 별식**^{別式}**에 따른다.**

4. **무릇 백관**^{百官}**이 재직 중에 죽으면**[薨卒], **당사**^{當司}**가 교대로 상**^喪**에 입회한다**(생각건대 이는 5위 이상의 상이므로 홍졸薨卒이라고 한 것이다. 내용에서 재직이라고 하였으므로 곧 산위^{散位}는 아니다.). **친왕**^{親王} **및 태정대신**^{太政大臣}, **산위 1위**[散一位]**는 치부**^{治部} **대보**^{大輔}**가 상사**^{喪事}**를 감호**^{監護}**한다**(생각건대 감監은 살피는 것[視]이고 호護는 도우는 것[助]이다.). **좌대신과 우대신**[左右大臣] **및 산위 2위**[散二位]**는 치부 소보**^{少輔}**가 감호한다. 3위**^{三位}**는 치부 승**^丞**이 감호한다. 3위 이상 및 황친**^{皇親}**은**(생각건대 유위^{有位} 무위^{無位}를 가리지 않는다. 무

---

²₋ 죽은 아버지와 죽은 어머니를 뜻한다.
³₋ 상복을 입어야 하는 사이의 친족을 말한다.

릇 7세 이하는 무복無服의 상殤이므로, 그 수가 이미 다르다. 곧 예제禮制로 보이기에 적합하지 않다. 다른 조항도 또한 이 예에 준한다.) **모두 토부土部가 예제禮制를 본다**(생각건대 직원령에 토부는 흉례凶禮를 돕는다[贊相]고 하였는데 이것이다.). **내친왕 여왕 및 내명부 역시 이에 준한다**(생각건대 이에 준한다는 것은 널리 해당 조항의 내용을 적용하는 것이다. 곧 아래 조항에서 "여자도 이에 준한다."는 것도 또한 이 예와 같다. 여사女司의 장掌 이상 및 산사散事는 직사관의 예와 같다. 곧 아래 조항도 또한 이에 준한다. 외관外官 및 사인使人이 소재지所在에서 죽으면, 국군國郡의 관사官司가 편의에 따라 감호한다.).

5. **무릇 직사관職事官이 죽으면[薨卒], 부물賻物은**(생각건대 경관 및 국사國司가 모두 같다. 죽은 사람에게 보내는 물품을 부賻라고 한다.) **정종1위正從一位에게 비단[絁]**[4] **30필, 베[布] 120단端, 철 10련連,**[5] **정종2위에게 비단 25필, 100단, 철 8련, 정종3위에게 비단 22필, 베 88단, 철 6련, 정4위에게 비단 16필, 베 64단, 철 3련, 종4위에게 비단 14필, 베 56단, 철 3련, 정5위에게 비단 11필, 베 44단, 철 2련, 종5위에게 비단 10필, 베 40단, 철 2련, 6위에게 비단 4필, 베 16단, 7위에게 비단 3필, 베 12단, 8위에게 비단 2필, 베 8단, 초위初位에게 비단 1필, 베 4단이다. 모두 본위에 의거하여 준다**(생각건대 직사職事의 높고 낮음을 따지지 않는다. 다만 위계에 의거하여 준다. 내용에서 본위에 의거한다고 하였으므로, 곧 무위장상無位長上은 주는 범위에 있지 않다. 훈위勳位가 관위官位를 갖지 않았으면 또한 무위와 같다.). **산위散位 3위 이상은 2/3를 지급한다. 5위 이상은 반을 준다. 태정대신은 비단 50필, 베 200단, 철 15련, 친왕 및 좌우대신은 1위에 준한다. 대납언은 2위에 준한다. 만약 본인이 왕사王事로 죽으면 모두 직사관의 예에 의거한다. 별칙으로 내리는**

---

[4]_ 올이 굵은 거친 비단을 말한다.
[5]_ 철을 헤아리는 단위로 10廷으로 생각된다. 10斤의 쇠덩이를 1廷이라고 하고 2廷이 布 1端에 해당한다.

물품은 이 영에 구애되지 않는다. 무위 황친皇親은 종5위에 준하여 2/3를 준다(생각건대 산위散位 종5위從五位에 준하여 가령 산종5위에게 비단 5필을 준다면, 무위 황친에게 2/3를 준다. 곧 3필을 주는 부류이다. 아래 내용에서 줄이는 수가 같지 않으면 많은 것에 따라 준다고 하였기 때문이다.). 여자는 또한 이에 준한다. 줄이는 수가 같지 않으면 많은 것에 따라 준다.

6. 무릇 부물賻物을 양쪽으로 주어야 한다면, 많은 것에 따라 준다(생각건대 대납언大納言 이상은 본위本位가 높으면 관위에 따라 준다. 만약 본위가 낮으면 관직에 따라 주는 부류이다.).

7. 무릇 관인이 정행征行에 따르거나(생각건대 내외內外를 가리지 않고[6], 다만 정행을 따른 것은 모두 이것이다. 번상番上하는 자는 이 제한에 있지 않다.) 사인使人이 소재지[所在]에서 본인이 죽으면 모두 빈렴殯殮에 필요한 물품[調度]을 준다(생각건대 부물賻物 이외에 따로 준다. 다만 물품의 다소는 식式의 처분을 기다린다.).

8. 무릇 친왕親王 1품一品에게 방상方相과 이거轜車(생각건대 방상은 곰가죽을 쓰고 4개의 황금눈이 있으며, 검은 윗도리와 붉은 치마를 입고, 창과 방패를 들고, 상여를 인도하는 것이다. 이거는 상여다.) 각 1구具, 북 100면面, 대각大角 50구口, 소각小角 100구, 깃발[幡] 400간竿, 쇠로 된 징[鉦] 작은 징[鐃] 북(생각건대 징은 방울과 비슷하며 자루 속이 아래위로 통한 것이다. 작은 징은 방울과 비슷하며 추[舌]가 없고 자루가 있다. 잡고 울리면 북을 치는 것을 멈춘다.) 각 2면, 방패(생각건대 묻는 것을 가리는 것이다.) 7매枚를 지급하고, 발상發喪은 3일(생각건대 발상은 발애發哀와 같다. 장례 2일 전에 거애를 시작하여 장례일에 이

_____

6_ 군사적인 정벌을 위해 나선 곳이 국내이든 국외이든 가리지 않는다는 뜻이다.

르면 그친다. 이는 합하여 발상 3일이 된다. 아래 내용에서 발상 5일이라고 하였
는데, 또한 발일發日로써 끝으로 삼는다. 곧 북 피리 깃발 방패 등은 흉의凶儀의 슬
픈 모습을 보이는 것이다. 모두 두루 들고, 그런 후에 소사와 함께 발상한다.)이
다. 2품은 북 80면, 대각 40구, 소각 80구, 깃발 350간, 3품과 4품에게 북
60면, 대각 30구, 소각 60구, 깃발 300간이다. 이거와 작은 징 북 방패 징
및 발상일은 모두 1품에 준한다. 제신 1위 및 좌우대신은 모두 2품에 준한
다. 2위 및 대납언은 3품에 준한다. 다만 방패와 이거는 제외한다. 3위는 이
거 1구, 북 40면, 대각 20구, 소각 40구, 깃발 200간, 쇠로 된 징 작은 징 북
각 1면, 발상 1일이다. 태정대신은 방상 이거 각 1구, 북 140면, 대각 70구,
소각 130구, 깃발 500간, 쇠로 된 징 작은 징 북 각 4면, 방패 9매, 발상 5일
이다. 그밖의 장구葬具 및 유부遊部[7](생각건대 장구는 천막의 종류이다. 유부는
종신토록 과역을 지지 않는다. 그래서 유부라고 한다.)는 모두 별식別式에 따른
다. 5위 이상 및 친왕(생각건대 무위 황친이다.)은 모두 이거 · 도구 및 천막
을 빌려준다. 만약 사사로이 마련하고자 하면 허락한다. 여자도 또한 이에
준한다.

9. 무릇 황도皇都(생각건대 천자가 사는 곳이다.) 및 도로 주변에는 모두 매장
[葬埋]할 수 없다.

10. 3위 이상 및 별조別祖와 씨종氏宗(생각건대 별조는 별족別族의 시조이다. 씨
종은 씨氏 중의 종장宗長이다. 곧 계사령繼嗣令에 칙을 들어 정한다고 한 것이 이것
이다.)은 모두 묘를 조영할 수 있다(생각건대 묘墓는 그리워하는 것[慕]을 말한
다. 무덤을 조영하는 땅이다. 효자가 생각하고 그리워하는 것이다.). 그 밖에는
합당하지 않다. 비록 묘를 조영할 수 있으나, 만약 대장大藏[8]하고자 하면 허

---

[7]- 죽은 사람의 혼령을 진혼하는 일을 家業으로 사는 집단이다. 음식과 칼을 가
지고 빈소에 들어가 진혼의식을 행한다.

락한다.

11. 무릇 황친 및 5위 이상의 상喪은 모두 임시로 헤아려 송장送葬을 위한 인부를 준다.

12. 무릇 묘에는 모두 비碑를 세운다(생각건대 비는 돌을 새겨 글을 쓴 것이 다.).

13. 무릇 본인이 죽어서 호戶가 끊어지고 친척이 없으면(생각건대 호가 끊어 졌다는 것은 호구가 모두 남김 없이 끊어진 것이다. 친척이 없다는 것은 다른 호 내에도 모두 5등 이내의 친척이 없는 것이다. 곧 친척이 있더라도 호령戶令에 정한 분재分財하는 대상이 아니면, 득분得分이 없다. 공덕功德에 다 쓰도록 하고, 4린四 隣 · 5보五保에 주지 않는다.), 소유한 가인家人 노비奴婢 및 택자宅資는 4린四隣 과 5보五保가 함께 검교撿挍하고 재물은 공덕에 다 쓴다. 그 가인 노비는 양 인으로 풀어준다. 만약 죽은 사람이 생전에 처분하고 증험이 분명하면(생각 건대 증거를 모두 갖출 필요가 없다. 말하자면 비록 증인이 없으나 죽은 사람이 서명한 기록이 있어 증거로 삼기에 족하거나 서명한 기록은 없지만 증인이 분명 하면, 이 영을 적용하지 않는다.) 이 영을 적용하지 않는다.

14. 무릇 친왕 및 3위 이상이 더운 달에 죽으면[薨](생각건대 6월과 7월이 다.), 얼음을 지급한다.

15. 무릇 백관 본인이 죽으면, 친왕 및 3위 이상은 훙薨이라고 하고, 5위 이 상 및 황친은 졸卒이라고 하고, 6위 이하 서인에 이르기까지 사死라고 한다.

8_ 古記에서는 화장하여 散骨하는 것이라고 하였다.

16. 무릇 상장喪葬에 예를 갖출 수 없다면, 귀한 자는 천한 자와 같이 할 수 있으나, 천한 자는 귀한 자와 같이 할 수 없다(생각건대 무릇 후자박장厚資薄葬[9]은 성현의 뜻이다. 그러므로 귀한 자는 천한 자와 같을 수 있으나, 천한 자는 귀한 자와 같을 수 없다.).

17. 무릇 복기服紀는 군주(생각건대 천자이다.) **부모 남편 본주**本主(생각건대 문학文學 가령家令 등은 이 제한에 있지 않다.)**를 위해서는 1년이다**(생각건대 12개월[十二月]로 기한으로 삼는다. 윤달을 계산하지 않는다. 5개월[五月] 이하는 모두 날수를 계산한다.). **조부모 양부모는 5개월이다**(생각건대 양자가 본생本生[10]을 위하여 1년이고, 양부모는 아들을 위해 1개월이다.). **증조부모 외조부모 백숙부고**伯叔父姑 **처 형제자매 남편의 부모**(생각건대 양자의 처첩은 남편의 양부모에 대하여 역시 같다.) **적자에게는 3개월이다. 고조부모 외삼촌**[舅] **이모**[姨] **적모**嫡母 **계모**繼母 **계부**繼父**의 동거**同居 **아버지가 다른 형제자매, 중자**衆子 **적손**嫡孫**은 1개월이다. 중손**衆孫 **종부형제자매 형제의 자식은 7일이다.**

9- 厚養薄葬이라고도 하며 살아 있을 때 넉넉히 봉양하고 장례는 간소하게 한다는 뜻이다.
10- 生父와 生母를 말한다.

(謂. 喪者死屍稱也. 葬者藏也.) 凡壹拾漆條

凡先皇陵. 置陵戶令守. 非陵戶令守者.(謂. 先代以來帝王山陵皆是也. 帝
王墳墓. 如山如陵. 故謂之山陵. 其皇后皇太子墓. 在令無文. 須依別式也.) 十年一替
(謂. 課役准陵戶. 義倉同庶民也.). [11]兆域內(謂. 兆亦域也. 墓大夫掌郊墓之地域.
爲之圖是也.). 不得葬埋及耕牧樵採.

凡天皇. 爲本服二等以上親喪. 服錫紵(謂. 凡人君卽位. 服絶傍朞. 唯有心
喪. 故云本服. 其三后及皇太子. 不得絶傍朞. 故律除本服字也. 依儀制令. 子爲一等. 故
稱二等以上. 卽外祖父母只同. 依同令. 皇帝不視事與二等親同故. 其天皇爲後. 考妣. 令
條無文. 依式處分也. 錫紵者. 細布. 卽用淺墨染也.). 爲三等以下(謂. 四等以上. 卽
五等之內. 無服親故也. 依儀制令. 三葦親喪. 皇帝不視事一日. 卽四葦親喪. 雖得視事.
而除帛之制. 亦一日爲限也.). 及諸臣之喪(謂. 儀制令. 皇帝不視事是也.). 除帛
衣(謂. 白練衣.) 外. 通用雜色.

凡京官三位以上(謂. 散位亦同. 卽以下准此.). 遭祖父母父母及妻喪. 四
位遭父母喪. 五位以上身喪(謂. 一位以下也.). 並奏聞. 遣使弔. 殯殮之
事(謂. 殮於戶內. 殯於客位是.). 並從別式.

凡百官在職薨卒. 當司分番會喪(謂. 此五位以上喪. 故云薨卒. 文云在職. 卽
是散位者非也.). 親王及太政大臣. 散一位. 治部大輔監護喪事(謂. 監視
也. 護助也.). 左右大臣及散二位. 治部少輔監護. 三位. 治部丞監護.
三位以上及皇親(謂. 不限有位無位. 凡七歲以下. 是無服之殤. 比於成人. 礼數旣
異. 卽不合示礼制也. 餘條亦准此例也.). 皆土部示礼制(謂. 職員令. 贊相凶礼是

也.). 内親王. 女王及内命婦亦准此(謂. 准此者. 廣承當條之文. 卽下條女准此者.

亦同此例. 其女司掌以上及散事. 同職事官例. 卽下條亦准此. 其外官及使人. 於所在薨

卒者. 國郡官司. 隨便監護也.).

凡職事官薨卒賻物(謂. 京官及國司並同也. 送死物曰賻也.). 正從一位. 絁

三十疋. 布一百廿端. 鐵十連. 正從二位. 絁廿五疋. 布一百端. 鐵

八連. 正從三位. 絁廿二疋. 布八十八端. 鐵六連. 正四位. 絁十六

疋. 布六十四端. 鐵三連. 從四位. 絁十四疋. 布五十六端. 鐵三連.

正五位. 絁十一疋. 布四十四端. 鐵二連. 從五位. 絁十疋. 布四十

端. 鐵二連. 六位. 絁四疋. 布十六端. 七位. 絁三匹. 布十二端. 八

位. 絁二疋. 布八端. 初位. 絁一疋. 布四端. 皆依本位給(謂. 不論職事

高下. 唯依位階給也. 文云依本位. 卽无位長上. 不在給例. 其勳位不帶官位者. 同無位

法.) 其散位三位以上. 三分給二. 五位以上給半. 太政大臣. 絁五十

疋. 布二百端. 鐵十五連. 親王及左右大臣. 准一位. · [12]大納言. 准

二位. 若身死王事. 皆依職事例. 其別勅賜物者. 不拘此令. 其無位

皇親. 准從五位. 三分給二(謂. 准散位從五位. 假. 散從五位給絁五疋. 而無位

皇親. 三分給二. 卽給三疋之類. 下文云. 減數不苇. 從多給故.). 女亦准此. 減數不

苇. 從多給.

凡賻物兩應合給者. 從多給(謂. 大納言以上. 本位高者. 從位給. 若卑者. 依職

給之類.).

凡官人從征「從」行(謂. 不限内外. 但從征行皆是. 其番上者. 不在此限也.). 及

使人所在身喪. 皆給殯殮調度(謂. 賻物之外別給. 但物多少. 待式處分.).

凡親王一品. 方相輀車(謂. 方相者. 蒙熊皮. 黃金四目. 玄衣朱裳. 執戈揚楯. 所

以導輀車者也. 輀車. 葬車也.)各一具. 鼓一百面. 大角五十口. 小角一百

口. 幡四百竿. 金鉦鐃鼓(謂. 鉦者. 似鈴柄中上下通也. 鐃者. 如鈴無舌有柄. 執

12_ 政事要略 등에는 一位 아래에 無品皆准職事一位라는 8자가 있다.

鳴之而止擊鼓也.)各二面. 楯(謂. 所以自扞葬者也.) 七枚. 發喪三日(謂. 發喪.
猶擧哀也. 先葬二日始擧哀. 乃至葬日以終. 是惣發喪三日也. 下文云. 發喪五日. 亦以葬
日爲終也. 卽鼓角幡盾苄. 凶儀哀容. 皆悉周擧. 然後與所司發喪也.). 二品. 鼓八十
面. 大角卅口. 小角八十口. 幡三百五十竿. 三品四品. 鼓六十面.
大角卅口. 小角六十口. 幡三百竿. 其轜車鐃鼓楯鉦及發喪日. 並
准一品. 諸臣一位及左右大臣. 皆准二品. 二位及大納言. 准三品.
唯除楯車. 三位. 轜 · ¹³一具. 鼓卅面. 大角廿口. 小角卅口. 幡二百
竿. 金鉦鐃鼓各一面. 發喪一日. 太政大臣. 方相轜車各一具. 鼓一
百卅面. 大角七十口. 小角一百卅口. 幡五百竿. 金鉦鐃鼓各四面.
楯九枚. 發喪五日. 以外葬具及遊部(謂. 葬具者. 帷帳之屬也. 遊部者. 終身
勿事. 故云遊部也.). 並從別式. 五位以上及親王(謂. 無位皇親.). 並借轜具
及帷帳. 若欲私儉者聽. 女亦准此.

凡皇都(謂. 天子所居也.) 及道路(謂. 公行之道路皆是.) 側近. 並不得葬埋.

凡三位以上及別祖氏宗(謂. 別祖者. 別族之始祖也. 氏宗者. 氏中之宗長. 卽繼
嗣令. 聽勅定是也.). 並得營墓(謂. 墓之言慕也. 言冢營之地. 孝子所思慕者也.).
以外不合. 雖得營墓. 若欲大藏者聽.

凡皇親及五位以上喪者. 並臨時量給送葬夫.

凡墓皆立碑(謂. 碑者. 刻石銘文也.). 記具官姓名之墓.

凡身喪戶絶無親者(謂. 戶絶者. 戶口皆悉絶盡也. 無親. 是別戶之內. 並無五等
以上親者也. 卽雖有親. 而非戶令分財色者. 不可得分. 使其營盡功德. 不付四隣五保
也.). 所有家人奴婢及宅資. 四隣五保共爲撿校. 財物營盡功德. 其
家人奴婢者. 放爲良人. 若亡人存日處分. 證驗分明(謂. 證驗不相須也.
言雖無證人. 而亡人署記. 足應驗據. 及雖署記不在. 而證人分明者. 並不用此令.)者.
不用此令.

---

¹³_ 車가 있는 사본이 있다.

凡親王及三位以上. 暑月薨者(謂. 六月七月.). 給氷.

凡百官身亡者. 親王及三位以上稱薨. 五位以上. 及皇親稱卒. 六位以下. 達於庶人. 稱死.

凡喪葬不能傛礼者. 貴得同賤. 々不得同貴(謂. 凡厚資薄葬. 聖賢之情. 故貴者得同賤. 賤者不得同貴.).

凡服紀者. 爲君(謂. 天子也.). 父母及夫. 本主(謂. 其文學家令等. 不在此限也.). 一年(謂. 以十二月爲限. 不計潤月. 其五月以下. 並皆計日也.). 祖父母. 養父母. 五月(謂. 其養子爲本生一年. 卽養父母爲子一月也.). 曾祖父母. 外祖父母. 伯叔父姑. 妻. 兄弟姊妹. 夫之父母(謂. 養子之妻妾. 於夫之養父母亦同.). 嫡子. 三月. 高祖父母. 舅. 姨. 嫡母. 繼母. 繼父同居. 異父兄弟姊妹. 衆子. 嫡孫. 一月. 衆孫. 從父兄弟姊妹. 兄弟子. 七日.

1. 무릇 관關을 지나고자 하는 자는 모두 본부本部[1] **본사**本司[2]**를 통하여**(생각
건대 본부本部는 본관本貫이다. 가령 대사인大舍人이 왕경인[京人]인데 관을 지나고
자 하면, 식에 의거하여 과소를 작성한다. 먼저 본료本寮[3]에 보고하면 요寮는 허가
하는 첩牒을 만들어 경직京職에 보낸다. 직職은 다시 판단하여 발급하는 부류이다.
지방[外國]은 먼저 본군本郡에 보고하고, 군은 역시 국國에 보고한다. 만약 본사本
司가 있는 자는 또한 본사를 통한다.) **과소**過所[4]**를 청한다. 관사**官司**가 조사하
여 확인한 다음에 판단하여 발급한다. 돌아오는 자는 내문**來文**과 함께**(생각
건대 '내문과 함께'라는 것은 가령 행인行人이 다시 왕경이나 지방[京國]으로 돌아
가고자 하면, 모두 올 때 받은 과소를 가지고, 돌아갈 때의 과소를 청하는 것이다.
그러므로 '내문과 함께'라고 한 것이다. 아래 내용에 의하면 곧 떠나기 전에는 과
소를 몸에 지닐 수 있음을 알 수 있다.) **신첩**申牒[5]**하면 확인하여 발급한다. 만
약 내문 이외에 다시 붙여야 한다면, 사실을 확인하고 허락한다. 날마다 모
두 모아 안**案[6]**으로 만든다. 만약 이미 과소를 얻었는데 까닭이 있어 30일이**

---

[1]- 거주하고 있는 郡이나 國을 말한다.
[2]- 소속 관청을 말한다.
[3]- 大舍人寮이다.
[4]- 통행증명서로 木札로 된 실물이 平城京에서 발견된 바 있다.
[5]- 牒으로 보고하는 것이다.

될 때까지 떠나지 못하였다면(생각건대 이미 30일을 기한으로 하였으므로 기한을 채우지 않았으면 다시 고쳐 발급할 필요가 없다. 관사關司가 행정行程을 헤아려 30일을 넘지 않으면 또한 지나가는 것을 허락한다.) 이전의 과소를 가지고 신첩하면 다시 발급한다. 만약 도중에 까닭이 있으면(생각건대 또한 30일이 될 때까지 떠나지 못하여, 비록 한 곳에서 30일을 경과한 것이 아니더라도, 합산하여 기한을 채우면 또한 당국當國의 관사官司가 문서를 갖추어 관으로 보낸다.), 가까운 국사國司에 보고한다. 문서를 갖추어 관關에 보낸다. 비록 소부所部[7] 가 아니더라도, 내문을 가지고 있으면 또한 발급한다(생각건대 가령 행인이 본부의 과소를 가지고 왔는데, 다시 다른 관국關國으로 향하고자 하여, 당소當所를 통하여 과소를 신청하면, 비록 소부가 아니더라도 가지고 있는 내문에 의거하여 역시 판단하여 발급하는 부류이다.). 만약 배나 뗏목[船筏]이 관關을 지나려면(생각건대 장문長門[8]과 섭진攝津[9]이다. 그 나머지 과소를 신청하지 않는 경우는 이 제한에 있지 않다.) 또한 과소를 신청한다.

2. 무릇 행인行人이 관關이나 진津을 출입할 때(생각건대 행인은 공사公私가 모두 해당한다. 진津은 섭진攝津이다. 요로要路의 나루[津濟]는 배를 두어 타고 건너는데, 잡령雜令에 의거한다. 이 조항과는 관련이 없다.), 모두 사람이 도착한 것을 순서[先後]로 삼고, 막거나 지체[停擁]할 수 없다.

3. 무릇 행인行人이 관關이나 진津을 지나고자 하면 모두 과소過所에 실린 관關의 이름에 의거하여 확인하고 지나가게 한다. 만약 가고자 하는 바에 따르지 않고 따로 다른 관으로 향하려고 하면, 관사關司가 임의로 그 출입을

6_ 날마다 발행한 過所의 사본을 작성하는 것이다.
7_ 앞의 내용의 本部·本司를 가리킨다.
8_ 현재의 시모노세키 지역으로 本洲와 九洲 사이를 왕래할 경우를 말한다.
9_ 현재의 오사카 지역이다.

허락해서는 안된다.

4. 과소過所를 가진 행인行人이나 관인이 역마나 전마[驛傳馬]를 타고 관을 출입하면(생각건대 역자驛子[10]와 전자傳子[11]는 모두 역명歷名[12]이 없으므로 단지 사람 수를 헤아려 통과시킨다. 비록 거짓으로 통과하더라도 관사關司를 처벌하지 않는다.) 관사關司가 확인하고 통과시킨다. 녹백안錄白案[13]을 기록한다(무릇 행인 및 역마와 전마를 탄 사람이 관을 지나면, 관사는 모두 그 과소를 베껴 쓴다. 만약 관부官符이면 안기案記를 세우고 바로 백지白紙에 기록한다. 주인朱印을 찍지 않는다. 그러므로 녹백錄白이라고 한다.). 그 과소 원문[正過所][14] 및 역령驛鈴[15] 과 전부傳符[16]는 모두 행인에게 주어 스스로 지참하게 한다. 그리고 역령과 전부는 연말에 목록으로 기록하여 태정관에 보고하여(생각건대, 조집사朝集 使에 붙여 신송申送한다.[17]), 모두 확인한다.

5. 무릇 상역上役하는 정丁과 장匠 및 용조庸調의 운각[脚][18]이 관關을 지날

---

[10]_ 驛에 소속되어 驛馬를 타고 다니는 관인 등을 수행하면서, 驛馬를 관리하는 사람을 말한다.

[11]_ 傳路에 배치된 傳馬를 타고 다니는 관인 등을 수행하면서, 傳馬를 관리하는 사람을 말한다.

[12]_ 이름 등을 나열하여 기록한 문서를 말한다.

[13]_ 過所와 官符를 白紙에 그대로 옮겨 쓰고 날인하지 않으므로 錄白이라고 하는 것이다. 그 장부를 녹백안이라고 한다.

[14]_ 關司가 베껴 쓴 過所에 대하여 過所 원문을 正過所라고 한 것이다.

[15]_ 사용할 수 있는 驛馬의 수를 나타내는 방울 형태의 信標이다.

[16]_ 傳馬를 사용할 수 있는 권한을 보여주는 信標인데 그 형태는 자세히 알 수 없다.

[17]_ 관련 서류를 직접 보내어 보고하는 것이다. 역령과 전부는 태정관이 발급하므로 태정관이 발급한 수와 관소를 통과한 역령 전부의 수가 일치하는지를 計會하는 것이다.

[18]_ 지방에서 바치는 庸과 調는 백성들이 직접 왕경으로 운반해야 했는데, 이를 운반하는 사람들을 運脚이라고 하였다.

때는 모두 본국本國의 역명歷名에 의거하여(생각건대, 이 영의 역명은 율의 총력[惣歷]¹⁹과 뜻이 같다.), 호송하는 사신과 함께 확인하여 지나가게 한다. 그 역을 마치고(생각건대 정과 장이 역을 마치거나 운각이 조용의 납부를 마친 것이다.) 돌아가는 자는 원래의 성명姓名 연기年紀(생각건대 정과 장이 처음 지나갈 때 모두 역명이 있다. 관사關司가 베껴 기록하고 주기注記해 둔다. 돌아갈 때, 이에 의거하여 확인하고 보낸다.)를 확인하여 같으면 모두 보내준다.

6. 무릇 활과 화살 등의 병기는 제번諸蕃²⁰과 교역[市易]할 수 없다. 동변東邊과 북변北邊²¹에는 철을 제련하는 곳[鐵冶]을 둘 수 없다(생각건대 야冶는 철을 제련하는 곳이다.).

7. 무릇 번객蕃客²²이 처음 관關에 들어오는 날, 가지고 있는 모든 물건을 관사關司가 사신을 담당하는 관인과 함께, 자세히 기록하여 소사所司에 보고한다(생각건대 관關은 처음 지나가는 관이다. 만약 관이 없는 곳이면, 국사國司가 검교檢校한다. 사신을 담당하는 관인은 영객사領客使이다. 소사所司는 치부성治部省이다.). 한 관을 들어간 이후에는 다시 조사할 필요가 없다. 만약 관이 없는 곳은 처음 지나가는 국의 국사가 또한 이에 준한다.

8. 무릇 관사官司가 교역交易하기 전에 사사로이 제번과 교역할 수 없다. 사람이 고발[糾]하여 얻은 것은 둘로 나누어 하나는 고발한 사람[糾人]에게 포상하고 하나는 몰관沒官²³한다. 만약 관사가 그 소부所部에서 압류[捉獲]한

---

¹⁹_ 인명을 모두 기록한 명부라는 뜻이다.
²⁰_ 신라, 발해 등 외국을 말한다.
²¹_ 蝦夷와 접하는 국경지역으로 陸奧・出羽를 말한다.
²²_ 외국의 사신을 말한다.
²³_ 몰수하여 官物로 삼는 것이다. 沒官의 대상은 물건만이 아니라 사람도 해당하며, 노비로 삼을 수 있다.

것은 모두 몰관한다(생각건대 부인部人[24] 외인外人[25]을 가리지 않는다. 오직 당소當所의 관사官司[26]에 의하여 압류된 것이 모두 이것이다. 만약 부인部人이 다른 지역에서 교역하였는데, 관인을 보내어 압류한 것은 1/2을 포상해야 한다. 관진關津이 압류하였거나, 이장里長[27] 방장坊長[28]이 그 방리坊里에서 압류한 것은 또한 모두 몰관한다.).

9. 무릇 금지하는 물품[禁物][29]은 가지고 경계를 나갈 수 없다. 만약 번객蕃客이 입조入朝하여 별칙別勅으로 하사한 것은 가지고 경계를 나가는 것을 허락한다.

10. 무릇 관문關門[30]은 모두 해가 뜨면 열고, 해가 지면 닫는다.

11. 무릇 시장[市]은 항상 오시午時에 모이고(생각건대 한낮에 시장을 열어 천하의 백성이 이르게 한다고 한 것이 이것이다.), 해가 지기 전에 북을 세 차례 쳐서 흩어지도록 한다. 한 차례에 9번 친다.

12. 무릇 시장[市]은 가게[肆]마다 팻말을 세워 물품의 이름[行名][31]을 적는다(생각건대 가게는 시장 안에서 물품을 진열하는 장소이다. 물품의 이름을 쓴다는 것은 가령 팻말에 견사絹肆 포사布肆라고 쓰는 부류이다.). 시사市司는 화물貨

---

[24]_ 所部(관할구역)에 속해 있는 사람을 말한다.
[25]_ 관할구역 바깥의 다른 지역에 속해 있는 사람을 말한다.
[26]_ 國司, 郡司 및 關司 津司 里長 坊長 등을 말한다.
[27]_ 지방 군 아래의 행정단위인 里의 장관이다.
[28]_ 왕경의 행정구역인 坊의 長官이다.
[29]_ 軍防令에서는 북 징 쇠뇌 창 대각 소각 군기 등을 들고 있고 職制律에서는 圖書 兵書 七曜曆 등을 들고 있다.
[30]_ 關所에 설치한 門을 말한다.
[31]_ 絹肆 布肆 등과 같이 파는 물품 명을 적은 팻말을 세우는 것이다.

物의 시가市價에 따라서 3등三等으로 나눈다(생각건대 화물의 시가에 따른다는 것은 무릇 물품은 각각 상중하의 세 가지 품질이 있으며, 곧 그 가격[價値]도 또한 따로 각각 상중하 3등이 있다. 그러므로 모두 9등의 가격[估價]이 있게 된다. 아래 조항에서 중고가中估價에 따른다고 한 것은 중간 품질[中物]의 중간 가격中估價에 따르는 것이다. 내용에서 화물의 시가에 따른다고 하였으므로, 곧 시전市廛에서 교관交關하는 가격에 의거하는 것이고 관이 따로 고가법估價法을 세우지 않았음을 알 수 있다. 3등으로 나눈다고 한 것은 가령 10일 간의 고가가 상포上布 1단端이 혹은 300전錢이고 혹은 350전이고 혹은 400전이면 중간 가격인 350전에 의거하여 고가법을 세운다. 그 나머지 중품과 하품에도 또한 중간 가격에 의거하여 정한다. 그러므로 3등이라고 한 것이다.). **10일에 1번 장부를 만든다. 시장에서 살펴 기록한다**[案記].**32** **계절별로 각각 본사本司에 보고한다**(생각건대, 관가官家의 교관 및 장물臟物의 가격 산정[懸評]도 모두 중고가中估價에 의거한다. 그러므로 그 안기案記를 작성하는 것이다. 본사는 경직京職과 국사國司이다.).

13. 무릇 관官과 사私가 교관할 때 물건으로 가격을 정하는 경우에는 중고 가中估價에 의거한다. 곧 장물臟物의 가격 산정[懸評]33도 또한 이와 같다(생각건대 가령 어떤 사람이 정월에 비단 1필을 훔쳤는데, 고가[估]가 5관貫이었다. 그런데 6월에 일이 발각되었으면, 그 5관으로 정월 상포上布의 중고中估와 비교하여34 그 얻은 포布의 수에 의거하여 죄를 부과하는 부류이다. 그러므로 율을 살펴보면, 감수監守가 상견上絹 1필을 훔쳐서 이미 다 썼더라도 제명除名하지 않는다. 가격 산정하여 중고를 취하기 때문이다. 또한 율에 의하면, "파는 가격의 비싸고 싼 것이 고估와 같지 않으면, 또한 고에 의거하여 정한다"고 하였다.35 즉 장물이

32- 案記는 살펴서 기록한다는 뜻과 그렇게 작성한 문서라는 뜻으로 사용되고 있다.

33- 현물이 없이 품목명과 수량만 가지고 장물의 가치를 평가하는 것이다.(『唐律疏議』名例律 34조, 平臟及平功庸條)

34- 唐律에서는 懸評(懸平)은 上絹을 기준으로 하였다.

있는 경우는 또한 현물의 중고를 취한다. 상포의 중고가에 따른다. 범한 사람이 비싸고 싼 것을 따질 필요가 없으면, 또한 현재 있는 장물[贓]과 같다.).

14. 무릇 관사官私**³⁶의 권형**權衡**³⁷과 도량**度**³⁸**量**³⁹은 매년 2월에 대장성**大藏省**에 나아가 평교**平挍**한다.**⁴⁰(생각건대 무릇 제사諸司 및 서인庶人이 권형도량權衡度量을 써야 하면 모두 대장성에 나아가 평교하고, 그런 다음에 쓴다. 제국 및 긴요하게 쓰는 관사[要用官]에는 관사별로 견본[樣]을 지급한다. 율에 의하면 "비록 규격에 맞더라도[平] 관사의 인을 받지 않으면 태형 30대이다"라고 하였다.⁴¹ 곧 평교하는 날에 관사가 제인題印함을 알 수 있다. 단 당령에서 "모두 인서印署한 연후에 쓰는 것을 허용한다고 하였다. 이 영에서는 '인서'라는 내용을 없앴다. 그러므로 서명할 수 없다. 오직 율에 의거하여 인을 찍는다. 곧 양量과 함函이 같지 않다.⁴²) 왕경에 있지 않으면, 소재所在의 국사國司에게 나아가 평교하고, 그런 후에 쓰는 것을 허용한다.

15. 저울[秤]을 쓰는 경우는 모두 격格**에 건다. 곡**斛**을 쓰는 자는 모두 개**概**를 쓴다**(생각건대 저울은 무게를 재는 것이다. 격은 가로대[橫木]이다. 저울을 거

---

³⁵_ 『唐律疏議』 名例 34조 平贓及平功庸條. "縱有賣買貴賤, 與估不同, 亦依估價 爲定."

³⁶_ 王京의 경우에만 해당된다. 지방은 견본을 지급한다.

³⁷_ 權衡은 대저울과 같이 무게를 재는 도구를 말한다.

³⁸_ 度는 자와 같이 길이를 재는 도구를 말한다.

³⁹_ 量은 되, 말과 같이 부피를 재는 용기를 말한다.

⁴⁰_ 도량형에 쓰는 도구, 용기 등의 精度를 검사하는 것을 말한다. 검사에 통과하면 大藏省이 題印으로 표시하였다.

⁴¹_ 『唐律疏議』 雜律 32조 私作斛斗秤度條, "卽用斛斗秤度出入官物而不平, 令 有增減者, 坐贓論. 入己者, 以盜論. 其在市用斛斗秤度雖平, 而不經官司印 者, 笞四十." 일본 율에서는 태형 40대를 30대로 줄여 적용하였다.

⁴²_ 量은 大藏省이 印을 찍은 공식적인 용기이고 函은 규격 이외의 용기라고 할 수 있다.

는 물건이다. 개는 되나 말을 고르는 도구이다.). **쌀가루[粉]와 밀가루[麵]는 저울을 사용한다**(생각건대 쌀가루를 분粉이라고 하고 밀가루를 면麵이라고 한다.).

16. 노비를 팔 때는 본부本部**의 관사**官司**를 통하여 보증**保證**을 세우며, 입권**立券[43]**하고 가격을 매긴다**(생각건대 노비의 주인이 스스로 사첩辭牒을 만들어 보증[44]·서명[45]과 함께 관사官司에 신송申送한다. 관사는 판단하여 권계券契를 작성한다.). **말과 소는 오직 보증을 세우고 사권**私券**을 작성한다**(생각건대 관사를 거치지 않고 스스로 사권을 작성하고 매도[賣與]하는 것이다. 그 나머지 물품은 이제한에 있지 않다.).

17. 무릇 파는 사람은 결함이 있는 물건이나 가짜[行濫]를 팔아서는 안 된다(생각건대 온전하지 않은 것[牢][46]을 행行이라고 하고, 진짜가 아닌 것을 남濫이라고 한다.). **칼[橫刀], 창, 안장[鞍]**(생각건대 횡도橫刀는 검劍이다. 창槍은 과戈의 일종이다. 안鞍은 안교鞍橋[47]이다.), **칠기**漆器 **종류는 각각 만든 사람의 성명**姓名**을 새겨 적는다**(생각건대 착鑿은 끌로 새기는 것[錾]이다.).

18. 무릇 시장에서 물건을 팔典販[48] **때 남녀가 따로 앉는다.**

19. 무릇 온전하지 못한 물건이나 가짜를 교역하면 몰관沒官**한다. 짧고 좁**

---

[43]- 官司가 인정하는 정식 증명서를 만드는 것이다.
[44]- 保證은 노비를 팔려는 사람이 노비의 주인임을 확인하기 위한 것이다. 엄격하게는 保人은 연대책임을 지는 사람이고, 證人은 단순히 사실을 증명하는 역할을 하는 사람으로 구분될 수 있지만, 구분되지 않고 사용되는 경우도 많았다.
[45]- 노비의 주인이 보증을 세워 제출한 문서에 官司가 判署하는 것이다.
[46]- 牢는 원래 곡식이 제대로 익지 않았다는 뜻이다.
[47]- 말 안장의 앉는 부분이 다리처럼 생겼기 때문에 鞍橋라고 하였다.
[48]- 『율령』에는 興販으로 되어 있다.

아서 법과 같지 않은 것은[49] 주인에게 돌려준다.

20. 무릇 관官이 시매市買하는 것을 제외하고는, 모두 시장에 나아가 교역해야 한다. 앉아서 물주物主를 부르거나(생각건대 비록 시장에 있더라도 또한 다른 가게에 앉아서 부를 수 없는 것이다.) 시가時價를 어길 수 없다. 관사官私를 막론하고 제 가격[價]을 매긴다. 그 가격은 현격하거나 다를 수 없다(생각건대 현懸은 물주와 서로 허용한 것이다.[50] 위違는 물주가 합의하지 않은 것이다.).

---

[49]_ 규격이 공정 규격에 미치지 못하는 것을 말한다.

[50]_ 古記과 穴記는 외상으로 물건을 사는 것으로 해석하였다. 懸은 대금의 일부를, 違는 대금 전부를 외상으로 사는 것이라고 하였다.

凡貳拾條

凡欲度關者. 皆經本部本司(謂. 本部. 本貫也. 假有. 大舍人. 是京人. 而欲度關
者. 依式造過所. 先申本寮. 寮修許牒. 送於京職. 職更判給之類. 其外國者. 先經本郡.
郡亦申國. 若有本司者. 亦經本司也.) 請過所. 官司撿勘. 然後判給. 還者連
來文(謂. 連來文者. 假有. 行人更欲還京國者. 皆將來時過所. 而請還時過所. 故云連
來文也. 其依下文. 卽知未去之間. 過所仍得隨身.) 申牒勘給. 若於來文外. 更
須附者. 驗實聽之. 日別惣連爲案. 若已得過所. 有故卅日不去者
(謂. 旣以卅日爲限. 卽不滿限者. 不可更改給. 其關司准計行程. 不過卅日. 亦聽過度
也.). 將舊過所. 申牒改給. 若在路有故者(謂. 亦卅日不去者. 其雖非在一處
經卅日. 而通計乃滿限者. 亦當國官司. 具狀送關也.). 申隨近國司. 具狀送關.
雖非所部. 有來文者亦給(謂. 假有. 行人取本部過所來. 更亦欲向他關國. 而經
當所請過所者. 雖非是所部. 緣其有來文. 亦判給之類也.). 若船筏經關過者(謂.
長門及攝津. 其餘不請過所者. 不在此限.). 亦請過所.

凡行人出入關津者(謂. 行人者. 公私皆是也. 津者. 攝津. 其要路津濟. 置船運度.
自依雜令. 不關此條.). 皆以人到爲先後. 不得停擁.

凡行人度「入」關「津」者. 皆依過所々載關名勘過. 若不依所詣. 別
向餘關者. 關司不得隨便聽「便」其入出.

凡行人齎過所. 及乘驛傳馬. 出入關者(謂. 驛子傳子. 並无歷名. 直計人數
勘過. 卽雖有冒度. 關司不坐也.). 關司勘過. 錄白案記(謂. 凡行人. 及乘驛傳度
關者. 關司皆寫其過所. 若官符. 以立案記. 直於白紙錄之. 不點朱印. 故云錄白也.). 其
正過所及驛鈴傳符. 並付行人自隨. 仍驛鈴傳符. 年終錄目. 申太
政官(謂. 附朝集使申送.)惣勘.

凡丁匠上役. 及庸調脚度關者. 皆據本國歷名(謂. 此令歷名. 與律惣歷義同也.). 其所送使勘度. 其役納畢(謂. 丁匠役畢. 調庸納畢也.)還者. 勘元來姓名年紀(謂. 丁匠初度. 皆有歷名. 關司寫錄. 以立注記. 當其還時. 據此勘放.). 同放還.

凡弓箭兵器. 並不得與諸蕃市易. 其東邊北邊. 不得置鐵冶(謂. 冶者. 練鐵之處也.).

凡蕃客初入關日. 所有一物以上. 關司共當客官人. 具錄申所司(謂. 關者. 初所經之關. 若無關處者. 國司撿挍. 當客官人者. 領客使也. 所司者. 治部省也.). 入一關以後. 更不須撿. 若無關處. 初經國司亦准此.

凡官司未交易之前. 不得私共諸蕃交易. 爲人糺獲者. 二分其物. 一分賞糺人. 一分沒官. 若官司於其所部捉獲者. 皆沒官(謂. 不限部人外人. 唯爲當所官司捉獲者皆是. 若部人於他界交易. 而本部官人. 遣捉獲者. 合賞一分. 其關津糺獲. 及里長坊長於其坊里捉獲者. 亦皆沒官.).

凡禁物. 不得將出境. 若蕃客入朝. 別勅賜者. 聽將出境.

凡關門. 並日出開. 日入閉.

凡市恒以午時集(謂. 日中爲市. 致天下之民. 是也.). 日入前擊鼓三度散. 每度各九下.

凡市. 每肆立標題行名(謂. 肆者. 市中陳物處也. 題行名者. 假如. 題標牒云. 絹肆布肆之類也.). 市司准貨物時價. 爲三等(謂. 准貨物時價者. 凡物各有上中下三品. 卽其價值. 亦物別各有上中下三等. 故惣有九等沽價. 卽下條云准中沽價. 是准中物中沽價. 文云准貨物時價. 卽知據市廛交關之價. 官不別立沽價法也. 爲三等者假如. 一旬沽價上布一端或錢三百. 或三百五十. 或四百. 卽依中沽三百五十. 立沽價法. 其餘中下二品. 亦依中沽爲定. 故云爲三等也.). 十日爲一薄. 在市案記. 季別各申本司 (謂. 官家交關. 及懸詳贓物. 皆據中沽價. 故立此案記. 本司者. 京轍及國司.).

凡官與私交關. 以物爲價者. 准中估價. 卽懸評贓物者. 亦如之(謂. 假如. 有人. 正月盜得絹一疋. 准沽錢五貫. 而六月事發者. 卽以五貫錢. 退准正月上布中

沽. 依其所得布數科罪之類. 故案律. 監守盜得一疋上絹. 已費訖. 卽不除名. 爲懸評取中

沽. 又依律. 有賣價貴賤與沽不同. 亦依沽爲定. 卽贓見在者. 亦取見物中沽. 准上布中沽

價. 其所犯之人. 不爭貴賤者. 亦與見在贓同.).

凡官私權衡度量. 每年二月. 詣大藏省平挍(謂. 凡諸司及庶人. 用權衡度

量者. 皆詣大藏省平挍. 然後用之. 其諸國并要用官者. 司別給樣也. 依律. 雖平而不經官

司印者. 笞卅. 卽知平挍日. 官司題印. 但唐令云. 並印署然後聽用. 此令除印署文. 故不

可署. 唯依律可印. 卽與量函不同.). 不在京者. 詣所在國司平挍. 然後聽

用.

凡用稱者. 皆懸於格. 用斛者. 皆以槩(謂. 稱者. 稱量輕重也. 格者. 橫木. 所

以懸稱也. 槩者. 量. 所以平斗斛也.). 粉麵則稱之(謂. 米屑曰粉. 麥屑曰麵.).

凡賣奴婢. 皆經本部官司. 取保證. 立券付價(謂. 奴婢之主. 自修辭牒. 連

保證署. 乃申送官司. 官司判立券契也.). 其馬牛. 唯責保證. 立私券(謂. 奴婢之主.

自修辭牒. 連保證署. 乃申送官司. 官司判立券契也.).

凡出賣者. 勿爲行濫(謂. 不牢爲行也. 不眞爲濫也.). 其橫刀槍鞍(謂. 橫刀

者. 釼也. 槍戈屬也. 鞍鞍橋也.)漆器之屬者. 各令題鑿造者姓名(謂. 鑿鑿

也.).

凡在市典販. 男女別坐.

凡以行濫之物交易者沒官. 短挾不如法者. 還主.

凡除官市買者. 皆就市交易. 不得坐召物主(謂. 雖在市. 而不得復坐他肆

召也.). 乖違時價. 不論官私. 交付其價. 不得懸違(謂. 懸者. 物主相許也.

違者. 物主不知和也.).

捕亡令 第卄八
포망령 제28

(생각건대 법을 범하고 영을 어기는 것犯法違令은 큰 법[典憲]이 허용하지 않는다.
만약 도망逃亡하는 자가 있으면, 불어나고 뻗어날 것[滋蔓]을 두려워한다. 반드시
붙잡아서 성근 그물[疎網]¹을 채우는 것[寘]이다. 그러므로 포망捕亡이라고 한다.)
무릇 15조이다.

1. 무릇 죄수[囚] **및 정인**征人² **방인**防人³ **위사**衛士⁴ **사정**仕丁⁵ **유이인**流移人⁶**이
도망**逃亡**하거나**(생각건대 죄수는 유죄 무죄를 가리지 않는다. 죄상에 따라 구금
해야 하는데, 산금散禁한 자도 또한 같다. 유이인으로 도망한 것은 이송하는 도중
道中으로 아직 배소配所에 이르지 않은 것에 의거한다.) **구적**寇賊**에게 들어가려
고 하면**⁷(생각건대 율에 의하면 이는 반인叛人이 된다. 반인을 잡는 법은 이미 옥

1- 성근 그물이라는 뜻으로 관대한 법률을 상징한다. 『老子』에 "天网恢恢, 疏而
  不失", 『後漢書』 杜林傳에 "蠲除苛政, 更立疏网" 등이 보인다.
2- 군사적 정벌을 위하여 동원된 군에 소속되어 있는 사람을 말한다.
3- 동국에서 차출되어 구주 북부 및 대마도 일기도에서 감시와 방어를 받은 병사
  를 말한다.
4- 위사는 지방의 병사 중에서 왕경에 차출되어 궁성의 경비를 맡은 사람을 말한다.
5- 사정은 역으로 차출되어 중앙의 관사들에 허드렛일을 담당하는 사람이다(「부
  역령」 38조).
6- 유이인은 유형에 처해진 죄수니 사형을 면제받아 사는 곳을 옮기는 移鄕人
  을 말한다.
7- 구적 즉 蝦吏나 隼人이 있는 지역으로 들어가는 것은 謀叛罪에 해당한다.

령獄令에 있다. 다시 이 내용을 만든 것은 옥령이 일이 아직 드러나지 않고隱秘 도모한 상황이 아직 드러나지 않은 데 의거하였고, 이 조항은 이미 길에 오른 것을 위한 것이다. 일의 증거가 분명하여 그 뜻이 서로 다르다. 그러므로 두 조항을 세운 것이다.), **가까운 관사를 통하여 신첩**申牒**한다**(생각건대 도중에 도망한 것이다. 그러므로 가까운 관사라고 한 것이다. 수옥사囚獄司에 있던 죄인이나 이미 배소에 이른 유이인이 도망하면, 수옥사와 국사國司에게 보고한다.). **곧 도망한 자의 집**[家居]**8과 소속**所屬 **및 도망간 곳 주변의 국**[比國]**과 주변 군**[比郡]**에 알려 추포**追捕**한다. 통보받은 곳은 그 향리**鄉里**9와 인보**隣保**10에 알려 찾아다니며 잡도록 한다. 잡으면 본사**本司**에 보내어 법에 따라 처단**[科斷]**한다**(생각건대 정인 방인 및 유이인이 도중에 도망가면 붙잡은 날, 정인과 방인은 행군소行軍所와 방인사防人司에 보낸다. 유이인은 유배처의 국사에게 보낸다. 모두 법에 따라 과죄科罪한다. 방인이 도망하여 죄가 도형 이상에 이르면 다시 보낼 수 없다. 처음 향할 때 도형 이상을 범한 자는 교체하기 때문이다.). **잃어버린 곳**[失處]**과 찾은 곳**[得處]**이 모두 태정관**太政官**에 보고한다.**

2. 무릇 도적이나 다치거나 죽은 자가 있으면(생각건대, 율에 의하면 도적盜賊은 도盜라고 하는 것과 같다. 적해賊害를 입은 바가 있으므로 도적이라고 하는 것이다. 곧 강도 절도 등이다. 살상殺傷은 살殺과 같다. 상처를 입히고 죽이는 까닭에 살상이라고 한다. 곧 고살 투살 모살[故鬪謀] 등이다. 또한 옥령獄令에 의하면 도적과 살인은 3심三審에 해당하지 않는다.11 곧 분명히 3심에 해당한다면 이 조

8_ 도망한 사람의 현재 주소지와 본관지를 말한다.
9_ 태어난 향리 혹은 本屬을 말한다.
10_ 四隣五保를 말한다. 그러나 일본의 경우는 隣保制 양쪽을 계수하지 않고 保만 계승하였다. 保는 5家로 구성된 인위적이고 고정적인 제도이고, 隣은 자연스럽게 형성된 이웃관계에 가까운 개념이다. 5戶를 保로 하는 제도는 戶 자체가 인위적인 편제인 점에서 실질적으로 기능하였을 가능성이 낮다.
11_ 「옥령」 32조.

항에 의거하지 않고 3심 후에 곧 추포한다.), 곧 가까운 관사와 방리坊里¹²에 알린다. 통고를 받은 곳은 가까운 병사[兵] 및 인부[夫]를 이끌고(생각건대 병兵은 병사兵士이고 부夫는 인부人夫이다.) 발생한 장소로부터 흔적을 찾아서 바로 함께 추포한다. 만약 이웃 지역[比界]으로 옮겨 들어가면, 반드시 이웃 지역과 함께 추포해야 한다. 다시 다른 지역으로 들어가면 소부所部의 관사官司와 종적蹤跡을 직접 헤아린다[對量]. 종적을 확인한 연후에 이웃 지역 사람들이 돌아가는 것을 허락한다. 원래 발생한 장소의 사인使人은 종적이 다하기를 기다려야 한다. 그 종적의 단서가 다한 곳의(생각건대 범인[賊]의 종적이 막히고 다하여 더 추적할 수 없는 것이다.) 관사는 정밀하게 추토追討¹³한다. 만약 범인이 갑 지역에 살았고, 을 지역에서 살상하거나 도적질을 하고, 시신이 두 지역 경계에 있었다면, 두 지역의 관사는 직접 함께 추토한다. 만약 상험狀驗¹⁴을 얻지 못하면 징고徵拷를 가할 수 없다.¹⁵

3. 무릇 죄인을 추포追捕하게 되면, 발생한 장소의 인부와 병사[人兵](생각건대 인부와 병사이다.)는 모두 일에 따라서 짐작斟酌한다. 많고 적은 사람을 부려서 감당[堪濟]하도록 한다. 해당 지역에 군단軍團(생각건대 해당 군郡 내에 있는 군단이다.)이 있으면, 더불어 서로 알려, 곧 토박討撲¹⁶하도록 한다(박撲은 치는 것[擊]이다.). 만약 힘으로 제어할 수 없으면, 곧 이웃 국, 이웃 군에 알린다. 통고를 받은 곳은 상황을 자세히 알고, 먼저 병사를 내어 서로 연락하며 제전除翦¹⁷한다. 그리고 치역馳驛하여 보고하여 아뢴다[申奏](생각

---

¹²- 왕경 안의 구획인 坊과 지방의 행정단위인 里를 말한다.
¹³- 범인을 찾는 것이다.
¹⁴- 범인이라는 분명한 증거를 말한다.
¹⁵- 증거가 있는데 자백하지 않는 경우에는 고문으로 자백하도록 할 수 있다. 그러나 분명한 증거가 없으면 고문할 수 없다.
¹⁶- 쳐서 쓰러트린다는 뜻이다.
¹⁷- 제거한다는 뜻이 적을 쳐서 없앤다는 점에서 討撲과 같다.

건대 통고를 받은 곳은 발병장發兵狀¹⁸을 기록하여 보고하여 아뢴다. 곧 원래 발생한 곳은 옥령에 의거하여 보고하여 아뢴다. 율에 의하면 구적이 갑자기 와서 공습攻襲하고자 하면 곧 반반反叛이다. 만약 적이 내응內應하여 급히 병사가 필요하다면, 바로 병사를 낼 수 있다. 그러므로 치역을 해야 하는 사안은 이에 근거하여 제한으로 삼는 것을 알 수 있다.). **만약 지체하고 머뭇거려서**[遲緩逗留](생각건대 통고를 받은 곳이 지체하여 때를 놓친 것이다.) **중요하고 급한 때 나아가지 못하여 적이 도망갈 수 있게 하는 데 이르렀거나 추토하였으나 잡지 못하면**(생각건대 원래 발생한 곳이 끝내 적을 잡지 못한 것이다.), **당처**當處**가 상황을 기록하여 아뢴다**[奏聞](생각건대 율에 의거하여 치역으로 아뢰는 것이다.). **적을 잡거나 잡지 못한 것은 국군과 군단이 모두 고**考**에 붙인다**(생각건대 반드시 고를 내리지 않는다. 오직 고문考文에 붙인다.).

4. **무릇 가인**家人 **노비**奴婢 **잡축**雜畜¹⁹ **화물**貨物**을 망실**亡失**하면 모두 관사**官司**에 보고하고 살펴 기록한다**[案記](생각건대 망실한 곳, 잃어버린 연유와 상황 및 종류[色目]를 관사에 보고한다. 만약 잃어버린 것을 찾으면, 이에 의거하여 주인에게 돌려준다. 이것이 관사에 보고하고 살펴 기록하는 까닭이다. 비록 안기案記가 없더라도, 권계券契²⁰와 증거가 분명하면 역시 돌려준다. 그러므로 '권증券證이 분명하면'이라고 한 것이다.). **만약 찾았을 때, 권계와 증거가 분명하면 모두 본주**本主**에게 돌려준다.**

5. **무릇 도적**盜賊**을 고발하거나 붙잡은 사람**[糾捉](생각건대 고발하거나[糺告] 붙잡은 것[捕捉]이다. 친속親屬을 고발하는 것은 율에 처벌하는 조항이 있다. 곧 고

---

¹⁸_ 군단의 병사를 동원한 내역을 기록한 문서로 보인다.
¹⁹_ 말 소 개 닭 등의 가축을 말한다.
²⁰_ 말이나 소를 매매할 때는 私券이라고 하는 증명서를 작성한다. 잃어버린 말이나 소를 찾을 때 이 서류가 증거가 된다.

발한 자는 이미 죄를 범한 사람이므로 포상하는 제한에 있지 않다. 무릇 고발하여 죄를 지은 사람은 모두 포상할 수 없다.)은 추징한 배장倍贓(생각건대 옥령獄令에 의하면, 정장正贓을 징수해야 하는데 재산이 없어 마련할 수 없으면 관역官役으로 용庸과 상쇄한다. 만약 배장을 징수한 바 재산이 없어 마련할 수 없으면, 이치로 보아 방면放免해야 한다. 본인을 사역시킬 수 없다.)을 모두 붙잡은 사람에게 모두 상으로 준다. 집이 가난하여 추징할 재산이 없거나 법에 따라 배장을 추징할 수 없는 경우는(생각건대 사면을 만나는 부류이다. 율에 의거하여 추징을 면제한다.), 모두 얻은 바 정장正贓을 계산하여(생각건대 가령 포 10단을 훔쳤는데 고발된 날에 5단이 있다면, 다만 현재 있는 것에 의거하여 나누는 부류이다. 곧 전혀 정장이 없다면, 다시 포상을 할 수 없다.) 5등분하여 2분을 붙잡은 사람에게 준다. 곧 관인의 검교檢校로 인하지 않고 따로 붙잡은 경우(생각건대 관사가 그 소부所部에서 검교로 인한 것이 아니고 따로 직접 붙잡은 경우이다. 만약 주전鑄錢을 붙잡다가 훔친 장물[盜贓]을 얻었다면, 일로 인한 것이므로 포상할 수 없다. 소부의 관사가 아니라면 일반인의 예와 같다. 관사의 법에 의거하지 않는다.) 및 함께 훔치거나 정황을 알고 있던 사람이 자수한 경우 또한 상을 주는 예에 의거한다.

6. 무릇 죽은 사람이 있는데 성명과 가속家屬을 알지 못하면, 가까운 관사를 통해서 찾도록 한다(생각건대 죽은 사람이 있는데 성명과 가속을 모르면, 관사가 그 단서를 자세히 추궁推窮한다.). 해당 지역에 매장하고 그 위에 방牓을 세우고, 그 형상을 그려서 가속家屬을 찾는다(생각건대 매장한 위에 푯말을 세워, 모습과 나이의 많고 적음 및 가지고 있던 물건의 종류를 기록한다.).

7. 무릇 관사官私 노비가 도망하였는데, 1개월 이상이 지나서 붙잡으면[捉獲], 1/20을 상으로 준다. 1년 이상이면, 1/10을 상으로 준다(생각건대 노비를 장물[贓]로 계산하는 것이다. 그러므로 포상을 나누어주는 범위에 들어간다.

만약 그 자식을 데리고 도망하면, 또한 아울러 계산하여 나눈다. 그러므로 율에 그 어머니를 훔쳤는데 자식이 따르면, 아울러 계산하여 죄로 삼는다. 내용에서 말하기를 노비라고 하였으므로 곧 가인家人은 해당하지 않음을 알 수 있다. 만약 3세 이하를 잡았다면, 70세 이상에 준하여 그 포상의 절반을 줄인다.). **나이 70세 이상 및 융질**癃疾(생각건대 융질 이상이다. 비록 100세라고 하더라도 또한 이 법과 같다. 사람이 70세에 이르면 기력이 쇠잔하여 그 과역課役에 있어서 공치功直가 줄어든다. 하물며 이를 넘은 경우는 말할 것도 없다. 그러므로 '이상'이라고 하여 그 이외의 경우를 포괄한 것이다. 융질은 폐질廢疾 이상이다.)**로 부릴 수 없거나, 아울러 노비가 전주**前主[21]**에 잡힌 경우**(생각건대 노비가 도망하여 전주에게 가서 잡힌 것이다. 곧 전주에 의하여 잡혀 왔다면, 곧 다른 사람이 붙잡은 것과 다르다. 그러므로 전주는 포상의 반을 얻을 수 있다. 70세 이상 및 융질이 전주에게 갔다가 잡히거나 또는 관진의 관사가 붙잡으면, 앞의 반을 감한 위에 다시 또한 반을 감하는 것이다.)**와 관진**關津**에서 잡은 경우는 포상을 각각 절반을 감한다. 만약 노비의 주인을 알지 못하면**(생각건대 노비가 어려서 사람에게 유괴되거나 돌아다니다가 길을 잃어 마침내 주인을 모르는 부류이다.) **방을 세워 알린다 [**召**]. 1년이 지나도록 찾는 자가 없으면, 판단하여 관에 넣는다. 그 포상금은 관이 지급한다. 만약 주인이 찾아오면, 포상금을 징수하고 노비를 돌려준다**(생각건대 포상 금액을 관으로 되돌린다. 노비는 주인에게 돌려준다.).

8. 무릇 도망한 노비를 붙잡으면 5일 이내에 근처 관사에 보낸다(생각건대 5일이 지났는데 보내지 않으면, 위령죄[違令]로 처벌한다. 만약 발각되지 않았는데 보냈다면, 법에 죄명罪名이 없으므로, 자수自首와 같다.[22] 사사로이 놓아주어 지나가게 하였다면, 도망갈 길을 알려주거나 의복이나 식량을 지급한過致資給[23] 죄 및

21_ 노비가 도망하면 지난번 주인을 찾아가는 경우가 많았으므로 前主가 잡은 경우는 포상을 절반으로 줄였다.
22_ 자수하면 죄를 묻지 않는다. 다만 正贓을 추징해야 한다면 추징할 뿐이다.

관사官私의 물품을 버리거나 훼손한[棄毁] 죄 등으로 논한다. 단 포상하지 않는 다.). 조사[按檢]하여 사실임을 확인하면 노비의 가격을 정하고 영에 의거하여 (본주에게) 징수하여 포상한다. 잡은 사람이 직접 주인에게 보내고자 하면 맡긴다. 만약 관사로 보내왔는데, 당장 본주가 나타나지 않으나, 포상을 해야 한다면, 10일 동안은 또한 잡은 사람에게 음식을 보내도록 한다. 만약 잡은 사람에게 포상할 수 없는 경우(생각건대 아래 조항의 죽임을 당했거나 면천免賤하여 양인이 된 부류이다.) 및 10일 이후에도 주인이 이르지 않으면, 모두 관이 양식을 준다. 능력에 따라서 구금한 채로 부린다(생각건대 능能은 재능才能이다. 그 재능에 따라서 구금한 채로 사역하는 것을 말한다.).

9. 무릇 도망한 노비를 잡아서 아직 관官에 보내지 않았는데, 기한 내[24]에 죽거나 잃어버리면, 죄는 면하고 포상하지 않는다(생각건대 기한 내에 합당한 이유로 죽거나 잃어버린 것이다. 법에 의하여 죄를 면한다. 기한 외에 죽거나 잃어버리는 데 이르렀다면, 앞의 조항에 의거하여 논해야 한다.). 이미 관사官司에 들어와서 아직 본주本主에게 주지 않았는데, 다시 도망하여 거듭 잡혀 왔다면(생각건대 붙잡아 왔는데 관사가 다시 붙잡은 경우이다. 포상하는 예에 들지 않는다.), 1/3을 먼저 잡은 사람에게 포상하고, 2/3는 나중에 잡은 사람에게 포상한다(생각건대 만약 여러 차례 도망하여 거듭 붙잡혀 온 경우는 1/3을 균등하게 먼저 잡은 사람들에게 포상하고, 2/3는 마지막에 잡은 사람에 포상한다. 앞의 사람이 잡은 후에 1개월이 경과하여, 노비가 다시 도망가서 1년이 지난 뒤에 다시 잡아 왔다면 1/10을 다시 3분한다. 그렇게 하는 것을 알 수 있는 까닭은, 당령唐令에서 이르기를, 다시 잡혀 오면, 먼 곳으로부터 (본주에게) 징수하여 포상한다. 만약 나중에 잡은 사람이 멀다면 3분하여, 1/3을 먼저 잡은 사람에게 포상하

23_ 범인의 도주를 돕는 것을 말한다. 사정을 알고 범인을 은닉·過致資給한 자는 범인의 죄에서 1등을 감하여 致罪한다. 『律令疏議』捕亡 18조 知情藏匿罪人條.

24_ 5일이다(「포망령」 8조)

고, 2/3를 나중에 잡은 사람에게 포상한다. 만약 먼저 잡은 사람이 멀다면 반씩 나눈다고 한 까닭이다. 관사가 잡으면, 모두 먼저 잡은 사람에 포상한다.). **만약 도망쳐서 주인의 집으로 돌아갔다면 역시 반을 징수하여 포상한다**(생각건대 가령 갑이 도망한 천인을 잡아서 이미 관사에 넣었는데, 본주에게 보내기 전에 도망가서 주인의 집으로 돌아갔다면, 역시 반을 추징하여 갑에게 포상하는 부류이다.).

10. **무릇 도망한 노비가 본인이 사죄**死罪**를 범하였고, 사람이 잡아서 보내 왔는데, 사면되어**[會恩]**죽음을 면하고 관주**官主**에게 돌려주었다면, 영에 의거하여 징수하여 포상한다. 만약 마침내 죽임을 당하거나 천인을 면하고 양인이 되었다면**(생각건대 양인을 호소하여 면천하였거나 도망한 후에 주인이 놓아주어 양인으로 삼은 부류이다. 만약 면천되어 가인家人이 되었다면, 내용에 의거하여 포상한다.), **포상할 비용을 징수하지 않는다.**

11. **무릇 도망한 노비의 가격을 산정하는 것은 모두 노비를 데리고 관사**官司**에 가서 결정한다**(생각건대 만약 포상물을 거두지 않았는데, 본인이 이미 죽었다면, 다시 포상하지 않는다.). **만약 60일이 지났는데 포상하여 보답하지 않으면, 본주와 잡은 사람으로 하여금 함께 팔아서 상을 나누도록 한다.**

12. **무릇 노비가 양인임을 호소**[訴]**하여 아직 관사**官司**에 이르지 않았는데, 사람이 붙잡아서 보내왔다면, 사유**事由**를 조사하여 밝힌다. 양인임을 호소한 것이 사실임을 알게 되면, 비록 양인이라는 정황**[良狀]**이 없더라도**[25] **모두 포상하지 않는다**(생각건대 노비가 주인이 함부로 억압하여 천인으로 삼았다고 호소하였으나 관사에 이르기 전에 사람에게 붙잡혀 왔는데, 만약 호소한 것이 사실이라면 붙잡아 온 사람은 포상하는 예에 있지 않다.).

---

[25]_ 재판 결과가 양인이라는 증거가 없어서 노비가 패소한 경우를 말한다.

13. 무릇 박희博戱**로 재물을 걸어서**[賭財](생각건대 박희는 쌍륙雙六[26]과 저포樗蒲)[27]의 종류다. 곧 아직 승부가 나지 않았더라도 재물을 건 것은 모두 이에 해당한다.) **도박한 장소에 있는 물품**(생각건대 관물官物은 아니다. 비록 도박에 걸었지만 바깥에 있다면, 또한 도박하는 자리에 있는 물건으로 삼을 수 없다. 단 말과 소는 비록 자리에 있는 것이 아니라 하더라도 실제로 도박에 걸었다면 또한 자리에 있는 예와 같다.) **및 구합**句合 **출구**出九[28]**하여**(생각건대, 두 사람을 주선하여 [和合][29]하여 서로 도박을 붙게 한 것이다. 이것이 구합이 된다. 9을 내어 이자를 걷는 것으로 이것이 출구이다. 9로써 예를 삼은 것이니, 나머지는 미루어 알아야 할 것이다.[30]) **얻은 재물은 사람의 고발에 의한 것이라면, 그 물품은 모두 고발한 사람에게 포상한다. 만약 물품을 건 사람 및 도박 장소를 마련하여 자릿세를 받은 주인이 자수하면, 또한 포상하는 예에 의거한다. 관사가 붙잡으면**(생각건대 감림監臨하는 관사의 검교로 인하지 않고 따로 스스로 붙잡은 것이다.), **절반을 감하여 포상한다. 나머지는 몰관**沒官**한다. 다만 도박하여 얻은 재물은**(생각건대 도박에서 이긴 사람이다. 도박판을 마련하거나 고리대금업을 한 사람이 자신의 죄를 자수하지 않고 다만 도박한 사람을 고발하면, 비록 고발한 물품은 예에 의거하여 포상하지만, 지은 죄는 또한 법에 준한다. 곧 그 얻은

---

[26] 주사위가 든 통을 흔들어 2개의 주사위의 수를 합산하여 판 위에 흑백 15개의 말을 옮기는 놀이다. 원래 인도에서 시작된 놀이인데 중국을 거쳐, 우리나라와 일본에 전해졌다고 한다.

[27] 일종의 博戱다. 후에는 賭博을 일컫게 되었다. 馬融의 『樗蒲賦』에 "昔, 玄通先生, 游于京都, 道德旣備, 好此樗蒲." 등의 내용이 보인다. 4개의 타원형 및 편평한 목제품을 이용하여 승부하는 놀이이다.

[28] 도박판에 고리대금업을 하는 것을 말한다. 出九入十 즉 9를 내어 10을 거두어들인다는 뜻으로 그 자리에서 10%가 넘는 이자를 받는 셈이다. 『唐律疏議』雜律 14조 博戱賭財物條. "其停止主人, 及出九, 若和合者, 各如之. 賭飲食者, 不坐." 단순히 博戱로 보는 견해도 있다.

[29] 和合은 중재하여 모았다는 뜻으로 도박판의 주동자를 말한다.

[30] 9를 내어 10를 걷는 것을 예로 들었으나 8을 내어 10을 걷는 등의 경우도 마찬가지임을 알아야 한다는 뜻이다.

바 이자와 물건은 또한 몰수하는 범위에 있지 않다.) **자수하더라도 포상하는 범위에 있지 않다. 그 물품은 모두 몰관한다.**

14. 무릇 양가兩家**의 노비가 함께 도망하여 함께 자식**[男女]**을 낳은 경우는 모두 어미를 따른다**[從母]**(**생각건대 관사官私 노비와 관호官戶 가인家人이 함께 자식을 낳은 경우도 또한 같다.**). 훔친**[略盗] **노비인데 그 사실을 알고 고의적으로 사서 노비와 짝을 짓도록 하였으면, 낳은 자식은 모두 본주**本主**에게 들어간다**(생각건대 약도略盗는 약탈한 것과 훔친 것이다. 화유和誘는 훔친 것과 같다. 주인이라고 하는 것은 호적을 같이하는 양인으로, 재산을 분배하는 몫을 갖기 합당한 사람이다. 모두 주인으로 간주한다. 그 주인이 스스로 관계하여 낳은 자식은 당연히 양인에 따르는 것을 허락한다.**). 사실을 몰랐다면 어미를 따른다.**

15. 무릇 유실물[闌遺物]³¹**을 주우면, 모두 가까운 관사에 보낸다. 시장에서 주운 것은 시사**市司**로 보낸다**(생각건대 무릇 유실물은 모두 가까운 관사로 보낸다. 시장에서 주운 것은 경직京職에 들일까 염려하여, 시사市司에 보낸다고 한 것이다.**). 위부**衛府**가 순찰**[巡幸]**하다가 주운 것은 각각 본위**本衛**에 보낸다. 주운 물건은 모두 문 바깥에 걸어둔다. 주인이 찾아오면, 기록을 확인하고 보증인**[保]**를 세우고 돌려준다**(생각건대 기記는 안기案記이다. 보保는 보증인[保證]이다. 기록을 확인하고 보증을 세우는 것은 반드시 둘 다 할 필요가 없다.**). 문서**[記案]**가 없더라도**(생각건대 잃어버린 사정을 아직 관사官司에 보고하지 않은 것이다.**) 증거가 분명하면 또한 이에 준한다. 30일이 지났는데도 주인이 찾지 않으면, 거두어 보관한다. 그리고 물건의 종류**[物色]**를 기록하여 문에 방을 붙인다. 1년이 지나도록 찾는 사람이 없으면, 몰관**沒官**한다. 장부에 기록**

---

³¹- 함부로 남겨진 물건이라는 뜻이다.

하여 태정관[官]에 보고하여 처분을 듣는다. 몰관하여 넣은 후 물건이 아직 있는데(생각건대 팔아서 다른 곳에 있더라도 그 물건이 현재 있으면 또한 그렇다. 곧 율의 정장正贓과 뜻이 같다.), 주인이 와서 찾으면, 증거가 분명하면 돌려준다.

（謂. 犯法違令. 典憲不容. 若有逃亡. 恐其滋蔓. 固須捕繫以實疎網. 故曰捕亡.）

凡壹拾伍條

凡囚及征人. 防人. 衛士. 仕丁. 流移人逃亡（謂. 囚者. 不限有罪無罪. 但依狀應禁者. 其散禁亦同也. 流移人逃亡者. 此據在道未到配所也.）. 及欲入寇賊者（謂. 依律. 是爲叛人. 其叛人捕法. 已在獄令. 更制此文者. 獄令據事尙隱秘. 謀狀未顯. 此條爲已上道訖. 事亦顯彰. 情義不同. 故立兩條也.）. 經隨近官司申牒（謂. 在路逃亡. 故云隨近官司. 其在囚獄司罪人. 及已到配所流移人逃亡者. 申囚獄司及國司也.）. 告亡者之家居所屬. 及亡處比國比郡. 追捕. 承告之處. 下其鄉里隣保. 令加訪捉. 〻得之日. 送本司. 依法科斷（謂. 征防及流移人. 在路逃亡者. 捉得之日. 征防人送行軍所及防人司. 流移人送配處國司. 並皆依法科罪. 其防人逃亡. 罪至徒以上者. 不可更送. 初向之時. 犯徒已上者差替故也.）. 其失處得處. 並申太政官.

凡有盜賊. 及被傷殺者（謂. 依律. 盜賊者. 猶云盜. 以其有所賊害故曰盜賊. 卽强竊寺也. 傷殺者. 猶云殺. 以其傷而殺故曰傷殺. 卽故鬪謀寺也. 又依獄令. 盜及殺人. 不應三審. 卽明應三審者. 不依此條. 而三審之後. 乃得追捕也.）. 卽告隨近官司坊里. 聞告之處. 率隨近兵及夫（謂. 兵者. 兵士也. 夫者. 人夫也.）. 從發處尋蹤. 登共追捕. 若轉入比界. 須共比界追捕. 若更入他界. 與所部官司對量蹤跡. 付訖. 然後聽比界者還. 其本發之所使人. 須待蹤窮. 其縱緖盡處（謂. 賊跡窮盡. 更無追尋也.）. 官司精加推討. 若賊在甲界. 而傷盜乙界. 及屍在兩界之上者. 兩界官司. 對共追捕. 如不獲狀驗者（謂. 非贓狀露驗.）. 不得卽加懲拷.

凡追捕罪人. 所發人兵（謂. 人夫及兵士也.）. 皆隨事斟酌. 使多少堪濟. 其當界有軍團（謂. 當郡之內有軍團者也.）. 卽與相知. 隨卽討撲（謂. 撲者擊

也．）．若力不能制者．卽告比國比郡．得告之處．審知事實．先須發
兵相知除剪．仍馳驛申奏(謂．得告之處．錄發兵狀申奏．卽本發之處．依獄令申
奏也．依律．寇賊卒來欲有攻襲．卽反叛．若賊有內應．急須兵者．得便調發．故知馳驛之
色．據此爲限也．)．若其遲緩逗留(謂．承告之處．稽廢失機也．)．不赴機急．致
使賊得逃亡．及追討不獲(謂．本發之處．終不獲賊也．)者．當處錄狀奏聞
(謂．依律馳驛奏聞也．)．其得賊．不得賊．國郡軍團．皆附考(謂．不必降考．
唯附考文也．)．

凡亡失家人．奴婢．雜畜．貨物．皆申官司案記(謂．亡失之處．錄失物由狀
及色目．以申官司．如得失物者．據此還主．是爲申官司案記．其雖未有案記．而券契及證
據．足可驗者亦還．故云券證分明．)．若獲物之日．券證分明．皆還本主．

凡糺捉盜賊者(謂．糺捉及捕捉．其糺告親屬．律有科條．卽有糺告者．卽是犯罪之
人．不在賞限．凡告言得罪者．皆不可賞也．)．所徵倍贓(謂．依獄令．應徵正贓．无財
以備者．官役折庸．若所徵倍贓「理」无財以備者．理合放免．不可役身也．)．皆賞糺捉
之人．家貧無財可徵．及依法不合徵倍贓者(謂．會赦之類．依律免徵也．)．
並計所得正贓(謂．假如．盜布十端．糺告之日．五端見在者．唯據見在爲分之類．卽
全无正贓者．不可復與賞也．)．准爲五分．以二分賞糺捉人．卽官人非因擾
挍．而別糺捉(謂．官司於其所部．非因擾挍．而別自糺捉者．若掩捕鑄錢．仍得盜贓
者．其事相因．不合與賞．其非所部官司者．一同凡人之例．不依官司之法．)．并共盜．
及知情主人首告者．亦依賞例．

凡有死人．不知姓名家屬者．經隨近官司推究(謂．有死人．不知姓名家屬．
官司審推窮其端緒也．)．當界藏埋．立牌於上．畫其形狀．以訪家屬(謂．於
藏埋上．立標牓．記狀齒老幼及其物色．令行路看訪其家屬也．)．

凡官私奴婢逃亡．經一月以上捉獲者．廿分賞一(謂．奴婢計贓．故入分
賞之限．若將其子逃者．亦併計爲分．故律盜其母而子隨者．併計爲罪也．文云奴婢．卽知
家人者非也．若捉三歲以下者．准七十以上．其賞減半也．)．一年以上．十分賞一．
其年七十以上及癃疾(謂．以上者．雖是百歲．亦同此法也．言人至七十．氣力衰

竭. 於其課役. 功直減少. 更況過此以往. 故擧以上. 而包其外也. 癃疾者. 癃疾以上也.).

不合役者. 并奴婢走捉前主(謂. 奴婢逃亡. 走捉前主. 卽爲前主捉送. 卽異佗人捉獲. 故前主得其半賞. 其七十以上. 及癃疾. 走捉前主. 若關津官司捉獲者. 從減半上. 更亦減半也.). 及關津捉獲者. 賞各減半. 若奴婢不識主(謂. 奴婢幼稚. 被人略誘. 及流行失路. 終不識主之類也.). 牓告. 周年無識認者. 判入官. 其賞直官酬. 若有主認. 徵賞直還之(謂. 賞直還官. 奴婢還主.).

凡捉獲逃亡奴婢. 限五日內. 送隨近官司(謂. 過五日不送者. 科違令. 若未發而送者. 法无罪名. 與自首同. 其私放過者. 以過致資給. 及棄毀官私器物等論. 但不合備償也.). 案擒知實. 平價依令徵賞. 其捉人欲徑送本主者. 任之. 若送官司. 見無本主. 其合賞者. 十日內. 且令捉人送食. 若捉人不合酬賞(謂. 下條從戮. 及免賤從良之類也.). 及十日外主不至. 並官給糧(謂. 上文云令捉人送食. 此云官給粮. 是並不可徵還. 何者. 捉人得其賞. 官司役其身故也.). 隨能固役(謂. 能者. 才能也. 言隨其才能. 禁固役使也.).

凡捉逃亡奴婢. 未及送官. 限內致死失者. 免罪不賞(謂. 限內以理死失者. 依法免罪. 其限外致死失者. 當依上條論也.). 其已入官司. 未付本主. 而更逃亡. 重被執送者(謂. 爲他人所執送. 其官司重執獲者. 不在賞例也.). 三分. 以一分賞前捉人. 二分賞後捉人(謂. 若數度逃亡. 重被執送者. 以一分均賞前捉人. 二分賞最後捉人. 其前人逃經一月奴婢. 而復逃經一年. 卽重被執送者. 以十分一. 更爲三分. 所以知者. 唐令云. 重被執送者. 從遠處徵賞. 若後捉者遠. 三分. 以一分賞前捉人. 二分賞後捉人. 若前捉者遠中分故. 其官司捉獲者. 全賞前捉人也.). 若走歸主家. 猶徵半賞(謂. 假令. 甲捉逃賤. 已入官司. 未付本主. 而走歸主家者. 猶徵半賞甲之類.).

凡逃亡奴婢. 身犯死罪. 爲人捉送. 會恩免死. 還官主者. 依令徵賞. 若遂從戮. 及得免賤從良者(謂. 訴良得免. 或逃亡之後. 主放爲良之類. 若有免賤從家人者. 依文合賞.). 不徵賞物.

凡平逃亡奴婢價者(謂. 旣此與平贓異. 當據平時估價也.). 皆將奴婢對官司

平之(謂. 若未輸賞物. 其身已死者. 更不可酬賞.). 若經六十日. 無賞可酬者.
令本主與捉人對賣分賞.

凡奴婢訴良. 未至官司. 爲人執送. 撿究事由. 知訴良有實者. 雖無
良狀. 皆勿酬賞(謂. 奴婢訴主妄壓充賤. 而未至官司. 爲人執送. 若所訴有實者. 其
捉送之人. 不在賞例.).

凡博戲賭財(謂. 博戲者. 雙六樗蒲之屬. 卽雖未決勝負. 唯賭財者皆是也.). 在席
所有之物(謂. 官物者非. 其雖賭而在外者. 亦不得爲在席之物. 但馬牛. 雖是非在席
之色. 而見在席者. 亦同在席之例也.). 及句合出九(謂. 和合兩人. 令相敵對. 是爲句
合也. 擧九取利. 是爲出九. 卽以九爲例. 餘須准知也.)得物. 爲人紏告. 其物悉賞
紏人. 卽輸物人. 及出九勾合容止主人能自首者. 亦依賞例. 官司捉
獲者(謂. 監臨官司. 非因撿挍. 而別自捉獲者也.). 減半賞之. 餘沒官. 唯賭得
財者(謂. 勝人. 其勾合出九之人. 不首己罪. 唯告博人者. 雖紏告之物已依例賞. 而所
犯之罪. 亦准法坐. 卽其所得利物. 亦不在沒限.) 自首. 不在賞限. 其物悉沒官.

凡兩家奴婢俱逃亡. 合生男女. 並從母(謂. 官私奴婢. 與官戶家人合生男女
亦同.). 其略盜奴婢. 知而故買配奴婢者. 所生男女. 皆入本主(謂. 略
盜者. 略及盜也. 和誘爲盜也. 主者. 同籍良口. 合有財分者. 並皆爲主. 其主自幸生男女
者. 自聽從良也.). 不知情者從母.

凡得闌遺物者. 皆送隨近官司. 在市得者. 送市司(謂. 凡闌遺之物. 皆送
隨近官司. 恐在市得物者. 納於京職. 故云送市司也.). 其衛府巡行得者. 各送本
衛. 所得之物. 皆懸於門外. 有主識認者. 驗記責保(謂. 記者. 案記也.
保者. 保證也. 驗記責保. 不必相須也.)還之. 雖未有記案(謂. 亡失之狀. 未申官司
者也.). 但證據灼然可驗者亦准此. 其經三十日無主認者收掌. 仍錄
物色牌門. 經一周無人認者. 沒官. 錄帳申官廳處分. 沒入之後. 物
猶見在(謂. 雖賣留在他處. 其物見在者亦是. 卽與律正贓義同.). 主來識認. 證
據分明者還之.

영의해 권제10
令義解 卷第十

An Annotated Translation of "Ryonogige"

옥령 제29

(생각건대 옥獄은 확皬이다. 죄수의 뜻을 확실히 하려는 것이다. 무릇 이 편은 단옥법을 정한 것이다. 그래서 옥령이라고 한다.) 무릇 63조이다.

1. **무릇 죄를 지으면 모두 일이 드러난[事發] 곳의 관사官司가 추단推斷[1]한다**

(생각건대 일이 드러났다는 것은 이미 고발[告言]되어 3심三審[2]해야 하는 경우 초고初告 또한 이미 행하기를 마친 것이다.[3] 관사는 고발을 수리受理한 곳의 관사이다. 곧 왕경의 제사諸司 및 국군國郡의 관사가 모두 이것이다. 무릇 사람의 죄를 고발하는 것은 반드시 범행한 장소이어야 한다. 만약 이 예에 의거하지 않으면, 수리하여 수사[推]할 수 없다. 그 길이 멀거나 일에 어려움이 있으면, 곧 가까운 관사에 고발한다. 가령 어떤 사람이 기이국紀伊國에서 소금을 훔쳤는데, 섭진국攝津國에서 일이 드러났다면 곧 기이국의 중고中估[4]의 소금에 준하여 섭진국에서 결단[斷決]하는 부류이다. 이것이 일이 드러난 곳의 관사에서 추단하는 것이다.). **왕경 제사의 관인과 왕경 및 제국의 사람은 왕경 제사에서 일이 드러나서 도徒**

---

[1]- 범죄 사실을 수사하여 판결하는 것을 말한다.

[2]- 三審이란 告發者에게 誣告反坐의 법이 존재한다고 알려준 뒤 確信의 有無를 確認하고 自重할 것을 勸奬하는 節次[告]이다. 동일한 내용을 하루에 3번 반복한다. 이런 절차는 謀反, 大逆, 叛亂의 3죄와 강도, 살인 및 기타 긴급을 요하는 경우에는 적용되지 않는다.

[3]- 『唐律疏議』에서는 已發에 해당한다(名例律 29조 犯罪已發條).

[4]- 상중하의 가격 중 중간 가격을 말한다(關市令 12조).

이상을 범하였으면, 형부성刑部省**에 보낸다**(생각건대 먼저 변관辨官에 보고하고, 태정관[官]이 형부刑部에 내린다. 무릇 왕경 제사는 경직京職을 제외하고, 모두 도徒 이상을 판결[斷]할 수 없다. 그러므로 대략 고장告狀에서 준해서 죄가 도 이상에 해당하면, 바로 형부에 보내고, 단구斷勾할 수 없다. 가령 갑과 을 두 사람이 함께 1년의 도에 해당하는 죄를 범했는데 을이 종범[隨從]이라면 1등을 감하여 장 100대로 처벌해야 한다. 그러나 갑과 을을 함께 보낸다. 이미 추단하지 않으므로, 주범과 종범[首從]이 나누어지지 않기 때문이다.). **장죄**杖罪 **이하는 당사**當司**가 처벌한다**(생각건대 만약 속贖을 거두어야 한다면, 태정관에 보고하고 장속사贓贖司에 보낸다.). **위부**衛府**가 붙잡은 죄인이 왕경에 관**貫**을 둔 자가 아니라면**(생각건대 내용에서 이르기를 "왕경에 관을 둔 자가 아니라면"이라고 하였으므로, 곧 적을 둔 자는 모두 경직에 보냄을 알 수 있다. 단 밤에 통행한 죄를 지은 자는 위부가 그날로 처벌하고 풀어준다.) **모두 형부성에 보낸다.**

2. 무릇 죄를 범하면, 태죄笞罪**는 군**郡**이 집행한다**[決](생각건대 형을 집행하는 것과 속동[贖]을 징수하는 것이다. 속물贖物은 군에 보관하고, 그 수를 국國에 보고한다.). **장죄**杖罪 **이상은 군이 판결**[斷定]**하여, 국**國**에 보낸다**(생각건대 판결문[斷文]과 본인을 함께 보낸다. 병사兵士의 태죄는 양의兩毅[5]가 집행한다. 만약 장죄이면 소재지의 군郡에 보낸다.) **(국이) 복심**覆審**을 마치면, 도죄와 장죄**[徒杖罪] **및 유죄**[流]**인데 장을 집행해야 할 경우**(생각건대 율에 의하면 도죄를 범하면 노역[役]해야 하는데, 집에 겸정兼丁이 없으면, 가장加杖한다.[6] 또한 거듭 도죄와 유죄를 범한 경우에 가장하고,[7] 잡호雜戶와 능호陵戶가 유죄를 범하면 장형을

---

[5]_ 軍團의 大毅와 少毅를 말한다.

[6]_ 徒刑 대신에 杖刑을 집행하는 것이다. 徒 1년에 杖 120대이고 반 년마다 20대를 더하여 200대를 상한으로 한다. 노역을 부과하지 않는다(名例律 27조 犯徒應役條).

[7]_ 徒刑이나 流刑 중에 다시 徒罪나 流罪를 범한 경우의 처벌 규정이다. 예를 들어 流刑 중에 近流를 범하면 杖 100대, 中流 130대, 遠流 160대이고, 配所에

집행하는[8] 부류이다.), 혹은 속동을 납부해야 할 경우는(생각건대 음蔭[9] 및 노소老少[10]의 부류이다.), 곧 결배決配하거나(생각건대, 장형을 집행하고 유배를 보내는 것이다.) 속동을 징수한다. 형부刑部가 도죄 이상을 판결한 것도 이에 준한다(생각건대 율에 의하면, 사죄死罪인데 장형을 집행하거나 속동을 바쳐야 하는 경우는 유죄와 도죄의 법에 따라서 형부가 또한 장형을 집행하고 속동을 거둘 수 있다. 그러므로 또한 이에 준한다고 한 것이다. 사형을 실제로 집행해야 하거나 유배를 실제로 보내야 하는 경우는, 아래 내용에 따라 이에 준할 수 없다.). 형부성 및 제국諸國이 유죄 이상을 판결한 경우, 만약 제면관당除免官當[11]이라면, 모두 문서[案]를 이어 베껴서[連寫](생각건대, 무릇 국옥鞫獄 관사官司는 모두 국장鞫狀[12] 및 복변伏辨[13]을 이어서 하나의 문서를 만든다. 다시 이어 베껴서 단문斷文[14]과 함께 모두 태정관에 보낸다. 이것이 문서를 이어 베껴서 태정관에 보고하는 것이다.) 태정관에 보고한다. 안복案覆[15]하여 심리가 끝나면[理盡] 신주申奏한다.[16] 만약 안복하여 사안에 부진함[不盡][17]이 있으면, 지방에 있는

서 노역형 3년을 부과한다. 단 노역형은 4년, 杖刑은 200대를 상한으로 한다 (名例律 29조 犯徒應役條).

8_ 雜戶와 陵戶는 官司와 陵에 예속되어 있기 때문에 일반인처럼 유배를 보내지 않고 杖刑을 집행하고 거주지에 머물게 하면서 노역에 종사토록 한다. 近流는 장 100대를 집행하고 1等마다 30대를 더한다. 일반적인 流罪일 때는 노역 기간은 3년이고 加役流일 때는 4년이다. 잡호와 능호의 노동력을 활용하기 위한 조치이다(名例律 28조 犯徒應役條).

9_ 名例律 11~16條에 따라 형의 집행을 속동의 납부로 대신하는 것을 말한다.

10_ 나이 70세 이상, 16세 이하 및 廢疾은 流罪 이하인 경우 속동을 납부하고 형의 집행을 면제받는다(名例律 30조 年七十以上條). 당률에서는 15세 이하로 되어 있다.

11_ 除名, 免官, 免所居官, 官當을 뜻한다. 官人에 대한 부가형이다.

12_ 심문할 때 작성한 신문조서를 말한다.

13_ 피고가 판결 내용을 인정한다는 내용을 담은 문서이다.

14_ 판결문을 말한다.

15_ 太政官에서 再審하는 것이다.

16_ 태정관에서 결정한 판결문을 천황에게 上奏하는 것이다.

경우는 사신을 보내어[18] 다시 심리한다[就覆].

3. 무릇 국國이 단죄斷罪한 것을 신복申覆해야 한다면(생각건대 신申은 거듭 [重]이라는 뜻이다. 아래 조항에 이르기를, 도발盜發[19]과 도徒 이상 죄수는 조집사 朝集使에 붙여 태정관太政官에 보고한다고 하였다. 이것을 모두 사인을 보내어 신 복하는 것이다.), 태정관太政官이 헤아려 사인使人[20]을 파견한다[差]. 강직하 고 총명하여 법률을 잘 아는 자를 뽑아서, 도道를 나누어 돌아다니며 현재 의 죄수를 재심[覆]하도록 한다(생각건대 도죄 이상의 죄수로 정황이 밝혀졌으 나, 아직 판결하지 않은 것이다. 아래 내용에서 이르기를, "도죄를 국이 재판하여 복변伏辯을 얻었거나"라고 하였으므로, 장죄杖罪 이하는 이 조항이 적용되지 않는 다.). 사안은 다 밝히고[21] 아직 판결을 하지 않았다면, 판결을 재촉하고 곧 재심한다. 재심이 끝나면 기록하여 보고한다. 만약 국사가 판결을 굽혔는 데 사인이 미루어 재심하여 무죄이고 국사國司가 법을 굽힌 것을 진정 으로 인정하여 사안이 분명히(생각건대 관欵은 성誠이다. 죄를 인정하고 사실 을 담은 글을 내는 것이다. 이것이 관복欵伏이다. 곧 죄수의 복변伏辯과 또한 같 다.) 풀어주어야 한다면 사인의 판단에 맡겨 죄수를 놓아준다. 그리고

17_ 조사된 내용에 의문이 있는 경우다. 臟物의 수를 실제보다 적게 진술하는 것
도 未盡이라고 한다.

18_ 태정관에서 專使를 파견하여 다시 심리하는 것이다. 國에서 流罪 이상을 판
결하였는데 理不盡의 경우 임시로 파견하는 사신으로 「옥령」 3조의 覆囚使와
는 다르다.

19_ 盜發은 한 지역에 도적이 여러 명이 발생한 것을 말한다(賊盜律 54조 部內人
爲盜及容止盜條). 관할 구역 내에서 盜賊 1인이라도 발생하면 里長은 태형
40대(당은 50대)이고, 3인이 늘어날 때마다 1等을 가중하였다.

20_ 태정관이 國의 재판을 다시 심리하기 위해서 파견하는 것을 覆囚使라고 한
다. 이 조항은 복수사의 역할과 책임을 주로 다루고 있다. 그러나 『六國史』에
복수사를 파견한 사례가 보이지 않고 國司와 동등 이상의 官人을 파견하기는
용이하지 않았을 것이다.

21_ 범죄사실의 심리를 끝낸 것이다.

상황을 기록하여 보고한다. 사인과 국의 의견이 다르다면, 각각 문서로 보고한다. 만약 심리가 이미 끝나서 판결을 내릴 수 있는데, 사인이 판결하지 않고 멋대로 구실[節目]을 만들어 지연시키면[盤退], 국사가 상황을 기록하여 태정관에 보고하고, 사인의 고考에 붙인다. **도죄는 국이 판결하여 복변을 받았거나**(생각건대 판결이 끝나고, 죄수의 복변을 얻은 것이다.) 장물의 상황이 드러나 분명하면, 곧 죄수를 사역시키고 사인을 기다릴 필요가 없다. 그 밖에는 사인을 기다린다. 그 사인이 모두 살펴 재심한다. 재심을 마쳤는데, 국의 판단[國見]과 같다면 곧 국에 붙여 사역시키도록 한다 [配役].

4. 무릇 죄수를 재심하는[覆囚] **사인**[使人]**이 이르면, 먼저 옥수**獄囚²², **칼과 족쇄**[枷杻](생각건대 목에 채우는 것을 가枷라고 하고, 다리에 채우는 것을 유杻라고 한다.²³), **깔개**[鋪席] **및 질병, 음식**[糧餉](생각건대 향餉은 음식[饋]²⁴이다)**의 일을 조사한다. 만약 법과 같지 않은 것이 있으면, 또한 상황을 보고하여 고**考**에 붙인다.**

5. 무릇 대벽죄大辟罪(생각건대, 벽辟²⁵은 죄罪이다. 사형死刑을 대벽大辟이라고 한다.)**를 집행할 때는 왕경에서는 집행하는 관사가 3번 복주**覆奏**한다.**²⁶ 집행하기 하루 전날 1번 복주하고, 집행하는 날 2번 복주한다(생각건대 율에 의하면 아뢰어 답이 있어서[奏報] 집행해야 한다면, 3일 만에 형을 집행하는 것

---

²²_ 범죄의 유무를 떠나 수감되어 있는 자를 말한다.

²³_ 杻는 원래 손에 채우는 쇠고랑을 말하지만, 일본에서는 이를 '아시카세'라고 하여 발에 채우는 형구를 나타낸다.

²⁴_ 원문에는 遺로 되어 있으나 饋가 옳은 것으로 생각된다.

²⁵_ 辟은 허물이라는 뜻이고 大辟은 죽어야 할 만큼 큰 허물이라는 뜻이다.

²⁶_ 唐令에서는 5번 복주하도록 되어 있다(仁井田陞, 『唐令拾遺補』東京大出版会, 1997, 獄令 6조).

이 이것이다. 즉 3번 복주가 끝나고 다시 3일이 지나면 형을 집행하는 것을 허락한 것이다.[27] 지금 이 조항을 살펴보면, 2번 복주하는 날 곧 집행할 수 있다. 두 법이 같지 않으며, 느리고 빠른 것이 다르다. 무릇 형을 쓰는 도가 죽이는 것을 좋아하지 않는다. 빠른 것을 버리고 느린 것을 따르는 편이 좋은 것이다. 곧 아래 조항에서 아뢰어 답이 있는 날, 치역馳驛으로 내려갈 수 없다[行下]고 하였는데, 이 또한 죽이는 것을 늦추는 뜻이다.). **지방은 부符[28]가 내려온 날 3번 복주한다. 첫날 1번 복주하고, 다음날 2번 복주한다. 만약 악역惡逆[29] 이상을 범하였으면, 1번 복주한다. 가인家人이나 노비奴婢가 주인을 죽인 경우는 복주할 필요가 없다. 왕경과 지방에서 죄수의 사형을 집행하는 날 아악료雅樂寮는 음악을 중단한다.[30]**

6. 무릇 죄를 판결하고[斷罪][31] 형을 집행하는 날(생각건대 도徒 이상이다. 결옥結獄이 끝나고 자세히 죄명을 알린다. 이것이 죄를 판결하는 날이다. 이미 율에 의하면, 결옥이 끝나면 도 이상은 자세히 죄명을 알린다. 어기면 태 40대라고 하였다. 그러므로 장죄杖罪 이하는 이 조항에 들지 않는다. 사죄를 집행하는 것이 형을 집행하는 날이다.), **모두 범상犯狀[32]을 선고宣告한다. 대벽죄大辟罪의 죄수를 집행할 때는 모두 호송[防援]하고 칼을 씌워 형소刑所에 이른다**(생각건대 이는 서인庶人에 의거한 것이다. 의議 청請 감減의 대상인 사람 및 초위初位 이상 혹

27_ 律에서 3일이라는 기한은 최초의 覆奏로부터 두 번째 覆奏까지의 기한으로 보아 율과 영의 법의에 차이가 없는 것으로 보는 견해도 있다(『日本思想大系 律令』, p.687).

28_ 죄수에 대한 사형의 집행을 허락한 太政官符를 말한다.

29_ 八虐(十惡)의 하나로 조부모・부모를 때리거나 죽이려고 한 범죄를 말한다. 惡逆 이상, 謀反・謀大逆・謀叛・惡逆이다.

30_ 唐令에서는 皇帝에게 蔬食을 바치고, 內教坊과 太常寺는 音樂을 중단한다고 하였다(「獄令」 6조).

31_ 徒罪 이상을 말한다.

32_ 죄인에게 판결 내용을 알리고 죄를 승복한다는 伏辨을 받는다.

은 부인婦人 등은 아래 조항에 따로 규정이 있다.). 죄수 한 사람에 호송인[防援] 20인, 한 사람이 늘 때마다 5인을 더한다. 5위 이상 및 황친皇親은 말을 타는 것을 허락한다. 친족과 친구[親故]와 이별[辭訣]하는 것을 허락한다(생각건대 친親은 친족[親屬]이다. 고故는 친구[故舊]이다. 결訣은 이별[別]이다.). 곧 하루의 미시[未] 이후에 형을 집행한다. 만약 죄수 본인이 지방에 있으면 아뢰어 답이 있는 날³³ 치역馳驛하여 내려갈 수 없다(생각건대 이는 급히 죽이는 것을 꺼리는 것이다. 그러므로 치역으로 내려가지 못하게 한 것이다.).

7. 무릇 대벽죄大辟罪를 집행하는 것은 모두 시장[市]³⁴에서 한다. 5위 이상과 황친皇親이 악역惡逆 이상을 범하지 않았다면, 집에서 자진自盡하는 것을 허락한다(생각건대 죄인으로 하여금 집에서 스스로 죽게 하는 것이다.). 7위 이상 및 부인婦人은 참죄[斬]를 범하지 않았다면, 은밀한 곳에서 목을 매어 죽인다(생각건대 시전의 사람이 많은 곳이 아니고, 따로 은밀하고 궁벽한 곳에서 죽인다.).

8. 무릇 대벽죄大辟罪를 집행할 때는, 5위 이상은 왕경이라면 형부성의 소보少輔 이상이 집행을 살핀다[監](생각건대 비록 자진自盡하는 사람이라도 또한 그집에서 집행을 살핀다.). 지방이라면 차관次官 이상이 집행을 살핀다. 나머지는 모두 소보 및 차관 이하가 집행을 살핀다. 입춘부터 추분까지는 사형의 집행을 아뢸 수 없다(생각건대 집행을 아뢴다[奏決]는 것은 아뢰어 집행한다는 것과 같다.). 만약 악역惡逆 이상을 범했거나 가인家人 노비奴婢가 주인을 죽였으면 이 영에 구애받지 않는다. 대사大祀³⁵ 및 재일齋日,³⁶ 삭망朔望,³⁷ 그믐

---

³³⁻ 원문은 奏報이다. 일반적으로 아뢰어 보고한다는 뜻으로 사용하는데, 여기서는 아뢰어 답을 내렸다는 의미이다.

³⁴⁻ 고대 일본에서는 王京에 東市와 西市가 있었다.

³⁵⁻ 「신기령」 12조 참조.

³⁶⁻ 六齋日이다. 「雜令」 5조 참조.

[朔], 상하현上下弦, 24절기[氣], 휴일[假日]³⁸에는 모두 사형의 집행을 아뢸 수 없다. 왕경에서 사형수[死囚]를 집행하면 모두 탄정대와 위사부衛士府가 집행을 살핀다. 만약 죄수가 원왕冤枉³⁹임이 분명하다면 집행을 멈추고 아뢴다(생각건대 탄정대가 아뢴다.).

9. 무릇 죄수가 죽었는데 친척親戚이 없으면(생각건대 모두 상복을 입는 친족이 없는 것이다.) 모두 빈 땅[閑地]에 임시로 묻고, 그 위에 팻말을 세운다. 그 성명을 기록하여 곧 본속本屬⁴⁰에 내린다. 만약 유이인流移人⁴¹이 길에서 혹은 유도流徒⁴²가 노역을 하다가 죽으면 이에 준한다.

10. 무릇 유죄[流] 이하를 범하여 제면관당除免官當해야 하는데 아직 아뢰기 전에 본인이 죽으면, 위기位記⁴³는 추탈[追]하지 않는다. 아뢸 때 본인이 죽은 것을 알지 못하고, 아뢴 후에 이미 죽었다는 것을 알았다면 아뢴 바에 따라 정한다⁴⁴(생각건대 제면관당은 모두 일반적인 법의 예에 따른다.). 상사常赦가 사면하지 않는 바⁴⁵는 일반적인 예[常例]에 따른다(생각건대 유죄 이하를 범하고, 아직 아뢰기 전에 본인이 죽었는데, 죄가 상사常赦가 사면하지 않는 바라면, 용서하는 범위에 있지 않다. 그래서 상례에 의거한다고 한 것이다.). 만약 잡범雜犯⁴⁶으로 인한 사죄死罪로 옥성獄成이 되었는데 사면을 만나[會赦] 형

---

³⁷_ 음력 초하루와 보름이다.
³⁸_ 在京諸司는 6일마다 하루 휴가가 있었다. 「假寧令」1조 참조.
³⁹_ 무고한 사람을 죄인으로 만든 것이다.
⁴⁰_ 죽은 사람의 본적이 있는 官司를 말한다.
⁴¹_ 流配 및 移鄕에 처해진 사람을 말한다.
⁴²_ 流刑 중 加役流刑과 徒刑에 처해진 사람은 각각 勞役에 종사해야 한다.
⁴³_ 관인에게 관위를 수여하는 내용을 담은 문서를 말한다. 당의 告身에 해당하는 것이다.
⁴⁴_ 천황에게 아뢴 내용을 변경하지 않고 除免官當을 적용하는 것이다.
⁴⁵_ 『唐律疏義』「斷獄律」20조 赦前斷罪不當 참조.

의 집행이 완전히 면제되었다면[全原], 현임의 직사職事를 해임한다(생각건대 율에 의거하여 잡범으로 인한 사죄는 아뢰어 재가하기 전에 사면을 만나면, 영에 의하여 현임 직사를 해임한다. 만약 특별히 홍은鴻恩을 받들어, 완전한 사면을 입었다면, 특별한 판단은 군주가 오로지 하므로, 관위와 훈위는 모두 처음과 같이 해야 한다. 사강赦降47의 예와 같지 않다. 곧 잡범으로 인한 사죄를 별칙別勅으로 방면放免하면 또한 현임 직사를 해임할 필요가 없다. 또한 고과령考課令에 의하면 본범本犯이 면관免官 이상이거나 장회贓賄48가 본인에게 들어갔는데, 은강 전에 옥성이 되면 곧 경적景迹으로 논하여 고考를 내리고 녹祿을 빼앗는다. 모두 상법常法에 의거한다. 곧 유죄流罪 이하가 옥성된 후 사강赦降을 만나면 또한 이 영에 의거하여 논한다. 현임직사見任職事는 현임見任의 직사職事이다.).

11. 무릇 유인流人에 대한 판결이 이미 정해진 경우나 이향인移鄕人49은 모두 처첩妻妾을 버리거나 두고 배소配所로 갈 수 없다(생각건대 유이인은 처첩을 버리고 배소에 이를 수 없다. 반드시 서로 동행해야 한다. 의절義絶50을 범한 자는 이 범위에 있지 않다.). 만약 멋대로 머물러 지체하거나[逗留]51 사사로이 돌아오거나 도망하면(생각건대 이는 유이인이 이미 배소에 이르렀다가 다시 멋대로 사사로이 돌아오거나 도망하는 것에 의거한 것이다. 그 처첩이 사사로이 돌아오거나 도망하는 것도 또한 이에 준한다.) 곧 바로 태정관에 보고한다.

46_ 가장 중대한 범죄인 八虐과 故殺人 이외의 범죄를 말한다.
47_ 赦免令과 恩降令을 말한다. 일반적으로 적용되는 은사나 은강 조치와는 다르다는 뜻이다.
48_ 장물과 뇌물을 말한다.
49_ 살인을 범하여 사형에 처해야 하는데 사면된 경우는 移鄕시킨다.「賊盜律」18조 殺人應死條 참조.
50_「戶令」31조 毆妻之祖父母條 참조.
51_ 유배지에 가지 않는 것이다.

12. 무릇 유인流人을 유배해야 한다면, 죄의 경중에 따라, 삼류三流에 처한다. 생각건대 근류 중류 원류이다[近中遠流](생각건대 원근을 정하는 것은 왕경에서 계산한다.).

13. 무릇 유이인流移人은 태정관太政官이 헤아려 유배한다(생각건대 죄의 경중을 헤아려 그 원근으로 유배한다. 그래서 헤아려 유배한다고 한 것이다.). 태정관부[符]가 이르면 계절별로 한 차례 보낸다(생각건대 태정관이 배류장配流狀을 기록하여 형부성 및 국사國司에게 내리는 것이다.). 만약 부가 계절 말에 이르면, 다음 계절에 보낼 사람과 함께 보내는 것을 허락한다(생각건대 계절 말은 4계절의 마지막 달이다. 가령 태정관부가 3월 말에 이르면, 여름에 보내는 사람과 더불어 함께 보내는 부류이다.). 따라가야 할 가구 및 출발시키는 날짜를 자세히 기록하여 편의에 따라 배처配處에 내린다(생각건대 형부성 및 국사이다. 태정관부에 의거하여 기록하여 유이流移시키는 국에 내린다. 형부성의 유인流人은 태정관이 전사傳使를 차출하여 이끌어 보낸다[領送].). 호송인[防援]을 차례대로 차출하고,[52] 전사가 부령部領하여 배소配所에 보낸다. 인수인계[付領]가 끝나면 속히 원래 보낸 곳[53]과 태정관에 보고하여 알린다. 처자가 멀리 있거나 길이 편하지 않다면 미리 불러서, 함께 출발할 수 있도록 한다(생각건대 비록 멀리 있더라도 길이 편하면, 도착하기를 기다려 동행한다. 다시 쫓을 수 없다.[54]). 처자가 이르기 전에 죄수 본인을 노역시켜야 한다면, 또한 가까운 곳에서 공역公役시킨다. 그리고 이미 노역한 일수[日月][55]를 배소配所에 보내 노역일수를 줄여 주도록 한다.

---

[52]_ 지방에서는 軍團의 兵士를 호송인으로 차출하였다. 軍團의 관할 구역이 바뀌는 곳에서 다른 軍團의 병사를 차출하여 교대하는 것이다.

[53]_ 죄인을 보낸 刑部省과 諸國이다.

[54]_ 죄수가 먼저 출발하고 가족이 그 뒤를 따라가게 하지는 않는 것이다.

[55]_ 처자가 도착하기를 기다리는 동안 출발지에서 사역한 일수를 말한다.

14. 무릇 사형수[死囚]를 체송遞送할 때는(생각건대, 율에 의하면 옥사를 담당하는 관인[鞠獄官]은 죄인의 일당[徒伴]이 다른 곳에 있으면 먼저 잡은 곳으로 이송하여 함께 논하는 것을 허용하는 부류이다.) 모두 이동하는 길에 있는 군단軍團의 대의大毅로 하여금 직접 스스로 부령部領하도록 한다(생각건대, 전사專使 외에 군의軍毅가 따로 스스로 부령하는 것이다.). 나머지 죄수[囚徒](생각건대, 나머지는 사형수가 아닌 것이다.)를 체송하는데 금고禁固[56]해야 한다면, 모두 소의少毅가 부령한다. 아울러 호송인[防援]을 차출하고, 분명하게 인수인계[付領]한다.

15. 무릇 유이인流移人이 이동 중에는 모두 차례대로[57] 여정에 필요한 양식[程糧](생각건대, 유이인이 경유하는 곳마다 국國에서 양식을 지급하여 해당 영역을 지나도록 한다.)을 지급한다. 양식을 청할 때마다 멈추어 머무른다. 2일을 넘길 수 없다. 전마傳馬[58]의 지급 여부는 그때마다 처분한다.

16. 무릇 유이인流移人이 배소配所에 이르러 인수인계[付領]를 마치면, 곧 본소本所에서 출발한 날짜와 도착한 날짜를 확인하여 행정行程[59]을 헤아린다. 만약 호송하는 사인使人이 도중에 지체[稽留]하여(생각건대, 까닭 없이 지체하는 것이다.) 여정의 기준을 따르지 않았다면, 인계받은 곳의 관사官司가 일에 따라 추단推斷한다[60](생각건대, 무릇 율에 의하면, 사인使人이 사신으로 파견된 곳에서 죄를 범하면 소부所部의 소속 관리들이 바로 취조[揖]할 수 없다. 단 죄수를 인솔하는 데 여정의 기준을 따르지 않으면 이 규정에 의하여 별도로 소부가 추단하는 것을 허용한다. 그 밖은 모두 율에 의해야 하며, 이 규정에 준할 수 없

---

[56]_ 散禁과 상대되는 말로 죄수에게 刑具를 착용하도록 하는 것이다.

[57]_ 가는 길에 위치한 諸国이 식량을 지급하는 것이다.

[58]_ 「廐牧令」 16조 諸道置驛馬條 참조.

[59]_ 하루에 갈 수 있는 旅程은 도보 40리 등 「公式令」 88조에 규정되어 있다.

[60]_ 唐律의 「斷獄律」 24조에 따르면 1일이 지체되면 笞 30대, 3일에 一等을 추가하고, 杖 100대가 넘으면 10일에 一等을 추가하여 徒 2년에 그친다고 하였다.

다.).⁶¹ 그리고 상황을 태정관太政官에 보고한다.

17. 무릇 유이인流移人(생각건대, 율에 의하면 고살인故殺人으로 옥성獄成이 된 경우는 사면을 만나도 제명이 된다 이것이 본범이 제명인 것이다. 투살鬪殺로 제명이 된 경우도 또한 이 법에 준한다.)이 배소配所에서 도착하여 이인移人⁶²은 생각건대 본범本犯이 제명除名인 것이다. 6년[六載]이 지나면 출사[仕]를 허용한다(생각건대 사仕는 관에 출사하는 것[仕官]이다. 곧 소관所貫과 경사京師에서 모두 출사하는 것을 허용한다. 고독蠱毒으로 유배된 자는 그 근원이 되는 부류를 없애야 하므로 출사를 허용하지 않는다.). 반역연좌류反逆緣坐流 및 반역反逆으로 인하여 죽음을 면하고 유배된 경우는 이 예에 들지 않는다(생각건대, 모대역謀大逆에 가담한 자도 또한 이에 준한다.). 곧 본범本犯이 유배에 해당되지 않는데, 특별히 유배된 경우는(생각건대, 원래 제명의 대상이 아닌 것이다. 그러므로 3년[三載] 뒤에 출사를 허용한다. 만약 제명에 해당하면 또한 6년의 법에 따른다. 또한 율을 살펴보면, 본범이 면관免官인데 특별히 제명된 경우는 출사하는 연한이 또한 제명의 예와 같다. 무릇 유배된 사람은 관위과 훈위를 모두 거두어 들인다. 그러므로 특별히 유배된 경우를 이름하여 특별한 제명[特除名]이라고 한다.) 3년 이후에 출사를 허용한다. 음蔭이 있으면 각각 본범수서법本犯授敍法⁶³에 의한다(생각건대, 음은 부조父祖의 음 및 제명수서除名收叙의 음이다). 현임을 해임하거나 제명에 의한 이향移鄕이 아니면, 그 연한年限⁶⁴은 고해考解의 예에 준한다(생각건대, 고과령에 의하면 고해인 경우는 1년 후에 서용을 허

---

⁶¹ 죄를 따져 재판을 행하는 것이다. 唐律에서는 使人이 목적지의 관사에서 죄를 물어 재판을 받는 경우는 없으나, 이 조항은 예외적인 규정이다.

⁶² 원래 범한 죄[本犯]가 사형에 해당하는데 사면을 만나서 죽은 사람의 일족이 보복할 것을 염려하여 移鄕에 처해진 사람을 말한다.

⁶³ 本犯의 처분에 따른 서위법에 의거하는 것이다(名例律 21조 除名條).

⁶⁴ 出仕를 허용하는 연한을 말한다. 고과평정의 결과 해임된 경우에는 1년 뒤에 다시 출사를 허용한다.

용한다고 한 것이 이것이다. 조항에서 제명에 의한 이향이 아니면 고해의 예에 준한다고 하였으므로 곧 이향되는 경우는 모두 현임에서 해임됨을 알 수 있다.).⁶⁵

18. 무릇 도죄[徒]를 범하여 거역居役⁶⁶에 처해야 한다면, 기내畿內는 경사京師로 보내고, 지방은 모두 당처當處의 관역官役⁶⁷에 충당한다. 유죄[流]를 범하여 배소에 머물면서 노역을 해야 한다면⁶⁸, 또한 이에 준한다. 부인婦人⁶⁹은 봉작縫作과 곡식 찧는 일[舂]에 배치한다.

19. 무릇 유죄와 도죄로 노역을 해야 하면, 모두 쇠로 된 목줄[鈦] 혹은 칼[盤枷]을 채운다(생각건대, 유죄와 도죄가 모두 목줄이나 칼을 찬다. 유죄는 목줄을 차고 도죄는 칼을 찬다는 뜻이 아니다.). 병이 있으면 벗는 것을 허락한다. 두건[巾]을 착용할 수 없다(생각건대, 두건頭巾을 착용할 수 없다.).⁷⁰ 열흘마다 하루 휴가를 준다. 노역하는 구역[院]에서 나갈 수 없다. 환가患假⁷¹는 날짜를 배로 준다(생각건대, 규정에서 환가라고 하였으므로 상가喪暇와 순가旬暇와 같은 부류는 두 배로 주지 않는다.). 노역이 차면⁷² 본속本屬으로 체송遞送한다.

20. 무릇 도수와 유수[徒流囚]가 노역 중에는 죄수 한 사람을 두 사람이 감

---

⁶⁵_ 1년 후에 다시 관직에 나아가는 것을 허용한다. 「考課令」 58조 官人有犯私罪
條 참조.
⁶⁶_ 使役에 종사하는 것을 말한다.
⁶⁷_ 그 지역 國衙의 雜務에 종사하도록 하는 것이다.
⁶⁸_ 원문은 居作이다. 일반적인 유배의 경우는 配所에서 1년간 노역을 한다. 加役流의 경우는 3년간 노역을 한다.
⁶⁹_ 流刑囚 중에서 여자를 말한다.
⁷⁰_ 머리카락을 散髮한 채로 있어야 한다는 뜻이다.
⁷¹_ 질병으로 인하여 휴가를 주는 것이다. 병이 나은 다음 휴가를 받고 일수만큼 추가로 노역에 종사해야 한다.
⁷²_ 노역해야 할 日數를 채우는 것이다. 患暇(病暇)는 후에 그 일수만큼 추가로 노역에 종사해야 하지만, 喪暇나 旬暇는 그럴 필요가 없다.

시한다[防援](생각건대, 죄수 두 사람을 네 사람이 감시하는 것이다. 만약 죄수가 감옥에 있어서 그 몸이 갇혀 있으면 역을 하는 법과 같지 않다. 그러므로 상황에 따라서 헤아려 배치하여, 가둔 것을 감시하도록 한다.). **왕경에서는 물부物部와 위사衛士**(생각건대, 삼부三府의 위사이다.)**를 뽑아서 충원한다. 1/4은 물부이고 3/4는 위사이다. 지방에서는 당처當處의 병사를 뽑아서 분번分番하여 막고 지킨다[防守]**(생각건대, 이는 또한 병사兵士를 위하여 규정을 세운 것이다.).

21. 무릇 유이수流移囚가 이송 도중에 그 부인이 출산을 하면(생각건대, 유배된 부인이 자식을 낳은 것이다.), **가구家口[73]를 아울러 휴가 20일을 준다**(생각건대, 유배 및 이향되는 사람의 처첩이나 종인從人이 길에서 자식을 낳으면, 또한 휴가 20일을 준다. 함께 유배되는 죄수 역시 모두 자식을 낳은 사람을 따라 머문다. 휴가를 채우기를 기다려 함께 출발한다.). **가녀家女와 비婢에게는 휴가 7일을 준다. 만약 본인 및 가구**(생각건대 모두 이송 중인 사람에 의거한다. 양천을 구분하지 않는다.)**가 병에 걸리거나 혹은 나루[津濟]의 물이 불어서 갈 수 없으면, 모두 가까운 국사國司에게 알리고 매일 검행撿行하도록 한다. 갈 수 있으면 곧 출발시킨다.** 만약 환자의 일행이 많아서 멈추어 기다릴 수 없으면(생각건대, 환자의 일행[徒伴]이 많다고 하는 것과 같다. 머물러 기다리지 않는 것은 오로지 유배 이향되는 사람이 해당되며, 가구는 아니다. 가령, 유배 이향되는 사람이 세 사람인데, 한 사람이 병에 걸리고 두 사람이 병에 걸리지 않았다면, 두 사람은 먼저 가고, 만약 두 사람이 병에 걸리고 한 사람이 병에 걸리지 않았다면, 한 사람이 머물러 기다리는 부류이다.), **호송하는 사인은 가까운 국군國郡에게 분명하게 맡겨 법에 따라 장양將養토록 한다**(생각건대, 법이라고 하는 것은 아래 조항에서 옥수가 병에 걸리면 의약을 주어 치료하는 것이 이것이

---

[73]_ 가족과 동행자를 말한다.

다.). 낫기를 기다려 곧 체송遞送토록 한다(생각건대, 전사專使를 차출하지 않고, 단지 군의軍毅가 이끌어 보낸다.). **만약 조부모와 부모가 죽으면**[74] **휴가 10일을 준다**(생각건대, 유배 이향되는 사람을 따르다가 길에서 죽으면, 곧 남편 상 또한 같다. 아래 조항에 의거하면 남편의 상과 부모와 같기 때문이다.). **가구 중에 죽은 자가 있으면 3일, 가인家人이나 노비奴婢는 1일이다.**

22. **무릇 유이인流移人이 목적지[前所]에 이르기 전에 조부모와 부모가 마을 [鄕]에서 죽으면**(생각건대, 본향에서 죽은 경우와 따라와서 배소에서 죽은 경우가 이 법과 같다.)**, 있는 곳[當處]에서 휴가 3일을 주고 발애發哀토록 한다. 도인과 유인[徒流]이 노역을 하고 있는데 부모가 죽으면, 있는 곳에서 휴가 50일을 주어 거애擧哀토록 한다**(생각건대, 율에 의하면, 유배 이향되는 사람이 배소에 이르러, 조부모와 부모가 늙고 병들어 시중을 들어야 하는데 노역[居作]도 해야 한다면, 존친[親]이 죽고 3개월 뒤에 노역토록 한다고 하였다.[75] 그러므로 노질을 시중들어야 하는 경우는 그 율에 의거한다. 그러나 시중들지 않는 사람은 또한 이 영에 의거한다. 법을 세운 것이 각각 다르므로 같이 다루어서는 안 된다.)**. 조부모가 죽고 승중承重**[76]**해야 하는 자도 또한 같다. 2등친二等親은 7일이다. 모두 여정[程]은 주지 않는다**(생각건대, 갇힌 장소[禁所]를 나가는 것을 허락하지 않는다. 비록 부모상이라고 또한 상을 치를 수 없다. 곧 다른 조항에서 여정을 주지 않는다고 한 경우도 모두 이 에에 준한다.).[77]

23. **무릇 부인이 구금되어 있는데, 산월産月이 닥치면**(생각건대, 가녀家女 및

---

[74]_ 流移人과 동행하던 조부모나 부모가 죽은 것이다.
[75]_ 『唐律疏議』「斷獄律」 26조 犯死罪非十惡條 참조.
[76]_ 祭祀 및 蔭을 계승하는 것을 말한다.
[77]_ 拘禁된 장소를 나갈 수 없다. 따라서 부모의 상례에 참여할 수 없는 것이다. 다만 원래의 法意는 휴가 50일을 줄 뿐이며 문상을 위해 왕래에 걸리는 여정을 따로 지급하지 않는다는 뜻일 가능성이 있다.

여자종[婢]도 또한 앞의 조항에 따라 휴가 7일을 준다.) **보증인[保]을 세워⁷⁸ 내** **보내는 것을 허락한다**(생각건대, 갇힌 장소를 나가는 것을 허락하는 것이다.). **사죄死罪인 경우는 출산 후 20일을 채우면, 유죄流罪 이하는**(생각건대, 규정 에서 모두 곧 체포하고 감금한다[追禁]고 하였으므로 장죄杖罪 이상임을 알 수 있 다. 묻기를, 유배 이향되는 사람이 길에 올라 처첩이 산월을 맞이하면 어떻게 합 니까? 답하기를, 앞의 조항을 살펴보면, 유배 이향되는 죄수가 길에서 부인이 아 이를 낳으면, 가구를 아울러 휴가 20일을 준다고 하였다. 곧 길에서 휴가를 주는 법이 있으나 죄수를 멈추어 출산을 기다린다는 내용이 없다. 비록 산월을 맞이하 였더라도 배소로 보내야 함을 알 수 있다.) **출산 후 30일을 채우면, 모두 다시 구금한다. 여정[程]은 주지 않는다.**

24. **무릇 부인婦人이 사죄死罪를 범하였고 자식을 낳았는데 가구家口⁷⁹가 없 다면**(생각건대, 비록 가인과 노비이더라도 또한 가구의 예와 같다.) **가까운 친족 에게 맡겨 거두어 기르게 한다. 가까운 친족이 없다면 4린四隣⁸⁰에게 맡긴 다. 양자로 삼고자 하는 자가 있으면, 다른 성[異姓]이더라도 모두 허락한다**(생각건대, 근친 및 사린 이외에 양자로 기르고자 하면 이미 형제의 자식이 아니 더라도 법에 의하여 음을 입을 수 없다. 그 본색이 다른 경우는 모두 양자로 받아 들이는 것을 허락하지 않는다.).⁸¹

25. **무릇 공죄로 서로 연좌된 경우[公坐相連]⁸²**(생각건대, 율에 의하면 같은 관

---

⁷⁸_ 「公式令」 78조.
⁷⁹_ 호적에 함께 등재되어 있는 사람으로 家人과 奴婢도 포함한다.
⁸⁰_ 「戶令」 9조.
⁸¹_ 원래 養子로 삼을 수 있는 것은 호령 12조의 규정에 따라 4등친 이내의 친속 으로 소목에 합당한 자여야 한다. 이 조항은 예외적인 조처이다. 그러나 이 경 우에는 養親의 蔭의 혜택을 받을 수 없다.
⁸²_ 관인이 公罪를 지으면 「名例律」 40조에 따라 직접적인 책임당사자가 首犯으

사에 공죄로 연좌되면[公坐] 4등으로 연좌한다.[83] 각각 말미암은 자를 수범으로 삼는다. 가령, 외기外記의 과실이 적발[摘出]되면, 외기가 수범이 되고, 소납언이 제2 종범이 되고, 대납언이 제3 종범이 되고, 우대신 이상이 제4 종범이 되는 부류이다. 곧 좌우변국[左右辨] 2국은 서로 연좌되지 않는다. 만약 좌변左辨이 공죄로 연좌되면, 곧 우변右辨 외기는 서로 연좌되지 않는다. 단 대납언 이상은 통섭通攝하는 관인이므로 3국三局에서 모두 차관 장관이 된다. 중무성이 감물監物을 관할하고 형부성이 판사判事를 관할한다. 이와 같은 부류는 서로 연좌되지 않는다. 만약 일이 감물이나 판사가 일으켰으면 그 사람이 수범이 되고, 성省과 사司가 직무와 관련되어 종범이 된다.), **우대신右大臣 이상 및 8성八省의 경卿, 각 관사[諸司]의 장관을 모두 장관長官으로 간주한다. 대납언大納言, 및 소보少輔 이상, 각 관사의 차관[貳]을 모두 차관으로 간주한다. 소납언少納言, 좌우변左右辨 및 각 관사의 규판糾判[84]을 판관判官으로 간주한다. 각 관사의 감서勘署[85]를 주전主典으로 간주한다.**

26. 무릇 부조父祖의 관음官蔭으로 출신出身하여 관위를 얻었는데[86], 부조가 제명除名[87]의 죄를 범하더라도, 자손子孫은 추탈하는 범위[追限]에 있지 않다. 만약 자손이 다시 제명을 범하면, 후에 서위할 때, 음蔭이 없는 것에 따른다(생각건대, 규정에 나중에 서위하는 날이라고 하였으므로 곧 아직 이르지 않

로, 해당 관사의 나머지 4등관인 長官 次官 判官 및 主典도 從犯으로 각각 연좌된다.

83_ 『唐律疏議』「名例律」 40조 同職犯公坐條 참조. 같은 관사에 있는 관원이 公罪로 연좌되면, 長官을 1등, 次官(唐律은 通判官)을 1등, 判官을 1등, 主典을 1등으로 하되, 각각 원인유발자를 首犯으로 한다. 首犯과의 관계에 따라 차등을 두어 연좌하는 것이다.

84_ 각 관사의 判官의 직무 중에 糾判이 있다. 判官을 지칭하는 것이다.

85_ 각 관사의 主典의 직무 중에 勘署가 있다. 主典을 지칭하는 것이다.

86_ 「選敍令」 38조.

87_ 「名例律」 18조.

은 사이에는 여전히 음이 있는 것으로 여길까 두렵다. 이는 법에 의하여 음에 의거하는 것이 이미 끊어졌으므로, 곧 음이 없는 법에 따라야 한다.), **부조가 범죄로 인하여** (원래의 관위에서) **내려서 서위되었다면[88], 또한 나중의 관위에 따른 음위를 준다**(생각건대, 무릇 제명된 자손도 법에 부조의 음을 입는다. 만약 부조가 다시 면관 등의 죄를 범하여 낮추어 서위[降叙]된 경우는 자손도 곧 낮추어 서위한 음에 의거한다. 그러므로 또한 후음後蔭에 따라서 서위한다고 한 것이다. 3위 이상이 제명의 기한이 차서, 칙으로 5위 이상을 내리면, 이 또한 낮추어 서위하는 것이다. 만약 무위無位의 잡임雜任이 죄를 범한 후에 종전대로 입색入色하는 경우는 율령에 준거한다.[89] 본색으로 되돌린다는 규정이 없기 때문이다.).

27. 무릇 관인이 범죄로 인하여 이배移配[90]되거나(생각건대, 원수를 피하여 이향하는 것이다.)[91] **별칙別勅으로 현임에서 해임되거나, 혹은 본죄本罪가 제면관당除免官當이 아니면 위기를 추탈하는 예에 있지 않다**(생각건대, 만약 제면관당되면 제면관당법에 의거해야 한다. 위의 조항은 출사出仕하는 연한을 정한 것이고 이 조항은 관위를 추탈하지 않는 법을 세운 것이다.).

28. 무릇 죄를 범하여 제면관당除免官當해야 하는 경우, 아뢰어 답을 들은 날[奏報] (생각건대, 아뢰어 답을 들은 때라고 하는 것과 같다. 공식령에 의하면 죄를 지어 해면解免되는 경우는 해면하는 관사가 원래 임명하고 수여한 관사[元任授][92]에 알리는 것이 이것이다. 즉 아뢰어 답을 들은 후 아직 위기를 훼손하기 전

88_ 除免官當에 따른 叙位는 「名例律」 21조, 「選叙令」 37조, 「軍防令」 31조에 규정되어 있다.

89_ 無位雜任은 여러 관사에서 직무를 수행하고 있으나 無位상태에 있는 하급관인이다.

90_ 이때 移配는 移鄕이라는 뜻이다.

91_ 除名에 의한 移鄕이 아닌 경우를 말한다.

92_ 中務省·式部省·兵部省이 이에 해당한다.

에, 원래 임명하고 수여한 관사에 기록하여 알리는 것이다. 이미 위기를 훼손한 후에는 해당 관사가 스스로 알고 있으므로, 다시 알릴 필요가 없다.), **제명**除名**의 경우는 위기**位記**를 모두 파기한다. 관당**官當 **및 면관**免官, **면소거관**免所居官**은 견당면**見當免93 **및 강지**[降至者]94 **위기를 파기한다.**95 **강소부지**降所不至**는 추탈하는 범위에 있지 않다**(생각건대, 견당면見當免이란 가령 정7위상이 도죄 1년 반을 범하면 예에 따라 1등을 감하고, 1관一官으로 도죄 1년을 관당한다. 곧 정7위 상이라는 관위가 견당見當이 되는 것이다. 만약 면소거관을 범하면 1년[碁年] 후에 이전의 관위[先位]에서 1등을 낮추어 서위한다. 즉 정7위상이 역시 견면見免이 되는 것이다. 강지降至란 가령 정7위상의 관인이 다시 역임歷任한 위기가 있는데, 면관免官을 범하면 3년[三載] 후에 이전의 관위에서 2등을 낮추어 서위한다. 즉 정7위 상은 견면이고 정7위하가 강지이고, 종7위상이 강소부지이다. 그러므로 율에서 강소부지는 2등 이외의 역임한 관위라고 한 것이 이것이다.96 면관 한 가지 법에 만 강지가 있고, 나머지 관당 등에는 다시 강지가 없다.). **파기하는 것은 모두 태정관**太政官**에 보내어 파기한다. 식부**式部**의 안案에 훼**毀**라는 글자를 쓴다** (생각건대, 원래 수여한 관사가 훼毀라고 쓰는 것이다.). 태정관의 인을 훼 자 위에 찍는다.

29. 무릇 죄를 범하여 제면관당除免官當해야 하면, 사무를 처리하거나[釐事]

93_ 見當免은 見當과 見免이다. 官當으로 인하여 반납하는 관위가 見當이고, 免官 혹은 免所居官을 범하여 박탈되는 관위가 見免이다.

94_ 免官의 경우는 현재의 위계보다도 2계 아래까지를 降至, 그보다 아래를 降所不 至라고 한다. 재임용될 때 2계 아래로 敍位되기 때문에, 그보다 위의 位記는 파 기(이미 降至의 位記는 불용상태가 되기 때문에)하는 것이다(名例律 17조).

95_ 官當 및 免所居官은 원래 官位에서 1등을 내려서 敍位한다. 免官은 3년 후에 원래 官位에서 2등을 내려 敍位한다. 따라서 見當免과 더불어 다시 1계분의 位記를 파기한다. 歷任降所不至位記로써 차례로 관당하는 것을 허락한다(『名 例律』 14조).

96_ 면관될 시점에 가지고 있던 관위를 포함하여 2등급보다 아래의 관위를 말한다.

조회朝會할 수 없다. 칙명으로 재판을 받게 되면[勅推] 비록 제면관당이 아니더라도 도죄徒 이상은 입내入內할 수 없다(생각건대, 사무를 처리하고 조회하는 것도 모두 할 수 없다. 율에 의하면 관직이 있을 때 범한 죄가 관직이 없을 때 드러나면 유죄流罪 이하는 속贖으로 논하는 것을 허락한다고 하였다. 이것이 관당이 아니면서 도徒 이상인 것이다. 과실과 의죄疑罪는 원래 정형正刑이 아니므로 제한에 들지 않는다.). 3위三位 이상은 해관解官 이상이 아니면(생각건대, 잡범雜犯으로 사죄死罪를 범하여 사면을 만나면 해임된다. 이것이 해관解官이다. 4위 이하는 장죄杖罪라도 해관해야 하므로, 입내할 수 없다.), 사무를 처리하고 조회하고, 입내하여 공봉供奉하는 것을 허락한다.

30. 무릇 죄를 범하여 사안이 드러나서, 장물의 정황이 분명하면, 비록 함께 한 무리[徒伴]를 다 잡지 못하였더라도, 잡힌 자는 먼저 정황에 의거하여 재판한다(생각건대, 율의 함께 죄를 저지르고 도망한 법으로 재판한다.[97]). 그 밖은 후에 잡아서 밝힌다[追究](생각건대, 함께 한 무리를 찾는 것을 추追라고 한다. 사건의 상황을 조사하는 것을 구究라고 한다.).

31. 무릇 죄를 범하여 드러나지 않았거나 이미 드러났으나 아직 판결 · 집행[斷決]하지 않았는데, 격格으로 개정되었고(생각건대, 율에 의하여 관당수속官當收贖하고 아직 사형을 판결하지 않거나 태장을 아직 집행하지 않은 것이 이것이다. 규정에서 "아직 판결 · 집행하지 않았는데"라고 하였으므로 만약 판결 · 집행하였다면 저절로 이전의 격에 의거해야 한다.), 만약 격이 무겁다면 범한 때에 의거하는 것을 허락한다.[98] 만약 격이 가벼우면, 가벼운 법에 따르는 것을 허락한다.[99]

97_「名例律」 44조 共犯罪條 참조.
98_『당률소의』「名例律」 30조에 「獄官令」이 인용되어 있는데, 이 조항과 비슷한 내용이다.

32. 무릇 사람의 죄를 고발[告言]하였는데, 모반謀叛 이상이 아니면, 모두 세 번에 걸쳐 확인하도록[三審] 한다(생각건대, 무릇 사람의 죄를 고발하는 것은 모두 사실에 의거해야 마땅하다. 만약 허망한 경우는 스스로 반좌反坐[100]된다. 그 러므로 반복하여 확인토록 하여, 스스로 드러나도록 하려는 것이다. 처음부터 세 차례에 이르므로 삼심三審이라고 한다. 아직 세 차례에 이르지 않았는데, (고발한 사람이) 후회하여 고치는 바가 있으면 또한 죄를 부과하는 법[罪法][101]이 없다.).[102] 고발장[辭牒][103]을 접수한 관사官司는(생각건대, 판관判官 이상이다.) 모두 거 짓이면 반좌죄[反坐]를 받게 된다는 사실을 자세하고 분명히 알린다. 확인 할 때마다 모두 날을 달리한다(생각건대, 하나의 문서[文牒]로 고발할 수 있다. 확인할 때마다 문서를 만들 필요가 없다. 또한 처음 고발하는 날, 문서가 관사에 들어갔으므로, 그 후 두 차례 확인할 때는 단지 구두로 고발한다. 말하는 내용[辭] 을 들은 관인이 문서[牒]와 같은지를 확인한 뒤 다른 날에 서명한다.). 내용을 접 수한 관사는 확인을 마친 뒤에 서명한다[署記]. 확인을 마치고 그런 후에 추 단推斷한다. 만약 일이 급하고 해로움[切害]이 있으면 급하고 해롭다는 것 은 살인殺人 도적盜賊 도망逃亡(생각건대, 적賊은 수인[囚]을 강탈한[104] 부류이

99_ 죄인에게 유리하게 법을 적용하려는 의도를 읽을 수 있다. 이와 비슷한 사례 로 죄를 범하였을 때는 老疾者가 아니었으나 죄가 드러난 때 老疾이 되었다면 老疾에 따르게 한 것을 들 수 있다(「名例律」 30조).

100_ 反坐는 무고한 내용에 따라 무고당한 사람이 받아야 할 형벌만큼 무고한 사 람에게 형벌을 부과하는 것이다.

101_ 죄를 주는 기준, 형량 등의 의미로 쓰인다.

102_ 고발의 내용이 분명한 것인지를 3번에 걸쳐서 확인하는 것이다.

103_ 辭는 관위가 없는 庶人이 官에 제출하는 문서이고 牒은 관인이 제출하는 문 서이다. 自首할 때와 마찬가지로 告言을 할 때도 문서를 사용해야 함을 알 수 있다. 다만 令義解의 註에서는 受辭官司同牒後라고 하였고, 文牒이라는 용어 도 사용하였으므로 辭를 문서형식으로 단정하기 어려운 점도 있다.

104_ "수인을 강탈한[劫囚]"것은 위협이나 폭력을 사용하여 죄수를 도망하게 한 경 우를 말하고, "수인을 절취한[竊囚]"것은 비밀리에 죄수를 빼내어 도망하도록 한 경우를 말한다.

다. 살인한 경우는 그 선후를 논하지 않으며, 도盜 및 도망은 경중을 묻지 않는 것이 이것이다. 만약 가인이나 노비를 죽였다면 율에 의거하여 또한 절도竊盜[105]와 견준다.) 혹은 양인良人을 강간强姦하거나 급한 사정이 있는 부류이다(생각건대, 가령 몰래 제방을 터트리거나 불이나 물로 인가를 태우거나 떠내려가도록 하려는 부류이다. 사정이 급하여 추포해야 하는 것이 모두 이것이다. 무릇 이두 가지 일은 실행되기 전에 때를 맞춰 막아야 한다. 그러므로 급속한 것이다. 만약 이미 일이 일어난 후에는 다시 절박하고 해로운 것으로 간주할 필요가 없다. 비록 이미 행해졌더라도 영향이 남아서 해가 되는 경우에는 또한 급속한 것이 된다.). **이러한 예에 있지 않다. 만약 피고[前人]를 구금해야 한다면, 고인告人**[106] **또한 구금한다**(생각건대, 고인을 구금하는 법은 또한 피의자[前人]와 같다. 만약 같지 않으면,[107] 각각 본법에 의거한다.[108] 이웃[隣伍][109]으로서 고발하는 것은 사람을 죄에 빠트리려는 마음이 없이 일이 생긴 상황을 알리는 것이므로 구금하는 범위에 있지 않다.). **조사[辨正]를 마친 다음에 풀어준다.**

33. **무릇 비밀스러운 일[密]**[110]**을 고발하는 사람은 모두 당처**當處**의 장관을 통하여 고발한다**(생각건대, 비밀스러운 일이란, 모반謀叛 이상이다. 율에 의하면 모반 반역과 같은 비밀스러운 일이 아닌데 함부로 비밀스러운 일이라고 말하는 경우가 있기 때문이다.[111] 아래 규정과 율을 살펴보면, 천황[乘輿]을 손가락질하거

---

[105]_ 唐律에서 노비는 재물로 간주되므로 노비를 죽이는 것을 재물을 훔친 죄로 처벌되었다.

[106]_ 고소·고발인을 총칭하는 말이다.

[107]_ 신분이 같지 않은 것이다. 官人이거나 年老한 사람은 구금하는 법이 다르다.

[108]_ 「獄令」39조 및 42조 참조.

[109]_ 4가의 隣, 5가의 保라는 향촌의 하부조직으로, 치안유지와 조세징수에 연대 책임을 졌다. 四隣伍保라고도 한다.

[110]_ 謀叛 이상의 범죄를 말한다. 천황[乘輿]을 비난하는 일이나 요사스러운 말로 사람들을 현혹시키는 일도 그 대상이다. 大不敬罪에 해당한다.

[111]_ 「詐僞律」 7조. 對制上書不以實條 참조.

나[指斥] 요사스러운 말로 사람들을 현혹시키는 것도 또한 비밀스러운 사례가 된다. 당처는 비밀스러운 일이 일어난 장소를 말한다.). **장관에게 일이 있으면,**[112] **차관을 통하여 고발한다**(생각건대, 만약 차관이 없으면 또한 이웃 지역[比界]에 고발한다.). **만약 장관과 차관이 모두 일에 연루되었으면**[有密](생각건대, 이는 모두 국사國司에 의거한 것이다. 그러므로 아래 내용에서 다른 국과 더불어 서로 알아야 하면, 소재지 국사가 상황에 따라 체포한다고 한 것이다.), **다른 지역**[比界]**을 통하여 고발한다. 고발을 접수한 관사官司는 법에 따라 고인에게 알렸는데**[113](생각건대, 세 차례 확인하는 법에 따라서 거짓이면 반좌된다는 상황을 알리는 것이다. 단 일의 내용이 절박하고 급하면 시일을 끌 수 없으므로 바로 알려서 세 차례에 이르면 그친다. 이것이 법에 따라서 알리는 것이다. 세 차례 알리기를 이미 마쳤는데, 일이 거짓[誣妄]이라면 곧 반좌로 처벌하되 항법恒法에 의거한다. 만약 세 차례 알리기 전에 거짓임을 밝히더라도 역시 비밀스러운 일이 아닌데 함부로 비밀스러운 일이라고 말한 율에 의거한다.[114]), **고발한 내용이 사실임이 분명하면, 곧 본인을 구금하고 상황에 따라 조사**[擁按]**한다**(생각건대, 조사[擁校]는 감문勘問과 같다.). **만약 체포**[掩捕]**해야 한다면 곧 체포한다**(생각건대, 만약 도적의 무리가 많아서 사람과 무기를 기다려야 한다면 이와 같이 경략經略하느라 바로 체포할 수 없다. 그래서 내용에서 체포할 수 있으면 곧 체포한다고 한 것이다. 율에 의하면 관사가 고발을 받고 바로 체포하지 않고 하루가 지나면 각각 고발하지 않은 죄와 같다.[115] 만약 일을 경략해야만 하여 시한을 어긴 경우는 처벌하지 않는 것이 이것이다.[116]). **이웃 지역**[國]**과 서로 알아야 하면**[117],

---

[112]_ 장관이 비밀스러운 일에 연루된 것을 말한다.

[113]_ 고발한 내용이 무고이면 고발한 죄만큼 무고죄로 처벌받는다는 사실을 고발인에게 알리는 것이다.

[114]_ 『唐律疏議』「詐僞律」7조 對制上書不以實條 참조. 비밀스러운 일이 아닌데 함부로 비밀스러운 일이라고 말하면 徒 2년 반이다.

[115]_ 「鬪訟律」39조 참조. 知謀反逆叛不告條 참조.

[116]_ 「鬪訟律」41조 誣告反坐條 참조.

소재지[所在]의 국사國司가 상황에 따라 체포한다[收掩](생각건대, 포망령에서 만약 힘으로 제어할 수 없으면, 곧 이웃 국 이웃 군에 알린다고 한 것이 이것이다.[118]). 일이 모반謀叛 이상에 해당한다면, 조사하고 있더라도, 치역馳驛으로 아뢴다[奏聞](생각건대, 비록 검교가 아직 끝나지 않았더라도 또한 비밀스러운 일 및 병사를 낸 상황을 주문奏聞한다. 고발을 받은 곳은 포망령에 의거하여 병사를 낸 상황만 주문한다.). 천황[乘輿]을 비난[指斥]하거나[119] 요사한 말[妖言]로 사람들을 현혹시키면,[120] 조사가 끝나고 아뢴다(생각건대, 율에 의하면 천황을 손가락질하여 정리情理가 절박하고 해로운 경우라고 하였으므로, 곧 절박하거나 해로운 것이 아니면 비밀스러운 예에 넣을 수 없다.). 고발을 받아서 체포하였는데, 만약 특별한 상황이 없으면, 따로 아뢰지 않는다(생각건대, 가령 고발을 받아서 모반자[謀叛]를 추포하였는데, 실제로 모반이었다면, 다시 따로 아뢸 필요가 없다. 만약 모대역謀大逆이라면 따로 아뢰어야 하는 부류이다.). 비밀스러운 일을 고발한다고 하였는데, 밝혀서 이야기하였으나[示語] 구체적인 내용을 말하지 않고(생각건대, 단지 비밀스러운 일이라고 하고 사건의 상황을 말하지 않는 것은, 율에 의거하면 말로만 비밀스러운 일이 있다고 하고 해당관사에서 심문할 때도 사실을 밝히지 않는 것이다.[121]), 일을 천황에게 직접 아뢰어야 한다[面奏]고 하면, 고발을 접수한 관사는 더욱 분명하게(생각건대, 앞서 이미 세 차례 알리고 후에 또한 세 차례 알리는 것이다. 고집을 부려 사건의 상황을 말하지 않으므로, 분명하게 다시 말로 알리는 것으로 항례에서 벗어난다.) 거짓이라면 무밀반좌無密反佐[122]의 죄를 받게 된다는 것을 밝혀서 이야기한다

117_ 해당 지역에서 체포할 수 없는 경우, 이웃 지역에 연락하여 체포하는 등의 조처를 취하는 것이다.

118_ 「捕亡令」 3조 追浦罪人條.

119_ 「職制律」 32조 指斥乘輿條 참조.

120_ 「賊盜律」 21조 참조.

121_ 원문은 下辨仍執이다. 不辨仍執으로 되어 있는 사본도 있다. 나중에 허위로 밝혀지면 徒刑 2년에 처하였다(「詐僞律」 7조).

(생각건대, 비밀스러운 일이 없다는 것은 율에서 비밀스러운 일이 없는데 함부로 비밀스러운 일이 있다고 한 것이 이것이다. 반좌라는 것은 율에서 모반 및 대역 등을 무고한다고 한 것이 이것이다.[123]). **또한 일의 내용을 말하려고 하지 않으면, 본인을 구금하고 치역으로 아뢴다**(생각건대, 본인은 소재지에 억류해 두고, 상황을 기록하여 아뢴다.). **만약 단지 모반 이상이라고 말하면서 일의 내용을 말하지 않으면**(생각건대, 모반 이상이라고 말하고 죄인의 성명 및 모의하여 꾀하는 일의 내용을 말하지 않는 것이다.), **역마를 내고 사인을 차출하여, 인솔하여 왕경으로 보낸다.** 만약 조사하여 물었는데 일의 내용을 말하지 않아서 일의 긴요한 때[事機]를 놓쳤다면, 알고도 고발하지 않은 죄와 같다. 사죄를 범한 죄수 및 유배인[配流人]이 비밀스러운 일을 고발하면, 모두 왕경으로 보내는 범위에 있지 않다(생각건대, 율에 의하면 수인이 비밀스러운 일을 고변하면, 당사자를 구금하여 호송하여 보낸다고 하였다.[124] 즉 모반 이상은 고변할 수 있지만 나머지 죄는 고거告擧할 수 없음을 알 수 있다. 유배인은 유배길에 오른 이후 6년[六載] 이전까지 유배라는 명칭을 지고 있는 자이다.). **조사하여 아뢰어야 하는 것은 전례에 준한다**(생각건대, 사정에 따라 검교하거나 치역으로 주문하거나 본인을 억류해 두고 주문한 등의 부류이다. 모두 위의 규정에 준한다. 그러므로 전례에 준한다고 한 것이다.).

34. **무릇 수인[囚][125]이 사람을 끌어들여 같은 무리[徒侶]라고 하면**(생각건대, 가령 도적이 사람을 끌어들여 이미 같이 훔쳤다고 하는 부류이다.), **모두 말미암은 사정을 심문[審鞫]한다. 그런 후에 체포[追捕]한다.** 만약 체포하였으나 무죄로 풀려났는데 다시 멋대로 끌어들이거나(생각건대, 처음에 이미 무

122_ 謀叛 등의 사실이 없는데 고발하였다면 도리어 고발한 내용으로 처벌받게 된다.
123_ 「鬪訟律」 41조 誣告反坐條 참조.
124_ 「鬪訟律」 51조 囚不得告擧他事條 참조.
125_ 囚는 원칙적으로 감옥에 갇혀 있는 피의자를 말하며 아직 죄가 확정되지 않은 상태를 포함한다. 수인으로 번역하였다.

고로 처분하기를 마쳤는데, 후에 다시 멋대로 끌어들이는 것이 이것이다. 이미 일이 드러났는데 다시 범하면 그 죄를 가중한다. 그러므로 상황을 기록하여 태정관에 보고하고, 사신을 기다려 안복按覆하는 것이다.) **수인이 옥에서 죽으면, 해마다 문서를 갖추어 조집사**朝集使**에 붙여 태정관**太政官**에 보고하여 안복**按覆**한다**(생각건대, 이는 따로 사신을 보내 안복하는 것이다. 혹은 복수사覆囚使로 하여금 안복토록 한다.).[126]

35. 무릇 범죄를 심리하는[察獄] **관인은 먼저 5청**五聽[127]**을 갖추고**(생각건대, 오청이란 첫째는 사청辭聽으로 곧지 않으면 하는 말이 초조해 하는 것을 본다. 둘째는 색청色聽으로 바르지 않으면 그 안색이 붉어지는 것을 본다. 셋째는 기청氣聽으로 바르지 않으면 숨 쉴 때 기침을 하는 것을 본다. 넷째는 이청耳聽으로 바르지 않으면 제대로 듣지 못하여 헷갈리는 것을 본다. 다섯째는 목청目聽으로 바르지 않으면 그 눈동자가 흐린 것을 본다.[128]), **또한 모든 증거**[證信]**를 확인해야 한다. 일의 상황이 의심스러운데**[疑似][129], **여전히 사실을 자백하지 않는다면 고문**[拷掠][130]**한다. 신문**[訊]**할 때마다 20일의 간격을 둔다. 만약 신문이 끝나지 않았는데, 다른 관사로 옮겨서 고문해야 한다면 죄수를 다른 관사로 옮길 때는 본안**本案**을 이어 베껴서**[連寫] **함께 문서를 보낸다**[移](생각건대, 수인을 신문한 문안文案이다. 곧 아래 조항에서 수인을 신문할 때 신문이 끝나면[辭定] 신문하는 관사가 말한 것을 그대로 옮겨 적는 것이 이것이다.). **곧 앞의 신문과 합하여**[通計] **3번을 채운다. 죄가 무겁고 해롭지 않거나**[131](생각

126_ 太政官에서 使人을 보내어 조사하는 것이다.
127_ 辭聽 色聽 氣聽 耳聽 目聽을 말한다. 죄인을 수사하는 관인은 죄인의 말, 얼굴빛, 분위기 등을 살펴야 한다는 것이다.
128_ 『周禮』 秋官篇 및 『唐六典』 卷6 尚書刑部 참조.
129_ 혐의가 있다는 뜻이다.
130_ 訊, 考鞫이라고도 한다.
131_ 살인, 도적, 水火에 의한 피해 등을 말한다.

건대, 율에 의하면 죽임을 당하거나 도둑을 맞거나 물불로 손해를 입거나 죽는 것 등이 이것이다.[132] **의심스러운**[疑似][133] **바가 적으면**(생각건대, 비록 무겁고 해롭더라도 의심스러운 바가 적은 것이다. 또한 세 가지를 모두 충족할 필요가 없으며, 상황에 따라 헤아려 결정한다.), **반드시 모두 3번을 채울 필요가 없다. 만약 수인**[囚]**이 신문으로 인하여 죽음에 이르면, 모두 자세히 당처**當處**의 장관에게 아뢴다. 왕경**[在京]**에서는 탄정대**[彈正]**와 함께 직접 확인한다**[對驗].

36. 무릇 수인[囚]**을 신문**[訊]**할 때 직접 신문하는 관사**[134]**가 아니면 수인이 있는 곳에 가서 소식**消息**을 청문**聽聞**할 수 없다**(생각건대, 해부解部[135]가 수인을 신문하는 것은, 형부성의 판사判事가 허락할 수 있으며, 나머지는 합당하지 않다.).

37. 무릇 사죄死罪**는 비록 아뢰어 답을 받았더라도**[奏報], **여전히 억울함**[冤枉]**을 호소하고, 사안에 의문스러운 바가 있어서 재심**[推覆]**해야 한다면, 상황을 아뢴다**[奏聞]. **사인을 치역**馳驛**으로 파견하여 검교**檢校**한다.**

38. 무릇 수인[囚]**을 신문하여, 범죄 내용이 정해지면**[辭定][136], **신문한 관사는 말하는 것을 그대로 옮겨 적고, 마치면 수인에게 직접 읽어 준다.**

39. 무릇 수인[囚]**을 가두는 데, 사죄**死罪**는 칼과 족쇄를 채운다. 부녀**婦女

132_ 「斷獄律」 10조 拷囚限滿不首條 참조.

133_ 사안은 무겁고 해로운 것이지만 혐의가 적은 것이다.

134_ 義解에서는 判事의 허락을 받아 解部가 신문할 수 있다고 하였다. 중앙의 刑部省의 判事, 지방의 國司·郡司 등 범인이나 피의자를 조사할 수 있는 관아에 속한 특정 관인을 말한다.

135_ 소송과 관련된 업무를 담당하는 品部의 일종이다. 刑部省에 60인, 治部省에 10인을 두었다.

136_ 범인이나 피의자를 신문하여 그 재판할 내용이 정해진 것이다.

및 유죄流罪 이하는 칼을 뺀다. 장죄杖罪는 산금散禁한다[137](생각건대, 칼[木索]을 채우지 않는다. 다만 출입을 금지할 뿐이다. 아래 조항을 살펴보면 따로 두건을 벗지 않는다는 내용이 있다. 그러므로 이 조항의 산금 이상은 모두 두건을 벗는다.). 나이 80세 이상, 10세 이하 및 폐질廢疾, 임신, 난장이侏儒의 부류는 비록 사죄를 범해도 또한 산금한다.

40. 무릇 죄를 범하였는데 의청議請에 넣어야 하면, 모두 태정관太政官에 보고한다. 의의議를 해야 하면, 대납언大納言 이상 및 형부경刑部卿, 대보大輔, 소보少輔, 판사判事가 태정관에서 의정議定한다. 비록 6의六議가 아니더라도 본죄本罪가 아뢰어야 하는데(생각건대, 위의 조항에서 형부 및 제국이 유죄流罪 이상 및 제면관당을 판결한 경우, 모두 안案을 연사連寫하여 태정관에 아뢰고, 안복案覆하여 심리가 끝나면 아뢴다고 한 것이 이것이다.),[138] 판결에 의심스러운 바가 있거나, 판결에 대하여 승복하지 않으면, 또한 중의衆議하여 헤아려 정한다. 비록 이들 관사가 아니더라도[139] 별칙으로 참의參議하게 하면, 또한 모이는 범위에 든다. 만약 의견이 다른 바가 있으면, 사람마다 따로 그 의견을 보고한다. 태정관이 단간斷簡[140]하여 문서로 아뢴다[奏聞].

41. 무릇 여러 관사[諸司]의 판결[141]은 모두 율령律令의 정문正文에 의거한

---

[137]_ 칼이나 족쇄는 채우지 않고 구금만 하는 것이다.

[138]_ 刑部省 및 諸國에서 流 이상 및 除免官當으로 판결한 경우이다.

[139]_ 태정관과 형부성에 소속된 관인이 아닌 경우를 말한다.

[140]_ 논의된 내용을 간략하게 요약하는 것이다.

[141]_ 재판의 판결문을 말한다. 판결문은 반드시 율령의 正文을 인용하여야 하고 그렇지 않으면 태 30대에 처해졌다. 이는 율령법의 죄형법정주의 원칙을 보여주는 것이다. 그러나 현실적으로는 유추해석도 가능하며, 천황은 율령법에 제약되지 않고 別勅으로 처분할 수 있기 때문에 그 원칙은 한계가 있었다. 죄인의 인권보호라는 측면보다는 관인의 越權을 제약하는 것이 본래의 의도로 생각된다.

다.¹⁴² 주전主典은 내용을 확인하는데[檢事], 일의 정황[事狀]을 조사할 수는 있지만, 마음대로 넣고 빼라고 말할 수 없다.¹⁴³

42. 무릇 의청감議請減의 대상인 자가 유죄流罪 이상을 범하거나 혹은 제면 관당除免官當인 경우는 모두 팔뚝을 결박한다[肱禁](생각건대, 비록 의청감議請減을 얻을 수 없는 죄라도 또한 이 금법에 의거한다.). 공죄로 연좌된 유죄[公坐流]와 사죄로 인한 도죄[私徒]는(생각건대, 이는 모두 본범本犯¹⁴⁴에 의거하며, 감형된 후의 법을 쓰지 않는다.) 모두 관당官當이 아닌 것이다(생각건대, 가령 5위가 도 1년을 범하면 율에 의하여 죄가 가벼워 그 관위를 다하지 않는 부류이다.¹⁴⁵). 보증인을 세우고 참대參對¹⁴⁶한다(생각건대, 본인을 구금하지 않고 놓아두고 와서 신문에 응하도록 한다.¹⁴⁷). 초위初位 이상 및 무위無位로서 속贖의 대상인 사람이(생각건대, 율에 의하면 7위 이상의 부모와 같은 부류이다.¹⁴⁸ 70세 이상과 16세 이하로서 속의 대상인 사람도 또한 같다.¹⁴⁹), 도죄[徒] 이상을 범하거나 제면관당除免官當이면, 족쇄를 채운다[梏禁].¹⁵⁰ 공죄에 의한 도죄[公罪徒]는 모두 산금散禁한다[散禁]. 두건[巾]은 벗지 않는다(생각건대, 의청 감議請減의 대상인 사람 이하 산금散禁 이상을 모두 아우른 것이다.).

---

¹⁴² 「斷獄律」16조 斷罪不具引律令格式條 참조.

¹⁴³ 판결문의 내용에 대해서 마음대로 논할 수 없다는 뜻이다.

¹⁴⁴ 의장 청장 감장에 의하여 감형된 죄가 아니라 원래 범한 죄를 말한다.

¹⁴⁵ 5위 이상의 관인은 하나의 位記가 徒 2년에 해당하므로 徒 1년과 상쇄할 수 없다. 이런 경우에는 徒 1년의 贖銅 20斤을 납부하고 官當하지 않는다.

¹⁴⁶ 구속하지 않고, 집에 있으면서 신문할 때마다 출석하도록 하는 것이다.

¹⁴⁷ 영의 본문에서는 參對라고 하였고, 義解에서는 赴對라고 하였다. 모두 신문할 때만 해당 관사에 와서 신문에 응하는 것으로 생각된다.

¹⁴⁸ 「名例律」10·11조 참조.

¹⁴⁹ 「名例律」30조 年七十以上條 참조.

¹⁵⁰ 梏은 원래 수갑이라는 뜻이지만 일본에서는 발에 채우는 족쇄이다.

43. 무릇 5위 이상이 죄를 범하여 구금해야 하면, 왕경에서는 모두 먼저 아뢴다(생각건대, 비록 사람을 때려서 절상折傷 이상 혹은 도盜 및 강간强姦이더라도 또한 먼저 아뢰어야 한다. 사사로이 잡을 수 없다.[151]). 만약 사죄死罪를 범하였거나 지방이면, 먼저 구금한 후에 아뢴다. 모두 별도의 장소에 구금하는 것을 허락한다. 부녀로서 관위를 가진 자도 또한 같다(생각건대, 부녀로서 5위 이상을 가진 경우는 또한 위의 내용의 남자법에 준한다.). 만약 5위부五衛府의 지志[152] 이상 및 병위兵衛가 죄를 범하여 체포해야 하면 모두 국옥鞠獄 관사官司가 본부本府를 통하여 체포하는 것[執違][153]을 허락한다(생각건대, 당령唐令에 의하면 상번上番하여 숙위宿衛에 들어간 경우이다. 하번下番인 경우는 주수主帥에 준하여 본부가 아뢰지 않고 바로 보낸다. 모두 장상臟狀이 분명한 경우다. 그 사정이 분명하지 않아서 옥관이 붙잡아서 신문[對問][154]하는 경우는 본부가 아뢰지 않고 직접 국옥 관사에 보내고 죄상이 변정辨定되기를 기다린다. 옥관이 다시 범죄 내용으로 본부에 첩보牒報하면, 곧 아뢰어 허락을 받는다.). 본부는 곧 아뢰고 체포하여 국옥의 관사에 보낸다. 주수主帥 및 위사衛士는 본부가 곧 붙잡아 보낸다(생각건대, 죄의 경중에 따라 법에 따라 구금하여 보낸다.).

44. 무릇 사인으로 임명되어[奉使] 죄인을 체포해야 하는 바가 있으면(생각건대, 율에 의하면 장리將吏[155]가 명을 받들어 죄인을 추포追捕하는 것이 이것이다.[156]), 모두 본부本部나 본사本司[157]에 보고한다. 그냥 바로 체포[收捕]할 수

---

[151]_ 이 내용은 『당률소의』「捕亡律」 3조 被毆擊奸盜捕法條와 관련이 있다. 律文은 "諸被人毆擊折傷以上, 若盜及强姦, 雖傍人皆得捕繫, 以送官司."라고 하여, 뼈가 부러지는 등의 폭행, 도둑, 강간 등을 저지른 현행범을 주변 사람들이 잡아서 관사로 보낼 수 있도록 규정한 것이다. 그러나 일본에서는 5위 이상의 관인은 이러한 범죄인 경우에도 사사로이 잡을 수 없도록 한 것이다.

[152]_ 五衛府의 主典이다.

[153]_ 本府에서 천황에게 아뢴 다음 체포하여 국옥 관사에 보내는 것이다.

[154]_ 대질신문을 말한다.

[155]_ 현임의 무관을 將이라 하고, 문관을 吏라고 한다.

없다. 만약 일이 급하거나[急速] 중대하면[密]¹⁵⁸, 바로 체포하고 본사의 공문을 받아 출발한다[發遣](생각건대, 무릇 죄인을 긴급하게 체포할[掩捕] 경우 모두 먼저 죄인의 본부 본사를 거쳐야 한다. 만약 급속하고 비밀스러운 경우는 본부 본사를 거치지 않고 바로 추포하고 그런 후에 비로소 알린다. 곧 사인의 본사 공문을 받아서 서로 체포한 것과 파견되어 온 것을 안다. 그러므로 본사 공문을 받아서 출발한다고 한 것이다. 본부가 생략된 것은 위의 내용을 통해서 알아야 한다.).

45. 무릇 부인을 구금해야 하면, 모두 남자와 장소를 달리한다.

46. 무릇 수인[囚]은 당처當處의 장관이 15일에 1번 검행撿行한다. 장관이 없으면 차관이 검행한다. 수인이 오래도록 구금되어 심문[推問]받지 않고 있는데, 만약 사안[事狀]을 알 수 있으나 증거[支證]가 부족하거나(생각건대 지중은 지거支擧이다. 거증擧證과 같다.), 한 사람의 여러 일을 고발하였거나(생각건대 가령 갑이 말하기를 을이 살인하고 강간하고 말을 훔쳤다고 고발하면, 관사는 갑을 구금하는 부류이다. 고발된 사람도 또한 같이 구금된다. 곧 아래 내용에서 고발된 사람에게 여러 가지 일이 있는 경우가 이것이다.) 고발된 사람에게 여러 가지 일이 있는데, 중요한 사안은 사실을 확인하였고, 가벼운 사안은 끝나지 않았다면, 이와 같은 무리는, 검행하는 관사가 모두 곧 판결하고 형을 집행[斷決]한다.

47. 무릇 도적이 생기거나(생각건대, 비록 훔친 사람을 잡지 못하였더라도 도둑 맞은 집에 손실이 있으면 또한 마찬가지로 신송申送한다. 그러므로 '도적이 생기거나'라고 한 것이다. 강도가 재물을 얻지 못하였더라도 이는 도죄[徒] 이상이므

---

¹⁵⁶_ 『당률소의』「捕亡律」 1조 將吏追捕罪人條 참조.
¹⁵⁷_ 범인이 소속된 지역의 관사나 근무하는 관사이다.
¹⁵⁸_ 謀叛 이상의 범죄이다.

로¹⁵⁹ 또한 신송하는 범위에 들어간다.) 도죄[徒] 이상의 수인[囚]은 각각 본범
本犯¹⁶⁰에 의거하여 일어난 사실과 판결한 날짜를 자세히 적는다. 해마다 따
로 장부를 만들고, 조집사朝集使에 붙여 태정관太政官에 보고한다.

48. 무릇 사죄死罪를 범하여 구금되었으나, 악역惡逆 이상이 아니고, 부모상
및 부인의 남편상, 조부모상을 만나 승중承重¹⁶¹해야 하면(생각건대, 가녕령
假寧令에 의하면 양부모 및 조부모가 같다. 곧 양부모상을 만나면 또한 7일을 주는
법에 따른다.), 모두 휴가 7일을 주어 발애發哀하도록 한다. 유도죄流徒罪는
20일이다(생각건대, 노역 중이거나 구금 중일 때 그 경중이 다르다. 그러므로 앞
의 조항에서는 50일을 주었고, 이 조항에서는 다시 20일을 준다고 한 것이다. 앞
의 조항을 살펴보면, 유죄流罪 이하는 산후에 30일이다. 곧 장죄杖罪는 그 범위에
있음을 알 수 있다. 만약 장죄로 구금되어 있는데 상을 만나면, 또한 유도죄의 법
에 따른다. 승니가 구금되어 있는데 상을 만나면 또한 속인의 제도와 같다). 모두
여정[程]은 주지 않는다.

49. 무릇 국옥鞫獄하는 관사官司와 신문받는 사람[被鞫人]이 5등五等 이내의
친족(생각건대 5등 이상의 친족과 같다.) 및 3등 이내 친족이 혼인한 집안이
거나(생각건대, 율에 의하면, 호적을 같이해야 일가一家가 된다고 하였다. 곧 혼
가婚家과 인가姻家는 각각 호적을 같이 한 경우에 상피相避를 허락한다.) 수업을
한 스승(생각건대, 규정에서는 현재 수업을 받고 있는 스승이라고 하지 않았으나
곧 관학官學 사학私學을 불문하고 이미 수업을 받아서 돌아보아 묵은 은혜가 있으
면 모두 이에 해당한다. 제자에 대한 스승이나 자인資人에 대한 본주本主는 아니
다.) 및 원한이 있어 미워하는 것이 있으면, 모두 바꾸어 신문하는 것[換推]

---

¹⁵⁹_『唐律疏義』「賊盜律」34조 强盜條 참조.
¹⁶⁰_聞刑·恩赦 등의 감면처분을 받기 이전의 죄를 말한다.
¹⁶¹_「繼嗣令」3조 참조.

을 허락한다.[162] 장내帳內와 자인資人을 지낸 바 있는 본주本主에 대해서도 같다.

50. 무릇 죄를 지어 위기位記를 확인해야 하는데, 만약 위기를 잃어버렸거나 멀리 있는 자는 모두 사본[案][163]을 확인한다.

51. 무릇 지방[國]에서 의옥疑獄(생각건대 의심스러운 바가 있어서 판결하기가 어려운 경우다.)이 있어서 판결할 수 없으면, 형부성刑部省에 보낸다(생각건대, 이는 본죄本罪의 경중을 따지지 않는다. 다만 도徒 이상은 모두 이에 해당한다. 곧 앞의 조항에서 본죄에 따라 아뢴다고 한 것과는 그 뜻이 조금 다르다). 만약 형부성이 역시 의문스러우면, 태정관太政官에 보고한다.

52. 무릇 사형死刑에 속동[贖]을 내는 것은 80일을 기한으로 한다(생각건대, 공公에 넣은 것과 개인에 들어가는 것이 모두 이 법과 같다. 한 사람이 다시 여러 가지 죄를 범하면 각각 그 기한을 정한다. 가령 유죄流罪를 2번 범하면 합해서 기한이 120일인 것과 같은 부류이다.). 유형은 60일, 도형은 50일, 장형은 40일, 태형은 30일이다. 만약 까닭없이 기한을 넘기고 내지 않으면, 사면을 만나도 면제하지 않는다(생각건대, 특별한 은사[164]를 만나더라도 칙으로 지시하여 풀어주도록 하지 않으면 또한 사면하는 범위에 들지 않는다.). 비록 항소[被訴] 하였으나 심리한 결과 이전의 판결이 바뀌지 않았다면, 또한 면제하는 범위에 있지 않다(생각건대, 가령 관인이 까닭없이 출근하지 않아 이미 30일이 지났다면, 율에 준하여 장 100대에 해당한다. 관사가 이미 결단하여 속동 10근을 부

---

[162]- 피의자가 신문을 담당하는 관인을 기피할 수 있는 것이다.
[163]- 式部省이 보관한다.
[164]- 원문은 非常恩이다. 일반적인 사면을 常赦라고 하며, 常赦에는 원래 사면되지 않는 죄 등이 있다.

과하였는데, 죄인이 신소申訴하여 까닭없이 출근하지 않은 날이 30일이 아니라고 하였다. 피진披陳하는 사이에 기한을 넘겼고 사면을 만났다고 하자. 관사가 다시 사실을 조사해 보니, 까닭없이 출근하지 않은 기간이 28일이었다. 그래서 관변款辨을 마치고 다시 율에 의거하였다. 28일을 출근하지 않았으면, 역시 장 100대에 해당한다. 모자라는 2일은 법에서 증감되는 바가 없다.[165] 이와 같은 부류를 이전의 판단을 고치지 않았다고 이름한다). **만약 관물을 징수해야 한다면, 그 가치에 따라서, 50단端 이상은 100일, 30단 이상은 50일, 20단 이상은 30일이다. 20단에 미치지 않으면 20일이다. 만약 관물에 손해[欠負]를 입혀 정장正贓[166]과 속물贖物을 징수해야 하는데, 재물이 없어 마련할 수 없으면, 관에서 부리고 그 노동으로 상쇄한다**(생각건대, 노동력을 부리고 돈을 주는 것을 용庸이라고 한다. 비록 관위를 가진 사람이라도 마련할 재산이 없으면 또한 몸을 부려 상쇄한다. 5위 이상은 재산과 녹봉이 제법 넉넉하므로, 재물이 없는 범위에 넣지 않는다.). **그 징수해야 할 물품이 많더라도 5년으로 제한하여 그친다**(생각건대, 이는 공公에 들어가는 경우에 의거한 것이다. 사私에 들어가는 경우는 잡령雜令에 의거해야 한다. 가령, 무고誣告를 한 사람이 무고당한 사람[前人]에게 속물[贖]을 주어야 하는데, 만약 혼자이고 가난하여 재산이 없으면, 7~8년이 지나도 계속 노동으로 상쇄해 가면서 그 액수를 채워야 한다. 몇 년으로 제한하지 않는 부류이다.). **한 사람이 하루에 하는 노동을 포 2척 6촌으로 계산한다.**

53. 무릇 옥에는 모두 자리[席薦][167]를 지급한다. 종이와 붓 및 무기나 방망이 몽둥이와 같은 부류는 모두 들일 수 없다.

165_ 「職制律」 5조 官人無故不上條에 따르면 25일 이상 30일 동안 까닭없이 출근하지 않으면 杖 100대이다.
166_ 『당률소의』 「名例律」 33조 以贓入罪條에 의하면, 강도·절도·왕법·불왕법·受所監臨 및 坐贓의 6종류가 있다고 하였다.
167_ 자리와 거적을 말한다.

54. 무릇 옥수獄囚가 질병이 생기면, 주수主守[168]가 신첩申牒한다(생각건대, 주수는 옥을 관리하는 물부物部[169]이다.). 판관判官 이하가 직접 사실을 조사하여 확인하고, 의약을 지급하여 치료하게 한다. 병이 중하면 칼과 족쇄를 푼다. 그리고 집 안의 한 사람을 구금된 곳에 넣어 간호하고 시중들게 하는 것을 허락한다. 죽은 자가 있으면 곧 함께 확인하고, 만약 다른 이유가 있으면(생각건대 법에 따르지 않아 죽음에 이르게 하였거나[窮死] 자살하도록 한 부류이다.), 상황에 따라 추단推斷한다.

55. 무릇 옥수獄囚에게 의량衣糧과 자리, 의약을 주어야 하거나 옥사獄舍를 수리해야 하는 부류는, 모두 장물臟物 등의 물건으로 충당한다(생각건대, 장물이나 속물[臟贖物]로 마을의 의원을 고용하여 치료토록 하는 것이다. 관에서 의사를 지급하는 것이 아니다. 분실물[闌遺物]도 또한 충당할 수 있다. 관사가 가지고 있기 때문이다.). 없으면 관물官物을 쓴다.

56. 무릇 유인流人이 배소配所에 이르러 노역해야 하면 모두 관량官糧을 지급한다. 가역류加役流도 이에 준한다. 만약 거주지에 머물면서 노역을 하거나 도죄로 노역하면 모두 사량私糧을 먹는다. 집이 가난하여 온전히 마련할 수 없으면(생각건대, 도형에 처해진 죄수가 집이 가난하여 양식을 대기가 어렵거나 어떨 때는 오고 어떨 때는 끊겨 온전히 공급받을 수 없는 것이다. 그러므로 2등 이내의 친족으로 하여금 50일의 양식을 돕도록 하는 것이다. 그 밖에 공급받지 못하는 바가 있으면, 공량公糧을 먹는다. 그러므로 아래 규정에서 모두 떨어지면 공公을 지급한다고 하였다.) 2등 이내[以上]의 친족이 대신 50일의 양식을 마련한다(생각건대, 이내라고 한 것은 딸이 시집가거나 어머니가 개가한 것이

---

[168]_ 옥을 관리하는 사람을 말한다. 獄囚司의 경우는 物部가 이에 해당한다.
[169]_ 獄囚司에는 20인의 物部가 소속되어 죄수들을 관리하였다. 物部는 원래 죄인을 관리하는 일을 직능으로 하는 집단에서 유래된 것이다.

이것이다. 대신 마련한다는 것은 50일 이내의 양식을 번갈아가면서[170] 서로 준비하여 공급하는 것이다.). 떨어지면 공량을 지급한다. 만약 집에서 멀리 떨어져 있어서 양식이 끊겼거나 집안 사람이 알지 못하면, 관이 의량衣糧을 지급한다. 집안 사람이 도착한 날, 수에 의거하여 징납徵納한다(생각건대, 만약 생업이 없고 단신이고 가난한 자는 징납하는 범위에 있지 않다.). 현재 수감되어 있는 자가 양식이 끊어져도(생각건대 구금되어 있으면서 판결이 나지 않거나 판결이 났으나 유배되지 않은 부류이다.) 또한 이에 준한다.

57. 무릇 왕경[在京]의 구금되어 있는 죄수[繫囚] 및 도역徒役하는 곳은 항상 탄정대[彈正]로 하여금 달마다 순행토록 한다. 구금이나 사역하는 것이 법과 같지 않으면, 사안에 따라서 규탄糾彈한다.

58. 무릇 죄를 저지르거나 관물官物을 결손欠損시켰는데, 사면을 거쳐 면제해야 하거나, 별칙으로 추징追徵토록 하였으면, 사강赦降의 예에 따라 그 내용을 파악하여 아뢴다[執聞](생각건대 가령 죄를 저지르거나 관물을 결손시켰으나, 이미 은사가 내려 사면해야 하는데, 만약 별칙이 있어 추징토록 하면, 사면을 만난 사정을 기록하여 아뢴다.).

59. 무릇 천인[賤]을 놓아주어 가인家人이나 관호官戶로 삼았는데, 도망하여 30일이 경과하였다면, 모두 잡아서 천인으로 삼는다(생각건대, 나이가 찬 때문이 아니라 특별히 풀어준 것이다. 풀어준 후에 낳은 아들과 딸은, 다시 천인으로 삼을 수 없다.).

---

[170]- 본문은 更이다. 그 訓讀으로 '사나카라니' 및 '카와루카와루니'가 주기되어 있다. 이는 2등 이내 친족 전체가 50일 분의 양식을 준비하는 것이 아니라, 이들이 차례대로 50일 분의 양식을 준비한다는 뜻으로 생각된다.

60. 무릇 죄를 저질러 자재資材가 관에 들어간 것은,[171] 만약 연좌되었으나 면제받았거나(생각건대 율에 의하면, 반역한 사람의 부자父子는 몰관沒官에 해당하지만, 나이가 80 이상이거나 독질篤疾이면 모두 면제되는 것이 이것이다. 만약 별칙이 있어서 연좌가 미치지 않은 것도 또한 같다.) 혹은 율에 의하여 연좌되지 않으면(생각건대 형제의 아들은 율에 따르면 연좌되지 않는다.), 각각 분법分法을 헤아려 돌려준다(생각건대 율에 의하면 호戶 내에서 마땅히 나누어 주어야 할 사람의 다소에 따라서 사람마다 아들 한 사람의 몫에 준하여 돌려준다. 가령 어떤 사람이 나이 80이고 세 아들과 열 명의 손자를 두었는데, 한 손자가 반역하고 현재 아들이 한 명 살아 있다면, 영에 의거하여 세 아들과 노인 한 명을 더하여 4분한다. 만약 세 아들이 모두 죽고 열 명의 손자만 있다면, 영의 여러 아들에게 균분均分하는 법에 따라, 노인은 열 명의 손자와 함께 11몫으로 삼는다. 항상 한 몫을 남겨 노인에게 주는 것이 이것이다.). 곧 별칙으로 죄를 내려 가벼운 데 따르게 하면(생각건대 연좌된 사람에 대하여 처벌을 내려 가벼운 법에 따르게 하는 것이다. 가령, 칙으로 모반謀反 및 대역을 범한 자는 참斬하고, 부자는 원류遠流에 처하고, 조손형제祖孫兄弟는 도형에 처하라고 한 부류이다.) 물건이 현재 있는 것은 역시 돌려준다(생각건대 분배分配를 거치지 않은 것이다. 만약 이미 분배하여 재물을 나눈 것은 돌려주는 범위에 있지 않다.). 본죄本罪가 연좌할 수 없는데 별칙으로 집을 부숴버리는 경우는(생각건대, 가령 모대역謀大逆을 범하면 율에 의거하여 교絞에 해당하고 연좌하지는 않는다. 그런데 특별히 대역大逆으로 처벌하도록 한 부류이다. 집을 부순다는 것은 자재資材와 전택田宅을 모두 몰수하는 것이다.) 죄가 1방房[172]에 그친다(생각건대 그 죄악이 원래 정말 그 범죄를 저지른 것이 아니기 때문이다. 오직 죄를 지은 본인의 한 집만 몰수하고 연좌된 사람에게는 미치지 않는 것이다. 재물을 같이하고 거주를 달리하는 경우는 별방別房의 재물만 몰수한다. 만약 함께 살면서 재물을 함께하는 경우는 여러 아들

171_ 謀反·大逆을 범하면 재산을 몰수한다(「賊盜律」 1조).
172_ 범인이 소속된 房戶를 말한다.

에게 나누어주는 법에 준하여 남기거나 돌려준다.)¹⁷³ 만약 다른 사람이 맡겼거나 빌려준 것[寄借] 및 저당잡힌 부류는, 당시에 이를 주장[言情]하였고 서류나 증거[券證]가 분명하면, 몰관하는 범위[錄限]에 있지 않다. 만약 경재競財¹⁷⁴가 있는데, 관사가 결정할 수 없으면, 법에 따라 검교檢挍한다(생각건대 가령 재물을 다투어 판결하는 날에 죄인이 얻어야 하는 것은 곧 몰수한다. 다른 사람에게 들어가야 하는 것은 법에 따라 돌려준다.).

61. 무릇 변증辨證¹⁷⁵이 이미 정해졌는데, 사면을 만나 다시 번복하면, 모두 사면 이전의 변증으로 정한다(생각건대 가령 어느날 밤 대사大祀를 지내는 신에게 바치는 물품을 훔치고 아울러 신사 근처에서 살인을 하였는데, 관사가 갑을 범인으로 생각하여 체포하였다. 갑이 진심으로 자백하기를[欸伏], 신에게 바치는 물품을 훔쳤지만 사람은 죽이지 않았다고 하였다. 그래서 병을 불러 증인으로 삼았다. 병의 증언이 분명하므로, 관사가 이에 의거하여 변증을 마쳤다. 이때 사면이 있어서, "모두 사면하고 면제하라. 다만 팔학八虐은 용서하지 않는다"라고 하였다. 갑이 곧 말을 바꾸기를, 실은 사람을 죽였고 물건을 훔치지 않았다고 하고 역시 정을 불러 증인으로 삼았다. 정의 증언이 분명하였다. 그러나 관사는 앞의 증언에 의거하고 나중의 증언에 의거하지 않는다. 이와 같은 부류를 사면 이전의 변증으로 정한다고 이름한다.).

62. 무릇 사람에게 손상을 입히거나 무고로 죄를 얻으면, 그 사람이 속[贖]을 바쳐야 하는 것은 무고당한 사람과 손상된 사람의 집에 들인다. 두 사람이 서로 범하여 모두 죄를 얻었거나(생각건대 율에 의하면 의죄疑罪는 두 사람

---

¹⁷³_ 죄인이 속한 가정에 그친다는 뜻이다. 죄인의 친족이 모두 포함되는 것이 아니라, 실제로 한 집에 같이 살고 있는 친족에 그치는 것이다.
¹⁷⁴_ 여러 사람이 자신의 것이라고 주장하는 물건이다.
¹⁷⁵_ 피의자의 진술과 증인의 증언을 말한다.

에게 각각 속동贖銅을 거둔다. 그러므로 또한 이에 준한다. 한 집안에서 사죄를 저지르지 않은 세 사람을 죽인 일에 연좌되어 속동을 바쳐야 하면 그 속동은 또한 관에 넣는다.), **같이 사는 사람끼리 서로 범하였으면**(생각건대 동거공재同居共財인 경우는 친소를 따지지 않는다.), **속동[銅]은 관에 넣는다.**

63. 무릇 장杖[176]은 모두 옹이[節目]**를**(생각건대 태笞에 쓰는 몽둥이도 또한 이에 준한다.) **깎아 없앤다. 길이 3척 5촌이다. 수인을 신문할 때나 일상적으로 쓰는 장은 굵은 곳이 둘레 4푼**(생각건대 비록 태죄를 지은 죄수를 신문할 때도 역시 4푼의 몽둥이를 쓴다.), **가는 곳이 3푼이다. 태장笞杖은**(생각건대 태형을 집행할 때 쓰는 몽둥이이다.) **굵은 곳이 3푼, 가는 곳이 2푼이다. 칼**[枷]**은 길이 4척 이하, 3척 이상이다. 족쇄**[梏]**는 길이 1척 8촌 이하 1척 2촌 이상이다. 장과 태를 집행할 때는 엉덩이를 때린다. 고문하며 신문할 때는 등과 엉덩이를 나누어 때린다. 그 때리는 수가 같아야 한다**(생각건대 가령 장杖 90대를 범하였는데 세 차례 고문을 해야 한다면, 고문할 때마다 엉덩이와 등을 15대씩 나누는 것이다.).

---

[176]_ 杖罪를 집행하는 데 쓰는 몽둥이를 말한다.

（謂. 獄者. 确也. 欲确實囚情. 凡此一篇. 制断獄法. 故云獄令.） 凡陸拾參條

凡犯罪. 皆於事發處官司推断（謂. 事發者. 已被告言. 其應三審者. 初告亦是
發訖也. 官司者. 受告處官司. 卽在京諸司. 及國郡官司皆是. 凡告人罪者. 皆須於犯處.
若不由此例者. 不可受推. 其路遠. 及事礙者. 卽於隨近官司告之也. 假有. 人紀伊國盜
塩. 攝津國事發. 卽取紀伊國中估之塩. 准紀伊國上布之估. 於攝津國断決之類. 是爲於
事發處官司推断也.）. 在京諸司人. 京及諸國人. 在京諸司事發者. 犯徒
以上. 送刑部省（謂. 先申辨官. 官下刑部. 凡在京諸司. 除京轍外. 皆不得断徒已上
罪. 故略准告狀. 罪當徒以上者. 直送刑部. 不得断勾. 假有. 甲乙二人共犯一年徒. 乙是
隨從. 應減一等決杖一百. 是猶甲乙共送. 卽不推断. 首從未分故也.）. 杖罪以下. 當
司決（謂. 若合收贖者. 申官送贓贖司也.）. 其衛府糺捉罪人. 非貫屬京者（謂.
文云非貫屬京者. 卽知貫屬者. 皆送京轍. 但犯夜之罪. 衛府當日決放也.）. 皆送刑部
省.

凡犯罪. 笞罪郡決之（謂. 決贖並同. 其贖物留郡. 錄數申國也.）. 杖罪以上.
郡断定送國（謂. 断文. 并身俱送. 其兵士笞罪. 兩毅決之. 若杖罪者. 送所在郡也.）.
覆審訖. 徒杖罪. 及流應決杖（謂. 依律. 犯徒應役. 而家無兼丁者加杖. 又累犯
徒流加杖. 又雜戶陵戶. 犯流決杖之類是也.）. 若應贖者（謂. 有蔭及老少之類也.）.
卽決配（謂. 決杖及配徒也.）徵贖. 其刑部断徒以上亦准此（謂. 依律. 死罪應決
杖及贖者. 卽准流徒之法. 刑部亦得決贖. 故云亦准此. 其死眞決. 及流眞配者. 自依下
文. 不可准此也.）. 刑部省及諸國. 断流以上. 若除免官當者. 皆連寫案
（謂. 凡鞫獄官司. 皆連鞫狀及伏辨. 以成一案. 更連寫之. 與断文共送官. 是爲連寫案.
申太政官也.）. 申太政官. 按覆理盡申奏. 卽按覆事有不盡. 在外者.
遣使就覆（謂. 依國所断情理不盡. 別遣專使. 就所在按覆. 與下條覆囚使. 其義不

同.). 在京者. 更就省覆.

凡國斷罪應申覆者(謂. 申猶重也. 下條云. 盜發及徒以上囚. 附朝集使. 申太政官. 是皆遣使申覆也.). 太政官量差使人. 取强明解法律者. 分道巡覆見囚(謂. 徒以上囚. 情盡未斷者也. 下文云. 徒罪國斷得伏辨. 故杖罪以下. 不入此條也.). 事盡未斷者. 催斷卽覆. 々訖錄申. 若國司枉斷. 使人推覆无罪. 國司歎伏. 灼然(謂. 歎誠也. 服罪輸誠之書. 是爲歎伏. 卽伏辨亦同也.)合免者. 任使判放. 仍錄狀申. 其使人與國執見有別者. 各以狀申. 若理狀已盡可斷決. 而使人不斷. 妄生節目. 盤退者. 國司以狀錄申官. 附使人考. 其徒罪. 國斷得伏辨(謂. 結斷已訖. 得囚服辨.). 及贓狀露驗者卽役. 不須待使. 以外待使. 其使人仍惣按覆. 々訖同國 · [177]見者. 仍附國配役.

凡覆囚使人. 至日先撿行獄囚. 枷杻(謂. 在頸曰枷. 在足曰杻也.). 鋪席. 及疾病糧餉之事(謂. 餉者. 遺[178]也.). 有不如法者. 亦以狀申附考.

凡決大辟罪(謂. 辟者. 罪也. 死刑爲大辟也.). 在京者. 行決之司三覆奏. 決前一日一覆奏. 決日再覆奏(謂. 依律. 奏報應決者. 聽三日乃行刑是. 三覆奏訖. 更經三日. 乃聽行刑. 今案此條. 再奏之日. 卽得行決. 二法不同. 遲速頓異. 凡用刑之道. 非是好殺. 捨速從遲. 是爲優長. 卽下條. 奏報之日. 不得馳驛行下. 是亦緩死之義.). 在外者. 符下日三覆奏. 初日一覆奏. 後日再覆奏. 若犯惡逆以上. 唯一覆奏. 家人奴婢殺主. 不須覆奏. 其京國決囚日. 雅樂寮停音樂.

凡斷罪行刑之日(謂. 徒以上. 結獄竟. 具告罪名. 是爲斷罪之日. 已依律. 結獄竟. 徒以上. 具告罪名. 違者笞冊. 故杖罪以下. 不入此條也. 死罪行決. 是爲刑行之日也.). 並宣告犯狀. 決大辟罪囚. 皆防援着枷至刑所(謂. 是據庶人. 其議請減人. 及初位以上. 若婦人等. 下條別有文也.). 囚一人. 防援廾人. 每一囚加五人. 五位以上. 及皇親. 聽乘馬. 聽親故辭訣(謂. 親親属也. 故故舊也. 訣別也.). 仍日未後行刑. 卽囚身在外者. 奏報之日. 不得馳驛行下(謂. 是

177_ 執이 있는 사본도 있다.
178_ 饋의 誤字로 생각된다.

嫌其速殺. 故不令馳下.).

凡決大辟罪. 皆於市. 五位以上及皇親. 犯非惡逆以上. 聽自盡於家(謂. 令罪人在家自死也.). 七位以上及婦人. 犯非斬者. 絞於隱處(謂. 不於市廛人衆之中. 而別死於隱辟之處.).

凡決大辟罪. 五位以上. 在京者. 刑部少輔以上監決(謂. 雖是自盡之人. 亦在其家監決也.). 在外者. 次官以上監決. 餘並少輔及次官以下監決. 從立春至秋分. 不得奏決死刑(謂. 奏決者. 猶云奏而決也.). 若犯惡逆以上. 及家人奴婢殺主者. 不拘此令. 其大祀及齋日. 朔. 望. 晦. 上下弦. 廿四氣. 假日. 並不得奏決死刑. 在京決死囚. 皆令彈正衛士府監決. 若囚有冤枉灼然者. 停決奏聞(謂. 彈正奏聞.).

凡囚死无親戚者(謂. 並无有服之親者.). 皆於閑地權埋. 立牌於上. 記其姓名. 仍下本屬. 卽流移人在路. 及流徒在役死者准此.

凡犯流以下. 應除免官當. 未奏身死者. 位記不追. 卽奏時不知身死. 奏後云先死者. 依奏定(謂. 除免官當. 並依常法例也.). 其常赦所不免者. 依常例(謂. 犯流以下. 未奏身死. 罪當常赦所不免者. 不在放限. 故云依常例也.). 若雜犯死罪. 獄成會赦. 全原者. 解見任職事(謂. 依律. 雜犯死罪. 未奏畵會赦者. 依令. 解見任職事. 如特奉鴻恩. 惣蒙原放. 非常之斷. 人主專之. 官位勲位. 並合如初. 不同赦降之例. 卽雜犯死罪. 別勅放免者. 亦不須解見任職事. 又依考課令. 本犯免官以上. 及贓賄入已. 恩前獄成者. 仍以景迹論. 貶考奪綠. 並依常法. 是卽流罪以下. 獄成會赦降. 亦依此令論也. 見任職事者. 猶云見任之職事也.).

凡流人科斷已定及移鄉人. 皆不得棄放妻妾至配所(謂. 凡流移之人. 不可棄妻妾以至配所. 必須相隨同行. 其犯義絶者. 不在此限也.). 如有妄作逗留. 私還. 及逃亡者(謂. 此據流移人已至配所. 更妄私還. 及逃亡者. 其妻妾私還. 及逃亡者. 亦准此法.). 隨卽申太政官.

凡流人應配者. 依罪輕重. 各配三流. 謂近中遠處(謂. 其定遠近者. 從京計之.).

凡流移人. 太政官量配(謂. 量罪輕重. 配其遠近. 故云量配也.). 符至. 季別
一遣(謂. 太政官錄配流状. 下符刑部及國司也.). 若符在季末至者. 聽與後季人
同遣(謂. 季末者. 四季之末月. 假有. 符三月至者. 與夏季人同遣之類也.). 具錄應
隨家口. 及發遣日月. 便下配處(謂. 刑部及國司. 依太政官符. 錄下於流移之
國. 其刑部流入者. 太政官差專使領送也.). 遞差防援. 專使部領. 送達配所.
付領訖. 速報元送處. 并申太政官知. 若妻子在遠. 又非路便. 預爲
追喚. 使得同發(謂. 雖卽在遠. 而是路便者. 待到同行. 不可更追也.). 其妻子未
至間. 囚身合役者. 且於隨近公役. 仍錄已役日月. 下配所聽折.
凡遞送死囚者(謂. 依律. 鞫獄官. 囚徒伴在他所者. 聽移送先繫處併論之類也.).
皆令道次軍團大毅. 親自部領(謂. 專使之外. 軍毅別自部領也.). 及餘遞送
囚徒(謂. 餘者. 非死囚.)應禁固者. 皆少毅部領. 并差防援. 明相付領.
凡流移人在路. 皆遞給程粮(謂. 流移之人. 所經由處. 每國給粮. 令過當界也.).
每請粮. 停留不得過二日. 其傳馬給不. 臨時處分.
凡流移人. 至配所付領訖. 仍勘本所發遣日月及到日. 准計行程.
若領送使人. 在路稽留(謂. 无故稽留也.). 不依程限. 領處官司. 隨事
推斷(謂. 凡依律. 使人於使處有犯者. 所部属官苔. 不得卽推. 但部送囚徒. 不依程限
者. 別於此令. 聽所部推斷. 自餘皆須依律. 不可准此.). 仍以状申太政官.
凡流移人. 移人. 謂本犯除名者(謂. 依律. 故殺人獄成者. 雖會赦猶除名. 是爲本
犯除名. 其鬪殺除名訖. 會赦移郷者. 亦准此法也.). 至配所六載以後聽仕(謂. 仕
者. 仕官. 卽所貫及京師. 皆聽通仕. 其蠱毒流人者. 須絶其根類. 故不聽仕也.). 其犯
反逆緣坐流. 及因反逆免死配流. 不在此例(謂. 其謀大逆從者亦准此也.). 卽
本犯不應流. 而特配流者(謂. 元非除名之色. 故三載聽仕. 若是應除名者. 亦依
六載之法. 又案律. 本犯至免官. 而特除名者. 年限叙法. 亦同除名之例. 凡配流之人. 官
位勳位. 皆悉追收. 故特配流者. 名爲特除名也.). 三載以後聽仕. 有蔭者. 各依
本犯收叙法(謂. 蔭者. 父祖之蔭. 及除名收叙之蔭也.). 其解見任. 及非除名
移郷者. 年限准考解例(謂. 依考課令. 考解者. 期年聽叙. 是也. 文云. 非除名移

郷者. 准考解例. 卽知移郷之色. 悉解見任也.).

凡犯徒應配居役者. 畿內送京師. 在外供當處官役. 其犯流應住居
作者. 亦准此. 婦人配縫作及舂.

凡流徒罪居作者. 皆着鈦若盤枷(謂. 流徒通着鈦若盤枷. 非云流着鈦. 徒着盤
枷也.). 有病聽脫. 不得着巾(謂. 不得着頭巾也.). 每旬給假一日. 不得出
所役之院. 患假者陪日(謂. 文云患假. 卽喪假旬假之類. 不可陪日也.). 役滿.
遞送本屬(謂. 此唯據徒人. 流人者非.).

凡徒流囚在役者. 囚一人. 兩人防援(謂. 其囚二人者. 四人防援. 若囚在囹圄
者. 卽禁其身. 不可同在役法. 仍須臨事量配. 令堪掌固也.). 在京者. 取物部及衛
士充(謂. 三府衛士也.). 一分物部. 三分衛士. 在外者. 取當處兵士. 分番
防守(謂. 此亦爲兵士立文.).

凡流移囚. 在路有婦人産者(謂. 配流婦人産子者也.). 并家口. 給假廿日
(謂. 流移之人妻妾. 及從人. 在路産子者. 亦給假廿日. 其同配之囚. 亦皆從産者停. 待
假滿同行也.). 家女及婢. 給假七日. 若身及家口(謂. 皆據行人. 不限良賤也.)
遇患. 或津濟水長. 不得行者. 並經隨近國司. 每日撿行. 堪進卽
遣. 若患者伴多. 不可停待者(謂. 猶云患者之徒伴衆多. 不留待. 此唯據流移人.
家口者非. 假有. 流移囚三人. 一人疾患. 而二人不患者. 二人前行. 若二人疾患. 而一人
不患者. 一人停待之類也.). 所送使人. 分明付屬隨近國郡. 依法將養(謂. 法者.
下條. 獄囚有疾病者. 給醫藥救療. 是也.). 待損卽遣遞送(謂. 不差專使. 唯軍毅領送
也.). 若祖父母. 父母喪者. 給假十日(謂. 從流移人. 在路喪亡者. 卽夫喪亦
同. 依下條. 夫喪與父母同故也.). 家口有死者. 三日. 家人奴婢者. 一日.

凡流移人. 未達前所. 而祖父母. 父母在郷喪者. 當處給假三日發
哀. 其徒流在役. 而父母喪者(謂. 在郷喪者. 其從在配所喪者. 亦同此法.). 給
假五十日擧哀(謂. 依律. 流移人至配所. 祖父母父母老疾應待. 合居作者. 聽親終三
月. 然後居作. 是卽待老疾者. 自依彼律. 而不待之人. 亦依此令. 立法各異. 未可同執
也.). 祖父母喪承重者亦同. 二等親七日. 並不給程(謂. 不聽出禁所. 其雖

父母喪. 亦不得從喪. 卽餘條稱不給程者. 皆准此例.).

凢婦人在禁. 臨産月者(謂. 家女及婢. 亦准上條. 給假七日也.). 責保聽出
(謂. 聽出禁所也.). 死罪. 産後滿廿日. 流罪以下(謂. 文云並卽追禁. 卽知杖罪
以上也. 問. 流移之人. 當上道時. 妻妾臨産月如何. 答. 案上條. 流移在路. 有婦人産
者. 并家口. 給假廿日. 卽有在路給假之法. 而無停囚待産之文. 雖是臨月. 猶須配下
也.). 産後滿卅日. 並卽追禁. 不給程.

凢婦人犯死罪. 産子. 無家口者(謂. 雖卽家人奴婢. 亦同家口例也.). 付近
親收養. 無近親. 付四隣. 有欲養爲子者. 雖異姓皆聽之(謂. 近親四隣
之外. 欲養爲子者. 卽非兄弟之子. 依法. 不須資蔭. 其本色不同者. 皆不聽養.).

凢公坐相連(謂. 依律. 同司犯公坐者. 卽爲四等連坐. 各以所由爲首. 假令. 外記撿
出有失者. 外記爲首. 少納言爲第二從. 大納言爲第三從. 右大臣以上爲第四從之類. 卽
左右辨二局. 不相連及. 若左辨有公坐者. 卽外記右辨. 亦不相連坐. 但大納言以上. 是通
攝之官. 故於此三局. 皆爲次官長官. 其中務管監物. 刑部管判事. 如此之類. 亦不相連.
若事發監物判事者. 其人爲首. 省司預事爲從.). 右大臣以上. 及八省卿. 諸司
長. 並爲長官. 大納言. 及少輔以上. 諸司貳. 皆爲次官. 少納言. 左
右辨. 及諸司紏判. 皆爲判官. 諸司勘署. 皆爲主典.

凢因父祖官蔭. 出身得位. 父祖犯除名罪者. 子孫不在追限. 若子
孫復除名者. 後叙之日. 卽從無蔭法(謂. 文云後叙之日. 卽恐未至之間. 猶爲
有蔭. 是准法. 資蔭已絶. 卽須從無蔭法也.). 其父祖因犯降叙者. 亦從後蔭叙
(謂. 凢除名子孫. 於法蒙父祖蔭. 若父祖復犯免官等罪降叙者. 子孫卽從降叙之蔭. 故云
亦從後蔭叙. 其三位以上. 除名限滿. 勅授五位以上者. 亦是爲降叙. 若无位雜任. 犯罪之
後. 猶依舊入色. 准據律令. 終無還本色文故也.).

凢官人因犯移配(謂. 避讐移鄉也.). 及別勅解見任. 若本罪不合除免及
官當者. 位記各不在追例(謂. 若合除免官當者. 自依除免官當法也. 上條制出仕
之年限. 此條立不追位之法也.).

凢犯罪應除免及官當者. 奏報之日(謂. 猶云奏報之時也. 依公式令. 犯罪解

免者. 解免之司. 報元任授是. 卽奏報之後. 未毀之前. 錄報於元任授. 其已毀之後. 所司
自知. 不可更報也.). 除名者. 位記悉毀. 官當及免官. 免所居官者. 唯
毀見當免. 及降至者位記. 降所不至者. 不在追限(謂. 見當免者. 假有.
正七位上. 犯徒一年半. 例減一等. 以一官當徒一年. 卽正七位上. 是爲見當. 若犯免所居
官者. 碁年之後. 降先位一等叙. 卽正七位上. 亦是爲見免也. 降至者. 假有. 正七位上.
更復有歷任位記. 此犯免官者. 三載之後. 降先位二等叙. 卽正七位上. 是爲見免. 正七位
下. 是爲降至者. 從七位上. 是爲降所不至者. 故律云降所不至者. 二等之外歷任之位是.
其免官一法. 唯有降至. 自餘官當等. 更無降至者也.). 應毀者. 並送太政官毀.
式部案注毀字(謂. 令元授可乃注毀字). 以太政官印. 印毀字上.

凡犯罪應除免官當者. 不得釐事及朝會. 其被勅推. 雖非官當除免.
徒以上. 不得入內(謂. 釐事朝會. 並亦不可得. 依律. 有官犯罪. 无官事發. 流罪以
下. 聽以贖論. 是爲非官當徒以上. 其過失疑罪. 元非正刑. 不在制限也.). 其三位以
上. 非解官以上者(謂. 雜犯死罪. 會赦解任. 是爲解官. 其四位以下. 雖杖罪. 應解
官者. 不合入內.). 仍聽釐事朝會. 及入內供奉.

凡犯罪事發. 有贓狀露驗者. 雖徒伴未盡. 見獲者. 先依狀斷之(謂.
依律共犯罪逃亡法斷也.). 自外從後追究(謂. 召徒伴爲追也. 推事狀爲究.).

凡犯罪未發. 及已發未斷決. 逢格改者(謂. 依律. 官當收贖. 未斷死. 及笞杖
未決是也. 文云未斷決. 若已斷決者. 自合依格前也.). 若格重. 聽依犯時. 若格
輕. 聽從輕法.

凡告言人罪. 非謀叛以上者. 皆令三審(謂. 凡告言人罪. 皆當依實. 若其虛
妄者. 自得反坐. 故令其反覆. 欲其自盡. 從初至三. 故謂之三審. 其未至三. 而有更悔者.
亦無罪法也.). 應受辭牒官司(謂. 判官以上是也.). 並具曉示虛得反坐之
狀. 每審皆別日(謂. 可以一文牒告言. 不須每審有文牒. 又初告之日. 文牒已入曹
司. 其後二審. 直以口告. 受辭官人. 同牒後. 別日署記也.). 受辭官人. 於審後署
記. 審訖然後推斷. 若事有切害者. 不在此例. 切害. 謂殺人. 賊盜.
逃亡(謂. 賊者. 劫囚之類. 其殺人者. 不論先後. 盜及逃亡者. 不問輕重. 皆是. 若殺家

人奴婢. 准律. 亦此竊盜也.). 若强姦良人. 及有急速之類(謂. 假如. 盜決堤坊. 及
欲放水火以燒漂人家之類. 事情急速. 應追捕者. 皆是. 凡此二事. 欲其未行之前. 以時防
遏. 故爲急速. 若其已然之後. 不須更復爲切害. 雖卽已行. 而餘緒浸淫. 猶應爲害者. 亦
爲急速也.). 其前人合禁. 告人亦禁(謂. 告人禁法. 亦准前人. 若有不同者. 各依
本法. 其隣伍告者. 無心陷人罪. 唯告事發狀. 故不在禁限.). 辨定放之.
凡告密人. 皆經當處長官告(謂. 密者. 謀反以上. 依律. 非謀反逆叛應密之事.
而妄言有密故. 其案下文及律. 指斥乘輿. 及妖言惑衆. 亦爲密例也. 當處者. 有密之處
也.). 長官有事. 經次官告(謂. 若無次官. 亦告比界也.). 若長官次官俱有
密者(謂. 此皆據國司. 故下文云. 應與餘國相知者. 所在國司. 准狀收掩也.). 任經
比界論告. 受告官司准法示語(謂. 准三審之法. 示語虛得反坐之狀. 但事意切
急. 不可延時日. 故立卽示語. 至三而止. 是爲准法示語. 其三示已訖. 事如誣妄. 卽反坐
之科. 當依恒法. 若未至三而引虛者. 亦自依非密而妄言密之律也.). 確言有實. 卽
禁身據狀撿校(謂. 撿校猶勘問也.). 若須掩捕者. 卽掩捕(謂. 若賊類衆多.
須待人兵. 如此經略不卽掩捕. 故文云應掩捕者. 卽掩捕. 卽依律. 官司承告. 不卽掩捕.
經一日者. 各與不告罪同. 若事須經略. 而違時限者不坐. 是也.). 應與餘國相知
者. 所在國司. 准狀收掩(謂. 捕亡令云. 若力不能制者. 卽告比界比郡. 是也.).
事當謀叛以上. 雖撿校. 仍馳驛奏聞(謂. 雖撿校未訖. 仍且奏聞有密之事. 及
發兵之狀. 其承告之處. 依捕亡令. 唯奏聞發兵之狀也.). 指斥乘輿. 及妖言惑衆
者. 撿校訖捻奏(謂. 依律. 指斥乘輿. 情理切害. 卽非有切害. 不可入密例也.). 承
告掩捕者. 若無別狀. 不須別奏(謂. 假承告追捕謀叛. 而實是謀叛者. 不可更
別奏. 若得謀大逆者. 仍合別奏之類也.). 其有雖稱告密. 示語確不肯導(謂.
直云是密. 不吐事狀. 卽依律. 口稱有密. 下辨仍執. 是也.). 仍云事須面奏者. 受
告官司. 更分明示語(謂. 先已三示. 後亦示三. 爲其確執不導事狀故. 分明更語
示. 乃過恒例也.)虛得無密反坐之罪(謂. 無密者. 律云. 非密而妄言有密. 是也. 反
坐者. 律云. 誣告謀反及大逆等. 是也.). 又不肯導事狀者. 禁身. 馳驛奏聞
(謂. 留身所在. 錄狀奏聞也.). 若直稱是謀叛以上. 不吐事狀者(謂. 雖稱是謀

叛以上. 而不導罪人姓名及謀計事狀也.). 給驛差使部領送京. 若勘問. 不導事

狀. 因失事機者. 與知而不告同. 其犯死罪囚. 及配流人. 告密者. 並

不在送限(謂. 依律. 囚告密者. 禁身領送. 卽知謀叛以上得告. 餘罪不聽告舉也. 配流

人者. 上道以後. 六載以前. 而負流名者也.). 應須撿挍. 及奏聞者. 准前例(謂.

據狀撿挍. 及馳驛奏聞. 并留身奏聞等類. 皆准上文. 故云准前例.).

凢囚逮引人爲徒侶者(謂. 假盜賊引人爲已同盜之類也.). 皆審鞫由狀. 然

後追攝. 若追而雪放. 又更妄引(謂. 初已處誣告訖. 後亦妄引是. 旣事發更犯.

合重其罪. 故錄狀申官. 待使按覆也.). 及囚在獄死者. 年別具狀. 附朝集使.

申太政官按覆(謂. 是別遣使按覆. 或令覆囚使按覆.).

凢察獄之官. 先備五聽(謂. 五聽者. 一曰辭聽. 觀其出言. 不直則煩. 二曰色聽.

觀其顏色. 不直則赧然. 三曰氣聽. 觀其氣息. 不直則喘. 四曰耳聽. 觀其聽聆. 不直則惑.

五曰目聽. 觀其眸子. 不直則眊然也.). 又驗諸證信. 事狀疑似. 猶不首實者.

然後拷掠. 每訊相去廿日. 若訊未畢. 移他司. 仍須拷鞫者. 囚移他

司者. 連寫本案(謂. 問囚之文案. 卽下條. 問囚. 辭定. 訊司依口寫. 是也.). 俱移.

則通計前訊. 以充三度. 卽罪非重害(謂. 依律. 被殺. 被盜. 被水火損敗等是

也.). 及疑似處少(謂. 雖是重害. 而疑似虛少. 亦不必滿三. 隨狀量決.). 不必皆

須滿三. 若囚因訊致死者. 皆具申當處長官. 在京者. 與彈正對驗.

凢訊囚. 非親訊司. 不得至囚所. 聽聞消息(謂. 其解部訊囚者. 省判事得

聽. 自餘不合.).

凢死罪雖已奏報. 猶訴寃枉. 事有可疑. 須推覆者. 以狀奏聞. 遣使

馳驛撿挍.

凢問囚. 辭定. 訊司依口寫. 訖對囚讀示.

凢禁囚. 死罪. 枷杻. 婦女. 及流罪以下去杻. 其杖罪散禁(謂. 不開木

索. 唯禁其出入也. 案下條. 別立不脫巾之文. 故此條散禁以上. 並皆脫巾.). 年八十.

十歲. 及癈疾. 懷孕. 侏儒之類. 雖犯死罪. 亦散禁.

凢犯罪. 應入議請者. 皆申太政官. 應議者. 大納言以上. 及刑部

卿. 大輔. 少輔. 判事. 於官議定. 雖非六議. 但本罪應奏(謂. 上條. 刑
部及諸國. 斷流以上及除免官當者. 皆連寫案. 申太政官. 案覆理盡申奏. 是也.). 處斷
有疑. 及經斷不伏者. 亦衆議量定. 雖非此官司. 令別勅參議者. 亦
在集限. 若意見有異者. 人別因申其議. 官斷簡. 以狀奏聞.

凡諸司斷事. 悉依律令正文. 主典撿事. 唯得撿出事狀. 不得輒言
與奪. 凡應議請減者. 犯流以上. 若除免官當者. 並肷禁(謂. 雖不得議
請減之罪. 亦猶依此禁法也.). 公坐流. 私罪徒(謂. 此皆據本犯. 不用減後法也.).
並謂非官當者(謂. 假五位犯徒一年. 准律. 罪輕不盡其位之類也.). 責保參對(謂.
不禁其身. 放令赴對也.). 其初位以上. 及无位應贖(謂. 依律. 七位以上父母之
類. 其七十以上. 十六以下可贖者亦同也.). 犯徒以上及除免官當者. 梏禁.
公罪徒. 並散禁. 不脫巾(謂. 應議請減以下. 散禁以上. 並皆惣攝.).

凡五位以上. 犯罪合禁. 在京者. 皆先奏(謂. 雖被人毆擊. 折傷以上. 若盜
及强奸. 亦合先奏. 不得私擊也.). 若犯死罪. 及在外者. 先禁後奏. 並聽別
所坐. 婦女有位者亦同(謂. 婦女帶五位以上者. 亦准上文男法也.). 若五衛府
志以上及兵衛犯罪須追者. 並聽鞫獄官司經本府. 追掩. 本府即奏
執遣(謂. 准唐令. 上番入宿衛者. 其下番者. 准主帥. 本府不奏直送. 皆是贓狀露驗者.
其事跡未明. 獄官追攝對問者. 本府不奏直送. 待罪狀辨定. 獄官更以狀牒報本府. 即奏
許也.). 其主帥及衛士者. 本府即依執送(謂. 准罪輕重. 依法禁送.).

凡奉使有所掩攝(謂. 依律. 將吏受使. 追捕罪人. 是也.). 皆告本部本司. 不
得倳即收捕. 若急速密者. 且捕獲. 取本司公文發遣(謂. 凡掩攝罪人.
皆先經罪人本部本司. 若急速密者. 不經本部本司. 倳即追捕. 然後始告. 即取使人之本
司公文. 相知執遣. 故云取本司公文發遣. 其略本部者. 准上文須知也.).

凡婦人在禁. 皆與男夫別所.

凡囚. 當處長官. 十五日一撿行. 無長官. 次官撿行. 其囚延引久
禁. 不被推問. 若事狀雖可知. 支證未盡(謂. 支證者. 支擧也. 猶云擧證
也.). 或告一人數事(謂. 假有. 甲云乙是殺人. 强奸. 盜馬. 即官司禁甲之類. 其被

告之人. 亦同在禁. 卽次文云被告人有數事者. 是也.). 及被告人有數事者. 重事
得實. 輕事未畢. 如此之徒. 撿行官司. 並卽斷決.

凡盜發(謂. 雖不獲盜人. 而於被盜之家有所損失者. 亦同申送. 故云盜發. 其强盜不得
財. 卽是徒以上. 亦入中例.). 及徒以上囚. 各依本犯. 具錄發及斷日月.
年別揔帳. 附朝集使. 申太政官.

凡犯死罪在禁. 非惡逆以上. 遭父母喪. 婦人夫喪. 及祖父母喪承
重者(謂. 依假寧令. 養父母與祖父母同. 卽遭養父母喪者. 亦依七日法也.). 皆給假
七日發哀. 流徒罪廿日(謂. 其在役在禁. 輕重不同. 故上條給五十日. 此條唯給
廿日. 案上條. 流罪已下. 産後卅日. 卽知杖罪亦在其中. 若杖罪在禁遇喪者. 亦准流徒
法. 其僧尼在禁遭喪者. 亦與俗人制同.). 悉不給程.

凡鞫獄官司. 與被鞫人. 有五等內親(謂. 猶云五等以上親.). 及三等以上
婚姻之家(謂. 依律. 同籍爲一家. 卽婚家姻家. 各待同籍. 乃聽聽相避也.). 坐受業
師(謂. 文不稱見受業師. 卽不問官學私學. 先經受業. 顧有宿恩皆是. 其師於弟子. 及本
主於資人者非.). 及有讎嫌者. 皆聽換推. 經爲帳內資人. 於本主亦同.

凡犯罪須驗位記. 若位記失落. 或在遠者. 皆驗案.

凡國有疑獄(謂. 獄有所疑. 處斷難明者也.)不決者. 讞刑部省(謂. 此不論本罪
輕重. 但徒以上者皆是. 卽與上條本罪應奏. 其情稍異.). 若刑部仍疑. 申太政官.

凡贖死刑. 限八十日(謂. 入公入私. 並同此法. 其一人更犯數罪者. 亦各立限. 假
如. 二犯流罪者. 揔限百廿日之類也.). 流六十日. 徒五十日. 杖卅日. 笞卅
日. 若無故過限不輸者. 會赦不免(謂. 雖會非常恩. 而非勅指放者. 亦不在免
限也.). 雖有披訴. 據理不移前斷者. 亦不在免限(謂. 假有. 官人無故不上
已經卅日. 准律合杖一百. 官司斷訖. 徵銅十斤. 罪人申訴. 無故不上. 非是卅日. 卽披陳
之間過限會赦. 官司重復實竅. 无故不上. 誠是廿八日. 仍款辨訖. 還更准律. 不上廿八
日. 猶亦合杖一百. 所乘二日者. 於法无所增減. 如此之類. 是名不移前斷也.). 若應徵
官物者. 准直. 五十端以上. 一百日. 卅端以上五十日. 廿端以上卅
日. 不滿廿端以下. 廿日. 若欠負官物. 應徵正贓及贖物. 無財以脩

者. 官役折庸(謂. 役力受直曰庸. 若雖有位之輩. 无財以備者. 亦役身折酬. 其五位
以上. 資俸稍寬. 故不入無財之限也.). 其物雖多. 限止五年(謂. 此據入公. 其入
私者. 自合依雜令. 假如. 誣告之人. 應贖入前人. 若單貧无財者. 雖經七八年. 猶須折酬
滿數. 不限年遠近之類.). 一人一日. 折布二尺六寸.

凡獄. 皆給席薦. 其紙筆及兵刃杵棒之類. 並不得入.

凡獄囚有疾病者. 主守申牒(謂. 主守者. 主當獄囚之物部也.). 判官以下.
親驗知實. 給醫藥救療. 病重者. 脫去枷杻. 仍聽家內一人入禁看
侍. 其有死者. 亦即同撿. 若有他故者(謂. 非法窮死. 及令自死之類.). 隨
狀推科.

凡獄囚應給衣糧薦席醫藥. 及修理獄舍之類. 皆以臟贖等物充(謂.
以臟贖物. 雇里中醫令療也. 官不給醫. 闕遣之物. 亦可充用. 爲在司故也.). 無則用
官物.

凡流人至配所居作者. 並給官糧. 加役流准此. 若留住居作. 及徒
役者. 並食私粮. 即家貧不能全備者(謂. 徒囚家貧. 餉粮艱難. 或來或絶. 不
能全給. 故令二等以上親. 助其五十日餉. 自外所不給者. 自食公粮. 故下文云隨盡公給
也.). 二等以上親代備(謂. 以上者. 女子適人. 及母改嫁是也. 代備者. 五十日內.
更相備給也.)五十日糧. 隨盡公給. 若去家懸遠絶餉. 及家人未知者.
官給衣糧. 家人至日. 依數徵納(謂. 若絶業單貧者. 不在徵限也.). 其見囚
絶餉者(謂. 在禁未斷. 及斷訖未配之類.)亦准此.

凡在京繫囚. 及徒役之處. 恒令彈正月別巡行. 有安置役使不如法
者. 隨事糺彈.

凡犯罪. 及欠損官物. 經赦降合免. 別勅遣推徵者. 依赦降例執聞
(謂. 假令. 犯罪. 及欠損官私物. 已經赦降. 應須赦免. 若有別勅遣推徵者. 錄會赦狀奏
聞也.).

凡放賤爲家人及官戶. 逃亡經卅日. 並追充賤(謂. 不因年滿而特放者. 其
放後所生男女. 不可更充賤也.).

凡犯罪資財入官者. 若緣坐得免(謂. 依律. 反逆之人父子没官. 卽年八十及篤
疾並免是. 若有別勅. 不及緣坐者亦同也.). 或依律不坐(謂. 兄弟之子. 依律不坐
也.). 各計分法還之(謂. 依律. 准戶內應分人多少. 人別得准一子分法留還. 假有.
一人年八十. 有三男十孫. 一孫反逆. 或一男見在者. 依令作三男分法. 添老人一人. 卽爲
四分. 若三男俱死. 唯有十孫者. 依令諸子均分. 老人共十孫. 爲十一分. 每留一分. 與老
者是也.). 卽別勅降罪從輕(謂. 緣坐之人. 降從輕法. 假有. 勅云. 謀叛及大逆者
斬. 父子配遠流. 祖孫兄弟配徒之類也.). 物見在者. 亦還之(謂. 未經分配. 若已經
分異者. 不在還限也.). 其本罪不合緣巫而別勅破家者(謂. 假有. 犯謀大逆者.
准律. 絞. 卽不合緣坐. 而特科眞大逆之類也. 破家者. 資財田宅. 並皆没入也.). 罪止
及一房(謂. 爲其罪惡元非眞犯故. 唯破没罪主一家. 而不及緣坐之人. 其有共財異居
者. 唯没別房之物. 若同居共財者. 亦得准諸子分法留還也.). 若受人寄借. 及質
物之屬. 當時卽有言請. 劵證分明者. 皆不在錄限. 其有競財. 官司
未決者. 依法撿挍(謂. 假有. 競財判決之日. 應罪人得者. 隨卽没入. 若應入他人
者. 依法還之.).

凡辨證已定. 逢赦更翻者. 悉以赦前辨證爲定(謂. 假一夜盜大祀神御物.
幷於神宮側近殺人. 官司意甲捉推. 甲款伏云. 實盜神物. 但不殺人. 仍引丙爲證. 丙證分
明. 官司據此辨證訖. 時有赦云. 死罪以下. 皆悉赦除之. 唯八虐不原. 甲卽更翻辭云. 實
是殺人. 唯不盜物. 亦引丁爲證. 丁證分明. 官司猶依前信. 不據後辨. 如此之類. 是名以
赦前辨證爲定.).

凡傷損於人. 及誣告得罪. 其人應合贖者. 銅入被告及傷損之家.
卽兩人相犯俱得罪(謂. 依律. 疑罪者. 兩人各徵贖. 故亦准此. 其殺一家非死罪三
人之緣坐. 若應贖者. 其銅亦入官也.). 及同居相犯者(謂. 同居共財者. 不限親疎.).
銅入官.

凡杖皆削去節目(謂. 笞杖亦准此也.). 長三尺五寸. 訊囚. 及常行杖大
頭徑[179]四分(謂. 雖訊笞罪囚. 猶用四分杖也.). 小頭三分. 笞杖(謂. 用之笞刑
之杖也.)大頭三分. 小頭二分. 枷長四尺以下. 三尺以上. 梏長一尺

八寸以下. 一尺二寸以上. 其決杖笞者. 臀受. 拷訊者. 背臀分受.
須數等(謂. 假犯杖九十. 應拷三度者. 每拷臀背分決十五之類.).

179_ 徑과 통용되는 글자이다. 侄은 어리석을 질 등의 뜻으로 徑과 의미상으로는
관련이 없다.

雜令 第卅

잡령 제30

(생각건대 옥령獄令 이상은 각각 조례條例가 있으나, 이 편은 서로 뒤섞여 같지 않다. 그래서 잡령이라고 하는 것이다.) 무릇 41조이다.

1. 무릇 길이[度]는 10푼[分]이 촌寸이 되고(생각건대 도度는 푼[分] 촌寸 척尺 장丈 인引이다. 길이를 재는 수단이다. 푼은 북방北方[1]의 거서秬黍[2]의 중간치 하나의 폭을 말한다. 거[秬]는 검은 기장이다.), 10촌이 척尺[3]이 되며 1척 2촌은 대척大尺 1척이 된다. 10척이 장丈이 된다. 부피는 10홉[合]이 되[升]가 되고(생각건대 중간 크기의 검은 기장 1200알이 들어가는 것을 약籥[4]이라고 하고, 10약이 1홉이 된다.) 3되가 큰 되[大升] 1되[5]이다. 10되가 말[斗]이 되고 10말이 가마[斛]가 된다. 무게[權衡]는 24수銖가 1량糧이 되고(생각건대 중간 크기의 검은 기장 100알의 무게를 수銖라고 하고 24수가 1량이 된다.) 3량이 대량大兩 1량이 된다. 16량이 근斤이 된다.[6]

---

[1]_ 山西省 長治市 羊頭山 부근을 말한다.

[2]_ 검은 기장을 말한다. 黑黍이라고도 한다.

[3]_ 唐尺 1척은 29.7cm이다.

[4]_ 籥은 피리를 뜻하는데, 피리의 부피를 정하면 곧 음의 높이가 결정된다. 따라서 검은 기장이 음의 높이를 결정하는 수단이 되기도 하였다.

[5]_ 당시 큰되 1되는 현재 용량으로 약 4홉이다. 이는 정창원에 남아 있는 병과 식기 등을 측정해서 얻은 결과이다.

[6]_ 大斤 1斤은 180匁이다.

2. 무릇 땅을 잴 때와 은 구리 곡식을 잴 때는(생각건대 양量은 무게를 다는 것
[權衡]과 부피를 재는 것[斗斛]을 아울러 칭하는 것이다. 규정에서 비록 은과 구리
만을 들고 금과 철을 들지 않았으나, 금은 은보다 귀하고, 철은 구리보다 싸다. 즉
귀한 것은 작은 도량을 쓰고 싼 것은 큰 도량을 쓴다. 비록 규정에서 언급하지 않
았지만, 또한 미루어 알아야 할 것이다.) 큰 도량度量을 쓴다.[7] 그 밖에는 관사
官私가 모두 작은 도량度量을 쓴다.

3. 무릇 도량권度量權을 쓰는 것은 모두 관사官司가(생각건대 대장성大藏省 및
여러 국사國司이다.[8]) 견본[樣][9]을 준다. 그 견본은 모두 구리로 만든다.

4. 무릇[10] 땅을 잴 때는 5척尺이 보步[11]가 되고, 300보가 이里가 된다.

5. 무릇 6재일六齋日[12]에는 공사公私 모두 살생殺生을 금한다(생각건대 6재일
은 8일, 14일, 15일, 23일, 29일, 30일이다.).

---

[7]_ 예를 들어 토지를 측량할 때는 大尺을 쓴다. 그 밖에 탕약을 조제할 때, 冠의
　　제작과 같은 의류를 만들 때, 그림자[晷景]를 잴 때는 小尺을 쓰도록 규정한
　　것이다.
[8]_ 大藏省 左右京職 東西市司 攝津職 諸國司가 이에 해당한다. 「職員令」 33·6
　　6·67·68조 참조.
[9]_도량형에 사용하는 용기의 표준이 되는 原器를 말한다.
[10]_ 田令 1조에 의하면 步를 기준으로 길이 30보, 폭 12보를 1段(步), 10단보를 1
　　町(步)로 규정하고 있다. 또한 5척(6척) 사방이 면적으로서의 1步가 되기도
　　한다. 즉 30×12 = 1段步는 결국 360步인데, 이 步는 면적으로 1步이다.
[11]_ 5尺을 1步로 하는 이 규정은 和銅 6년(713) 2월 19일의 格에 의하여 6尺 1步
　　로 바뀌게 된다. 그러나 이는 步의 길이에 변화를 가져온 것이 아니라, 고구려
　　척[高麗尺]에서 唐尺으로 바뀐 것이다. 고구려척과 당척의 비율이 1.2:1이었
　　으므로, 당척의 본격적인 채용을 결정한 것이다.
[12]_ 『아함경』·『사천왕경』 등에서 유래된 것으로 6재일에는 사천왕 혹은 그 사자
　　가 天界에서 지상으로 내려와 중생을 감시한다고 한다. 그래서 이날은 살생을
　　금하고 사형의 집행을 피하였다.

6. 무릇 음양료陰陽寮는 매년 미리 다음 해 역曆을 만들어 11월 1일에 중무성[中務]에 신송申送한다. 중무성은 천황에게 아뢴다(생각건대 태정관을 거치지 않고 중무가 직접 아뢴다.). 내외 제사諸司에 각각 1부를 준다(생각건대 피관被官 요사寮司 및 군사郡司는 성省과 국國이 따로 베껴서 지급한다.[13]). 모두 해가 시작하기 전에 소재지에 이르게 한다.

7. 무릇 음양료陰陽寮의 제생諸生은 모두 의생醫生에 준한다(생각건대 먼저 점씨占氏 및 대대로 익혀 온 자를 취하고, 다음에 서인庶人으로 13세 이상 16세 이하인 총명한 자를 취하여 제생으로 삼는다.). 그 업성業成의 연한 및 속수례束修禮[14]는 모두 대학생大學生과 같다(생각건대 경서를 배워 익히는 것 및 고과의 조항 및 평가, 서위하는 법 및 등급[等第]은 모두 식式의 처분에 의거한다.).

8. 무릇 비서祕書 현상기물玄象器物 천문도서天文圖書는 마음대로 가지고 나갈 수 없다(생각건대 비서란 둔갑遁甲 태일식太一式[15]의 부류이다. 현상기물은 동혼의銅渾儀[16]와 같은 부류이다. 천문도서는 성관부찬星官簿讚[17]의 부류이다.). 관생觀生[18]은 점서占書를 읽을 수 없고(생각건대 당령唐令을 살펴보면, 천문생과 관생이 있고 관장하는 일이 서로 다르다. 이 영에는 관생이 없는데 관생이라고 한 것은, 이 천문생의 별칭이다. 점서는 무릇 천문으로 길흉을 점치는 책이다. 다만 관생은 오직 하늘을 올려다보고 천문을 살필 뿐이고, 도서로써 그 징조[妖祥]를 점

13- 被官 즉 어떤 관사에 예속되어 있는 하부 관사나 國司의 피관이라고 할 수 있는 郡司는 각각 그 상부 관사에서 베껴서 지급하는 것이다.

14- 「學令」 4조 참조.

15- 『雷公式』, 『六壬式』과 함께 더불어 三式이라 불리며 점술서의 일종이다.

16- 渾天儀와 마찬가지로 천문을 관측하는 기구이다.

17- 하늘의 별자리를 설명하고 그 위치를 그린 책으로 星經이라는 책의 주석 형태로 편집된 책이다. 「石氏星官簿讚」, 「甘氏星官簿讚」, 「巫咸星官簿讚」이 『石氏簿讚』·『雜掛法』 등의 이름으로 일본에 전하고 있다.

18- 天文生을 말한다. 「陰陽式」에서는 觀天文生이라고 하였다.

칠 수 없다.), 우러러 살펴 본 바를 누설할 수 없다. 만약 징상徵祥과 재이災異가 있다면(생각건대 좋은 기운은 징상이 되고 나쁜 기운은 재이가 된다), 음양료가 아뢴다(생각건대 먼저 중무성을 거친 후에 요가 아뢴다.). 마치면 계절별로 봉하여 중무성에 보내고 국사國史에 기록한다. 보내는 문서에는 점친 내용을 실을 수 없다(생각건대 가령 '형혹熒惑[19]이 심心[20]을 범하였는데 점을 쳐보니 어떠하다'라고 쓰는 부류이다.).

9. 무릇 나라 안에서 구리와 철이 나는 곳은 관이 아직 캐지 않았으면, 백성이 사사로이 캐는 것을 허락한다(생각건대 규정에서 이르기를 '관이 아직 캐지 않았으면'이라고 하였으므로 곧 캔 이후에는 백성이 사사로이 캘 수 없다.[21]). 만약 구리와 철을 바치면 용조庸調와 상쇄하여 충당하는 것을 허락한다.[22] 그 나머지 금처禁處[23]가 아닌 곳은 산천수택山川藪澤의 이익을 공사公私가 함께 한다.[24]

10. 무릇 산택山澤 중에 기이한 보물·나무(생각건대, 기이한 보물은 마노 호박의 부류이다. 기이한 나무는 침향 백단 소방 등의 부류이다.)나 금 옥 은 채색彩色 잡물雜物(생각건대 기이한 보물이나 나무 이외에 국용에 충당할 수 있는 것이 모두 해당한다.)이 있는 곳을 알아서, 국용國用에 바칠 만하면, 모두 태정관太政官에 보고하고 천황에게 아뢴다.

---

[19]_ 화성을 뜻한다.
[20]_ 28수 중 하나인 心宿으로 동방 七宿 중 다섯 번째로 중심별[距星]은 전갈좌의 α성이다.
[21]_ 백성의 채굴을 허용하지만 官의 채굴이 우선하는 것이다.
[22]_ 충당하는 비율은 「賦役令」 1조에 규정되어 있다.
[23]_ 천황의 유렵 등을 위하여 일반의 출입을 금지한 곳 등을 말한다.
[24]_ 미개발지, 山野, 관개용수원 등의 이용을 뜻한다.

11. 무릇 공사公私의 재목(생각건대 다듬지 않아서 아직 기물로 만들지 않은 것이다. 만약 서까래, 들보, 도리와 같이 이미 기물을 이룬 것은 포상하는 범위에 있지 않다. 유실물의 경우와 마찬가지로 모두 주인에게 돌려주어야 한다.)이 홍수로 유실되었는데, 그것을 얻은 자가 있으면 기슭 위에 쌓아두고, 팻말이나 방을 세우고, 가까운 관사에 보고한다. 주인이 찾아오면 1/5을 포상한다(생각건대 만약 포상한 후에 나무 주인이 찾아오면 비록 물건이 있더라도 다시 돌려주지 않는다.). 30일이 지나도 찾아오는 주인이 없으면 얻은 사람에게 준다.[25]

12. 무릇 물을 논에 댈[漑] 때는(생각건대 개漑는 물을 대는 것[灌注]이다.) 모두 아래에서 시작하고[26] 차례에 따라 쓴다. 도랑 옆에 물레방아[碾磑]를 설치하고자 하면 국군사國郡司에 알리고 공사公私로 장애가 없다면 허락한다. 도랑이나 보를 수리해야 하면 먼저 물을 쓰는 집을 부린다.[27]

13. 요로要路의 나루[津濟](생각건대 반드시 대로大路[28]가 아니다. 사람들이 왕래하는 데 있어서 긴요하고 편리한 곳이 있으면 모두 이에 해당한다.)로서 지나가거나 건널 수 없는 곳[29]은 모두 배를 두어 운반하고 건넌다.[30] 나루에 이른 선후를 차례로 삼는다. 국군國郡의 관사官司가 검교하고 인부를 차출하여 그 사공[度者[31]](생각건대 잡요雜徭로 차출하여 배치한다.[32])으로 충원한다. 2인

25_ 「古記」는 30일이 지나면 설령 주인이 나타났다고 하더라도 돌려줄 필요가 없다고 보았다.

26_ 하류에 위치한 논부터 먼저 물을 댄다는 뜻이다. 宋에서는 논과 밭이 있을 경우, 논에 먼저 대도록 하였다. 下를 빈부를 뜻하는 것으로 보아 가난한 사람부터 물을 댄다고 본 견해도 있다.

27_ 대규모 공사일 경우에는 물을 쓰는 집만이 아니라 널리 人夫를 차출하여 충원하였다.

28_ 大路는 驛路의 대·중·소로 및 傳路와 같이 공용도로로 생각된다.

29_ 옷을 걷고 건너거나 다리를 놓아 건널 수 없는 곳을 말한다.

30_ 배로 건너면 편리한 나루에는 배를 두어 교통의 편리함을 꾀한 것이다.

이상 10인 이하이다. 2인에게 배 각 1척이다.

14. 청상廳上이나 조사曹司[33]의 자리는 5위 이상은 모두 상석牀席[34]을 준다. 그 제도는 별식別式을 따른다.

15. 무릇 왕경의 제사諸司 주전主典 이상은(생각건대 재기장상才伎長上도 또한 이에 준한다.) 매년 정월에 모두 좌석坐席[35]을 준다. 그 이하는(생각건대 사생史生 관장官掌[36]의 부류이다. 병위兵衛 위사衛士는 본부本府가 따로 지급한다.) 부서 지면 곧 지급한다.

16. 무릇 관인 등이 사신[37]으로 인하여 얻은 물건은 사신의 일이 끝나도 받은 물건을 모두 거두어들이지 않는다(생각건대 하사받은 물건이다. 영의 규정에 실려 있는 것과 별칙으로 하사하는 것이 모두 이에 해당한다. 모두 거두어들이

31_ 『和名抄』에서는 渡子라고 표기하였다.

32_ 「古記」는 雜徭가 아니라고 하였으나, 義解를 비롯한 다른 주석들은 모두 雜徭로 보았다.

33_ 廳上은 八省, 曹司는 그 하위 기관인 司로 보는 견해가 있다. 그러나 廳上은 관청 건물 안에 마련된 자리에 앉을 수 있는 관인들의 공간이고, 曹司는 그 밖의 관인들이 있는 공간으로 생각된다.

34_ 실제로 관청에 근무할 때 지급하는 자리는 친왕 및 중납언 이상은 倚子, 5위 이상은 옷칠을 한 床, 나머지는 나무로 만든 床이었다.

35_ 坐席은 의자나 床 위에 까는 깔개[茵]를 말한다. 「掃部式」에 의하면 깔개는 3년에 한 번 지급하였는데, 5위 이상은 황색 비단으로 테두리를 한 것, 6위 이하 主典 이상은 푸른색 삼베로 테두리를 한 것, 史生은 테두리를 하지 않은 깔개를 주며, 朝堂에 자리가 있는 사람은 조당 및 조사의 깔개를 같이 주며, 그렇지 않은 사람은 조사의 牀席의 깔개만 지급한다고 하였다.

36_ 태정관의 左右辨官에 둔 관리로서 使部를 감독하고 관청과 각종 설비를 관리하였다.

37_ 외국으로 가는 사신만이 아니라 畿內校田使 班田使 征夷使 등 국내에 파견되는 경우도 포함하였다.

는 범위에 있지 않다고 한 것은 수수水手와 겸인傔人 등도 또한 이 법에 준한다. 사신으로 인하여 관위를 얻은 것도 또한 거두어들이지 않는다.). **범죄를 저질러 거두어들여야 하는 경우는 받은 물건도 모두 징납徵納한다**(생각건대 죄의 경중을 막론하고 단지 범한 바에 따라서 추환하는 것이 모두 이에 해당한다.).

17. 무릇 소송訴訟은(생각건대 재물財物 양천良賤 보제譜第의 부류이다. 일이 남을 침해하는 것이 아니어서 때를 기다려 소訴를 제기해야 하는 것이다.) **10월 1일에 시작하여 3월 30일까지 검교한다. 이외에는 합당하지 않다. 만약 갑자기[交] 서로 침탈侵奪하면**(생각건대 교交는 느리고 더딘 것이 아니라는 말이다. 침侵은 사람들은 침해하고 손해를 입히는 것이다. 탈奪은 재물을 강제로 빼앗는 것이다.) **이 예에 있지 않다.**

18. 무릇 가장家長이 있는데(생각건대 조부백형祖父伯兄과 같은 친족이다. 호령戶令에서 적자嫡子가 가장이 된다고 한 것과는 그 뜻이 같지 않다.), **자손제질子孫弟姪 등이 마음대로 노비 잡축 전택 및 다른 재물을 사사로이 저당으로 잡히거나[質擧]**(생각건대 자손제질 등이 사사로이 가장의 물건을 이용하여 저당을 잡혀 이익을 구하는 것이다.), **팔 수 없다. 만약 서로 물어보지 않고 멋대로 주거나 팔면, 율에 의거하여 과죄한다**(생각건대 위령죄違令罪[38]로 처벌한다. 즉 멋대로 주거나 팔면 각각 다른 죄를 범한 것으로 한다. 수범과 종범으로 삼을 수 없다. 율에 의하면 자손 등이 사사로이 멋대로 재물을 썼는데, 5단端에 미치지 않으면 처벌하는 법이 없다. 만약 사사로이 저당을 잡히거나 멋대로 내어 팔거나 주었다면, 비록 5단에 미치지 않더라도 또한 이 영에 의거하여 논한다.).

19. 무릇 공사公私가 재물財物로써 출거出擧하면(생각건대 공公이라는 것은 공

---

[38]_ 율에 처벌하는 규정이 없는 범죄행위에 대하여 부과되는 처벌로 태 50대이다.

해公廨의 물품을 말한다.), **임의로 사계私契³⁹에 의하고 관이 다스리지 않는다**(생각건대 무릇 물품을 빌려주고 이자를 받는 것은, 비록 관물官物이라고 하더라도 항상 관사를 거칠 필요가 없으며, 판단하여 처리한다[判理]. 사계를 작성하도록 하고 합의하여 빌려주고 이자를 받도록 한다. 그러므로 관이 다스리지 않는다고 한 것이다.). **60일마다 이식[利]을 취한다**(생각건대 규정에 60일마다라고 하였으므로 곧 60일을 채우지 못하면 또한 이자를 취하는 법이 없음을 알 수 있다). **1/8을 넘을 수 없다. 비록 480일이 넘었더라도 1배를 넘을 수 없다.⁴⁰ 집안의 재산[家資]이 다하면 노역을 시켜 보수로 상쇄한다**(생각건대 집안의 재산이란 가택家宅 및 자재資材이다. 노역을 시켜 보수로 상쇄한다는 것은 관물官物로 인하여 노역을 시키는 법으로, 앞의 조항에 이미 규정이 있다. 다만 사물私物에 있어서 사역시키는 기한을 정하지 않았다. 그러므로 그때 그 지역의 용작傭作의 임금에 의거하여 역을 시켜 상쇄함을 알 수 있다. 곧 그 기한은 한정하지 않았으므로, 빚을 모두 다 갚을 때를 기한으로 한다.). **이식을 돌려 원금으로 삼을 수 없다**(생각건대 가령 어떤 사람이 이자를 받는 돈을 빌려 이미 60일이 지났는데 그 원금만을 갚고 그 이자는 갚지 않아서 곧 재물의 주인이 갚지 않은 이자를 다시 원금으로 삼아서 다시 이자를 생기게 하는 부류를 이식을 돌려 원금으로 삼는다고 한다. 원래의 원금을 돌려 새로운 원금으로 삼거나, 갚지 않은 원금과 이자를 모두 돌려 새로운 원금으로 삼는 것도 또한 같다.). **만약 법을 어기고 이식을 요구하거나 계약 이외에 빼앗거나**(생각건대 법을 어기고 이자를 요구한다는 것은, 가령 아직 60일이 되지 않았는데 이자를 받거나, 1/8의 기준에 의거하지 않는 부류이다. 계약 이외에 빼앗는다는 것은 무릇 저당잡힌 물품의 종류 및 연월 기한

---

³⁹_ 재물의 임차에 관한 계약서를 말한다. 정창원문서에 실례가 다수 남아 있다. 錢 400文에 대하여 1町의 논을 質物로 잡고 半倍의 이자를 부담할 것을 息長眞人黑麻呂의 이름으로 작성한 解도 보인다.

⁴⁰_ 錢에 관해서는 延曆 16년(797) 4월 20일 官符에 의하여 최장 1년에 半倍의 이자로 제한하였다. 그러나 다른 물품에 관해서는 최장 480일에 倍의 이자율을 유지하였다.

은 모두 계장契狀에 의거해야 하는데 물품의 종류를 바꾸거나 정해진 기한을 줄여서 끌어붙이고 억지로 빼앗는 부류를 말한다.)[41] 이식을 받지 않은 채무는(생각건대 교관하는 데 부르는 값이 서로 다르거나[懸違] 맡긴 것을 멋대로 써버린 경우이다.) 관이 다스린다.[42] 질물[質][43]은 물주物主가 아니면 마음대로 팔 수 없다. 만약 이식을 계산한 것이 원금을 넘어 물건을 팔아 다 갚을 수 없다면 [不贖](생각건대 480일 이외에 다시 60일 이상이 지났는데 물건을 팔아 갚을 수 없는 경우이다.), 소사所司에 알려 대신 파는 것을 허락한다. 남는 것이 있으면 돌려준다. 채무를 진 자가 도피하면, 보증인[保人]이 대신 갚는다[44](생각건대 율에 의하면 채무를 진 자가 죽더라도 보증인[保人]이 또한 대신 갚는다. 만약 두 사람이 함께 보증을 섰는데, 한 사람이 죽으면 또한 남은 한 사람이 모두 갚아야 한다. 죽은 사람의 몫을 줄일 수 없다. 이미 이는 육장六贓이 아니다. 만약 보증인이 죄를 범하여 유배에 처해지면 채무를 진 자에게 갚도록 한다.).

20. 무릇 벼와 조로 출거出擧하면(생각건대 이 조항은 또한 공사公私를 다 포괄한다. 그러므로 아래 규정에서 관官은 절반[半倍]이라고 한 것이다.) **임의로 사계私契에 의거하고, 관이 다스리지 않는다. 1년을 기한으로 한다**(생각건대 봄

---

[41]- 부당하게 물건 등을 압류하는 것이다.

[42]- 雜律에 따르면 1端 이상으로 20일이 넘으면 태 20대이고, 20일마다 1등을 더하여 杖 60에 그치며, 30端이면 2등을 더하고 100端이면 3등을 더하고, 각각 배상하도록 하였다.

[43]- 고대에는 질물에 동산과 부동산의 구별이 없었으나 천평승보 3년 9월 4일의 格을 통하여 田宅을 質로 잡는 것을 금지하였다. 그러나 현실적으로는 田宅을 質로 잡는 경우가 많았고, 이는 계층분화를 촉진하는 배경이 되었다.

[44]- 보증인[保人]은 채무자가 도망하였을 때만 채무에 대한 책임을 진다. 그러나 義解는 채무자가 죽은 경우에도 책임을 진다고 하였다. 채무자가 죽은 경우에도 도망한 경우와 마찬가지로 노역을 하여 그 보수로 부채를 상쇄할 수 없기 때문에 현실적으로는 이런 상황이 발생한 것으로 생각된다. 이러한 법적 규정과 달리 도망 여부와 관계없이 채무의 상환을 책임지는 償人을 내세우는 경우도 확인된다.

에 빌려주고 받으며, 가을 겨울에 갚는다. 이것을 1년으로 삼는다.). **1배를 넘을 수 없다. 관의 경우는 절반**[半倍]**이다.**[45] **모두 원래의 원금으로 인하여 다시 이자를 발생시키거나 이자를 원금으로 돌릴 수 없다. 만약 집안의 재산이 다하면 또한 앞의 조항에 따른다.**

21. 무릇 출거出擧**는 양자의 뜻으로 하나가 되어 사사로이 계약한다. 이자를 받는 것이 법 규정**[正條]**을 넘으면, 임의로 사람들이 고발할 수 있다. 이자로 받은 물건은 모두 고발한 사람에게 준다.**

22. 무릇 관지官地**에서 오래 묵은 물건**[宿藏物]**을 얻으면**(생각건대 옛날 사람이 거울, 칼, 금은으로 만든 그릇을 땅에 매장한 것 및 전란으로 두고 가거나 떨어트린 것이 구덩이에 묻힌 것으로 시간이 오래되어 물건의 주인을 알 수 없는 것이다. 만약 관지에서 얻은 것은 곧 얻은 사람에게 준다. 비록 철권鐵券이 분명하더라도 자손이 물건의 주인이 될 수 없다.), **모두 얻은 사람에게 준다. 다른 사람의 사지**私地**에서 얻으면, 지주**地主**와 반씩 나눈다**(생각건대 만약 아버지나 할아버지가 직접 묻었고, 자손이 현재 땅의 주인이면, 반씩 나누는 범위에 있지 않다. 구분전[口分]과 직분전[職分]은 모두 사지로 간주한다.). **옛날 그릇으로 형태와 제법이 이상한 것은**(생각건대 옛적의 종鐘이나 솥과 같은 부류로서 형태와 제법이 일반적인 것과 다른 것이다.) **모두 관에 보내고 그 대가를 지불한다**(생각건대 율에 의하면 관의 전택田宅을 빌린 경우는 현재 살거나 경작하는 사람을 주인으로 간주한다. 일하는 사람이나 경작하던 사람이 얻었으면, 주인과 반씩 나눈다. 사전택私田宅에는 각각 본주本主가 있으며 빌린 사람은 공력을 쓰지 않았으므로, 일하는 사람이 얻으면 본주와 반씩 나눈다. 빌린 사람은 본주도 아니며 또한 공을 들

---

[45]_ 稻粟의 사출거 이율은 1배, 공출거 이율은 반배였다. 그러나 공출거의 이율은 5할에서 3할 사이에서 개정이 이루어졌고, 天平 9년(737)에 이르러 사출거는 금지되었다. 그러나 稻粟을 錢이라고 속여 사출거를 행하는 경우도 있었다.

인 것도 없으므로 함께 나눌 필요가 없다.).

23. 무릇 기르는 짐승이 사람을 받으면[觝] 두 뿔을 자른다. 사람을 차면 묶어 둔다. 사람을 물면, 두 귀를 자른다. 미친 개가 있다면 그 자리[所在]에서 죽이는 것을 허락한다.[46]

24. 무릇 황친皇親(생각건대 유위有位 무위無位를 따지지 않는다.) 및 5위 이상은 장내帳內 자인資人 및 가인家人 노비를 보내어 시전市廛을 정하고 물건을 팔 수 없다. 시장에서 고가估價로 출거出擧하거나(생각건대 향리鄕里에서 출거하는 것이다.) 사람을 바깥으로 보내어 무역하고 왕래하는 것은 이 예에 있지 않다.

25. 무릇 사사로이 다니는 자로서 5위 이상은 역驛에 들어가 머무는 것을 허락한다. 만약 변방의 먼 곳 및 마을이 없는 곳에서는 초위初位 이상 및 훈위勳位도 또한 허락한다. 모두 마음대로 공급供給받을 수 없다.

26. 무릇 문무관인文武官人은(생각건대 재경在京 관인이다.[47] 친왕親王 및 부녀婦女[48]는 이 범위에 있지 않다.) 매년 정월 15일에 모두 장작[薪]을 바친다.[49] 길

---

[46]_ 짐승의 뿔을 자르거나 귀를 자르는 이유는 사람을 받거나 무는 짐승을 식별하기 위한 것이다. 율에서는 이를 幖幟羈絆法이라고 하였고, 이를 어기면 笞 40대, 그 때문에 사람이 죽으면 過失로 논하고, 고의적으로 풀어놓아 사람을 殺傷한 경우는 鬪殺傷에서 1등을 감하도록 하였다. 다만 이유없이 짐승과 접촉하여 죽거나 상처를 입은 경우에는 짐승 주인을 연좌하지 않았다(「廐庫律」 12조, 犬傷殺畜産抵蹋齧人).

[47]_ 『延喜式』에서는 畿內의 國司도 포함하는 것으로 보았다. 『令義解』 단계에는 畿內 國司가 포함되지 않았으나, 『延喜式』이 편찬되는 단계에는 이들이 포함된 것으로 보는 견해가 있다.

[48]_ 여자로서 관위를 가지고 있는 사람을 말한다. 後宮 12사의 女官이 대표적이다.

이 7척, 20그루를 1짐擔으로 한다. 1위는 10짐, 3위 이상은 8짐, 4위는 6 짐, 5위는 4짐, 초위 이상은 2짐(생각건대 훈위勳位도 이에 준한다.), 무위無位 는 1짐이다. 제왕諸王도 이에 준한다. 무위 황친皇親은 이 예에 있지 않다. 장내帳內 자인資人은 각각 본주本主에게 바친다(생각건대 중궁中宮 및 동궁사 인東宮舍人도 모두 본직本職[50] 및 본방本坊[51]에 바친다.).

27. 무릇 장작[薪]을 바치는 날 변관辨官 및 식부 병부 궁내성은 함께 검교檢 校하고, 모아서 주전료主殿寮에 바친다.

28. 무릇 후궁後宮 및 친왕親王에게 숯을(생각건대 빈嬪 이상이다. 황후皇后는 자연히 공진貢進하는 예에 들어간다.[52]) 주는 것은 10월 1일에 시작해서 2월 30일에 마친다. 장작은 쓰임의 다소를 알아서 헤아려 지급한다. 천황에게 공진供進하는 숯은 이 예에 있지 않다.

29. 무릇 번사蕃使가 왕환往還하는 대로大路 주변에는 해당 나라의 번인蕃人 을 두지 않고, 해당 나라 출신의 노비를 기르지 않는다(생각건대 가령 서해도 西海道의 주변에는 신라 출신의 노비를 기르지 않는 부류이다.). 또한 전마자傳馬 子 및 원부援夫 등으로 충원할 수 없다.

30. 무릇 죄를 범하여 죽임을 당하고 그 부자父子가 유배되거나 몰관되었다 면,[53] 금내禁內의 공봉供奉이나 동궁東宮에서 부리는 데[駈使] 배속시켜서는

49_ 신하가 군주에게, 帳內·資人이 本主에게 장작을 바치는 것은 충성을 다짐하 는 의도를 담은 것이다. 일본에서 군주에게 장작을 바친 것은 天武 4년(676) 에 처음 보인다.

50_ 中宮舍人이 소속되어 있는 中宮職을 말한다.

51_ 東宮舍人이 소속되어 있는 春宮坊을 말한다.

52_ 皇后는 숯을 바치는 대상이 되므로 따로 지급하지 않는다는 뜻이다.

안 된다(생각건대 공봉이란 내선內膳 등의 부류이다. 금내에서 부리는 것과 동궁을 공봉하는 데 배속시켜 부릴 수 없다.).

31. 무릇 관호官戶와 노비奴婢가 죽으면 소사所司가 검교檢校하고, 연말에 한꺼번에 보고한다(생각건대 소사所司는 궁내성宮內省이다.).

32. 무릇 관호官戶와 노비奴婢는 10일마다 휴가 1일을 준다. 부모의 상이면 휴가 30일을 준다. 산후에는 15일이다. 임신하였거나 3세 이하의 자식이 있으면 모두 가벼운 역에 따르게 한다.

33. 무릇 관호官戶와 노비奴婢을 역에 충당할 때는 본사本司가 공과功課를 분명히 세워 기록한다. 공량公糧을 헛되이 써서는 안된다.

34. 무릇 관호官戶와 노비奴婢는 3세 이상이면 매년 의복을 지급한다(생각건대 4세 이상은 창고령倉庫令에 의거하여 양식을 지급한다.). 봄에는 베로 만든 홑옷[布衫], 바지[袴], 홑옷[衫], 치마[裙] 각 1벌이다. 겨울에는 베로 만든 겹옷[布襖], 바지, 저고리[襦], 치마 각 1벌이다(생각건대 유襦는 저고리[短衣]이다. 군裙은 여자의 치마이다.). 모두 장단長短에 따라서 헤아려 지급한다.

35. 무릇 외관外官은 친속親屬이나 빈객賓客을 같이 데려와서 같이 지내더라도 관물官物을 공급供給해서는 안된다.

36. 무릇 외임外任 관인官人은 친속親屬이나 빈객賓客을 이끌고 임소任所로 가거나(생각건대 공식령公式令에서는 자손제질子孫弟姪이라고만 하였는데, 이 영

53_ 謀反이나 謀大逆으로 사형에 처해진 사람의 父子는 연좌되어 공노비로 삼았다.

에서는 넓혀서 종족빈객宗族賓客에 의거하였다. 그 뜻이 같지 않다. 그러므로 두 조항을 둔 것이다. 가족[家口]은 금지하는 범위에 있지 않다.) **전택田宅을**(생각건 대 공한지이다. 당연히 일반적인 에에 의거한다.) **차지하고 백성과 이익을 다 투도록 해서는 안 된다.**

37. **무릇 공해公廨의 잡물雜物[54]은**(생각건대 내외 여러 관사의 공해이다. 그 물 품의 수는 식式의 처분을 기다린다.) **모두 본사本司로 하여금 스스로 구록勾錄 토록 한다. 그 비용 상황[見在]에 대한 장부는 연말에 한꺼번에 태정관에 보 고한다.**

38. **무릇 승니僧尼는 경국京國의 관사가 6년마다 승적[籍] 3통을 만든다**(생 각건대 만약 지방 사람[外國人][55]이 경京의 승니가 되면 경직京職이 승적을 만들고 본국本國은 만들지 않는다.). **각각 출가한 연월, 하랍夏臘[56] 및 덕업德業을**(생각 건대 납臘은 해라는 뜻이다. 해가 끝날 때 납이 있다. 그러므로 해를 납이라고 하 는 것이다. 승니는 여름에 안거를 하고 이에 1납을 얻는 것을 말한다. 그러므로 하랍이라고 한다. 덕德은 얻는 것[得]이다. 그러므로 덕업이라고 한 것이다. 가령 화엄華嚴 삼론三論의 부류이다.) **기록하고 식에 의거하여 날인한다. 1통은 직 職과 국國에 두고, 나머지는 태정관太政官에 신송申送한다. 1통은 중무성[中 務]에 보내고, 1통은 치부성[治部]에 보낸다. 필요한 조도調度는 모두 절로 하여금 사람 수에 따라서 물건을 내게 한다.**

---

[54] 公廨稻를 제외한 나머지 물품을 말한다. 대표적인 것으로 錢을 들 수 있다.
天平 16년(744)에 紫香樂宮을 조영하기 위하여 관사별로 公廨錢 1千貫을 지
급하여 그것으로 이식을 얻도록 한 사례가 보인다.
[55] 원문은 外國人인데 畿內가 아닌 畿外의 諸國 출신 사람이라는 뜻이다. 이때
國은 일본 율령제 하의 지방행정단위이다.
[56] 法臘이라고도 하며 하안거를 지낸 횟수를 뜻한다.

39. 무릇 우리[檻]나 함정[穽]을 만들거나 기창機槍[57]을 설치할 때는(생각건 대 함檻은 우리[圈]이고, 정穽은 함정이다. 짐승잡는 방법이다.) 주변에 방해되거 나 사람을 해쳐서는 안 된다.[58]

40. 무릇 정월 1일,[59] 7일,[60] 16일,[61] 3월 3일,[62] 5월 5일,[63] 7월 7일,[64] 11월 대상일大嘗日[65]은 모두 절일節日이다. 두루 내리는 하사물은 임시로 칙에 따른다.

41. 무릇 대사大射[66]는 정월 중순에 친왕親王 이하 초위初位 이상이 모두 쏜다. 그 의식 및 녹[67]은 별식別式에 따른다.

---

[57]_ 동물이 움직이다가 건드리면 창이나 활이 발사되는 사냥도구를 말한다.

[58]_ 唐雜律에서는 機槍 坑穽을 만들면 杖 100대, 고의로 사람을 살상한 경우는 鬪殺傷에서 1等을 감하고, 표지를 한 경우에는 다시 1등을 감하였다. 깊은 산 속이나 멀리 떨어진 澤池에 설치하거나 맹수가 있는 곳이 이들의 설치를 허용 하되 표지를 세우도록 하였다. 표지를 세우지 않으면 笞 40대으로 규정하고 있다.

[59]_ 元日節會를 행하는 날이다. 元日朝賀를 받고 연회를 베푸는 등의 행사를 지 낸다.

[60]_ 白馬節會를 행한다. 左右馬寮에서 백마를 끌고 천황 이하가 관람하고 끝나면 연회를 베풀었다. 연초에 백마를 보면 1년의 사악한 기운이 없어진다고 믿었다.

[61]_ 踏歌節會를 행한다. 노래를 잘 부르는 사람을 모아 발을 구르면 노래를 부르 도록 하는 것이다. 內敎坊에 속한 남녀가 15일과 16일에 각각 踏歌를 행하였 다.

[62]_ 曲水宴을 행하는 날이다. 술잔을 흐르는 물에 띄워 좋지 않은 일이 물에 흘러 가버리게 하는 행사에서 유래하였다.

[63]_ 단오절회를 행하는 날이다. 중국에서는 5월을 나쁜 달로 생각하였고 특히 午 日을 꺼렸다. 이 날 제액을 쫓는 행사를 벌였다.

[64]_ 相撲節會를 행하는 날이다. 씨름판을 열고 천황 이하 군신이 관람하고 연회 를 베풀었다.

[65]_ 이 조항의 大嘗은 新嘗祭를 행하는 날을 말한다.

[66]_ 大寶令에서 大射를 처음으로 규정한 것으로 보인다.

[67]_ 관위의 고하와 활을 쏜 성적에 따라 調布를 하사하였다.

(謂. 獄令以上. 各有條例. 此篇班雜不同. 故云雜令.) 凡肆拾壹條

凡度. 十分爲寸(謂. 度者. 分寸尺丈引也. 所以度長短也. 分者. 以北方秬黍中者一之廣爲分. 秬者. 黑黍也.). 十寸爲尺. 一尺二寸爲大尺一尺. 十尺爲丈. 量. 十合爲升(謂. 以秬黍中者容一千二百爲籥. 十籥爲合也.). 三升爲大升一升. 十升爲斗. 十斗爲斛. 權衡. 廿四銖爲兩(謂. 以秬黍中者百黍重爲銖. 廿四銖爲兩.). 三兩爲大兩一兩. 十六兩爲斤.

凡度地. 量銀銅穀者(謂. 量者. 權衡升斗相兼之稱也. 文唯擧銀銅. 不言金鐵. 金貴於銀. 鐵賤於銅. 卽貴者用小. 賤者用大. 雖文不言. 亦須准知.). 皆用大. 此外官私悉用小者.

凡用度量權官司(謂. 大藏省及諸國司之類.). 皆給樣. 其樣皆銅爲之.

凡度地. 五尺爲步. 三百步爲里.

凡月六齊日. 公私皆斷殺生(謂. 六齊. 八日. 十四日. 十五日. 廿三日. 廿九日. 卅日.).

凡陰陽寮. 每年預造來年曆. 十一月一日. 申送中務. 中務奏聞(謂. 不經太政官. 中務直奏聞也.). 內外諸司. 各給一本(謂. 被管寮司及郡司者. 省國別寫給.). 並令年前至所在.

凡取陰陽寮諸生者. 並准醫生(謂. 先取占氏. 及世習者. 後取庶人十三已上. 十六已下聰令者爲之也.). 其業成年限. 及束脩禮. 一同大學生(謂. 其習業經書. 及考課條數. 并叙法等第. 並皆依式處分也.).

凡秘書. 玄象器物. 天文圖書. 不得輒出(謂. 秘書者. 遁甲太一式之類也. 玄象器物者. 銅渾儀之類也. 天文圖書者. 星官薄讚之類也.). 觀生不得讀占書(謂. 案唐令. 有天文生觀生. 職掌各別. 此令无觀生. 而言觀生者. 此天文生之別稱也. 占書者. 諸凡以天文占吉凶之書. 凡觀生唯得仰觀天文. 不得以圖書占其妖祥也.). 其仰觀

所見. 不得漏泄. 若有徵祥灾異(謂. 吉氣爲徵祥. 妖氣爲灾異也.). 陰陽寮
奏(謂. 先經中務. 後寮奏聞也.). 訖者. 季別封送中務省. 入國史. 所送者.
不得載占言(謂. 假如. 熒惑犯心. 其占云夕之類也.).

九國內有出銅鐵處. 官未採者. 聽百姓私採(謂. 文云官未採. 卽採之後. 百
姓不可私採.). 若納銅鐵折充庸調者聽. 自餘非禁處者. 山川藪澤之
利. 公私共之.

九知山澤有異寶異木(謂. 異寶者. 馬腦虎魄之類也. 異木者. 沈香白檀蘇芳之類
也.). 及金玉銀彩色雜物(謂. 異寶異木之外. 諸應充國用者皆是.)處. 堪供國
用者. 皆申太政官. 奏聞.

九公私材木(謂. 朴而未成器物者. 若椽榱梁柱之類. 旣是成器. 不入賞限. 與闌遺物
同. 皆當還主也.). 爲暴水漂失有採得者. 並積於岸上. 明立標牓. 申隨
近官司. 有主識認者. 五分賞一(謂. 若旣賞後. 材主識認者. 雖物見在. 不可更
還.). 限卅日外. 無主認者. 入所得人.

九取水漑田(謂. 漑灌注也.). 皆從下始. 依次而用. 其欲緣渠造碾磑.
經國郡司. 公私無妨者聽之. 卽須修治渠堰者. 先役用水之家.

九要路津濟(謂. 不必大路. 當人往來. 有要便者皆是也.). 不堪涉渡之處. 皆
置船運渡. 依至津先後爲次. 國郡官司撿挍. 及差人夫. 充其度子
(謂. 以雜徭差配.). 二人已上. 十人以下. 每二人. 船各一艘.

九廳上及曹司座者. 五位以上. 並給牀席. 其制從別式.

九在京諸司主典以上(謂. 才伎長上亦准此也.). 每年正月. 並給座席. 以
下(謂. 史生官掌之類. 其兵衛衛士者. 本府別給.)隨壞卽給.

九官人等. 因使得賜. 使事停者. 所賜之物. 並不在追限(謂. 所賜之物
者. 令條所載. 及別勅所賜皆是也. 並不在追限者. 水手傔人等. 亦准此法. 其因使得位.
亦不追限也.). 其有犯罪追還者. 所賜物並徵納(謂. 不論罪輕重. 但有依犯追
還者皆是.).

九訴訟(謂. 財物良賤譜第之類. 事非侵害. 應待時申訴者也.). 起十月一日. 至

三月卅日撿挍. 以外不合. 若交相侵奪者(謂. 交者. 非徐遅之詞也. 侵者. 侵損於人也. 奪者. 强收財物.). 不在此例.

凡家長在. 而(謂. 祖父伯兄之屬. 與戶令嫡子爲家長. 其義不同也.)子孫弟姪等. 不得輒以奴婢. 雜畜. 田宅及餘財物. 私自質擧(謂. 子孫弟姪等. 私用家長物. 以其爲質擧而求利也.). 及賣. 若不相本問. 違而輒與. 及買者. 依律科罪(謂. 科違令罪. 卽輒與. 及買者. 各是別犯. 不可爲首從. 其依律. 子孫等私輒用財. 不滿五端. 則無罪法. 若爲質私賣. 及輒出賣與者. 雖不滿五端. 猶亦依此令論之.).

凡公私以財物出擧者(謂. 公者. 公廨之物也.). 任依私契. 官不爲理(謂. 凡以物出息者. 雖是官物. 不每經官司. 以爲判理. 任修私契. 和擧取利. 故云官不爲理也.). 每六十日取利(謂. 文云每六十日. 卽知未滿六十日者. 亦无取利之法也.). 不得過八分之一. 雖過四百八十日. 不得過一倍. 家資盡者. 役身折酬(謂. 家資者. 家宅及資財也. 役身折酬者. 其緣官物役身之法. 上條已有文. 唯於私物者. 不立程限. 故知據當時當鄕庸作之價. 以役折. 卽不限年遠近. 皆以盡債爲限也.). 不得廻利爲本(謂. 假有. 人受出息錢. 已經六十日. 唯償其本. 未酬其利. 卽財主以未酬利. 更廻爲本. 便令生子之類. 是名廻利爲本. 其廻舊本爲新本. 及全廻不償之本利更爲新本. 亦同也.). 若違法責利. 契外掣奪(謂. 違法責利者. 假如. 未至六十日取利. 及不依八分一之類也. 契外掣奪者. 凡質物色目. 及年月期限. 並須依契狀. 而廻易物色. 盈縮程期. 皆於契狀外. 牽擾强奪之類也.). 及非出息之債者(謂. 交關懸違. 受寄輒用之類也.). 官爲理. 其質者. 非對物主. 不得輒賣. 若計利過本不贖(謂. 四百八十日之外. 更經六十日以上不贖者也.). 聽告所可對賣. 卽有乘還之. 如負債者逃避. 保人代償(謂. 依律. 雖負人身死. 而保人亦代償. 若二人共保. 而一人身死者. 亦一人全償. 不可折死人之分. 卽是非六贓. 若犯罪配流者. 猶徵負人.).

凡以稻粟出擧者(謂. 此條亦包公私. 故下文云. 其官半倍也.). 任依私契. 官不爲理. 仍以一年爲斷(謂. 春時擧受. 以秋冬報. 是爲一年也.). 不得過一倍. 其官半倍. 並不得因舊本更令生利. 及廻利爲本. 若家資盡. 亦

准上條(謂. 役身折庸.).

凡出擧. 兩情和同. 私契. 取利過正條者. 任人糺告. 利物並給糺人.

凡於官地得宿藏物者(謂. 昔人以鏡劍金銀茡器. 於地藏埋. 及喪乱遺落. 爲至埋没. 時代久遠. 不知財主. 若於官地得者. 卽當入其得人. 其雖有鐵券分明. 而不得子孫仍復認之也.). 皆入得人. 於他人私地得. 與地主中分之(謂. 若父祖自藏. 而子孫見佃住者. 不在中分之限. 其口分職田. 皆爲私地也.). 得古器形製異者(謂. 古時鐘鼎之類. 形製異於常者也.). 悉送官酬直(謂. 依律. 借得官田宅者. 以見住及見佃人爲主. 若作人及耕犂人得者. 合與佃住之主中分. 其私田宅. 各有本主. 借者不施功力. 而作人得者. 合與本主中分. 借得之人. 卽非本主. 又不施功. 不合得分也.).

凡畜産觝人者. 截兩角. 蹈人者. 絆之. 齧人者. 截兩耳. 其有狂犬. 所在聽殺之.

凡皇親(謂. 不限有位無位也.). 及五位以上. 不得遣帳內資人及家人奴婢等. 定市肆興販. 其於市沽賣出擧(謂. 於鄉里出擧也.). 及遣人於外處. 貿易往來者. 不在此例.

凡私行人. 五位以上. 欲[68] · 投[69] · 驛止宿者聽之. 若邊遠及無村里之處. 初位以上及勳位亦聽之. 並不得輙受供給.

凡文武官人(謂. 在京官人. 其親王及婦女. 不在此限也.). 每年正月十五日. 並進薪. 長七尺. 以廿株爲一擔. 一位十擔. 三位以上八擔. 四位六擔. 五位四擔. 初位以上二擔(謂. 勳位亦准此也.). 無位一擔. 諸王准此. 无位皇親. 不在此例. 其帳內資人. 各納本主(謂. 中宮及東宮舍人. 亦皆於本轍本坊納.).

凡進薪之日. 辨官及式部兵部宮內省. 共撿挍. 貯納主殿寮.

凡給後宮及親王炭(謂. 嬪以上. 其皇后者. 自入供進之例.). 起十月一日. 盡

---

[68]_ 入이 들어 있는 사본이 있다.

[69]_ 於가 있는 사본이 있다.

二月卅日. 其薪. 知用多少量給. 供進炭者. 不在此例.

凣蕃使往還. 當大路近側. 不得置當方蕃人. 及畜同色奴婢(謂. 假如. 西海道側近. 不可畜新羅奴婢之類.). 亦不得充傳馬子及援夫等.

凣犯罪被戮. 其父子應配沒. 不得配禁內供奉及東宮所駈使(謂. 供奉者. 內膳等之屬. 其禁內駈使. 及東宮供奉. 亦不可配使.).

凣官戶奴婢充. 所司撿挍. 年終惣申(謂. 所司者. 宮內省.).

凣官戶奴婢者. 每旬放休假一日. 父母喪者. 給假卅日. 產後十五日. 其懷姙及有三歲以下男女者. 並從輕役.

凣官戶奴婢充役者. 本司明立功課案記. 不得虛費公糧.

凣官戶奴婢三歲以上. 每年給衣服(謂. 其四歲以上. 依倉庫令給粮也.). 春. 布衫. 袴. 衫. 裙. 各一具. 冬. 布襖. 袴. 襦. 裙(謂. 襦者. 短衣也. 裙者. 女裳衣也.). 各一具. 皆隨長短量給.

凣外官. 有親屬賓客經過. 不得以官物供給.

凣外任官人. 不得將親屬賓客往任所(謂. 其公式令. 唯爲子孫弟姪. 此令. 廣據宗族賓客. 情義不同. 故設二條. 其家口者. 非在禁限也.). 及請占田宅(謂. 空閑地者. 自依常例.). 與百姓爭利.

凣公廨雜物(謂. 內外諸司公廨. 其物數. 待式處分.). 皆令本司自勾錄. 其費用見在帳. 年終一申太政官. 隨至勾勘.

凣僧尼. 京國官司. 每六年造藉三通(謂. 如外國人爲京僧尼者. 京轍造籍. 本國不造也.). 各顯出家年月. 夏臈及德業(謂. 臈猶年也. 年終有臈. 故稱年爲臈. 言僧尼夏月安居. 乃得一臈. 故云夏臈也. 德者. 得也. 猶云得業. 假如. 華嚴三論之類.).

依式印之. 一通留轍國. 以外申送太政官. 一通送中務. 一通送治部. 所須調度. 並令寺准人數出物.

凣作檻穽. 及施機搶者(謂. 檻者. 圈. 穽者. 陷. 並所以捕獸者也.). 不得防往. 及害人.

凣正月一日. 七日. 十六日. 三月三日. 五月五日. 七月七日. 十一

月大嘗日. 皆爲節日. 其普賜. 臨時聽勅.

凡大射者. 正月中旬. 親王以下. 初位以上. 皆射之. 其儀式及祿.

從別式.

[부록] 官位相當表

位階	神祇官	太政官	中務省	中務以外의省	中宮職春宮坊	大膳職京職攝津職	大寮	小寮	大司	中司	小司	下司	彈正臺	衛府	大宰府	國司	勳位
正一位 從一位		太政大臣															
正二位 從二位		左大臣 右大臣（內大臣）															
正三位		大納言															勳一等
從三位		（中納言）												（近衛大將）	帥		勳二等
正四位 上			卿		皇太子傳												勳三等
正四位 下		（參議）		卿													勳三等
從四位 上		左右大辯											尹				勳四等
從四位 下	伯				大夫									（近衛中將）			勳四等
正五位 上		左右中辯	大輔			大夫								衛門督	大貳		勳五等
正五位 下		左右少辯		大輔 大判事									弼	（近衛少將）			勳五等
從五位 上			少輔				頭							兵衛督		大國守	勳六等
從五位 下	大副	少納言	侍從 大監物	少輔	亮 皇太子學士	亮		頭						衛門佐	少貳	上國守	勳六等
正六位 上	少副	左右大史	大內記						正 奉膳				大忠				勳七等
正六位 下			大丞	大丞 中判事			助 大學博士			正			少忠	兵衛佐	大監	大國介 中國守	勳七等
從六位 上	大祐		少丞 中監物	少丞		大進		助			正			（將監）	少監	上國介	勳八等
從六位 下	少祐			少判事	少進	大進						正		衛門大尉	大判事	下國守	勳八等
正七位 上		大外記 左右少史	中內記 大錄	大錄		少進							大疏	衛門少尉	少判事・大典・防人正・大工		勳九等

		神祇官	太政官	中務省	中務以外의省	中宮職春宮坊	大膳職京職攝津職	大寮	小寮	大司	中司	小司	下司	彈正臺	衛府	大宰府	國司	勳位
	下			少監物 大主鈴	判事大屬			大允 助教	醫・陰陽・天門博士						兵衛大尉	主神		勳九等
從七位	上		少外記					少允 音書・算博士	允 陰陽師 曆博士						兵衛少尉			勳十等
	下							醫師	佑 典膳						(將曹)	博士		勳十等
正八位	上			少內記 少錄 少主鈴	少錄						佑		少疏			少典・醫師・防人佑・少工	中國掾	勳十一等
	下	大史			判事少屬							佑			衛門大志			勳十一等
從八位	上	少史						大屬							衛門少志 兵衛大志		大國大目	勳十二等
	下							少屬	大屬						兵衛少志		大國少目 上國目	勳十二等
大初位	上								少屬	令史						判事大令史		
	下										令史					判事少令史	中國目	
少初位	上											令史					下國目	
	下												令史					

374

색인
索引